Le Printemps québécois UNE ANTHOLOGIE

Maude Bonenfant

Anthony Glinoer

Martine-Emmanuelle Lapointe

Le Printemps québécois

UNE ANTHOLOGIE

préface de **Georges Leroux**

postface des **Zapartistes**

écosociété

COORDINATION DU PROJET : Barbara Caretta-Debays
GRAPHISME ET COMPLICITÉ ÉDITORIALE : Louise-Andrée Lauzière

LES ÉDITIONS ÉCOSOCIÉTÉ
C.P. 32053, comptoir Saint-André
Montréal (Québec) H2L 4Y5

Dépôt légal : 1er trimestre 2013
ISBN 978-2-89719-051-4

Catalogage avant publication de Bibliothèque et Archives nationales du Québec
et de Bibliothèque et Archives Canada

Le Printemps québécois. Une anthologie

(Collection)

Comprend des réf. bibliogr. et un index.

ISBN 978-2-89719-051-4

1. Grève étudiante, Québec, 2012. 2. Contestation - Québec (Province). 3. Québec (Province) - Politique et gouvernement - 2003- . 4. Grève étudiante, Québec, 2012, dans les médias. 5. Grève étudiante, Québec, 2012 - Ouvrages illustrés. I. Bonenfant, Maude, 1976- . II. Glinoer, Anthony. III. Lapointe, Martine-Emmanuelle, 1974- .

LA418.Q8P74 2013 370.9714'090512 C2013-940407-4

Nous remercions le Conseil des arts du Canada de l'aide accordée à notre programme de publication. Nous reconnaissons l'aide financière du gouvernement du Canada par l'entremise du Fonds du livre du Canada pour nos activités d'édition. Nous remercions le gouvernement du Québec de son soutien par l'entremise du Programme de crédits d'impôts pour l'édition de livres (gestion SODEC) et la SODEC pour son soutien financier.

Conseil des Arts du Canada Canada Council for the Arts

Patrimoine canadien Canadian Heritage

Société de développement des entreprises culturelles Québec

Pour

Adèle, Barbara, Cécile, Célyne,

Éloïse, Franck, Jean-François,

Laura, Louise-Andrée, René, Victoria

et pour

tou.te.s les militant.e.s

PRÉFACE

De la révolte à l'archive

UNE CHRONIQUE PERSONNELLE

Il y a eu les actions, il y a eu les images, il y a eu les paroles. Comme dans tout mouvement où la société prend conscience d'une menace et se mobilise pour l'affronter, personne ne sait comment cette énergie se développe ni où elle va se diriger. À l'image de ces manifestations sans cesse déroutées, mais croissant dans le moment même de leur progression, le printemps étudiant a été l'expérience d'une force qui n'a cessé de dépasser son origine. La description des révolutions ne permet d'en prévoir aucune, seulement de comprendre que le ferment populaire se nourrit d'une passion, toujours la même, celle de la justice. Révolte et scandale vont de pair quand cette justice semble se dérober en raison d'un pouvoir cynique et indifférent. Quand j'ai lu le tweet d'un certain Francis Laliberté, j'y ai reconnu la vérité d'une protestation qui cherchait encore son nom et qui l'a trouvé dans le symbole du carré rouge : « Tu sais qu'une société est malade quand l'éducation est devenue une marchandise et que le Grand Prix est vu comme un projet de société[1]. » Si on peut parler de vérité, c'est que la désignation d'une maladie me semble, encore maintenant, le meilleur langage pour comprendre le sursaut d'une société vivante prenant conscience de sa dépression. Étions-nous malades à ce point ? Tout ce qui, dans la vitalité de ce printemps unique, a surgi comme thérapie de la démocratie a trouvé son sens dans ce qu'il fallait guérir : l'apathie, la morosité, la désinvolture, l'indifférence, pour ne rien dire du cancer de la corruption et du mensonge. Le carré rouge fut et demeure le symbole, d'abord politique, d'une guérison attendue, d'un cœur battant, désespérément désireux de se sentir vivant et véridique.

Cette maladie est-elle réelle ou seulement le fantasme d'une génération handicapée par la richesse des banlieues et abrutie par le cynisme de l'État ? Tous ceux qui se sont empressés de nier la réalité, préférant opposer au cri de la jeunesse l'autorité traditionnelle du pouvoir, ont eu recours à la même rhétorique. Elle est bien connue et s'alimente d'abord du repli sur la vie privée, mais surtout de la dénonciation du désordre. Au regard de l'ordre, le printemps étudiant n'était qu'un carnaval. La sangria de Richard Martineau n'est que l'exemple le plus triste de ce refus d'entendre : les jeunes s'amusent, nous n'avons pas les joies du *spring break* des Américains à Fort Lauderdale, il n'est que normal que tous ces enfants de bourgeois se défoncent périodiquement dans la rue. Je laisse de côté les aspects de ressentiment que cette dénonciation de la jouissance ne peut cacher, je me limite à signaler le refoulement de ce qui, dans la révolte populaire, est toujours recherche d'une nouvelle communauté, d'un nouveau lien social capable de remplacer la soumission et la déférence. Tous les mouvements sociaux qui prennent la rue remplacent, dans le fait même des actions qu'ils engendrent, un pouvoir lisse et par essence silencieux par un lien organique et bruyant, seul capable de régénérer la vie : ils dérangent, et la première injonction adressée à ce dérangement par ceux qu'il menace est celle de l'insulte condamnant le jouisseur.

Pour ceux qui ont vécu cette révolte au quotidien, durant les mois prodigieux où elle s'est développée, inventant à chaque détour les formes les plus neuves de la parole et de l'image dont le présent livre nous restitue l'archive, cette injonction à se taire manquait l'essentiel. On pouvait nier les faits, en niant par exemple le nombre de participants aux manifestations : les grandes manifestations du 22 mars et du 22 avril devenaient pour plusieurs littéralement invisibles, non seulement parce que leur réalité menaçait le *business* qu'ils défendaient – on pense ici au fameux Grand Prix et aux barrages de la rue Crescent qui agitèrent beaucoup Gilbert Rozon, qui voyait sa baraque à frites durement secouée – mais surtout parce que la possibilité même de la révolution politique les imprégnait de part en part. La comparaison avec Mai 68 était le référent obligé, mais on ne voyait pas toujours qu'il ne semblait pas y en avoir d'autre. On pouvait aussi nier les faits autrement, comme le gouvernement le fit interminablement, en refusant de rencontrer les représentants des associations étudiantes. Certes, de Gilbert Rozon à Jean Charest, la différence n'est pas considérable, mais le premier ministre avait au moins le pouvoir de devenir un interlocuteur. La grande tragédie de ce Printemps érable est qu'il a tout simplement refusé le rôle que l'histoire lui proposait.

Mon témoignage personnel n'a pas plus d'intérêt que celui de tant d'autres. Dès le point de départ, je ne voulais pas être un simple spectateur. J'appartiens à une génération que le Québec a nourri de toutes les richesses de la modernité et je ne peux pas accepter que celle de mes enfants et de mes petits-enfants se trouve confrontée à une sorte d'érosion de l'éducation où le Québec puise le meilleur de lui-même. La relecture de l'archive que rend possible le présent livre permet de donner une objectivité à tout ce qui a été vécu, en commençant par la solidarité, mais aussi la confiance et l'espoir enracinés dans la créativité de tous ceux qui ont participé au mouvement. Quand j'ai mis le pied dans ma classe au début du mois de janvier 2012, j'étais loin de me douter de l'histoire passionnante à laquelle mes étudiants allaient me faire participer. Je n'avais pas enseigné depuis mon départ à la retraite en juin 2006 et je dois à l'amitié d'un collègue helléniste cette invitation à reprendre mon cours sur la *République* de Platon pour un groupe d'étudiants de premier cycle de l'Université de Montréal. Jamais je n'aurais pu imaginer que, dans le Québec en apparence endormi des années 2000, ce retour aux sources de la pensée politique allait se dérouler pour moi sur le terrain vivant d'un renouveau radical de la démocratie. La petite centaine d'étudiants qui m'attendait ce jour-là était déjà engagée, comme des milliers d'autres au Québec, dans une réflexion qui allait conduire à une mobilisation sans précédent.

Les premières rencontres de la session nous ont permis de suivre le cheminement de la *République* vers la question centrale du Livre IV, le conflit de la raison et du désir, mais le déclenchement de la grève étudiante, à la fin février, ne nous a pas permis de nous rendre à l'analyse de l'éducation du Livre V et à la critique de la démocratie au Livre VIII. Ces questions, les étudiants les auront mises à l'épreuve dans leurs actions quasi quotidiennes dans les semaines qui ont suivi. Mais entre-temps, pour moi comme pour beaucoup de collègues et citoyens de toute provenance, leurs revendications sont devenues les nôtres. Ma chance, car c'en est une, fut de me trouver en communication avec ces étudiants, et avec quelques collègues très mobilisés, comme le philosophe Christian Nadeau. Sa lettre aux étudiants a constitué pour beaucoup une des premières lectures du conflit susceptibles d'en exprimer le sens[2]. La philosophie politique a beaucoup à dire sur ce que signifie aujourd'hui la « société civile », ou encore sur l'essence de la citoyenneté contemporaine, mais personne mieux que Platon, qui a traversé les conflits démocratiques de l'Athènes du Ve siècle avant J.-C., n'a décrit les conflits qui conduisent les jeunes à la révolte et mis à nu leur colère devant le pouvoir des tyrans. Lors de ce printemps, Christian a éclairé pour nous la signification de cette colère : le Printemps érable fut en bonne partie un printemps où cette colère devait trouver une résolution. Si elle n'était que le carnaval que les amuseurs publics se plaisaient à railler, l'illusion était tragique. À mes yeux, cette colère avait une signification, c'est celle d'une lutte contre la maladie apathique de la démocratie.

* * *

La chronologie de ce conflit est complexe et dans le présent livre on la trouve récapitulée, tout comme elle fut l'objet d'une reconstruction quasi quotidienne sur divers sites, le web étant devenu l'outil central de l'action et de la réflexion[3]. On peut la résumer en trois phases principales : *affrontement, radicalisation et judiciarisation.* Dans un premier temps, la grève étudiante s'est concentrée sur l'enjeu principal, la hausse des droits de scolarité. Réunis dans leurs associations, les étudiants manifestent dans les collèges et les universités, et ils investissent l'espace public, en organisant un nombre considérable de marches et d'actions d'éclat. Il faut dire que les étudiants québécois ont une longue tradition de revendication derrière eux et que leur succès dans l'obtention du gel des frais de scolarité entre 1970 et 1990, pour ne rien dire de leur victoire dans la lutte menée en 2005 contre la conversion d'un fonds fédéral qui leur était destiné, autorisait tous les espoirs. La multiplication de ces actions demeura cependant sans succès, le gouvernement ayant choisi dès le point de départ la ligne dure consistant non seulement à refuser la revendication étudiante mais surtout à ignorer la demande de rencontres de négociation. Cet aveuglement demeure une énigme, tant il semble politiquement injustifiable et surtout profondément mal orienté. Au cœur de cette attitude, le mensonge répété concernant la soi-disant sortie des étudiants lors du forum de Québec en 2010 : tous ceux qui ont participé à ce forum savent qu'il s'agissait d'une farce planifiée, prévoyant des interventions de trois minutes et une parade d'interlocuteurs rendant impossible un vrai débat. Faire croire que les étudiants avaient alors refusé le dialogue a compté pour beaucoup dans la construction du mythe du « refus étudiant ».

© MARIO JEAN – MADOC. COLLÈGE DE VALLEYFIELD, AVRIL 2012

Durant cette première phase, plusieurs arguments furent mis de l'avant, notamment de la part du gouvernement la reprise d'une position qu'on peut résumer comme l'argument de la « juste part » : selon cet argument, dans une société juste, les étudiants doivent contribuer au financement de leur éducation, suivant un modèle qui se réfère à celui de l'utilisateur-payeur. Leur formation doit en effet être considérée comme un investissement partagé et cela même si un endettement important doit en découler. L'État reconnaît certes que l'éducation sera profitable à tous, autant pour la contribution experte qu'elle rendra possible que pour les impôts plus élevés qu'elle garantira dans l'avenir, mais cet investissement public dans l'éducation doit être associé à l'investissement privé de l'étudiant, qui tirera de son éducation une qualité de vie supérieure et des revenus plus élevés que ceux de la moyenne de la population. La part « juste » que l'État réclame des étudiants est donc une forme de paiement pour le service qu'ils reçoivent et une contribution à l'effort public en vue de l'éducation. Cette rhétorique de la « juste part » a été l'occasion pour moi d'une intervention, avec Christian Nadeau et Guy Rocher : dans une lettre reproduite ici, nous l'avons dénoncée, mais nous avons surtout signalé ce qu'elle révélait du cynisme du gouvernement.

Cet argument a donné lieu à plusieurs déclarations, la plupart empreintes d'une rhétorique paternaliste, comme par exemple toutes celles qui évaluaient la contribution demandée en la minimisant. Je n'entre pas dans le détail chiffré, l'essentiel étant pour moi la discussion du principe. Quand la ministre de l'Éducation et le ministre des Finances ont martelé que cette hausse était de « cinquante cents par jour, même pas le prix d'un café » et qu'ils firent paraître des pages entières de publicité en ce sens dans les journaux, ils croyaient sans doute sincèrement que la cause était entendue et que les étudiants allaient revenir à la raison. Ce ne fut pas le cas. Les étudiants, soutenus en cela par plusieurs économistes désireux de critiquer le modèle de l'utilisateur-payeur, ont vite pris conscience que le conflit illustrait mieux que tout autre le principe même qu'ils refusaient. Parfois qualifié de « néolibéral », même si ce terme désigne plutôt la prédominance des lois économiques du marché, ce principe consacre en effet un phénomène qui prit alors une place déterminante dans la discussion : la marchandisation de l'éducation dans les sociétés post-industrielles.

La lecture des nombreuses interventions soutenant le mouvement étudiant montre une très rapide extension de leur analyse à un nombre important de critiques de l'institution universitaire, ciblant autant la croissance d'une concurrence quasi commerciale entre les universités que leur mauvaise gestion. Le discours officiel, celui du gouvernement et celui des dirigeants d'université, s'est campé sur la nécessité de refinancer les institutions pour affronter la concurrence internationale, surtout états-unienne, mais il ne s'est pas engagé sur la question de la justice de la revendication étudiante. De quoi cette abstention était-elle le signe ? Pour la position officielle, le principe était clair : les étudiants doivent contribuer et cet appel à la raison signait l'évolution du conflit vers un autre registre, celui des principes de la justice dans une société démocratique. Les étudiants et ceux, chaque jour plus nombreux, qui les soutenaient entreprirent rapidement de montrer qu'on pouvait penser autrement et que la justice méritait une discussion de fond, pour ne rien dire de la question de la nature de l'éducation aujourd'hui.

Avec des collègues philosophes, juristes et sociologues, j'ai participé à cette discussion, notamment en soulignant les impasses du modèle de la « juste part ». Si la justice n'est pas le droit du plus fort, en l'occurrence l'État, comment déterminer la notion même de « la juste part » ? Prenant acte que les frais de scolarité au Québec sont les plus bas au Canada et en Amérique du Nord, fallait-il pour autant déterminer ce critère de justice en fonction de cette comparaison ou chercher un critère différent ? Les étudiants se sont montrés eux-mêmes divisés sur la question, certains ne cachant pas qu'ils revendiquaient la gratuité scolaire complète, d'autres qu'ils refusaient simplement une hausse trop rapide (chiffrée à 1 625 $ sur cinq ans). Le système universitaire québécois étant public de part en part – les collèges publics sont gratuits, mais on compte des établissements privés, dont les frais peuvent varier, alors que toutes les universités fonctionnent sur un modèle mixte –, cette discussion sur le principe de l'accessibilité a mis en lumière l'urgence d'une réflexion de fond sur le financement des universités. Les frais de scolarité y sont les mêmes pour tous les programmes et toutes les institutions : fallait-il remettre en question ce système, introduire de nouvelles mesures fiscales, penser des formules de remboursement après les études, les moduler selon le revenu ? Bref, tout était sur la table et plusieurs modèles nouveaux furent proposés. Un économiste comme Luc Godbout, qui est intervenu de manière régulière, a présenté plusieurs hypothèses qui pouvaient conduire à un rapprochement. Pouvait-il être écouté ? Si la protestation révélait quelque chose, c'était l'état d'érosion de la réflexion sur les finalités de l'éducation supérieure, dans une société où les universités se développent d'abord dans un marché de concurrence et selon des paramètres de rentabilité sociale[4]. Quand on rappelle que le gouvernement de Jean Charest fut responsable de la suppression du Conseil des universités, dont l'un des mandats était justement de nourrir cette réflexion, on ne peut que constater comment cette crise plonge ses racines dans un aveuglement programmé depuis longtemps.

Très rapidement, l'opinion publique s'est divisée en deux, suivant en cela un clivage aisément repérable, même s'il est demeuré moins apparent, chez les intellectuels : d'une part, ceux qui favorisent la notion de l'éducation comme bien public offert à tous et d'autre part ceux qui, tout en reconnaissant la valeur en soi de ce principe, croient qu'il s'agit d'une utopie et que la société ne peut le satisfaire. Plusieurs historiens ont rappelé que le document fondateur de l'éducation moderne au Québec, le rapport de la commission Parent déposé en 1964, considérait la gratuité scolaire comme une finalité à long terme. Le rappel du fait que la majorité des institutions européennes, de la France à l'Allemagne (voir à ce sujet les chiffres de l'OCDE de 2011), n'exigent de leurs étudiants que des frais administratifs sommaires a contribué à identifier ce débat comme faisant partie des traits de la société distincte : pourquoi faudrait-il se conformer au modèle mis en place dans notre environnement américain et libéral immédiat, alors que des sociétés avec lesquelles nous avons peut-être plus en commun ont opté pour des modèles républicains de l'éducation que nous pourrions adopter ? Le conflit s'est structuré de manière forte autour de ces enjeux, mais il s'est surtout considérablement durci en raison du refus du gouvernement de rencontrer les étudiants. Il ne s'agissait après tout que d'un carnaval, cela finirait bien par s'arrêter. La discussion de fond n'était pas amorcée.

La seconde phase est celle de la radicalisation. Révoltés par la dureté de l'attitude gouvernementale, les étudiants, sans l'avoir pleinement décidé au point de départ, ont étendu leur revendication à un ensemble de causes citoyennes, de l'écologie à la démocratie de participation, demeurées jusque-là pour eux dans une forme de latence. Pour plusieurs, comme par exemple la CLASSE, la question de la hausse des frais de scolarité était dès le départ inscrite dans le contexte plus global de la « privatisation » des services publics et du néolibéralisme, mais le trait le plus important de cette seconde phase est l'extension politique des revendications. À l'occasion d'une manifestation monstre tenue le 22 mars, après un mois de grève, et rassemblant plus de 200 000 personnes, les étudiants ont obtenu que la ministre de l'Éducation accepte le principe d'une négociation. À cette date, plus de 320 000 étudiants faisaient grève, sur un total d'environ 420 000. La suite des événements montre que cette négociation fut plusieurs fois reportée, provoquant ainsi l'expression d'une colère généralisée : s'exprimant dans le symbole d'un carré rouge, aussi net que franc, cette révolte a pris pour cible l'ensemble des actions du gouvernement, désormais considéré comme responsable de l'impasse. Chacun peut ici relire l'histoire de ces semaines cruciales, où les aspects les plus vivants de la démocratie réelle se heurtaient aux réflexes sclérosés d'une démocratie institutionnelle : le refus de parler à la jeunesse confinait au mépris, la violence policière nourrissait l'humiliation, personne ne se reconnaissait dans le visage de cet État brutal et privé de langage.

Dans tous les dossiers, hélas nombreux, où les valeurs de la jeunesse se sont trouvées méprisées, les manifestations ont exprimé la revendication de toute une génération. L'enjeu de justice sociale s'est donc rapidement ouvert aux questions environnementales, devenues très sensibles avec le dossier du Plan Nord et de l'exploitation minière, mais aussi à des questions plus critiques, comme celles de la corruption, notamment dans les rapports du gouvernement avec l'industrie de la construction. Pas une journée ne s'est passée durant cette phase de la contestation sans que de nouvelles manifestations viennent mettre en relief les échecs du gouvernement à rallier la jeunesse. L'arrogance autoritaire semblait la seule attitude possible. Même si l'enjeu principal de la négociation à venir demeurait celui des frais de scolarité, il est vite devenu évident que les manifestations exprimaient la volonté politique de dénoncer le cynisme du gouvernement. La crainte de voir le mouvement se laisser déborder par ses franges plus radicales, voire par des groupes anarchistes qui l'infiltraient parfois, a certes contribué à renforcer l'attitude « loi et ordre » adoptée par le gouvernement et les médias plus conservateurs, mais elle a eu pour conséquence de dynamiser la protestation et elle a mené à un blocage complet.

Une telle radicalisation n'a pas manqué de produire ses effets, et d'abord chez les enseignants. Réunis dans un groupe nourrissant un important site Internet, Profs contre la hausse, des milliers d'enseignants et leurs syndicats, signataires d'un manifeste rendu public le 14 mars, se sont engagés résolument aux côtés des étudiants, sans qu'il soit toujours possible de déterminer avec précision les objets des actions de chacun. Dans une manifestation comme celle du 22 mars, le sentiment général était certes celui d'une contestation générale d'un gouvernement sourd devant les demandes de la jeunesse, bien illustrée dans une caricature du journal *Le Devoir* souvent reproduite[5]. On y retrouvait autant de positions souverainistes qu'écologistes, féministes, libertaires. Cette pluralité d'agendas politiques a libéré une énergie sans précédent, qui me semble le trait le plus important du printemps étudiant : emportée par un sentiment, à mes yeux pleinement justifié et légitime, de contestation du gouvernement en place, la jeunesse du Québec, incluant une large part des étudiants non grévistes et sympathisants, a redécouvert l'importance de sa liberté et le pouvoir de la parole. Alors qu'on la croyait apathique et endormie, cette génération se montrait au contraire vivante et surtout désireuse de redonner à la démocratie sa pleine valeur. Suivre au jour le jour les actions de cette seconde phase du mouvement, comme on peut le faire dans le présent livre, ainsi que sur les nombreux sites Internet qui en ont gardé l'archive visuelle et textuelle, c'est à la fois faire la chronique d'une action politique sans précédent dans l'histoire du Québec, mais aussi assister à l'éclosion d'une parole publique investie dans une multitude de symboles, de gestes créateurs, d'images, de slogans. Le carré rouge a envahi l'espace public, il a essaimé partout, partout il est devenu l'icône d'un rêve social, d'une volonté de faire autrement. Était-ce seulement un carnaval ? À cette étape, l'aspect festif et convivial de ce printemps étudiant, qui sollicitait la comparaison avec Mai 68, était déjà profondément dépassé : le mouvement était pleinement politique et les représentants étudiants étaient devenus les porte-parole d'une démocratie en devenir. Il était désormais impossible de confondre la revendication avec un pur sursaut libertaire ou anarchique : trop d'enjeux sociaux et civiques avaient maintenant accédé à une formulation politique. Quand on pense, rétrospectivement, que cette protestation s'est développée sans connaître la pourriture de la corruption qui s'étale aujourd'hui au grand jour, on peut à peine imaginer ce qu'elle aurait été si elle s'était aussi nourrie de ces scandales.

On en trouverait confirmation dans la manifestation du 22 avril, organisée bien avant la grève étudiante par des militants et artistes engagés dans la cause écologique pour le Jour de la Terre. Sans doute la plus importante dans la chronologie du mouvement, cette manifestation gigantesque a rassemblé sur le mont Royal, autour d'artistes emblématiques comme Gilles Vigneault et Dominic Champagne, une foule immense remontant l'avenue du Parc. Masques et maquillages de toute sorte accentuaient certes l'aspect carnavalesque, mais personne ne s'abusait : derrière ce théâtre des identités, au cœur de ces banderoles et de ces slogans qui inspiraient souvent l'admiration autant que la ferveur politique, l'enjeu exaltant d'une jeunesse en quête d'actions significatives devenait chaque jour plus important que le point de départ. Mais y avait-il un interlocuteur ? Le discours ne s'adressait-il qu'à lui-même ? Des familles, des aînés côtoyaient ici les jeunes et les étudiants, et la convergence des causes en présence contribuait à mettre en relief la profondeur de la revendication étudiante. J'étais présent avec ma famille et je garde le sentiment d'une extraordinaire action populaire et citoyenne, porteuse des espoirs de la jeunesse sur tous les registres où elle souhaitait s'exprimer. Chacun était cependant sensible au caractère tragique d'une société si magnifiquement engagée envers des causes aussi nobles que l'environnement et la justice sociale et réunie pour le Jour de la Terre, mais niée par le silence de l'État. Je pensais aux paroles d'Hannah Arendt sur le soin de la jeunesse[6], je voulais penser qu'elle aurait été ici avec nous. Les représentants du gouvernement refusaient toujours de rencontrer les représentants étudiants. Ce jour-là, dit-on, le premier ministre avait participé à un brunch de financement dans une circonscription de l'ouest de l'île. C'était loufoque.

Malgré l'importance des manifestations et la radicalisation du conflit, la négociation n'a été acceptée que le lendemain, le 23 avril, et elle a conduit, après plusieurs interruptions, à une proposition gouvernementale, rendue publique le 27 avril. Pour l'essentiel, et sans qu'il soit besoin d'entrer dans les détails, cette proposition consistait à étaler la hausse, et à l'assortir de mesures améliorées de soutien financier aux études. Malgré des gains indiscutables à ce chapitre, reconnus par plusieurs économistes, les étudiants la reçurent comme une fin de non-recevoir, et s'employèrent à montrer qu'elle allait conduire à un endettement inacceptable. Cette date est importante, car elle marque le début des manifestations nocturnes contre le gouvernement, qui allaient ponctuer la vie de Montréal et de Québec durant les mois suivants et qui eurent lieu encore chaque soir tout au cours de l'été. On peut certes penser, et je suis de cet avis, qu'une discussion sur un compromis était encore possible à ce stade, mais l'attitude de la ministre et sa volonté non dissimulée de diviser le mouvement étudiant en isolant son groupe plus radical, la Coalition large pour une solidarité syndicale étudiante (CLASSE), ont provoqué un formidable effet boomerang. Toute entente fondée sur un compromis est apparue en effet comme une lâcheté. L'analyse politique de cet échec demeure à faire, seul m'importe ici le fait, irréfutable, d'un échec pleinement voulu, cyniquement préparé par un gouvernement désemparé.

Tous les enjeux, présents depuis la manifestation du 22 mars et repris le 22 avril, ont alors connu une forme de catalyse, qui mériterait une longue réflexion. Cette seconde phase de radicalisation allait en effet se terminer dans une journée de violence, à l'occasion d'une manifestation le 4 mai. Les représentants étudiants étaient réunis en séance extraordinaire à Québec avec la ministre de l'Éducation et ses négociateurs, pendant que le conseil général du Parti libéral tenait une réunion dans un hôtel de Victoriaville. Le dispositif policier était imposant, mais la manifestation connut d'importants dérapages et tourna à l'émeute. Pendant ce temps, les étudiants, appuyés par les représentants des syndicats de travailleurs, apposaient leur signature sur un document énonçant le principe d'une entente qu'ils allaient soumettre ensuite à leurs membres. Le réveil fut dur pour tout le monde : d'une part la brutalité policière s'étalait au grand jour, mais aussi la réalité des actions des casseurs, et d'autre part les étudiants prirent rapidement conscience qu'ils avaient été complètement manipulés. Le détail de cette entente, très complexe, nous intéresse moins que le refus étudiant qui s'ensuivit : toute la proposition apparut irréaliste aux associations, et toutes sans exception la refusèrent en bloc. C'était le retour à la case départ et le pire scénario de tous. Quelques jours plus tard, les notes de cette réunion filtrèrent dans les réseaux sociaux et on put y lire comment la manipulation avait été orchestrée, les représentants syndicaux eux-mêmes semblant pris au jeu d'un pouvoir qu'ils auraient dû pourtant voir venir.

La troisième phase du conflit fut certainement la plus pénible. Bien que les manifestations se soient poursuivies, et notamment le 22 mai, le 22 juin et le 22 juillet, sans compter les manifestations nocturnes et les concerts de casseroles ininterrompus, ce sont les aspects juridiques du conflit qui retiennent l'attention. Il était inévitable que certains étudiants veuillent faire valoir leurs droits individuels de recevoir l'enseignement et de terminer leur session : au mois de mai, les échéances devenaient critiques et certains, abandonnant toute solidarité, s'adressèrent avec succès aux tribunaux pour obtenir des injonctions. Sleon les terme de ces dernières, l'accès aux salles de cours était garanti et les enseignants devaient donner les cours. Comme les conditions d'un enseignement serein n'étaient pas réunies, les entrées des établissements étant le lieu d'un piquetage intensif, les enseignants refusèrent de travailler avec un fusil sur la tempe. Plusieurs collèges firent face à une violence inacceptable et les images insoutenables de ces affrontements s'étalaient partout sur les écrans. On pense au collège Lionel-Groulx, où les enseignants durent affronter une direction complètement aveugle. Les injonctions ne furent donc pas respectées, ce qui après quelques échauffourées conduisit à les abandonner. L'Université de Montréal fut aussi le théâtre de tels affrontements, mais heureusement la direction comprit assez rapidement qu'un alignement sur les tribunaux était intenable. Devant l'impasse découlant de procédures juridiques nécessitant le recours à la force et le risque de violences réelles, les étudiants découvrant la réalité de leurs divisions internes, la ministre de l'Éducation remit sa démission le 14 mai. Elle fut aussitôt remplacée par une autre, qui se dit confiante de remplir le mandat du gouvernement et de trouver une solution acceptable pour tous.

Malheureusement, après quelques rencontres qui s'annonçaient fructueuses, la nouvelle ministre déclara forfait, en dénonçant la rigidité de la position étudiante. Toutes les propositions de compromis furent rejetées et la solidarité étudiante demeura ferme durant tout ce processus. Les étudiants venaient en effet d'apprendre que le recours aux tribunaux pouvait avoir des conséquences sérieuses et que la mauvaise foi dont on les accusait était bien implantée dans la partie gouvernementale. Malgré la mobilisation exceptionnelle, ils n'étaient pas les plus forts, sans compter le fait que l'opinion publique ne leur était pas majoritairement favorable. Plusieurs éditorialistes les traitaient d'enfants gâtés, une accusation reprise par le *Globe and Mail* qui les désignait comme des « self-absorbed brats[7] ». Promouvoir la loi et l'ordre, ils devaient le reconnaître, était demeuré payant pour le gouvernement et leur engagement politique, qu'il ait ou non représenté une menace pour l'ordre en place, pouvait devenir dérisoire à leurs propres yeux. C'est dans ce contexte crispé que la nouvelle ministre mit fin unilatéralement aux négociations et que le nouveau discours devint le discours électoral : le conflit était insoluble sur ses propres bases, il fallait s'en remettre à des élections.

Les étudiants ne pouvaient se douter que pendant ce temps le conseil des ministres préparait le dépôt d'une loi spéciale, le projet de loi 78, présenté pour réprimer les manifestations et mettre fin à la grève. Malgré un long débat de plus de vingt heures, le projet fut adopté sans difficulté à l'Assemblée nationale et il provoqua un tollé de protestation dans tous les milieux, autant chez les enseignants que dans les syndicats. Pratiquement, cette loi suspendait la session des établissements en grève, en prévoyait la reprise au mois d'août et mettait en place un lot de mesures concernant les manifestations et l'appartenance aux associations. Cette loi a constitué le point d'aboutissement, à la fois politique et juridique, de ce conflit. Bien qu'elle ait été prévisible depuis longtemps, personne ne s'attendait à ce qu'elle fût aussi dure, notamment au chapitre des limitations du droit de manifester et des sanctions. Dans un important avis, la Commission des droits de la personne et des droits de la jeunesse, suivant la recommandation de nombreux juristes et un avis rendu public par le Barreau, a exprimé de fortes réserves sur les aspects constitutionnels de la loi. Mais entre-temps, sans qu'elle soit concrètement mise en application, la loi 12 (ancien projet de loi 78) a conduit à un raidissement supplémentaire de l'action policière et à la multiplication d'actions nouvelles de contestation : les manifestations du 22 mai et du 22 juin furent l'occasion renouvelée de rassemblements populaires immenses, tous animés d'une révolte contre le caractère injuste de cette loi et appelant à la désobéissance civile. On vit même, entre autres manifestations, des groupes d'avocats en toge devant le Palais de justice, dénonçant les mesures arbitraires de la loi.

Piégés par cette loi et privés désormais d'interlocuteur, les étudiants virent s'approcher les vacances d'été avec anxiété. Leur mobilisation allait-elle se maintenir ? Tous les efforts consentis allaient-ils s'écraser sur ce mur de béton ? La question importante s'était certes déplacée sous l'effet de la loi 12. L'État avait montré son pouvoir, mais il avait aussi révélé ses faiblesses : deux ministres de l'Éducation s'étaient montrées incapables de mener une négociation fructueuse et le premier ministre lui-même ne pouvait plus cacher l'échec d'une politique d'affrontement et de mépris. Pendant ces longs mois, marqués par un printemps rempli de la frénésie des commencements, chacun pouvait encore espérer une solution, mais on dut se rendre à l'évidence : la revendication populaire, si forte et si continue soit-elle, n'est jamais le pouvoir. La démocratie, est-ce fermer l'oreille à l'appel de la jeunesse pour un nouveau pacte social concernant l'éducation supérieure ? Si déjà la nécessité de ce nouveau pacte apparaît comme le résultat du printemps, alors tous ces efforts n'auront pas été vains. Quand j'ai retrouvé mes étudiants, à la mi-août, alors que nous étions sous le coup de la loi 12, l'horizon demeurait très indécis. Les étudiants ont certes retrouvé dans ces actions et peut-être surtout dans ces réseaux de solidarité une confiance possible en la démocratie, mais la leçon que je tire personnellement de ces mois avec eux est que l'énergie de la colère est souvent la seule ressource contre l'injustice. La force de leur action a envahi toute la sphère du langage, elle a créé un lexique qui est celui du printemps et qui s'est superposé à la prolifération des images[8]. Le présent ouvrage restitue l'ensemble de ce répertoire symbolique, où textes et images, paroles et gestes, font retour dans la mémoire de tous ceux qui veulent reconstituer l'archive pour la penser. La mémoire devient, quand le tourbillon se disperse, le nouveau défi de la lutte. Sur ma rue, au fil des semaines, plusieurs portes et fenêtres arboraient le carré rouge : un matin, nous eûmes tous la surprise de trouver dans notre boîte aux lettres un carré rouge en papier, sur lequel on avait inscrit : « Le carré rouge des pouilleux ». Je me demande encore à quel voisin ce carré faisait offense, je sais seulement maintenant que cela aussi fait partie de l'archive, le conflit sourd des écraseurs, la lâcheté de ceux qui regardaient avec mépris passer la parade.

Dans un manifeste citoyen, Paul Chamberland a rappelé l'importance de ce sursaut dans un contexte mondial[9]. Poète engagé, il insiste sur la nécessité d'une résistance à l'écrasement de la vie démocratique libre. Je me suis rappelé son livre si important de 1965, *L'Afficheur hurle*. Il fallait hurler encore et plusieurs intellectuels le firent. Je pense aussi à une conférence donnée au carré Saint-Louis, le 15 avril, par Ginette Michaud, à l'occasion d'une manifestation[10]. Réfléchissant avec ses étudiants de littérature sur la liberté dans l'université et pour l'université, elle rappelle la pensée de Jacques Derrida, promouvant une université « sans condition », dont le concept me semble le plus central dans le printemps que nous commençons à peine à comprendre. Que peut signifier cette inconditionnalité aujourd'hui ? Je reprends à mon tour le texte de Derrida :

> Par « université moderne », entendons celle dont le modèle européen, après une histoire riche et complexe, est devenu prévalent, c'est-à-dire « classique », depuis deux siècles, dans des États de type démocratique. Cette université exige et devrait se voir reconnaître en principe,

> outre ce qu'on appelle la liberté académique, une liberté inconditionnelle de questionnement et de proposition, voire, plus encore, le droit de dire publiquement tout ce qu'exigent une recherche, un savoir et une pensée de la vérité. [...] L'université fait profession de la vérité. Elle déclare, elle promet un engagement sans limite envers la vérité [11].

On voudrait faire de cet engagement la promesse du Printemps érable, un engagement envers la vérité. De tous les motifs qui ont nourri la révolte de ces mois fiévreux, le plus important est sans conteste la volonté de rompre avec une démocratie du simulacre et de l'apparence : non, ont dit tous ceux qui ont manifesté, le Grand Prix n'est pas l'horizon d'un Québec adulte, non le mensonge érigé en système n'est pas la loi de la vie en société. Si la substance de la révolte doit être protégée, si l'archive restaurée dans le présent livre peut y contribuer, c'est d'abord en dressant contre le pouvoir des pantins la vérité d'une réclamation dont les étudiants furent les porteurs. L'archive certes ne peut pas tout, mais elle peut empêcher l'érosion et nourrir la promesse.

Georges Leroux

---

1 Tweet reproduit dans le numéro spécial de la revue *Urbania*, préparé avec l'École de la Montagne Rouge, été 2012.

2 Christian Nadeau, *Un grand tonnerre. Lettre aux étudiants*, voir sur le site de <profscontre la hausse.org>, 12 mai 2012.

3 Voir par exemple le récit très détaillé disponible sur <http://fr.wikipedia.org/wiki/Grève_étudiante_québécoise_de_2012>, mais aussi la chronologie préparée par les Grandes gueules inventives, disponible sur le site <http://ggi.xkr.ca/>.

4 Je réfère ici aux analyses de l'Institut de recherches et d'informations socio-économiques (IRIS), *Faut-il vraiment augmenter les frais de scolarité ? Huit arguments trompeurs sur la hausse*, qui jouèrent un grand rôle dans la structuration de la discussion des enjeux économiques. Même si la guerre des économistes n'a pas eu lieu, l'analyse de la publication montre que ce paradigme de discussion ne s'est pas imposé, malgré plusieurs interventions de part et d'autre.

5 Dans plusieurs interventions, maintenant rassemblées dans un livre (*Une idée de l'université*, Boréal, 2013), Michel Seymour a montré de quelles critiques cette conception mercantile devait être l'objet.

6 Hannah Arendt, « La crise de l'éducation », trad. fr. dans *La crise de la culture*, Paris, Gallimard, 1972.

7 Le 4 mai, le journal de Toronto a présenté sous ce titre un débat entre Patrick Lagacé, qui défend le point de vue des étudiants, et Gary Mason qui le ridiculise : <www.theglobeandmail.com/news/politics/quebec-students-legitimate-strikers-or-self-absorbed-brats/article4104939/>. Gary Mason écrit : « *The Quebec uprising is a farce, led by a group of self-absorbed brats, basking in the glow of often fawning media attention. They are nothing more than spoiled kids demanding to have their way. It is time they are ignored until they stop their whining and grow up.* »

8 Voir, sous la dir. de Mariève Isabel et Laurence-Aurélie Théroux-Marcotte, le très riche *Dictionnaire de la révolte étudiante. Du carré rouge au printemps québécois*, préface de Guy Rocher, Montréal, Tête première, 2012.

9 Ce texte, publié d'abord dans *Le Devoir*, a été repris et augmenté dans le livre *Les pantins de la destruction*, Montréal, Poètes de brousse, coll. « Essai libre », 2012.

10 Ginette Michaud, « Suspens », texte inédit, reproduit partiellement dans cette anthologie.

11 Jacques Derrida, *L'Université sans condition*, Paris, Galilée, coll. « La philosophie en effet », 2001, p. 11-12.

AVANT-PROPOS

En résistance

Mars 2011 : annonce de la future hausse des frais de scolarité ; février 2012 : premiers votes de grève ; 22 mars : manifestation monstre à Montréal de plus de 200 000 personnes, première d'une longue série de manifestations de masse ; 14 mai : démission de la ministre de l'Éducation Line Beauchamp ; 18 mai : adoption de la loi 78 ; 19 mai : début des manifestations de casseroles, à Montréal, puis un peu partout au Québec et même à travers le monde ; 4 septembre : défaite du Parti libéral du Québec aux élections et du premier ministre Jean Charest dans sa circonscription ; le nouveau gouvernement, formé par le Parti québécois, annonce l'annulation de la hausse des frais de scolarité et la tenue prochaine d'un Sommet sur l'enseignement supérieur.

L'Histoire, trop pressée de figer les événements en un récit confortable et digeste, risquera de ne retenir que ces quelques dates. Elles disent beaucoup du mouvement qui a enflammé le Québec durant le « printemps québécois ». Elles nous renseignent notamment sur les opportunismes politiciens et sur l'entêtement d'un parti au pouvoir engoncé dans son idéologie néolibérale et visiblement gangrené par la corruption. Mais elles ne peuvent témoigner que superficiellement des engagements sincères, de la capacité des luttes à fleurir sur une terre sociale que l'on imagine trop souvent endormie et du réveil d'un peuple que l'on croit en léthargie entre deux élections.

Ces importantes étapes masquent également ce que le mouvement social du printemps 2012 a été aussi, et peut-être surtout, soit un laboratoire d'idées, une explosion de créativité et une prise de parole collective (en mots, en arts et en actes). Tandis que par milliers, des hommes et des femmes descendaient dans la rue jour après jour, avec ou sans casserole à la main, des individus hier muets ont saisi la plume, le clavier, le micro ou la caméra. D'autres, citoyen.ne.s et étudiant.e.s, ont utilisé l'espace numérique où ils s'exprimaient déjà ou en ont créé de nouveaux pour soutenir le mouvement. D'autres enfin, professionnel.le.s de la parole ou de la culture, professeur.e.s pour la plupart, ont saisi cette trop rare occasion de délaisser les publications savantes pour rédiger des manifestes et des lettres ouvertes, des notes de blogue et des pétitions.

L'espace public a été investi par les manifestations, insolites ou massives, les déclarations, les slams, les carrés rouges dressés sur des édifices. L'espace multimédiatique ne l'a pas moins été : articles, lettres ouvertes, blogues, tweets, pages Facebook, mais aussi jeux vidéo, bandes dessinées, nouvelles, poésies se sont multipliés.

Les murs ont la parole, disait-on en 1968. Ils l'ont reprise en 2012, et avec eux les édifices publics, les panneaux d'affichage, les écrans d'ordinateur. L'Internet a été particulièrement mis à contribution par les citoyen.ne.s tandis que la parole éditoriale se montrait souvent davantage préoccupée par les gesticulations ministérielles, par la campagne de peur sur le thème de la « violence », par les silences de la « majorité », par le dernier sondage qui tâchait de soumettre le soulèvement d'une grande partie de la population à l'applaudimètre.

Pendant ce temps, on marchait dans les rues, on créait, on pensait, on agissait. Et on échangeait sur de multiples plateformes, on lisait à tout moment : tel gazouillis, tel « post », telle photographie ou vidéo était transféré des dizaines de milliers de fois. Combien ont vécu pendant ces mois de printemps au rythme de ce qui défilait sur leur mur Facebook, sur leurs fils Twitter, dans leur boîte de réception ?

Un an a passé depuis la manifestation du 22 mars 2012. À l'issue de ce rassemblement, beaucoup ont pris conscience qu'il se jouait sous leurs yeux bien plus encore qu'une grève étudiante, fût-elle historique. Les responsables étudiant.e.s, la CLASSE en particulier, n'ont d'ailleurs pas manqué de faire de la lutte contre la hausse des frais de scolarité à l'université un levier parmi d'autres pour dénoncer l'idéologie néolibérale et ses effets sur les services publics.

Un an a passé. Des centaines de milliers d'ajouts sur les murs des pages Facebook, dans les archives des sites de journaux, de plateformes et de blogues ont estompé ou même effacé le souvenir de certaines manifestations, d'une partie significative des textes et des objets médiatiques produits pendant le printemps. Le temps filant et l'information s'accumulant, s'annulant, les mots et les actes, sauf exceptions, se seront éteints dans quelques années.

C'est pour maintenir vive la mémoire d'un printemps où l'art, l'acte et la pensée ont repris leurs droits que nous avons fait le pari de laisser la parole à celles et ceux qui, étudiant.e.s engagé.e.s, professeur.e.s indigné.e.s, citoyen.ne.s solidaires, s'en sont saisie. Cette histoire que l'Histoire risque d'oublier, nous la racontons par la voix de celles et ceux qui l'ont faite : de ces étudiant.e.s surtout qui se sont impliqué.e.s, souvent jour et nuit et en engageant leurs propres moyens financiers pour contribuer au mouvement collectif. D'ailleurs, certain.e.s des artistes et des activistes qui ont collaboré à cet ouvrage ont tenu à garder l'anonymat. Leurs paroles et leurs œuvres devaient demeurer ouvertes, accessibles au plus grand nombre, comme si l'élan collectif pouvait parfois l'emporter sur le désir d'une reconnaissance individuelle. Le Printemps québécois appartient à tou.te.s et à personne.

Il a fallu faire des choix, souvent déchirants, passer sous silence de nombreux textes, images et manifestations, hiérarchiser les objets médiatiques retenus et sélectionner des extraits représentatifs. S'il privilégie le domaine culturel, ce livre s'articule autour d'une chronologie des événements qui accorde une large place aux discours sociaux, politiques et institutionnels ainsi qu'aux déclarations des personnages les plus médiatisés lors des événements du printemps. Toutefois, la parole a été donnée moins aux politicien.ne.s, aux organisations et aux représentant.e.s des mouvements étudiants qu'aux citoyen.ne.s, sans distinctions. Des pages thématiques, consacrées à des épisodes ou à des phénomènes marquants, complètent l'anthologie. Ce livre en forme de carré rouge ne prétend pas à la neutralité. Il vise à constituer une archive de la grève étudiante en documentant le mouvement social qui l'a accompagnée, et repose sur la volonté d'échapper au joug des circonstances pour mieux trouver, dans les multiples productions du Printemps québécois, ce qui pourra toucher les lecteurs et les lectrices du présent et du futur.

Maude Bonenfant
Anthony Glinoer
Martine-Emmanuelle Lapointe

MOT DE L'ÉDITRICE

On avance, on avance, on recule pas !

Le livre que vous tenez entre les mains est une œuvre collective au plein sens du terme. Il aurait en effet été impensable de réaliser un projet d'une telle ampleur sans la collaboration de plusieurs personnes, collectifs et institutions que les Éditions Écosociété tiennent ici à remercier chaleureusement.

* D'abord et avant tout, un merci infini à tous les protagonistes du Printemps qui ont accepté avec beaucoup de générosité de collaborer à cette anthologie. Sans vous, il n'y aurait pas eu ce livre et, surtout, il n'y aurait pas eu ce Printemps...

* Un immense merci aussi aux instigateur.trices de ce projet assez hors-norme pour Écosociété, Maude Bonenfant, Anthony Glinoer et Martine-Emmanuelle Lapointe, ainsi qu'à la graphiste Louise-Andrée Lauzière pour son apport éditorial et son engagement exceptionnel. Ensemble, nous avons formé toute une équipe !

* De nombreuses personnes ont travaillé « dans l'ombre » sur ce projet. Et pourtant, leur tâche a été absolument essentielle à sa réalisation. Nos plus sincères remerciements à Geneviève Bruneau, Rosalie Dion-Picard, Michaël Fortier, Rosie Lanoue-Deslandes, Kiev Renaud, Fabien Richert, Olivier A. Savoie et Véronie Whear. Merci également à Hasna Addou, Marcos Ancelovici, Mélissa Blais, Julie Châteauvert, Elodie Comtois, Francis Dupuis-Déri, Christophe Horguelin, François Larose, Rosalie Lavoie, Stéphane Lavoie, Ginette Michaud, Monique Moisan, Serge Mongeau et David Murray.

* Nos remerciements, enfin, aux institutions qui nous ont apporté leur soutien : le Groupe de recherches et d'études sur le livre au Québec (GRELQ), le Centre de recherche interuniversitaire sur la littérature et la culture québécoises (CRILCQ) et le Syndicat des professeurs et professeures de l'Université du Québec à Montréal (SPUQ).

Fidèles à leurs valeurs les plus profondes, les Éditions Écosociété ont tenu à féminiser les textes qui composent cet ouvrage, à l'exception de ceux qui avaient déjà été publiés ailleurs et à d'autres fins, et, bien évidemment, de toutes les citations.

Considérant la nature de cette anthologie, nous avons également fait le choix de ne pas présenter de table des matières et de constituer plutôt un index qui, nous l'espérons, facilitera le repérage de ses divers éléments. Il s'agit d'un index à la fois *nominum* (les noms propres) et *rerum* (les thèmes). Vous trouverez également une table des textes réunis à la fin l'ouvrage.

La question des droits d'auteur.e a mobilisé beaucoup de nos énergies. Nous avons tenté de rejoindre toutes les personnes, tous les collectifs et tous les organismes dont les

© JIMMY BEAULIEU

œuvres sont répertoriées dans cette anthologie. Nous y sommes parvenus dans presque tous les cas, mais pas absolument tous. Si les propriétaires de ces droits se reconnaissent, qu'ils n'hésitent pas à entrer en contact avec les Éditions Écosociété. Nous nous ferons un plaisir de rectifier le tir à la prochaine impression, le cas échéant.

Par-delà sa portée sociale et politique, le Printemps québécois est rapidement devenu un « objet culturel » – on peut s'en désoler, mais c'est un fait. Dans ce contexte, il n'est pas si évident de choisir la manière d'en parler... Quels types de discours un éditeur critique et indépendant doit-il privilégier ? Quelles perspectives faut-il adopter ? Comment éviter de répéter ce qui a déjà été dit, rapporté, commenté, analysé, déconstruit mille et une fois ? Autant de questions qui sont au cœur de notre activité « créatrice ».

Avec cette anthologie, les Éditions Écosociété font le pari de la mémoire : répertorier, archiver, classer, documenter tous les événements et toutes les œuvres qui sont associés à la grève étudiante et au mouvement social exceptionnel qu'elle a inspiré. Bien sûr, il est impossible d'être exhaustif et certains choix ont été difficiles... Mais nous aurons réussi notre pari si vous vous dites, en tournant les pages de cet ouvrage : « oui, là, j'y étais ! » ou « ça, je voulais y aller, mais je l'ai manqué » ou encore « ho! je ne connaissais pas ! ».

Au moment où j écris ces lignes, le Sommet sur l'enseignement supérieur vient tout juste de se terminer, le gouvernement péquiste de Pauline Marois imposera une indexation des frais de scolarité de 3 % par année et les manifestant.e.s se font brutalement charger par les forces de l'ordre dans les rues de Montréal. Comment ne pas ressentir de la rage devant une telle mascarade ? Tout semble si orchestré... Esclaves d'une logique qui n'a de démocratique que le nom, les partis politiques semblent en effet incapables de gouverner autrement que par les sondages, s'empressant de reléguer à la marge toute idée susceptible de perturber cette sacro-sainte « paix sociale ».

Mais n'en déplaise aux faiseurs d'opinion de tout acabit, la conclusion du Sommet sur l'enseignement supérieur ne vient pas refermer une parenthèse qui aurait été ouverte par le Printemps québécois. La bataille désormais symbolisée par le carré rouge dépasse largement la question des frais de scolarité. Elle vise une véritable réappropriation de la parole et de l'action politiques par les gens de la « cité ».

Nous souhaitons que cette anthologie, par la mémoire collective qu'elle constitue, témoigne de cette possibilité surgie du Printemps et nous permette de retrouver cet élan insufflé par les étudiant.e.s.

Barbara Caretta-Debays

Liste des sigles

ACPPU : Association canadienne des professeures et professeurs d'université

AELIES : Association des étudiantes et étudiants de Laval inscrits aux études supérieures

ASSÉ : Association pour une solidarité syndicale étudiante

CAQ : Coalition Avenir Québec

CDPDJ : Commission des droits de la personne et des droits de la jeunesse

CLAC : Convergence des luttes anticapitalistes

CLASSE : Coalition large de l'ASSÉ

CSDM : Commission scolaire de Montréal

CSN : Confédération des syndicats nationaux

CSQ : Centrale des syndicats du Québec

CREPUQ : Conférence des recteurs et des principaux des universités du Québec

FECQ : Fédération étudiante collégiale du Québec

FEUQ : Fédération étudiante universitaire du Québec

FIQ : Fédération interprofessionnelle de la santé du Québec

FNEEQ : Fédération nationale des enseignantes et enseignants du Québec

FQPPU : Fédération québécoise des professeures et professeurs d'université

FTQ : Fédération des travailleurs et travailleuses du Québec

HEC : École des hautes études commerciales de Montréal

IEDM : Institut économique de Montréal

IRIS : Institut de recherche et d'informations socio-économiques

MELS : Ministère de l'Éducation, du Loisir et du Sport

MÉSRQ : Mouvement des étudiants socialement responsables du Québec

ONU : Organisation des Nations unies

PLQ : Parti libéral du Québec

PQ : Parti québécois

SAAQ : Société de l'assurance automobile du Québec

SEFPO : Syndicat des employé-e-s de la fonction publique de l'Ontario

SPS : Service de police de Sherbrooke

SPVM : Service de police de la Ville de Montréal

SPVQ : Service de police de la Ville de Québec

SQ : Sûreté du Québec

TaCEQ : Table de concertation étudiante du Québec

UdeM : Université de Montréal

UdeS : Université de Sherbrooke

UQAC : Université du Québec à Chicoutimi

UQAM : Université du Québec à Montréal

UQAR : Université du Québec à Rimouski

UQAT : Université du Québec en Abitibi-Témiscamingue

UQO : Université du Québec en Outaouais

UQTR : Université du Québec à Trois-Rivières

Les associations étudiantes nationales

ASSÉ : Association pour une solidarité syndicale étudiante. Fondée en 2001. L'ASSÉ regroupe plus de 70 000 membres tant au niveau collégial qu'universitaire. « L'ASSÉ incarne une vision combative du syndicalisme étudiant, et met l'information et la mobilisation de ses membres au cœur de son plan d'action. Plus qu'une simple association, l'ASSÉ se veut un véritable syndicat voué à la défense des intérêts des étudiants et étudiantes du Québec, notamment, en combattant pour une plus grande accessibilité à l'éducation postsecondaire. » (<www.asse-solidarite.qc.ca>)

CLASSE : Coalition large de l'Association pour une solidarité syndicale étudiante. Créée en décembre 2011 pour coordonner la lutte contre la hausse des frais de scolarité, la CLASSE a permis aux associations non membres de rejoindre l'ASSÉ de façon temporaire, sans nécessairement avoir à payer de cotisations. Elle a atteint les 100 000 membres avant d'être dissoute le 3 novembre 2012.

FECQ : Fédération étudiante collégiale du Québec. Fondée un an après la FEUQ (1990). Elle réunit 21 associations représentant 80 000 étudiant.e.s. « La FECQ est d'abord et avant tout une fédération d'associations étudiantes, reconnue pour la crédibilité et le sérieux de ses actions dans l'opinion publique, vis-à-vis du gouvernement et les étudiantes et les étudiants. La FECQ refuse de s'emmurer dans une idéologie ou une utopie quelconque. En tant que groupe de pression visant le gouvernement et les différents acteurs de la société dans des domaines tels que l'éducation, l'environnement et la jeunesse, la Fédération met à la disposition de ses membres toutes les tactiques imaginables, possibles et efficaces afin d'obtenir ce que les étudiantes et les étudiants, par l'intermédiaire de leurs assemblées générales et de leurs associations étudiantes, demandent. La FECQ existe donc pour faire des avancées pour la condition étudiante québécoise ainsi que la jeunesse en général. C'est le réalisme et le pragmatisme de ses revendications qui ont fait de ses campagnes des réussites. » (<http://fecq.org>)

FEUQ : Fédération étudiante universitaire du Québec. Fondée en 1989 à la suite du dégel des frais de scolarité. Elle regroupe 15 associations représentant 125 000 étudiant.e.s. « Depuis sa création, et selon son esprit, la FEUQ s'emploie à défendre une éducation humaniste comme choix de société. Elle s'attarde aussi à défendre ses membres avant, pendant et après leur passage à l'université en revendiquant une éducation accessible et de qualité qui favorise le développement des savoir-être et savoir-faire. » Elle privilégie une pratique axée sur la concertation et les partenariats avec l'État. (<www.feuq.qc.ca>)

TACEQ : Table de concertation étudiante. Fondée en 2009. Elle réunit 4 associations représentant 65 000 étudiant.e.s. « La TaCEQ est issue du désir de certaines associations de mettre de l'avant une structure nationale de représentation plus décentralisée, se distinguant par des idées novatrices. Ces associations ont donc mis sur pied une organisation à la structure souple permettant de défendre les positions locales des membres. » (<www.taceq.org>)

PRINTEMPS
ERABLE

Chronologie

Principaux événements avant le déclenchement de la grève

1990

Malgré la mobilisation étudiante, le gouvernement libéral de Robert Bourassa fait passer les frais de scolarité de 500 $ à 1600 $ en décrétant une hausse annuelle de 280 $ pendant quatre ans.

1996

En octobre, quelque 100 000 étudiant.e.s déclenchent une grève qui durera trois semaines au moment où Pauline Marois, alors ministre de l'Éducation dans le gouvernement péquiste de Lucien Bouchard, propose une augmentation des frais de scolarité de 30 %. Les protestations font rapidement revenir la ministre sur sa décision; le gel est décrété jusqu'en 2007.

2002

La CREPUQ et le ministère de l'Éducation déposent un rapport intitulé *Le niveau des ressources de fonctionnement des universités québécoises : comparaison aux autres universités canadiennes, 1995-1996 à 2002-2003.* Ce rapport établit le niveau du sous-financement des universités québécoises par rapport à celles du reste du Canada à 375 millions de dollars.

2005

Le gouvernement libéral de Jean Charest procède à une réforme de l'aide financière aux étudiant.e.s qui convertit 103 millions de dollars de bourses en prêts. À la mi-mars, plus de 200 000 étudiant.e.s sont en grève. Le gouvernement québécois devra reculer après six semaines de grève.

2007

Le gouvernement libéral annonce son intention de hausser les frais de scolarité à l'université de 500 $ par année, sur une période de cinq ans.

Mars 2008

Le Groupe de travail sur la tarification des services publics, mis sur pied par le gouvernement du Québec, dépose son rapport *Mieux tarifier pour mieux vivre ensemble*. Le rapport attaque ce qu'il appelle une « culture de la gratuité ».

Décembre 2009

Le Comité consultatif sur l'économie et les finances publiques, relevant du ministère des Finances, dépose trois fascicules intitulés *Le Québec face à ses défis* dans lesquels il est proposé de mettre fin à cette « culture de la gratuité ».

Février 2010

Publication du *Pacte pour le financement concurrentiel de nos universités,* un document rédigé par 16 « citoyens engagés » issus du milieu politique et du monde des affaires, dont l'ex-premier ministre Lucien Bouchard et les ex-ministres Monique Jérôme-Forget et Joseph Facal.

Mars 2010

La FEUQ publie *Les frais de scolarité et l'université. Argumentaire contre les hausses de frais de scolarité.*

1er avril 2010

À l'appel de la Coalition opposée à la tarification et à la privatisation des services publics, plus de 15 000 personnes manifestent dans les rues du quartier des affaires à Montréal pour protester contre le budget du ministre Raymond Bachand.

11 août 2010

Line Beauchamp devient ministre de l'Éducation, du Loisir et du Sport à la suite d'un remaniement dans le gouvernement libéral de Jean Charest.

Novembre 2010

Le rapport de la CREPUQ intitulé *Le financement des universités québécoises comparé à celui des universités des autres provinces canadiennes de 2000-2001 à 2007-2008* établit le niveau de sous-financement des universités québécoises à 620 millions de dollars.

Décembre 2010

Le gouvernement libéral convie une centaine de personnes du milieu de l'éducation (représentant.e.s. des universités, gens d'affaires, syndicats, professeur.e.s et étudiant.e.s) à un Forum sur le financement des universités. Il dépose un plan de financement des universités qu'il juge « équitable et équilibré ».

6 décembre 2010

Les étudiant.e.s (FECQ et FEUQ) et les syndicats (CSN, CSQ et FTQ), regroupés sous l'étiquette d'« Alliance sociale » au Forum sur le financement universitaire, à Québec, quittent la table de « consultation » et dénoncent l'intention du gouvernement libéral de hausser les frais de scolarité.

60 000 personnes sont en grève pour une journée pour aller manifester à Québec en marge du Sommet sur l'éducation.

9 décembre 2010

La FECQ et la FEUQ déposent à l'Assemblée nationale une pétition contre la hausse des frais de scolarité rassemblant plus de 30 000 signatures.

12 mars 2011

À Montréal, des dizaines de milliers de personnes participent à la manifestation de l'Alliance sociale et de la Coalition opposée à la tarification et à la privatisation des services publics.

17 mars 2011

Le budget provincial déposé par le ministre des Finances, Raymond Bachand, prévoit une hausse des frais de scolarité de 325 $ par année pendant cinq ans. La hausse totale s'élèvera à 1 625 $, faisant passer la facture des étudiant.e.s à 3 793 $ en 2017.

31 mars 2011

Quelque 2 000 étudiant.e.s se rassemblent devant les bureaux du premier ministre du Québec, sur la rue Sherbrooke à Montréal, à l'appel de l'ASSÉ pour protester contre la hausse. Une vingtaine de manifestant.e.s réussissent à s'introduire dans les bureaux de la CREPUQ, d'où ils sont délogés par l'escouade tactique du SPVM.

50 000 étudiant.e.s postsecondaires votent une journée de grève.

7-8 mai 2011

À l'initiative de l'ASSÉ, toutes les associations étudiantes locales du Québec se rassemblent pour parler de lutte contre le dégel des frais de scolarité. Au terme de longs débats, le Rassemblement national étudiant parvient à dégager les consensus suivants : tenue d'une manifestation conjointe, non-dénonciation d'une action des autres organisations et non-négociation avec le gouvernement sans la présence de toutes les centrales étudiantes.

8 mai 2011

L'IRIS publie une étude qui fournira des munitions aux futur.e.s étudiant.e.s grévistes
et autres opposant.e.s
à la hausse : *Faut-il vraiment augmenter les frais de scolarité ? Huit arguments trompeurs sur la hausse*.

20 octobre 2011

Lux éditeur publie le livre *Université Inc.* d'Éric Martin et de Maxime Ouellet. En parallèle, l'IRIS effectue une tournée de conférences dans les campus de la province.

10 novembre 2011

À Montréal, 20 000 étudiant.e.s (*Le Devoir*) manifestent contre la hausse des frais de scolarité à l'appel de la FECQ, de la FEUQ et de l'ASSÉ. Le porte-parole de cette dernière, Gabriel Nadeau-Dubois, annonce la possibilité d'une grève générale illimitée à l'hiver 2012.

Cette journée-là, plus de 200 000 étudiant.e.s du Québec sont en grève pour protester contre la hausse des frais de scolarité.

11 novembre 2011

Le gouvernement libéral achète certaines expressions, comme « grève étudiante », « manifestation étudiante », « FECQ » ou « FEUQ », sur le moteur de recherche Google. En effectuant une recherche avec ces mots-clés, une publicité pour le site gouvernemental <www.droitsdescolarite.com> vous propose d'apprendre « pourquoi une hausse est nécessaire pour continuer à assurer la qualité de l'enseignement et garantir la valeur des diplômes universitaires ».

4 décembre 2011

Fondation de la CLASSE au collège de Valleyfield.

23 janvier 2012

La FECQ et la FEUQ envisagent elles aussi le déclenchement d'une grève générale à l'hiver.

27 janvier 2012

À Montréal, 200 étudiant.e.s (*La Presse*) bloquent l'accès au ministère de l'Éducation.

© MAILLE À PART

« À TROP MESURER LA VALEUR DES DIPLÔMES EN TERMES ÉCONOMIQUES, ON EST EN TRAIN DE LES DÉVALUER SUR LE PLAN DU CONTENU. »

ÉRIC MARTIN

« En fait, le message qu'on envoie aux étudiants en ce moment, c'est "travailler plus pendant vos études pour pouvoir payer vos frais de scolarité" alors que toutes les recherches disent que travailler pendant ses études, c'est néfaste sur les résultats. »

« Bref, en regardant notre passé, tout comme en nous comparant avec les autres provinces canadiennes, on sait qu'une hausse des frais va avoir un impact sur la fréquentation. »

« D'ailleurs, il est assez difficile de savoir qui fait sa juste part grâce aux frais de scolarité, parce qu'ils sont les mêmes pour tout le monde, peu importe le niveau de revenu et [...] l'argent qu'on va faire en finissant ses études. On peut par contre utiliser un autre système, qui est beaucoup plus juste et qui est fondé sur la capacité de payer des individus : ça s'appelle l'impôt sur le revenu. »

SIMON TREMBLAY-PEPIN

« Plutôt que de parler de sous-financement, il faudrait parler de "malfinancement" [...] Alors il semble qu'ici on n'a pas un problème de ressources financières, mais plutôt un problème de sens des priorités. »

« Plus on investit d'argent dans la nouvelle université commerciale, plus les problèmes vont s'accentuer, plus les contradictions vont se radicaliser entre l'enseignement de plus en plus précarisé et la recherche commerciale surfinancée. »

« Tout le problème vient du fait que deux visions, deux fonctions de l'université s'affrontent et qu'une des fonctions est en train de supplanter l'autre. Tant que ce débat n'est pas tranché, plus nous allons mettre d'argent, plus l'argent va aller à financer le béton, les gestionnaires, la pub, les coûts juridiques, plutôt que de financer l'accès universel à l'enseignement. »

ÉRIC MARTIN

L'IRIS et les huit mythes sur la hausse des frais de scolarité

L'Institut de recherche et d'informations socio-économiques (IRIS), qui a pour mandat de « diffuser un contre-discours aux perspectives que défendent les élites économiques », aura joué un rôle pédagogique significatif dans le printemps québécois. Peu avant le début de la grève étudiante, entre le 23 septembre et le 20 novembre 2011, l'Institut produit et publie huit capsules vidéos « qui s'attaquent à plusieurs mythes qui sont véhiculés pour justifier la hausse des frais de scolarité ». La déconstruction de ces mythes donnera de précieuses munitions intellectuelles aux opposant.e.s à la hausse des frais de scolarité. Les capsules vidéo sont présentées par deux chercheurs de l'Institut, Simon Tremblay-Pepin et Éric Martin, ce dernier ayant lui-même été très actif dans le mouvement étudiant au moment de la grève de 2005.

Les huit mythes sur la hausse des frais de scolarité

- LES UNIVERSITÉS SONT SOUS-FINANCÉES
- LA HAUSSE DES FRAIS PROTÈGE LA VALEUR DES DIPLÔMES
- LA HAUSSE EST NÉCESSAIRE POUR SAUVER LES UNIVERSITÉS
- LA HAUSSE PERMETTRA D'EMBAUCHER DES PROFESSEUR.E.S
- L'AIDE FINANCIÈRE COMPENSERA POUR LA HAUSSE DES FRAIS
- LES ÉTUDIANT.E.S DOIVENT FAIRE LEUR JUSTE PART
- LA HAUSSE N'INFLUENCERA PAS LA FRÉQUENTATION
- LE GEL OU LA GRATUITÉ SONT IRRÉALISTES

Zine de grève

À l'initiative des frères François et Joseph Baril, « 15 auteurs de bande dessinée se relèvent les manches et vous expliquent les vraies conséquences de la hausse des frais de scolarité, en se basant sur un document de l'IRIS. Ça se lit vite, il y a des dessins, et on a même fait des blagues. » Ce zine collectif, pour lequel l'équipe de *Fonte* a fait relâche, est distribué librement sous forme de fascicules ou même d'affiches à partir du 27 mars.

HAUSSE.AENCRE.ORG

© COLOSSE ET PAGE COUVERTURE DE ZVIANE

4E ARGUMENT
HAUSSER LES FRAIS DE SCOLARITÉ PERMET D'ENGAGER LES MEILLEURS ENSEIGNANT·E·S ET D'ACHETER DE NOUVEAUX ÉQUIPEMENTS
LAISSEZ-MOI MAINTENANT VOUS EXPLIQUER EN QUOI IL EST ERRONÉ DE CROIRE QU'UNE HAUSSE DES FRAIS DE SCOLARITÉ PERMETTRA D'OPTIMISER LA QUALITÉ DES SERVICES OFFERTS AUX ÉTUDIANTS.
...GRÂCE À UN SAVOUREUX EMPLOI DES GRAPHIQUES EN POINTE DE TARTE!
MIEUX CONNU SOUS SON ANGLO-SAXONNE APPELLATION DE « PIE CHART »...
...LE GRAPHIQUE EN POINTE DE TARTE PERMET DE RENDRE LA PLUS ABSTRAITE DES RÉALITÉS PARFAITEMENT LIMPIDE.
GRAPHIQUE 1: COMPARAISON DE LA RÉPARTITION DU PERSONNEL DE L'UNIVERSITÉ DE MONTRÉAL ENTRE 2000 ET 2008
2000
10%
26%
64%
15%
22%
63%
PROFESSEUR·E·S
CADRES
AUTRES
NOTEZ PAR EXEMPLE QUE LA PART DE DÉLICIEUSE TARTE ALLOUÉE AUX CADRES A AUGMENTÉ PROGRESSIVEMENT DANS LES DERNIÈRES ANNÉES...
...AU DÉTRIMENT DE LA PORTION OFFERTE AUX PROFESSEURS QUI DOIVENT SE SATISFAIRE DE POINTES DE MOINS EN MOINS APPÉTISSANTES.
IL FAUT BIEN ADMETTRE QUE CETTE TARTE EST IRRÉSISTIBLE!
QUI DIRAIT NON À...
UNE AUTRE POINTE!
POP!
MOUNCH! MOUNCH!

ALORS, POUR AVOIR TOUJOURS PLUS DE TARTE ON ENGAGE...
...DE MOINS EN MOINS DE CES GOINFRES DE PROFESSEURS...
...QUI PEUVENT ÊTRE AISÉMENT REMPLACÉS PAR DES CHARGÉS DE COURS...
...HABITUÉS PAR DES ANNÉES D'ÉTUDES À MANGER DE PETITES PARTS DE TARTES...
...À LA LIMITE, CEUX-CI SAURONT SE SATISFAIRE D'UNE MAIGRE TARTELETTE.
GRÂCE À UNE SAVANTE RÉORGANISATION DU MODÈLE UNIVERSITAIRE, IL EST POSSIBLE POUR L'ADMINISTRATION DE S'ACCAPARER LA QUASI TOTALITÉ DE LA TARTE...
...ET POURQUOI PAS, DE SE PAYER UNE OU DEUX BOULES DE CRÈME GLACÉE POUR ACCOMPAGNER LE TOUT!
GRAPHIQUE 2: COMPARAISON DE L'ÉVOLUTION DU NOMBRE DE PROFESSEUR·E·S ET D'EETP* DANS LES UNIVERSITÉS QUÉBÉCOISES
NOMBRE DE PROFESSEUR·E·S
NOMBRE D'EETP
— NOMBRE DE PROFESSEUR·E·S
--- NOMBRE D'EETP
PENSER L'UNIVERSITÉ EN TERMES ALIMENTAIRES MÈNERA L'ACADÉMISME À SA PERTE.
MOUNCH.
MOUNCH.
* EETP (ÉTUDIANT·E·S ÉQUIVALENT TEMPS PLEIN)
FSD+AFR
SOURCES :
• UNIVERSITÉ DE MONTRÉAL, RAPPORTS ANNUELS 2000, 2008, WWW.RECTEUR.UMONTREAL.CA/DOCUMENTS/
• CRÉPUQ, DE LA PÉNURIE DE PROFESSEURS D'UNIVERSITÉ AU QUÉBEC : RÉVISION DE LA DEMANDE DE PROFESSEURS D'UNIVERSITÉ AU QUÉBEC JUSQU'EN 2012, JANVIER 2004
• DYKE, NATHALIE, MICHEL UMBRIACO ET CÉCILE SABOURIN, FINANCEMENT DES UNIVERSITÉS. INVESTIR DANS LE CORPS PROFESSORAL, FQPPU, AVRIL 2008, P. 4.

FÉVRIER

« L'enseignement supérieur doit être rendu accessible à tous en pleine égalité, en fonction des capacités de chacun, par tous les moyens appropriés et notamment par l'instauration progressive de la gratuité. »

ARTICLE 13.C DU PACTE INTERNATIONAL RELATIF AUX DROITS ÉCONOMIQUES, SOCIAUX ET CULTURELS ADOPTÉ PAR QUÉBEC LE 21 AVRIL 1976

© ARCHICONTRE

Les racines du carré

> *« Nous, on sait ce que ça veut dire, le carré rouge. Ça veut dire l'intimidation, la violence, ça veut dire aussi le fait qu'on empêche des gens d'aller étudier. »*
>
> CHRISTINE SAINT-PIERRE, MINISTRE DE LA CULTURE, DES COMMUNICATIONS ET DE LA CONDITION FÉMININE (8 JUIN 2012)

Fort de son succès au Québec, le carré rouge est devenu un symbole universel de la résistance aux politiques néolibérales. Mais quelle est l'origine de ce bout de feutrine qui a finalement été adopté partout dans le monde ? L'idée naît au cours d'une réunion du Parlement de la rue organisée par le Collectif pour un Québec sans pauvreté, le 24 janvier 2004. Le carré rouge, confectionné à l'époque de papier collant, sert à exprimer l'opposition au projet de loi 57 sur la réforme de l'aide sociale. Les membres du Collectif le portent pour la première fois le 5 octobre 2004.

Les étudiant.e.s l'adoptent à leur tour en 2005, dans le contexte de leur grève contre les compressions majeures dans l'aide financière aux études décrétées par le gouvernement du Québec. Le carré rouge refait son apparition en 2011 lorsque le gouvernement Charest annonce son intention d'augmenter les frais de scolarité de 75 % sur cinq ans. Au printemps 2012, il y aura une véritable déferlante de carrés rouges sur le Québec. Le symbole donne lieu à une explosion de créativité (sur les vêtements, les sacs, dans les fenêtres, sur les édifices, etc.), mais aussi à une inquiétante vague de répression politique et policière.

Signification des couleurs

- (rouge) LA MOBILISATION CONTRE LA HAUSSE DES FRAIS DE SCOLARITÉ
- (vert) LA MOBILISATION POUR LA HAUSSE DES FRAIS DE SCOLARITÉ
- (noir) L'OPPOSITION AU PROJET DE LOI 78 (DEVENU LOI 12) ET L'ADHÉSION AUX IDÉES LIBERTAIRES
- (blanc) L'APPUI À UN ARMISTICE ENTRE LES ÉTUDIANT.E.S GRÉVISTES ET LE GOUVERNEMENT
- (jaune) L'APPUI À LA HAUSSE DES FRAIS DE SCOLARITÉ, MAIS ÉTALÉE SUR UNE PLUS LONGUE DURÉE. CETTE IDÉE A ÉTÉ POPULARISÉE PAR LE CHRONIQUEUR RICHARD MARTINEAU
- (bleu) LE REFUS DE LA HAUSSE DES FRAIS DE SCOLARITÉ, MAIS AUSSI LE REFUS DE LA GRÈVE
- (vert et rouge) L'INDÉCISION

CARRÉMENT DANS LE ROUGE !

FÉVRIER

7 Premier vote de grève au collège de Valleyfield. Les résultats sont très serrés : 460 voix pour, 448 contre et 1 abstention.

9 La CLASSE atteint son plancher de 20 000 étudiant.e.s dont l'association a obtenu un mandat de grève et annonce qu'une grève générale illimitée est imminente.

13 Les Associations facultaires étudiantes de science politique et droit, des étudiants en arts, des étudiants en sciences humaines de l'UQAM et l'Association des étudiant.e.s diplômé.e.s du département d'histoire de l'Université de Montréal votent la grève générale illimitée. Le plancher de 20 000 étudiant.e.s, provenant de 7 associations étudiantes distinctes et de 3 campus différents, est atteint. La grève commence.

13 Naissance de l'École de la Montagne Rouge à l'Université du Québec à Montréal (UQAM).

14 11 000 étudiant.e.s de l'UQAM et de l'Université Laval déclenchent une première vague de grève générale illimitée.

14 Création du Rassemblement des Artistes Très Sensibilisé.e.s (RATS) qui souhaite favoriser la diffusion des productions artistiques inspirées par la grève.

Archicontre

Archicontre est un collectif qui naît au moment où, dans la nuit du 18 au 19 février, cinq étudiant.e.s en architecture de l'Université de Montréal (Martin Tanguay, Pierre-Charles Gauthier, Marilou Morin, Catherine Alexandre-Lacombe et Jérôme Lemieux-Bouchard) installent une guérite sur une passerelle menant au pavillon d'architecture, obligeant les piéton.ne.s à payer symboliquement un droit de passage. Sur la guérite est inscrit « Archicontre la hausse », nom qui est par la suite associé au groupe de militant.e.s. Rapidement, d'autres étudiant.e.s en architecture se joignent au collectif et un noyau de huit personnes synchronisent les diverses activités, qui peuvent réunir jusqu'à une trentaine d'étudiant.e.s. Cette « géométrie très variable » du groupe permet une grande flexibilité dans les actions posées, qui visent à la fois à contrer la hausse et à susciter une réflexion sur le rôle de l'espace public.

Parmi leurs œuvres, notons ces cubes en bois rouges, d'un mètre carré, qui sont portés comme des sacs à dos et sur lesquels on peut lire des slogans tels que « Êtes-vous prêts à endosser la hausse ? » ou « Une hausse lourde de conséquences ». Ces cubes, modulables, se transforment aussi en bancs et en tables qui permettent de tenir des « assemblées populaires » spontanées ou des séances de travail dans les espaces publics. Le 18 mars, Archicontre organise la « Nuit rouge », un événement visant à fabriquer des cale-portes rouges en bois arborant le slogan « Ouvert à l'éducation ». L'événement doit avoir lieu durant la nuit, mais le service de sécurité de l'Université de Montréal en empêche la tenue. Les 2 400 cale-portes seront finalement fabriqués plus tard,

© ARCHICONTRE

© ARCHICONTRE

© ARCHICONTRE

« On essayait de faire des actions créatives, intelligentes ; on prenait position pour des actions non destructives. Pour cette raison, on est revenu déprimés de Victoriaville. »

MEMBRE ACTIF DE ARCHICONTRE

« Il n'y a jamais eu de hiérarchie dans le groupe, pas de leader : toutes les idées, tant qu'elles étaient bonnes, ont été considérées et c'est le groupe qui les a réalisées. »

MEMBRE ACTIF DE ARCHICONTRE

« La grève m'a probablement coûté plus cher que la hausse ! C'est clairement une question de défense d'idéaux politiques et [ce n'était pas fait] pour des raisons économiques. »

UN MEMBRE ACTIF DE ARCHICONTRE, QUI A PAYÉ DE SA POCHE UNE PARTIE DES MATÉRIAUX NÉCESSAIRES À LA RÉALISATION DES PROJETS

pendant trois jours, et fixés à autant de portes du centre-ville de Montréal et de Québec (tours à bureaux, institutions publiques et stations de métro) le matin du 29 mars, grâce à la collaboration de l'Association des étudiant.e.s en architecture de l'Université Laval. Le collectif réalise aussi une série de boucliers géants qui symbolisent la « défense de nos valeurs » face aux moyens disproportionnés et « guerriers » pris par les autorités policières, gouvernementales et universitaires contre les étudiant.e.s.

Archicontre travaille aussi avec le collectif Cohors Naturae (comité de mobilisation des étudiant.e.s en Architecture de paysage de l'Université de Montréal) pour réaliser une érablière éphémère où les citoyen.ne.s sont invité.e.s, lors de la marche du 22 avril, à venir ajouter des « feuilles de vœux » aux quatre arbres faits de matériaux recyclés.

ARCHICONTRE.BLOGSPOT.CA

© ARCHICONTRE

FÉVRIER

14 Naissance du groupe Les oiseaux rouges qui réalise, entre autres, une série de cages rouges.

14 Formation du Brass Band de grève, « un pôle rassembleur pour toute personne qui joue de la musique et qui désire mettre son grain de sol lors de la grève étudiante ».

15 La ministre Line Beauchamp déclare à l'Assemblée nationale : « À peine un peu plus de 2 % des étudiant.e.s de niveau postsecondaire participent à la grève. »

16 Quelques centaines de personnes (*Le Devoir*), provenant notamment de la Coalition opposée à la tarification et la privatisation des services publics, manifestent à Montréal. L'accès à la tour de la Bourse, où se trouve le ministère de l'Emploi et de la Solidarité sociale, est bloqué pendant plusieurs heures. La manifestation donne lieu à quelques incidents entre manifestant.e.s et policiers et policières, mais aussi entre manifestant.e.s, journalistes et caméramans. Le SPVM procède à quatre arrestations.

École de la Montagne Rouge

© ÉCOLE DE LA MONTAGNE ROUGE

Fondée le 13 février, l'École de la Montagne Rouge est une initiative d'étudiant.e.s en design de l'UQAM qui, « par ses actions, ses réflexions et ses recherches graphiques, [...] offre un moyen alternatif de s'impliquer à l'intérieur du mouvement de protestation étudiante ». Le collectif, autour duquel gravitent rapidement de nombreux et nombreuses grévistes (ils étaient 70 au lancement officiel), se présente comme une « branche créative du mouvement étudiant ».

L'École de la Montagne Rouge tire son nom du Black Mountain College, un établissement ouvert dans les années 1930 en Caroline du Nord, aux États-Unis, où l'éducation n'était pas abordée de manière conventionnelle. Inspirés par cet exemple, les membres du collectif se dotent d'une structure « organique » qui leur laisse la liberté de réaliser toutes sortes d'actions. Le processus créatif n'est d'ailleurs jamais le même, allant des propositions personnelles aux créations collectives. Mais aucune œuvre n'est associée à un nom ; c'est le groupe qui signe l'ensemble de la production. Durant la grève, les membres se réunissent et créent au désormais célèbre local DE-3230 de l'École de design de l'UQAM et assurent une présence permanente, jour comme nuit.

L'École de la Montagne Rouge s'est fait connaître par deux œuvres : les 16 érables rouges plantés en forme de carré au pied du mont Royal et son gigantesque cube rouge en aluminium (de 3,4 mètres ou 11 pieds) transporté dans plusieurs manifestations. Mais ce sont surtout ses sérigraphies qui ont marqué l'imaginaire du printemps et qui jouissent aujourd'hui d'une grande notoriété. Pour la grande manifestation du 22 mars, le collectif produit plus de 2 000 pancartes, telles « L'état sauvage », « Le combat est avenir » et « Printemps érable ». Il organise des ateliers, des conférences et des projections où tout le monde est invité à participer. Il collabore aussi avec différents groupes liés à la grève étudiante pour confectionner une partie de leur matériel visuel : la Boîte Rouge, *Fermaille*, *Urbania*, etc.

L'École de la Montagne Rouge annonce officiellement sa dissolution le 7 septembre, mais ses créations lui survivent.

© ÉCOLE DE LA MONTAGNE ROUGE

« Nous avons créé l'École de la Montagne Rouge dans un sentiment d'urgence, dans un contexte particulier où nous avions le temps de nous impliquer en faisant ce que nous faisons le mieux : des images. »

UN MEMBRE DE L'ÉCOLE DE LA MONTAGNE ROUGE

© ÉCOLE DE LA MONTAGNE ROUGE DANS L'ÉDITION ROUGE² D'*URBANIA*

© ÉCOLE DE LA MONTAGNE ROUGE

© DAVID CHAMPAGNE

HODIE MIHI, CRAS TIBI*

** aujourd'hui pour moi, demain pour toi (locution latine adoptée par l'École de la Montagne Rouge)*

© DAVID CHAMPAGNE

© DAVID CHAMPAGNE

© ÉCOLE DE LA MONTAGNE ROUGE

LE COMBAT EST
AVENIR
MARIE-REINE-DU-
Pour une éducation
accessible à tous!

Fermaille

« Soyez le mouvement »

« C'était un atelier pratique incroyable : le travail manuel de l'écriture a été pour nous une école de l'action littéraire, ce qu'aucune université n'enseigne. La poésie militante des années 1960-70 et le cinéma de Pierre Perrault nous ont inspiré une réappropriation de la langue, nous ont instruit de ne pas craindre l'invention langagière. »

FERMAILLE

Fermaille est une revue qui réunit des textes inspirés par la grève étudiante et qui se donne pour mission d'être un « expiratoire de création ». C'est une initiative d'étudiant.e.s en études littéraires de l'UQAM (Zéa Beaulieu-April, Jean-Philippe Chabot, Tristan Coutu, Julien Lavoie et Philippe Richard). L'équipe reçoit l'aide de plusieurs bénévoles, notamment pour plier et brocher tous les exemplaires papier qui sont distribués gratuitement. La revue est aussi disponible en ligne.

Le premier numéro sort le 20 février et, au total, 17 numéros seront produits avant la fin de la grève, soit 14 numéros dans le volume 1 (publiés pendant 14 semaines consécutives au printemps) et 3 numéros spéciaux *La poésie dans les parcs* (publiés à l'été). Tous les lundis, lors du lancement d'un nouveau numéro, *Fermaille* organise des lectures publiques qui servent aussi de lieu de rencontre à plusieurs artistes et auteur.e.s impliqué.e.s dans le Printemps québécois. D'ailleurs, la revue bénéficie de la mise en page, du graphisme et des œuvres de l'École de la Montagne Rouge. Des ateliers d'écriture et un festival sont organisés au mois d'août. Le dernier numéro de *Fermaille* est publié le 22 septembre. Un ouvrage rétrospectif, constitué d'une sélection de textes, est publié chez Moult Éditions à l'hiver 2013.

« *FERMAILLE* nous occupe et nous dérange et nous agrafe dans l'espace de ses pages parées à recevoir ce que nous ne disons plus qu'au coin d'un bar à cette heure tardive de la nuit où la face nous tombe à terre et les émotions nous remontent à fleur de peau.

FERMAILLE en a contre le capitalisme sauvage et son goût pervers du pétrole sous la cravate, quand nous, étudiants abusés, ne pensons qu'en survivance et en comment du pourquoi du demain fait d'incertitudes et d'endettement.

FERMAILLE existe au milieu des gris béton d'escrocs qui signent nos villes et nos campagnes exigeant sans cesse de nous une piasse de plus.

FERMAILLE en a contre le capitalisme sauvage. Elle en a contre elle-même et son souffle court de promesses quand tout s'explique en burger king number seven for sale santé économique savoir-faire économique solitude économique éducation économique. Alors elle agit, libidineuse, au premier degré des forces psychiques qu'elle dirige vers cet objet commun : faire maille. »

EXTRAIT DE *COUP DE GRISOU*, MANIFESTE DISTRIBUÉ À L'ASSEMBLÉE GÉNÉRALE DE L'ASSOCIATION FACULTAIRE ÉTUDIANTE EN ARTS (AFEA) DE L'UQAM, LE 12 FÉVRIER, ET PUBLIÉ EN ÉDITORIAL DANS LE PREMIER NUMÉRO DE *FERMAILLE*.

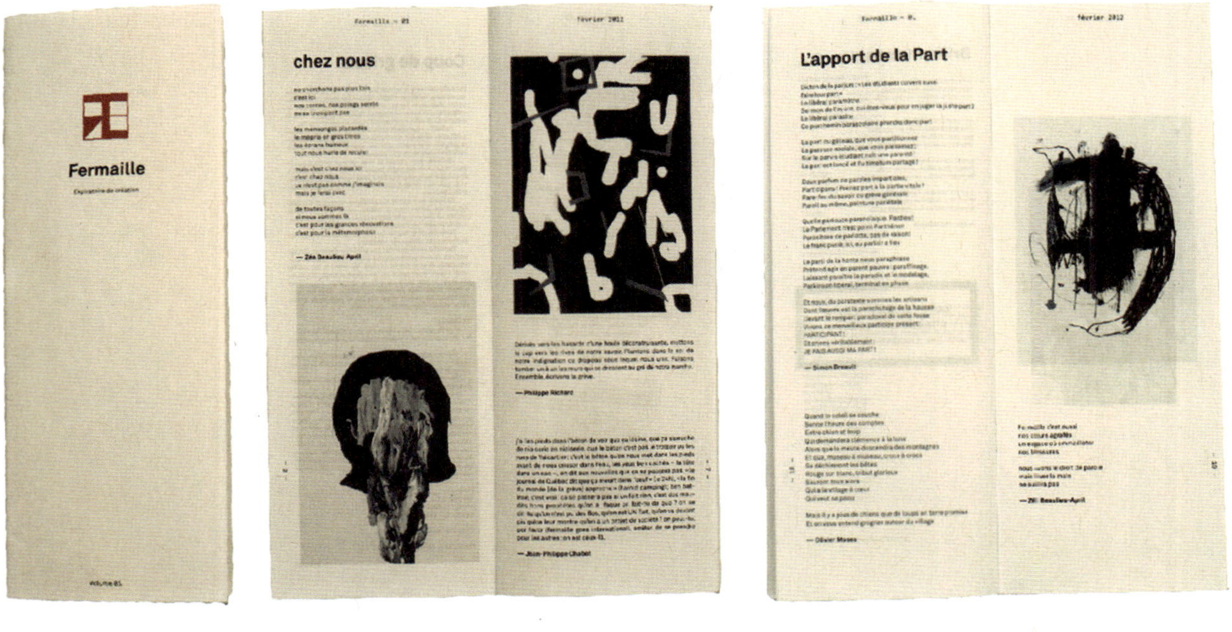

FÉVRIER

16 Des étudiant.e.s occupent le cégep du Vieux Montréal à la suite d'un vote de grève. Au cours d'une nuit mouvementée, la police ordonne l'éviction des lieux et procède à l'arrestation de 37 personnes pour méfaits, voies de fait et agression armée. Ces dernières disent avoir agi en « légitime défense ».

16 Le gouvernement du Québec envoie une lettre aux administrations des cégeps et des universités invitant les enseignant.e.s à franchir les piquets de grève. Cette lettre rappelle que les étudiant.e.s « ne sont pas assujetti.e.s à l'application du Code du travail » et qu'ainsi, « les établissements peuvent continuer d'offrir la formation malgré le mandat de grève ».

17 Manifestation conjointe des étudiant.e.s et des travailleur.euse.s en lock-out de l'usine Rio Tinto Alcan d'Alma lors d'une allocution de Line Beauchamp à la Chambre de commerce du Montréal métropolitain.

16 La première occurrence de l'expression « printemps québécois » se trouve dans un article de Lise Payette publié dans *Le Devoir*.

20 132 500 étudiant.e.s des niveaux collégial et universitaire sont en grève.

Fonte

Entre le début de la grève, en février, et le déclenchement des élections provinciales, en août, la revue *Fonte* fut le laboratoire hebdomadaire des ateliers de la Maison de la bande dessinée de Montréal.

Fascicule hebdomadaire rempli d'histoires courtes et de récits publiés par la suite à plus grande échelle, *Fonte* a été le berceau des *strips* du duo Alexandre Fontaine Rousseau et François Samson-Dunlop (repris dans *L'archéologie du Tiroir*, Colosse), des journaux sur l'activisme de Sophie Yanow (*In Situ*, Colosse) et de Nicolas Lachapelle (*Dérives*, Colosse), des bandes dessinées de Vincent Giard (aussi rédacteur en chef), de Zviane (*Stie qu'on est pas ben*), de Cathon (*Dormir en grenouillère*, Colosse), de Sophie Bédard (*Glorieux Printemps*, Pow Pow), de Joseph Baril (*Chien fou doit mourir*), de Pascal Girard, Julien Castanié et Antonin Buisson (pour ne citer que certain.e.s des collaborateurs et collaboratrices réguliers). En tout, 12 numéros sont produits.

<FONTE.AENCRE.ORG>

© REVUE *FONTE* : ŒUVRE DE CÉDRIC PLANTE

NUMÉRO ZÉRO DE LA REVUE *FONTE*

JAI GAGNÉ LE GROSLOT
LA RICHESSE EST DANS LE SAVOIR, PAS DANS LES COFFRES.
REVO LUTI ON POSITIVE
OVE RDOSE
A Z
aujourd'hui MOI demain TOI
PAS TOUS Fille de premier Ministre
JEAN CHAREST
Joyeuse St-Valentin
MÊME CHANCE POUR TOUT

Le Fil rouge

Le Fil rouge est né le 20 février lors du déclenchement de la grève de la Faculté de communication de l'UQAM. Réunissant des étudiant.e.s de cette faculté, le groupe porte d'abord le nom provocateur de « Comshot » puis adopte celui de Fil rouge, en référence à son objectif principal : être un liant, une trame narrative au mouvement de grève. En ce sens, le Fil rouge se donne le double objectif de mettre en relation différents groupes travaillant pour la cause étudiante (à l'interne) et de s'occuper des relations de presse (à l'externe).

Cinq responsables principaux coordonnent le collectif, mais une quinzaine d'étudiant.e.s en communication y travaillent à temps plein et y font ce qu'ils savent faire le mieux : des communications. Relations publiques, gestion de crise, relations avec les médias, mise en place d'un fil de presse, kiosques d'informations, revues de presse, escouades de médiation sur le terrain sont quelques-unes de leurs activités. Le Fil rouge est aussi en contact permanent avec certains journalistes afin de s'assurer que la grève étudiante est couverte dans toutes ses facettes, et pas seulement celle de la violence souvent véhiculée dans les médias de masse.

Les membres du Fil rouge s'installent au local DE-3230 de l'École de la Montagne Rouge et prennent en charge les plans de communication et les communiqués de presse pour un nombre impressionnant d'activités entourant la grève étudiante : la Boîte rouge, l'École de la Montagne Rouge, la Ligne rouge, Squares rouges, MaNUfestation, etc. Ils offrent aussi des formations en communication et nouveaux médias afin de rendre les groupes autonomes dans leurs stratégies de communication. Finalement, ils réalisent plusieurs activités ludiques et interactives, comme le jeu de poche géant « Poche ton budget » ou la distribution de ballons rouges. Certains membres du Fil rouge sont d'ailleurs également membres de la Rabbit Crew, un autre collectif qui a opté pour une approche ludique dans ses actions.

Le Fil rouge a contribué à mettre en valeur les actions créatives réalisées par les différents groupes de militant.e.s, effectuant ainsi un travail dans l'ombre, mais indispensable.

« Nous voulions faire contre-poids et transmettre un message positif de la grève : la grève, ce n'est pas que des roches. »

MATHIEU QUINTAL, MEMBRE DU FIL ROUGE

« Nous avions besoin de nommer les choses, de les symboliser en faisant un exercice de solidarité. »

UN MEMBRE DU FIL ROUGE

LE FIL ROUGE

La Boîte Rouge

La Boîte Rouge est une boîte de production au service de la médiatisation du mouvement étudiant. Elle est fondée le 21 février par Gabriel Noël-Letendre et Patrick Franke-Sirois, deux étudiants en communication de l'UQAM, mais d'autres étudiant.e.s s'y joignent rapidement.

Tous les participant.e.s deviennent des « directeur.trice.s » au sein de la Boîte, conformément à la politique de la plus grande égalité possible entre les membres. Durant toute la grève, un noyau de quatre à huit responsables assurent le bon fonctionnement des différentes activités autour desquelles une soixantaine de membres gravitent. Deux volets animent les rencontres : le premier concerne la couverture du conflit et prend la forme d'articles, de photos, de reportages, de *vox pop*, de témoignages, de documentaires, etc. Le second est axé sur la création artistique, déclinée sous différentes formes : la photographie, l'enregistrement d'un album intitulé *Pour que la hausse prenne le chant*, l'enregistrement du concert *Pour une solidarité sociale*, des vidéoclips, une fiction, des publicités (entre autres pour le groupe Je donne à nous) et des capsules sur l'éducation avec des personnalités connues ainsi que différent.e.s spécialistes et étudiant.e.s (économie, médecine, psychologie, etc.).

Tout le monde est libre de faire des propositions à la Boîte Rouge. Les responsables s'assurent de la qualité et de la rigueur des projets ainsi que de leur cohérence avec la mission de la Boîte, soit celle d'être un média indépendant représentant les étudiant.e.s. L'axe privilégié est de montrer la grève telle qu'elle est vécue « de l'intérieur ». D'ailleurs, cette volonté s'exprime dans le premier mandat du groupe, qui est de « propager la grève », ainsi que dans son second mandat, qui est de « suivre les étudiant.e.s dans le mouvement social » le plus objectivement possible, avec ses bons et ses mauvais côtés. Tous les membres de la Boîte Rouge signent au nom du collectif et le matériel appartient à tous, chaque membre pouvant en disposer comme il le veut. Proches des membres de l'École de la Montagne Rouge (qui ont d'ailleurs réalisé le logo de la Boîte Rouge), des membres du Fil rouge et de plusieurs autres collectifs de l'UQAM (1+1=1, Maille à part, Rabbit Crew, Je donne à nous, etc.), les membres de la Boîte se réunissent tous les jours au fameux local DE-3230 afin d'organiser les différents projets, bien souvent réalisés avec leurs propres moyens ou en collaboration avec d'autres médias citoyens (*om99média*, *jemesouviensQcmédia*, *coop.tv*, etc.). À la mi-octobre, le groupe met officiellement fin à ses activités.

<BOITEROUGE.NET>

« Pour nous, c'était important de représenter le contraire de l'individualisme, que le collectif prime. »

« C'était tellement une période intense, stressante et dans une incertitude perpétuelle. J'ai beaucoup appris... Je ne suis plus du tout la même personne qu'avant. »

GABRIEL NOËL-LETENDRE, COFONDATEUR DE LA BOÎTE ROUGE

Maille à part

Maille à part est un collectif de tricot-graffiti, né avec le mouvement Occupons Montréal, le 15 octobre 2011. Le groupe est une initiative d'une dizaine d'étudiant.e.s, provenant principalement de l'UQAM mais aussi d'autres universités, et qui ont par la suite décidé de poursuivre cet activisme par le tricot. Les participant.e.s qui ne savaient pas tricoter ont eu l'occasion de l'apprendre, d'abord en réalisant des carrés rouges puis en créant des fleurs et des costumes à l'occasion d'événements comme le Rassemblement pour un Printemps québécois, la Grande Mascarade et le Jour de la Terre.

Deux axes indissociables animent le groupe : les tricots-discussions permettant d'échanger sur les enjeux autour du conflit étudiant et les tricots-graffitis, cette cinquantaine de tricots placés un peu partout dans la ville afin de « tisser des liens » avec la population et de se réapproprier l'espace public. Une des actions directes du collectif est d'habiller de tricots la statue de Marguerite Bourgeoys (100, rue Notre-Dame Est, Montréal), le 27 mars, pour honorer la mémoire de cette femme qui a défendu l'accessibilité aux études pour tous et toutes. En outre, la symbolique du tricot « rassembleur » est développée dans une courtepointe géante constituée de carrés rouges tricotés par des étudiant.e.s et des citoyen.ne.s En ce sens, Maille à part se donne aussi le mandat d'enseigner le tricot à tous les participant.e.s ponctuel.le.s à ce projet collectif. Le groupe réalise également un grand nombre d'ateliers, se rendant même dans un centre pour personnes âgées.

Leurs actions, qui se poursuivent après la grève, servent à « retricoter le tissu social » de façon non violente et engagée, au gré de leurs préoccupations politiques. « Le groupe se décline comme un espace qui baigne dans

© MAILLE À PART ; SCULPTURE DE JULES LASALLE

STATUE DE MARGUERITE BOURGEOYS

© MAILLE À PART

FÉVRIER

20 Le MÉSRQ fait sa première apparition médiatique.

20 Environ 1 000 personnes manifestent à Montréal à l'appel de la CLASSE (Radio-Canada).

21 La ministre Line Beauchamp commence désormais à marteler le terme « boycott » étudiant dans ses apparitions publiques.

21 Déclaration du ministre Norman MacMillan : « Qu'ils retournent à l'école. Ce sont eux qui vont perdre leur temps, pas le gouvernement. La décision est prise et nous ne changerons pas d'idée. »

22 Une quinzaine d'étudiant.e.s de l'UQAM (*Huffington Post*) entreprennent leur Grande Migration, une marche qui les mènera de Montréal à Québec.

23 62 000 étudiant.e.s sont en grève.

23 Environ 15 000 étudiant.e.s (*Le Devoir*) manifestent paisiblement au centre-ville de Montréal. Plusieurs chargé.e.s de cours et enseignant.e.s de cégep affiliés à la Fédération nationale des enseignants du Québec (FNEEQ-CSN) ainsi que des professeurs d'université marchent à leurs côtés.

« Il est important pour nous de rester anonymes au sein du groupe : c'est le collectif qui s'exprime. »

UNE PARTICIPANTE RÉGULIÈRE DE MAILLE À PART

© MAILLE À PART

la radicalité : nos valeurs conjointes telles que la démocratisation des arts et de l'éducation, l'opposition à toutes formes d'oppression et de relations de pouvoir préfigurent dans le choix de nos luttes et permettent de créer un *safespace* pour les militantes et les militants. »

<MAILLEAPART.BLOGSPOT.CA>

© MAILLE À PART

FÉVRIER

23 Au terme du rassemblement, un groupe d'étudiant.e.s se dirige vers l'est de la ville et bloque la circulation sur le pont Jacques-Cartier en pleine heure de pointe, causant des bouchons de circulation. La section anti-émeute du SPVM intervient.

23 Arielle Grenier, porte-parole du MÉSRQ, affirme dans *La Presse* avoir reçu des menaces venant d'étudiant.e.s opposé.e.s à la hausse.

23 Geneviève Bois, une étudiante en médecine en stage à Copenhague, met en ligne une vidéo dans laquelle, sur un ton calme et convaincu, elle fait un parallèle entre l'éducation supérieure dans son pays hôte et le Québec. Son appui à la grève est remarqué dans les médias socionumériques. Le même jour, Matthieu Bonin met en ligne une vidéo où il exprime sa rage contre les manifestations qui bloquent les rues : sa vidéo reçoit plus de 350 000 visites.

24 200 étudiant.e.s (*La Presse*) bloquent l'accès au cégep de Saint-Laurent.

La Grande Migration

« Nous sommes en grève, nous quittons la cage pour prendre la parole face au gouvernement et à la cité. Notre grève, c'est un combat pour revendiquer, prendre possession de notre éducation, oui, mais aussi de notre culture, de notre identité. De la cage à la parole : ouvrir les canaux. »

LE COLLECTIF LES OISEAUX ROUGES

© LA BOÎTE ROUGE

© LA BOÎTE ROUGE

© ÉCOLE DE LA MONTAGNE ROUGE

Des membres du collectif « d'infiltration artistique » Les oiseaux rouges marchent de Montréal à Québec afin de sensibiliser les citoyen.ne.s à la cause étudiante. Le départ a lieu le 22 février, lors de la grande manifestation du « 22 », et se termine le 1er mars. Une équipe se déploie sur le terrain alors qu'une autre s'occupe de la logistique de la marche. Un court-métrage, produit par la Boîte Rouge et réalisé par Saël Simard, est tourné pendant l'événement.

« Dans le cadre de la lutte contre la hausse des frais de scolarité et contre le saccage de nos acquis sociaux, des citoyen.ne.s entreprendront une grande marche de Montréal à Québec. En passant par diverses communautés, en traversant le Chemin du Roy, cette marche se veut une démarche revendicatrice et de démocratisation du débat sur l'éducation. Que le débat investisse le Québec en entier ! L'enjeu des droits de scolarité nous concerne toutes et tous et ne se réduit pas à une vulgaire somme monétaire. C'est un choix de société. Nous exigeons, nous combattons, nous obtiendrons. »

PAGE FACEBOOK DE L'ÉVÉNEMENT

FÉVRIER

24 250 étudiant.e.s (Radio-Canada) manifestent devant les bureaux de Line Beauchamp dans l'arrondissement Montréal-Nord et lui offrent un gâteau et des cadeaux à l'occasion de son anniversaire.

24 Sur les réseaux sociaux circule une photo de Marc-Antoine Morin, porte-parole du MÉSRQ, en compagnie de la ministre Line Beauchamp. Un article du journal *Le Soleil* signale que les trois principaux porte-parole du MÉSRQ sont ou ont été membres de la Commission-Jeunesse du PLQ.

25 Lors du congrès de fondation d'Option nationale, son chef Jean-Martin Aussant se déclare en faveur de la gratuité scolaire.

26 Gabriel Nadeau-Dubois et Arielle Grenier sont invité.e.s à l'émission *Tout le monde en parle*. Cette dernière déclare : « Il n'y a personne au monde, et cette personne n'est même pas encore née, qui va m'empêcher de me présenter à mes cours. » Cette déclaration a été abondamment commentée et elle a inspiré de nombreux mèmes dans les médias sociaux.

© MAILLE À PART

FÉVRIER

27 70 000 étudiant.e.s sont en grève.

27 Des membres de l'administration de l'UQAR brandissent la menace d'une injonction. Les piquets de grève sont levés le lendemain et la menace, abandonnée.

28 Québec solidaire présente à l'Assemblée nationale une motion de censure contre le gouvernement Charest dans le dossier de la hausse des frais de scolarité.

28 Environ 75 étudiant.e.s bloquent le pavillon Athanase-David de l'UQAM, qui abrite les services administratifs.

29 Le Syndicat de l'enseignement de l'Outaouais adopte une motion d'appui au mouvement étudiant.

MARS

« La hausse concerne tous les étudiant.e.s, d'horizons et de champs d'étude différents, mais elle concerne aussi tous les citoyen.ne.s. Des étudiant.e.s se réunissent autour d'un message commun pour vous interpeller sur cette question de société. C'est dans un débat d'idées et de valeurs que nous devons nous engager. Pour que fleurisse notre société, pour qu'elle soit riche et dynamique, il nous faut repenser notre vision de l'éducation. Il faut cesser de voir le financement gouvernemental comme une dépense, mais bien comme un projet collectif pour un avenir meilleur. Arrêtons de penser en termes individuels devant cet enjeu de société et prenons position ensemble contre les tarifications que nous impose ce gouvernement et contre la hausse des frais de scolarité. »

LE COLLECTIF EncreRouge

UN PEUPLE INSTRUIT JAMAIS NE SERA VAINCU !

© LA BOÎTE ROUGE. LA GRANDE MASCARADE, LE 29 MARS 2012

© JÉRÉMIE BATTAGLIA

MARS

1 84 500 étudiant.e.s sont en grève.

1 Première occurrence de l'expression « conflit étudiant » dans *L'Express d'Outremont*.

1 À Québec, entre 3 000 et 8 000 étudiant.e.s (selon les sources) manifestent devant l'Assemblée nationale, où Xavier Lafrance, ex-porte-parole de l'ASSÉ et figure de proue de la grève étudiante de 2005, prend la parole. Deux députés ayant participé au rassemblement, le péquiste Denis Trottier et le solidaire Amir Khadir, déplorent l'utilisation de gaz lacrymogènes par la Sûreté du Québec pour disperser les manifestant.e.s.

1 La ministre Beauchamp déclare : « La décision est prise. »

2 La FECQ appelle ses membres à voter en faveur de la grève générale illimitée.

4 La CLASSE annonce une intensification de ses actions.

5 125 000 étudiant.e.s en grève.

© LA BOÎTE ROUGE, RÉALISATION : PATRICK FRANCKE-SIROIS

La Ligne rouge

La Ligne rouge est une initiative d'étudiant.e.s en jeu de l'École supérieure de théâtre de l'UQAM, mais les participant.e.s, jusqu'à une cinquantaine certains jours, proviennent de tous les horizons : étudiant.e.s, professeur.e.s, citoyen.ne.s. Le projet est né dans la perspective d'une diversification des tactiques pacifiques afin de faire connaître le mouvement de grève étudiante de façon originale. Ainsi, du 15 février au 22 mai, la Ligne rouge effectue tous les matins une performance sur les quais du métro de Montréal, où des individus tous habillés de rouge forment une ligne. La stratégie consiste à s'aligner devant chaque porte d'une rame de métro, de laisser passer un métro, d'entrer dans le suivant et de sortir à la prochaine station, pour reformer la ligne jusqu'au métro suivant. Cette chorégraphie silencieuse est répétée de la station Jean-Talon à la station Berri-UQAM, à partir de 8 h 30 jusque vers 9 h ou 9 h 30. En mars, la Ligne rouge se déplace aussi sur la ligne bleue du métro et, pendant toutes ces semaines, les participant.e.s rappellent aux usagers et usagères du métro que la grève est en cours et les sensibilisent en répondant à leurs questions. En outre, toutes les nouvelles initiatives sont acceptées au sein de la Ligne rouge, pour autant que celles-ci respectent la mentalité pacifique du mouvement. Ainsi, des étudiant.e.s du Conservatoire de théâtre se joignent à la Ligne rouge pour danser la claquette et des étudiant.e.s en littérature de l'Université de Montréal entrent dans la Ligne pour lire des extraits de livres.

« À partir de Victoriaville, du Palais des congrès et de la loi 78, et face au mépris du gouvernement, il n'y avait plus de place pour des mouvements artistiques pacifistes à teneur plus idéaliste comme la Ligne rouge. »

VÉRONIQUE LAFLEUR,
PARTICIPANTE À LA LIGNE ROUGE

« Le mouvement n'appartenait à personne et tous pouvaient s'y joindre. »

ALEX TRAHAN,
PARTICIPANT À LA LIGNE ROUGE

UNE AUTRE VERSION DE LA LIGNE ROUGE

Sur le trottoir avec nous !

« Plusieurs dizaines d'étudiants s'étaient donné rendez-vous mercredi soir dernier [6 avril] pour une autre action. La journée était déjà bien remplie. Le matin, la manif-action avait fait plus d'une soixantaine de victimes étudiantes dans une ruelle près du métro Saint-Laurent. Une manifestation partant du carré Saint-Louis en direction de l'UdeM avait réussi à mobiliser plusieurs centaines d'entre nous. Vers 16 h 30, ils sont allés faire le trottoir sur le boulevard René-Lévesque avec comme toile de fond le pont Jacques-Cartier et la belle [tour] brune Radio-Canada. Devant les cyclistes enthousiastes et les automobilistes bruyants, la ligne s'est étendue sur plusieurs coins de rue. »

<BOITEROUGE.NET/2012/04/06/1105>

Squares Rouges

« Tôt mercredi matin dernier [7 mars 2012], des étudiants en urbanisme de l'Université du Québec à Montréal ont couvert de tissu rouge une partie du mobilier urbain du Square Phillips et du Square Victoria. En perturbant visuellement le centre-ville, Squares Rouges a pour objectif d'amener le mouvement de contestation sur la place publique. Cette action symbolique exprime publiquement la position des étudiants en urbanisme contre la hausse des frais de scolarité en se joignant à l'ensemble du mouvement étudiant. Par cette initiative, les étudiants s'adressent au conseil municipal de la Ville de Montréal. Ils demandent aux élus d'appuyer officiellement le mouvement étudiant, comme l'ont déjà fait 61 municipalités du Québec. »

<FILROUGEAFELC.BLOGSPOT.CA>

Petit guide pro-gréviste à l'usage des enfants

Geneviève Dufour

Publié sur le blogue *Le Crachoir de Flaubert*
le 9 mars 2012

Pour Louis-Félix, Marc-Olivier, Laurence, Camille, Madeleine et les autres

Rouge prolétaire. Rouge colère. Rouge combat. Rouge aux joues. Le calendrier, depuis quelque temps, se décline dans un camaïeu de couleurs révolutionnaires. Je sais que ce n'est pas exactement une guerre, ni même un conflit armé, ce que l'on vit actuellement avec la grève étudiante. Or il s'agit bel et bien d'un combat où s'opposent deux visions de l'éducation : l'une axée sur la performance mercantile, l'autre prônant l'accessibilité, l'équité et l'universalité. Les uns se prétendent réalistes, les autres se disent justes et égalitaires. Pendant ce temps, la vie continue (quoique…) et je profite de ce samedi ensoleillé pour accueillir chez moi Petit Padawan.

Assis par terre sur le tapis de l'entrée, il enlève avec peine ses bottes. Il se tourne vers moi. Deux billes immenses me fixent : « C'est quoi la pancarte ? » Je balbutie. Comment lui expliquer ? Comment lui faire comprendre, dans ses mots à lui, Petit Padawan de cinq années, que je m'oppose à la hausse des frais de scolarité ? Je me lance et utilise les termes « école », « dollars », « grève », « égalité ». Il hoche la tête. Je ne suis pas certaine qu'il ait vraiment tout saisi, mais au moins, il en vient vite à la conclusion qu'une sorte de combat se trame. Et le combat pour lui, fan de *Star Wars*, ça veut dire quelque chose. Il ajoute : « Et le rouge ? Pourquoi ta pancarte est rouge ? »

Je vais te raconter une histoire, petite enfance, à laquelle tu n'entendras probablement rien en ce moment, du haut de tes trois pommes. Plus tard, peut-être que cela vous servira, à toi et aux autres. Mais ne t'attends pas à un dénouement. Mes histoires, comme tu le sais, demeurent suspendues, en signe d'espérance. C'est mon histoire. Qu'il n'y ait aucune confusion là-dessus.

D'abord, les nuits précédant une journée de piquetage, le sommeil ne vient pas. Trop d'agitation. Je me sens pareil qu'à la veille d'un combat. Je suis sur les dents. La crainte de la confrontation violente hante mes insomnies. Fébrile, j'appréhende la chamaille, les paroles amères des briseurs de grève, les regards intimidants, les filles en talons hauts qui martèlent qu'aux États-Unis, c'est bien pire qu'ici, les coups d'épaule des grands gaillards dans les corridors, les sacres de certains étudiants irrités de nous voir marcher dans les cafétérias, d'un pas allègre, avec nos pancartes.

Les matins où je dois aller piqueter devant des cours d'administration, de droit, de

MARS

5 À l'UQAM, plusieurs pavillons du complexe des sciences Pierre-Dansereau sont bloqués par des grévistes. La direction de l'université demande l'assistance du SPVM.

5 Le collège de Rosemont suspend ses cours.

5 Formation du groupe Danse ta grève regroupant des étudiant.e.s en danse de l'UQAM qui participeront à de nombreuses marches et manifestations.

5 Naissance du collectif et de la plateforme de diffusion Profs contre la hausse.

5 Selon une étude réalisée par Influence Communication, la grève étudiante est passée à la une de l'actualité québécoise.

6 Quelque 250 cégépien.ne.s (Radio-Canada) manifestent à Drummondville.

7 De 500 à 600 personnes (*La Presse*) bloquent l'accès aux bureaux de la CREPUQ à Montréal. Dans l'affrontement qui s'ensuit, un étudiant, Francis Grenier, est grièvement blessé à l'œil droit par une grenade assourdissante lancée par un agent du SPVM. Une manifestation de soutien se tiendra le soir même.

7 À Matane, des étudiant.e.s bloquent tous les accès au cégep.

LES BANCS D'ÉCOLE SONT AUSSI DES BANCS PUBLICS

génie, dès le réveil, je me sers un thé bien fort pour être alerte, à même de déployer ma verve rhétorique. Je sais que je ne suis pas Olympe de Gouges ou Rosa Luxembourg, mais le matin, en passant le pas de la porte, mon cœur se gorge d'une vigueur peu commune. J'exulte. J'appartiens à une cause. C'est rare qu'une lutte collective m'habite avec autant d'ardeur.

Mais, hélas, je m'en rends bien compte : je suis mal préparée pour faire la révolution. Je constate que d'autres piqueteurs se montrent amusés par la confrontation. Ils en ressortent galvanisés comme si c'était un jeu. Or moi, je peine à soutenir une discussion haletante sans que des scénarios de violence me viennent à l'esprit. Parfois, je le concède, une envie irrépressible monte en moi : celle d'arracher des têtes. Je l'avoue : je suis faible. Il me manque la patience, une patience qui aurait fait de moi quelqu'un de solide et résolu, capable de soutenir la confrontation. Parce que la révolution ne survient que lorsque chaque individu prend en main son destin et celui du monde, il me semble donc important, Petit Padawan, de s'engager, de se commettre, de s'exprimer et surtout, de confronter sa pensée à l'exercice du dialogue.

À toi, petite enfance, et aux autres qui tenteront peut-être un jour une révolution, j'aimerais formuler certains conseils pour terminer ce récit. En aucun cas, tu ne devras franchir une ligne de piquetage. C'est sacré. Ne crains pas la discussion. Participe aux assemblées. Tu iras voter chaque fois que le devoir le commandera. Tu existes dans le monde, sois-en conscient. Et par pitié, n'ose jamais remettre un travail le jour d'une grève générale. Peut-être me trouves-tu rabat-joie. En dépit de ces propos autoritaires, sache que toute cette résistance que je mène t'est destinée. Ce récit est sans aboutissement parce que la lutte est constante, infinie. Que la force soit avec toi, Petit Padawan, et avec tous les autres.

MARS

7 À Rouyn-Noranda et à Val-d'Or, des étudiant.e.s de l'Université du Québec en Abitibi-Témiscamingue (UQAT) tentent d'occuper les bureaux des députés libéraux Daniel Bernard et Pierre Corbeil.

8 À l'occasion de la Journée internationale des femmes, 800 personnes (*Huffington Post*) marchent dans les rues de Montréal.

8 Manifestation de 200 personnes (Radio-Canada) à Sherbrooke.

8 Manifestation de 60 personnes (Radio-Canada) devant le cégep de Matane. La direction annonce la fermeture de l'établissement pour une durée indéterminée.

8 François Legault, chef de la Coalition Avenir Québec (CAQ), déclare : « Il ne faut pas commencer à reculer sur l'essentiel à chaque fois que des groupes de pression manifestent. Sans remettre en cause la paix sociale, il faut tout de même être fermes concernant l'importance d'augmenter les frais de scolarité au Québec. » (*Le Devoir*)

8 Les syndicats des professeur.e.s des cégeps de Trois-Rivières et de Shawinigan accordent leur appui aux étudiant.e.s en grève.

Manifestations inusitées

En silence, ils marchent

Le 12 mars 2012 a lieu une marche silencieuse, sans slogan ni pancarte.

« À LA SOURDE OREILLE DES TÊTES DIRIGEANTES, NOUS OPPOSONS NOTRE MUTISME. IL N'Y A PLUS DE MOT POUR CRIER NOTRE DÉSACCORD. »

Attroupement inévitable

Le 14 mars, des étudiant.e.s de l'UQAM organisent une journée d'activités créatives, dont des maquillages évocateurs.

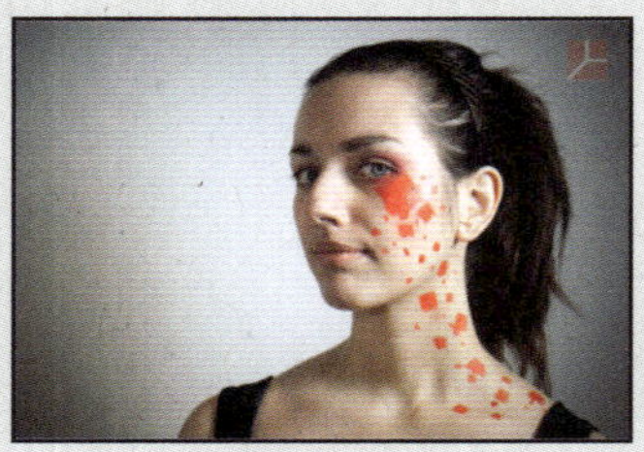

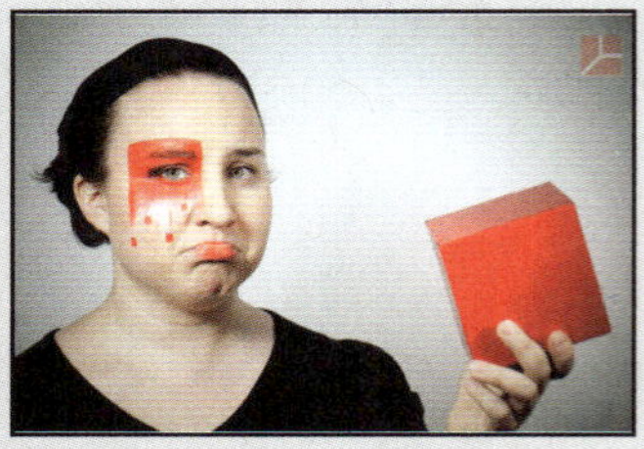

© XAVIER HAVITOV ; MAQUILLAGE : MARIE-PIER LAFRESNAYE

La marche à reculons

Le 26 mars 2012, 300 participant.e.s marchent à reculons sur la rue Sainte-Catherine pour symboliser les actions du gouvernement face au mouvement de grève.

« L'ÉDUCATION RECULE : NOUS AUSSI. »

© DAVID PATENAUDE ET LA BOÎTE ROUGE

Les feux rouges, de Montréal à Québec

Le 29 mars, des étudiant.e.s organisent une performance qui se tient simultanément dans les rues de Montréal et de Québec. Tous et toutes sont invité.e.s à se placer devant les automobilistes à chaque feu rouge pour montrer leurs pancartes « Bloquons la hausse » puis à retourner sur le trottoir au feu vert, sans entraver la circulation.

© LA BOÎTE ROUGE

La Grande Mascarade

« Affublés de masques et costumes colorés, quelques milliers d'étudiants ont déambulé dans les rues du centre-ville de Montréal lors d'une marche inspirée des charivaris [29 mars 2012]. Au XIXe siècle, le charivari était un moment où les paysans déguisés critiquaient la conduite et les mœurs légères des bourgeois en chambardant les demeures de ceux-ci. »

BOITEROUGE.NET

Marions-nous contre la hausse

Le 29 mars 2012 a lieu un mariage collectif symbolique « afin de dénoncer les grandes lacunes du système de prêts et de bourses dont se sert le gouvernement pour défendre la hausse ».

BOITEROUGE.NET

« ALORS J'INVITE LES MARIÉS À ÉCHANGER LEURS CARRÉS ROUGES. »

© LA BOÎTE ROUGE

« JE VOUS SALUE RECTEUR, PLEIN AUX AS, LE PATRONAT EST AVEC VOUS. AMEN. »

Speak red

Catherine Côté-Ostiguy, étudiante à la maîtrise en critique littéraire de l'Université McGill, écrit *Speak red*, en hommage au célèbre poème engagé *Speak white* de Michèle Lalonde (1968). Le texte est lu par plusieurs étudiant.e.s, professeur.e.s et citoyen.ne.s devant la caméra de Jean-David Marceau. La vidéo est diffusée sur YouTube à partir du 10 mars 2012 et reçoit plus de 60 000 visites.

« [...]
Speak red
de Montréal à Québec relayez-vous
speak red comme à Trois-Rivières
red comme à Rimouski
soyons forts
et continuons de vaillamment défendre nos valeurs
devant ceux qui nous demandent encore
pourquoi
et répondons-leur fermement
nous croyons en demain
nous n'abandonnons pas
Nous sommes le Québec
et nous savons
que nous ne sommes pas seuls. »

© JEAN-DAVID MARCEAU

DANS LA VIDÉO, UNE CINQUANTAINE D'ÉTUDIANT.E.S ET DE CITOYEN.NE.S RÉCITENT LE TEXTE *SPEAK RED*, DONT CAROLINE LORANGER, ÉTUDIANTE À L'UNIVERSITÉ McGILL.

MARS

9 *Le Devoir* révèle que l'UdeM et l'UQAM ont proposé au gouvernement des projets de recherche liés au Plan Nord.

9 À Paris, 60 étudiant.e.s (*Le Devoir*) manifestent à l'occasion de la visite officielle du premier ministre Jean Charest en France.

11 Certain.e.s artistes expriment leur soutien au mouvement étudiant lors du gala des Jutra, en présence de la ministre de la Culture et des Communications, Christine Saint-Pierre.

12 Environ 1 000 personnes (Radio-Canada) marchent en silence dans les rues de Montréal jusqu'aux bureaux de Jean Charest.

12 Environ 200 étudiant.e.s du cégep du Vieux Montréal et de l'UQAM font un sit-in pendant quelques heures sur la rue Sainte-Catherine, entre les rues Sanguinet et Saint-Denis, pour protester contre la fermeture (provisoire) des pavillons Hubert-Aquin, Judith-Jasmin, Paul-Gérin-Lajoie et Thérèse-Casgrain de l'UQAM.

12 À Longueuil, une cinquantaine de professeur.e.s du collège Édouard-Montpetit (Radio-Canada) manifestent en solidarité avec les étudiant.e.s.

Nous sommes tous étudiant.e.s !

MANIFESTE DES PROFESSEUR.E.S CONTRE LA HAUSSE

Benoit Guilmain, collège Édouard-Montpetit

Anne-Marie Le Saux, collège de Maisonneuve

Stéphane Thellen, cégep du Vieux Montréal

Publié dans *Le Devoir*
le 14 mars 2012

Nous, professeur.e.s qui souhaitons léguer un savoir à tous ceux et celles qui désirent s'instruire, appuyons les étudiant.e.s en grève dans leur défense démocratique de l'accessibilité aux études universitaires et dans leur opposition justifiée à la marchandisation de l'éducation. Nous disons à cette jeunesse étudiante qui se tient debout qu'elle n'est pas seule.

Au-delà des revendications légitimes liées à la précarité de la condition étudiante, c'est l'avenir de l'éducation et de la société québécoise qui est en jeu dans le conflit qui oppose les étudiant.e.s au gouvernement. Cette grève s'inscrit dans le prolongement des nombreuses contestations qui ont émergé au cours des dernières années à l'égard de la subordination du bien public aux intérêts privés avec le concours d'un État scandaleusement complaisant.

UNE HAUSSE QUI APPAUVRIT L'ÉDUCATION

L'enjeu le plus immédiat du conflit actuel est bien entendu la hausse des droits de scolarité. Cette augmentation de 75 %, rappelons-le, succède à celle de 30 % imposée depuis 2007. En plus d'être draconiennes, ces augmentations s'inscrivent dans une logique de privatisation du financement de nos services publics. Parmi ses conséquences les plus évidentes, on peut prévoir un accroissement substantiel de l'endettement étudiant, comme on le constate dans le reste du Canada et dans l'ensemble du monde anglo-saxon, ainsi qu'une diminution significative de l'accessibilité aux études.

Cette privatisation du financement de l'université, reposant sur une prémisse néolibérale, affuble l'étudiant.e d'un statut de client.e. Afin de rentabiliser son investissement, celui-ci sera tenté de choisir son domaine d'étude en fonction de sa capacité de payer et du potentiel d'employabilité que lui confère sa formation. La logique de l'endettement l'enrégimente *de facto* dans l'univers financier, soumet ses décisions au banquier. L'étudiant.e deviendra ainsi un.e agent.e de reproduction de l'ordre social plutôt qu'un.e citoyen.ne participant pleinement à l'évolution de sa société. Ce sont la liberté académique et toute la dimension

MARS

12 150 000 étudiant.e.s sont en grève générale illimitée.

12 Une immense banderole rouge est posée sur le pavillon principal de l'UUQAC : « L'éducation n'est pas à vendre. Oui à la grève générale ! »

12 Blocage des bureaux du recteur à l'Université Laval, situés dans la Tour des sciences de l'éducation.

13 La CSN et la CSQ expriment leur soutien au mouvement étudiant.

13 Plus de 2 000 personnes (*La Presse*) manifestent dans les rues de Montréal contre la marchandisation de l'éducation. Des tensions surgissent entre manifestant.e.s, certain.e.s d'entre eux s'en prenant à des militant.e.s anarchistes présent.e.s au sein du cortège.

13 La FECQ propose des pistes budgétaires pour montrer que la hausse des frais de scolarité n'est pas nécessaire.

14 Les Profs contre la hausse publient leur manifeste « Nous sommes tous étudiant.e.s ! », qui sera signé au fil du temps par près de 2 400 professeur.e.s, dont le sociologue Guy Rocher (Université de Montréal), l'épidémiologue Abby Lippman (Université McGill) et le philosophe Georges Leroux (UQAM).

MARS

14 Cinq étudiant.e.s arrêté.e.s pour entrave au travail des policiers à l'extérieur d'un local loué par les grévistes, près de l'UQAM, se disent victimes d'intimidation policière et dénoncent le « profilage politique ».

14 À la veille de la manifestation annuelle du Collectif opposé à la brutalité policière, le SPVM invite les manifestant.e.s à collaborer avec les policiers « pour faciliter leur travail de repérage des casseurs » (Radio-Canada).

14 Manifestation de 150 personnes à Longueuil (Radio-Canada).

14 À Montréal, une centaine de cégépien.ne.s (Radio-Canada) bloquent le boulevard Métropolitain en direction est, à la hauteur de la rue Christophe-Colomb, pendant une vingtaine de minutes, causant une importante congestion automobile.

14 Des centaines d'étudiant.e.s de l'Université de Montréal manifestent devant les bureaux montréalais du ministre des Finances, Raymond Bachand.

14 Création du collectif « Estrie contre la hausse » à l'initiative de professeur.e.s du cégep de Sherbrooke.

critique de la formation universitaire qui semblent frappées de caducité.

Le discours des libéraux, des adé/caquistes et des administrateurs d'universités prétend que la hausse permettra de résoudre le problème de « sous-financement » des universités québécoises. Or il faut plutôt parler de « malfinancement » lorsqu'on considère l'immense transfert de fonds jadis dédiés à l'enseignement et à la recherche fondamentale vers les investissements en immobilisation, la recherche privée, la publicité et le financement d'une puissante bureaucratie. En ce sens, l'enjeu central concerne moins le sous-financement que ce que nous choisissons de financer dans nos universités. À quel point sommes-nous prêt.e.s à sacrifier les filières jugées non rentables, à réduire l'accessibilité aux études afin de répondre à l'appétit sans fin des conseils d'administration ?

D'UNE RÉVOLUTION À L'AUTRE

Le débat sur la hausse des droits de scolarité laisse entrevoir une opposition entre différents modèles éducatifs. D'ailleurs, le ministre des Finances, Raymond Bachand, évoque une « révolution culturelle » lorsqu'il s'attaque aux acquis de la Révolution tranquille en ramenant les droits de scolarité à ce qu'ils étaient avant 1968, lorsque l'université était essentiellement réservée à une élite masculine. La création d'un système d'éducation plus égalitaire, tel que nous l'avons connu jusque dans les années 1990, fut l'aboutissement d'un large débat collectif qui s'est exprimé notamment à travers la commission Parent et la vitalité du mouvement étudiant d'alors.

Nous constatons aujourd'hui que la révolution conservatrice mise en place par le gouvernement libéral ne résulte d'aucun débat et qu'elle nous est présentée comme une fatalité. Est symptomatique à cet égard le Pacte sur le dégel des droits de scolarité présenté en 2010. Celui-ci s'appuyait sur un simulacre de consensus donnant en spectacle les représentants de la Chambre de commerce, du Conseil du patronat, des *think tanks* néolibéraux (IEDM, CIRANO), et était animé bien entendu par le chantre des lucides, Lucien Bouchard lui-même. La négation de toute forme d'opposition et de dialogue a ouvert la voie aux politiques budgétaires de Raymond Bachand tout comme les injonctions des *banksters* ont imposé des politiques d'austérité ici et là dans le monde.

Par conséquent, il nous faut considérer le mouvement étudiant et ses revendications comme une voix de résistance. Depuis plusieurs années, les étudiant.e.s présentent une analyse intelligente des enjeux liés à l'éducation postsecondaire et réclament un débat de société sur l'avenir de l'éducation. À cette demande a été opposé un refus dogmatique d'ouvrir le dialogue et de reconnaître les étudiant.e.s comme des interlocuteurs légitimes. Cette attitude de fermeté explique le fait que le débat s'exprime aujourd'hui dans la rue. La répression policière violente à l'endroit des étudiant.e.s est la matérialisation du mépris à l'égard de ceux et celles qui luttent, de façon souvent imaginative, pour défendre ce qu'ils savent être précieux pour chacun.e de nous : l'éducation comme bien public.

TOUS UNIS CONTRE LA HAUSSE

Considérant que la hausse des droits de scolarité masque une privatisation en cours du financement des universités, qu'elle remet en question l'universalité comme modèle d'accessibilité aux études supérieures et

L'ÉDUCATION N'EST PAS À VENDRE

qu'elle contribue à la transformation des institutions du savoir en simples organisations marchandes, nous pensons que la grève générale illimitée est un moyen justifié dans les circonstances et que les revendications étudiantes concernant le gel des droits de scolarité et la gratuité scolaire sont légitimes.

Les étudiant.e.s nous invitent à construire un nouvel imaginaire politique permettant de réactualiser les bases démocratiques et modernes du système éducatif et de toute la société québécoise. Dans cette perspective, nous recevons leur appel à une mobilisation générale comme une invitation à défendre non seulement le droit à l'éducation supérieure, mais aussi la portée civilisationnelle de l'université. À titre de professeur.e.s, nous répondons : nous sommes tous étudiant.e.s !

(Près de 2 400 professeur.e.s ont signé le manifeste.)

© CHANEL SABOURIN. MANIFESTATION DU 22 MARS 2012

Les mèmes

DIFFUSÉ LE 20 AVRIL SUR LE SITE UMONTREALMEMES.COM (UNIVERSITÉ DE MONTRÉAL)

DIFFUSÉ LE 9 MARS SUR LE SITE UQAMMEMES.WORDPRESS.COM (UQAM)

Les mèmes, contraction des mots « gènes » et « mimesis », sont des images ou des vidéos, habituellement humoristiques ou politiques, dont la popularité prend une grande ampleur en peu de temps grâce à une diffusion virale dans les médias socionumériques. La plupart des mèmes utilisent des images ou vidéos connues auxquelles ils ajoutent une petite variante afin de créer un effet humoristique. Les mèmes, dont l'auteur est toujours anonyme, fonctionnent surtout sur le principe des *inside jokes* puisqu'il faut connaître un certain nombre d'éléments pour en comprendre le sens global. Durant la grève, les étudiant.e.s produisent et diffusent une grande quantité de mèmes afin de véhiculer leurs messages.

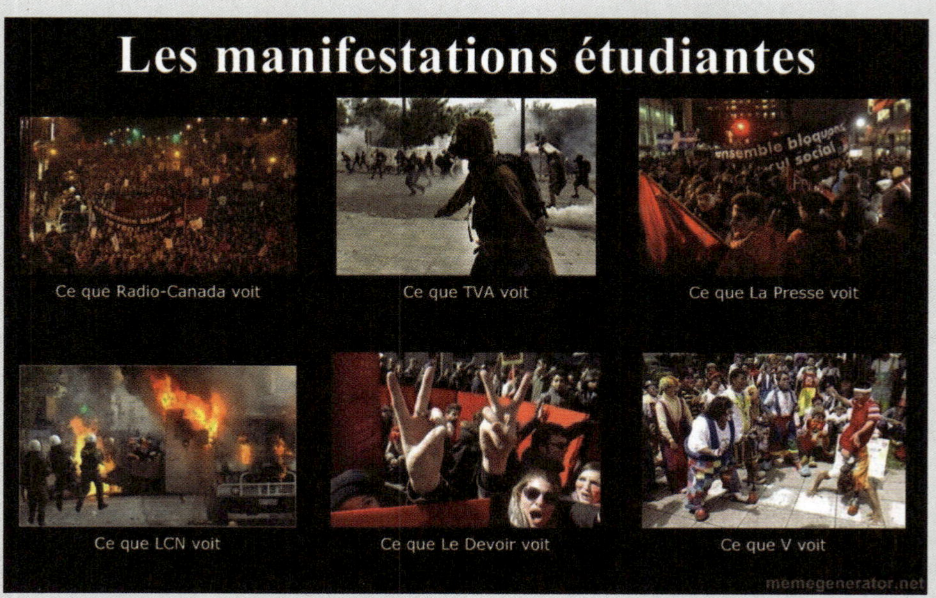

DIFFUSÉ LE 4 MAI SUR LE SITE ULAVALMEMES.COM (UNIVERSITÉ LAVAL)

DIFFUSÉ LE 2 AVRIL SUR LE SITE UQAMMEMES.WORDPRESS.COM (UQAM)

L'argument de la « juste part » des étudiants

LETTRE OUVERTE AUX PROFESSEURS D'UNIVERSITÉ

Georges Leroux, professeur émérite, UQAM

Christian Nadeau, Département de philosophie, Université de Montréal

Guy Rocher, professeur émérite, Université de Montréal

Publié dans *Le Devoir*
le 14 mars 2012

La grève des étudiants entre maintenant dans une deuxième phase. Forts d'une intense mobilisation, ils sont de plus en plus nombreux à investir l'espace public pour réclamer ce que nous devrions tous vouloir : une société plus juste.

Pourquoi cette revendication ne trouve-t-elle pas auprès du gouvernement l'écoute qu'elle mérite ? Ne serait-il pas temps de dépasser les arguments comptables sur l'investissement dans la formation et d'ouvrir un débat public sur les finalités de l'éducation dans notre société ? La raison d'une confrontation aussi brutale est simple : le gouvernement et les partisans de la hausse ont voulu réduire l'argumentaire des étudiants à une simple position intéressée, relevant du corporatisme le plus ordinaire. Est-ce bien le cas ?

LA JUSTE PART

Au soi-disant corporatisme des étudiants, il est en apparence facile d'opposer l'argument de la « juste part », mis de l'avant par les ministres Line Beauchamp et Raymond Bachand. Cet argument est fallacieux et il est urgent aujourd'hui d'y répondre, car ses effets risquent de modifier le paysage politique et social du Québec pour de nombreuses années.

L'argument de la « juste part » repose en effet sur une conception de la société où chaque partie est indépendante des autres. Dans cette optique, celui qui investit dans ses études en est le principal bénéficiaire. L'argument gouvernemental ne conçoit pas la dette que nous avons les uns à l'égard des autres, mais la dette de certains à l'égard de tous. Une part ne peut pourtant être juste dans une société où on introduit des mesures qui renforcent les inégalités sociales au lieu de les diminuer. Une juste part de chacun n'a de sens que dans une société juste, où la solidarité de tous est la règle et non l'exception du contrat social.

Si l'argument comptable de la « juste part » est accepté, il conduit à la dislocation du réseau de solidarité qui est le propre du Québec depuis la Révolution tranquille. Brisant avec le système d'élite des collèges réservés à moins de 5 % de la population, nous avons créé un vaste réseau public de cégeps et d'universités qui a entraîné la démocratisation de

MARS

15 175 000 étudiant.e.s sont en grève générale illimitée.

15 La ministre Line Beauchamp déclare lors d'une conférence de presse avec le premier ministre Jean Charest : « On demande aux étudiants de faire leur juste part. » Elle écarte la possibilité de négocier avec les associations étudiantes.

15 La direction de l'Institut économique de Montréal (IEDM) porte plainte auprès du SPVM, accusant des manifestant.e.s d'avoir séquestré ses employé.e.s pendant la manifestation du 13 mars.

15 Lors de manifestations à Québec, des étudiant.e.s accrochent une banderole à une passerelle piétonnière au-dessus de l'autoroute Henri-IV à Québec.

15 À Montréal, la manifestation annuelle contre la brutalité policière rassemble 4 000 à 5 000 personnes (Radio-Canada) et se solde par l'arrestation de 226 personnes. Plusieurs voitures sont vandalisées et des vitrines, fracassées.

15 À la suite d'un vote de grève générale illimitée, la direction de l'Université du Québec à Trois-Rivières (UQTR) décide de suspendre les cours pour deux jours.

l'éducation postsecondaire et le développement d'institutions dont nous sommes fiers. La solidarité qui a rendu cela possible est directement menacée par la logique de privatisation du financement qui prétend s'autoriser de la « juste part ». Elle pénalise les plus démunis, réduit l'accessibilité des familles de la classe moyenne et renforcera un repli sur les classes aisées. Où est la justice là-dedans ?

UN COMBAT SOCIAL

La « juste part » à laquelle on nous invite à présent n'affecte pas seulement les étudiants, mais l'ensemble des services publics, que nous affaiblissons en les rendant ainsi vulnérables face à la montée du secteur privé. Le jeu auquel se prête le gouvernement actuel ne doit duper personne. Plusieurs groupes d'économistes, notamment l'Institut de recherche et d'informations socio-économiques (IRIS) et l'Institut de recherche en économie contemporaine (IREC), ont signalé les effets de fragilisation des acquis sociaux qui découlent de politiques réduisant l'accessibilité et priorisant un calcul d'avantages basé sur l'investissement individuel.

« En fait, entendons-nous que la "juste part", c'est un concept assez flou. À partir de quand une part est "juste" ? D'ailleurs, qui décide qu'une part est juste ou pas juste ? »

SIMON TREMBLAY-PEPIN, IRIS, DANS LA SIXIÈME CAPSULE *LES MYTHES SUR LA HAUSSE DES FRAIS DE SCOLARITÉ*

En ce sens, le combat des étudiants dépasse de très loin les cohortes mobilisées aujourd'hui. Parce qu'ils refusent cette perspective réductrice sur leur projet de vie, leur combat se déploie au service d'une société juste que nous, représentant trois générations de cette histoire, soutenons fermement. S'il y a un endroit où la notion de « juste part » possède un sens, c'est dans l'expression de cette solidarité sociale pour l'éducation.

LES PROFESSEURS D'UNIVERSITÉ

Tous les professeurs, quel que soit leur secteur (primaire, secondaire, collégial ou universitaire), devraient apporter leur soutien à la revendication étudiante, comme on le voit par exemple dans le manifeste des enseignants des cégeps. S'il est un secteur qui nous semble particulièrement engourdi en ce moment, c'est celui des professeurs d'université. Qu'aucun consensus ne semble se dessiner sur la légitimité ou le bien-fondé de la hausse des droits est une chose qui peut s'expliquer par notre intérêt pour un financement accru des universités, mais cet argument n'est-il pas à courte vue ?

Nous devons cesser de jouer l'indifférence ou de faire comme si cette lutte était celle des étudiants et non la nôtre. Nos institutions ne font notre fierté que parce qu'elles accueillent justement la jeunesse de notre société, sans égard aux moyens. Quand on compare les droits de scolarité au Québec à ceux du Canada, on oublie que ce calcul contient les factures des universités privées et celles des « colleges » privés : nous n'avons aucune université de ce genre au Québec et très peu de collèges privés.

Nos universités sont de formidables laboratoires sociaux, où émergent les savoirs nécessaires à la pérennité de nos institutions et à la qualité de notre vie commune. Elles sont aussi le lieu d'une démocratisation sans précédent de l'éducation, un acquis que personne ne veut mettre en péril. Qui veut en restreindre l'accès ? En tant qu'universitaires, nous ne pouvons pas demeurer indifférents aux revendications des étudiants et si nous jugeons que la hausse contrevient à la mission sociale des universités, alors nous devons nous y opposer.

J'étudie là

© BENJAMIN BOISSON-NEAULT-VAUDREUIL

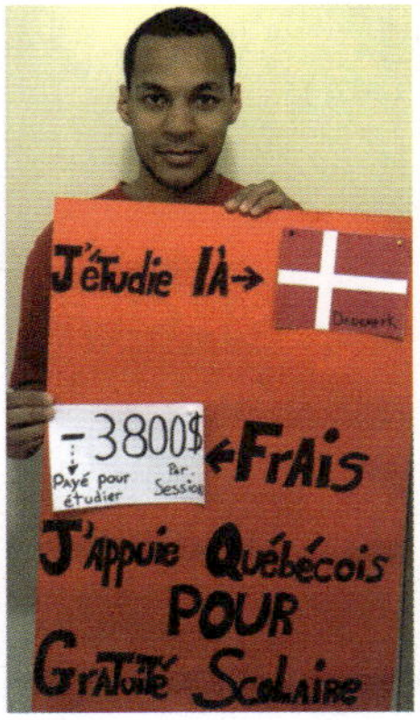

© NICOLAS FABIEN-OUELLET

© NICOLAS FABIEN-OUELLET

© NICOLAS FABIEN-OUELLET

J'étudie là est d'abord une page Facebook où les étudiant.e.s du monde entier sont invité.e.s à appuyer le mouvement québécois de grève étudiante en envoyant une photo d'eux-mêmes avec une affiche présentant les frais de scolarité que chacun paie respectivement dans son pays. C'est le 19 mars que la première photo d'un étudiant danois, partagée plus de 600 fois en deux jours seulement, est mise en ligne. Devant le succès obtenu, l'initiateur du projet, Nicolas Fabien-Ouellet, un étudiant en génie des bioressources de l'Université McGill en études à l'étranger, encourage ses collègues en échange interuniversitaire à se prendre aussi en photo avec l'affiche afin de représenter leur pays et d'appuyer les étudiant.e.s québécois.es dans leur lutte. Ainsi naît ce projet qui prend rapidement de l'ampleur : plus de 28 étudiants représentant 25 pays participent à *J'étudie là*. Une plateforme blogue est ensuite créée, visitée plus de 43 000 fois. La dernière photo, celle d'un étudiant australien, est mise en ligne le 25 mai.

« L'idée de créer ce blogue est venue en réaction au fait qu'au Québec, on justifie souvent la hausse en comparant le montant de nos frais de scolarité à celui des autres provinces canadiennes et des États-Unis. Lors d'un échange étudiant, nous avons la chance de rencontrer des gens de partout dans le monde et d'avoir une vision plus globale sur cette question. »

NICOLAS FABIEN-OUELLET, INITIATEUR DE *J'ÉTUDIE LÀ*

« Pour voir plus loin que l'Amérique du Nord… »

J'ÉTUDIE LÀ

Opération 1625

Mise en ligne à la mi-avril, cette plateforme toute simple invite les internautes de la planète à appuyer le mouvement étudiant en ajoutant un carré rouge sur une carte qui situe leur lieu de résidence : 26 000 citoyen.ne.s de tous les continents répondront à l'appel.

OPERATION1625.COM

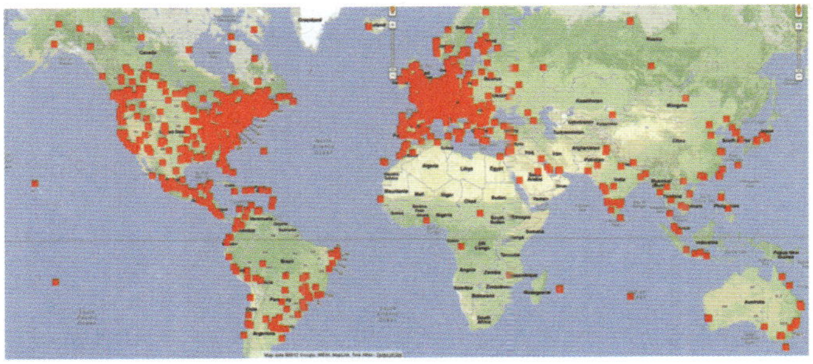

© OPÉRATION 1625 ET GOOGLE MAPS

HOTEL

La culture n'est pas seulement bactérienne

Alex Gagnon

Publié dans le blogue *Littéraires après tout*
le 19 mars 2012

Dans le récit que l'on se fait de notre histoire collective, les menues anecdotes, aussi enfoncées soient-elles dans un passé lointain, activent toujours quelque chose qui est de l'ordre de la mémoire. Elles figurent comme des poches de sens privilégiées, des capsules isolées où, soudainement, toute une page de l'histoire se trouve mise, à la fois, en abyme et en relief. Or l'espèce de crise sociopolitique que vit actuellement l'éducation, autour de l'épineux problème de la hausse des frais de scolarité, et la prise d'ampleur considérable qui anime la mobilisation étudiante, de plus en plus massive et solidaire, m'incitent à revisiter une anecdote historique particulièrement significative. En effet, à l'heure où les jeunesses libérales, réunies hier (samedi 17 mars) à Saint-Jean-sur-Richelieu, cautionnent unanimement la hausse promue par le gouvernement ; à l'heure où, en dépit des bruyantes manifestations, notre ministre Line Beauchamp préfère écouter, non sans une certaine arrogance, le silence des agneaux et de ceux qui obtempèrent devant les arguments qu'elle brandit (et qu'elle répétera sans doute ce soir, sur le plateau de *Tout le monde en parle*) ; à l'heure où nos dirigeants affirment fermement qu'ils ne plieront pas l'échine, la hausse des frais étant pour eux une mesure absolument nécessaire pour redresser le financement des universités, que le gel des dernières décennies aurait indûment appauvries (voilà un beau mythe, qui remplit une fonction proprement idéologique), à cette heure brûlante, donc, il n'est peut-être pas superflu de réactualiser une anecdote.

Nous sommes à Paris, le 22 février 1969. Regroupés à l'occasion d'une conférence prononcée par Michel Foucault devant la Société française de philosophie, quelques intellectuels en profitent pour échanger au sujet de la révolte étudiante de Mai 68. C'est alors que le marxiste Lucien Goldmann, savourant à l'avance sa petite victoire personnelle contre un structuralisme toujours taxé de dissoudre la personne humaine dans les systèmes abstraits, apostrophe Jacques Lacan. Sur le ton du défi, il lui lance : « Vous avez vu, en 68, vos structures... Ce sont les gens qui étaient dans la rue ! » Lacan rétorque : « Vous savez M. Goldmann, s'il y a quelque chose que démontrent les événements de Mai, c'est précisément que ce sont les structures qui sont descendues dans la rue. »

La phrase a un accent terroriste. Cependant, elle révèle brillamment que, derrière les étudiants, ce qui se manifeste, c'est une sorte d'ardeur générale et supérieure qui transcende les particuliers. Aujourd'hui,

MARS

16 Point de presse de Line Beauchamp : « Nous persévérons dans notre décision, parce que nous savons qu'elle est nécessaire, qu'elle est juste et qu'elle est raisonnable. » (*Huffington Post*)

16 Manifestation à Val-d'Or devant les bureaux du député libéral Pierre Corbeil.

16 Le groupe Parents contre la hausse fait son apparition médiatique.

16 Le Mouvement de mobilisation des étudiant.e.s en musique (MMEM) organise à Montréal un « marathon musical » de 24 h pour dénoncer la hausse des frais de scolarité. Quelque 175 artistes de la relève et invité.e.s spéciaux, comme les Zapartistes, y participent.

17 Quelques jours avant le dépôt du budget provincial par le ministre Bachand, la CLASSE annonce ses propositions budgétaires alternatives à la hausse des frais de scolarité, qui comprennent une révision de la fiscalité des particuliers et une restauration de la taxe sur le capital des entreprises.

17 Une trentaine de manifestant.e.s perturbent le souper familial de Jean Charest dans un restaurant de Montréal. La police intervient pour les disperser. (*La Presse*)

MARS

18 Manifestations familiales en appui au mouvement étudiant à Montréal, Québec, Sherbrooke et Alma.

18 Dans une entrevue à l'émission *Tout le monde en parle*, la ministre Line Beauchamp justifie son refus de voir la CLASSE participer à d'éventuelles négociations avec les associations étudiantes par le fait que l'ASSÉ a organisé une manifestation dans ses bureaux de circonscription en septembre 2010.

19 205 000 étudiant.e.s sont en grève.

19 Des artistes, parmi lesquels Julien Poulin, Paul Ahmarani, Paule Baillargeon, Paul Piché, Anne-Marie Cadieux et Michel Rivard, publient sur YouTube une vidéo pour soutenir le mouvement étudiant.

19 Entre 300 et 400 étudiant.e.s provenant de l'UdeM, de McGill et de Concordia perturbent une conférence donnée par le premier ministre Jean Charest dans l'édifice de Google Québec, à Montréal. Les étudiant.e.s sont repoussé.e.s avec du gaz irritant.

on trouverait sans peine des malveillants pour affirmer, en généralisant l'un ou l'autre des cas de violence locaux relayés par les médias, que ce sont les hormones qui descendent dans la rue, la testostérone mal contrôlée de jeunes inconscients impulsifs et l'œstrogène mal apprivoisé des brebis égarées. En fait, il y a plus. Et c'est encore un euphémisme de soutenir qu'il doit y avoir beaucoup plus. Certes, ce ne sont plus les structures qui occupent les boulevards ; ce qui envahit le pavé, ce que les voix revendiquent, ici et là, celles des livres qui prennent position, des multiples assemblées étudiantes, des interventions de spécialistes, celles de la blogosphère et des conversations quotidiennes, différentes mais toutes nécessaires, ce que toutes ces voix revendiquent, c'est le droit de défendre une humanité, un héritage et une liberté, en un mot une Culture commune, au sens d'une aptitude à vivre ensemble faite d'une réflexion active, entendue comme travail critique sur nous-mêmes.

La question de la hausse des frais de scolarité n'est pas un problème local, spontané et secondaire. C'est le signe d'une dérive historique : le plus inquiétant, c'est qu'elle est l'un des nombreux symptômes d'une reconfiguration plus générale du rôle et du fonctionnement de l'université et, partant, du sens à donner au partage social du savoir et à l'engendrement de la connaissance. Nous sommes maintenant nombreux, en effet, à reconnaître et à penser que le discours sur la « hausse » s'arrime directement à une transformation historique qui affecte la fonction morale de l'institution universitaire, investie massivement, tout à coup, par de nouveaux paramètres technocratiques et commerciaux qui pervertissent une certaine philosophie de l'éducation au profit d'impératifs de productivité économique, à l'aune desquels la pertinence de la recherche se trouve désormais mesurée. Mais, bien sûr, il ne faut pas se leurrer : les formes d'ingérence défavorables au principe de l'autonomie universitaire sont aussi vieilles que l'université elle-même, et l'histoire des universités, qui apparaissent au début du XIIIe siècle (d'abord à Bologne, Paris et Oxford), se confond tristement avec celle de leur contrôle relatif par des pouvoirs externes. Pourtant, le projet universitaire lui-même, comme l'ont montré les historiens (Jacques Verger et Christophe Charle, par exemple, dans *Histoire des universités*), est fondamentalement lié, sur le plan historique, à un idéal inaliénable partagé par la plupart des membres de la communauté universitaire : celui d'une indépendance du savoir, de la réflexion et de la culture, c'est-à-dire de « l'exercice autonome de l'activité qui était la raison d'être même de leur association, à savoir l'étude et l'enseignement ».

C'est précisément cet héritage que nous avons le droit de reconnaître et de préserver, non seulement légation d'objets mais transmission d'un rapport au monde. C'est ce projet humain que nous avons le droit de sauvegarder, et dont il faudrait, avant qu'elles ne s'effacent définitivement, récrire les lignes par l'intermédiaire d'un système d'éducation pleinement accessible et livrant la pensée critique à elle-même, par nature irréductible à la logique techniciste et restrictive qui s'approprie progressivement, avec une légitimité bizarrement incontestée, le pouvoir d'inféoder le savoir à une idéologie managériale. Et c'est encore cet héritage que, d'une façon d'autant plus subreptice qu'elle paraît indirecte, la hausse des droits de scolarité contribue à pulvériser, bafouant du même coup, chez nous en particulier, certains apports significatifs de la Révolution dite « tranquille », qui avait visé notamment, avec l'instauration d'un programme d'accès gratuit aux études jusqu'au cégep, à enrayer le plus clair des discriminations socioéconomiques en matière d'accessibilité à l'éducation.

Ce qui étonne, d'emblée, dans notre société, c'est la colonisation du discours sur l'éducation par un lexique soldatesque, qui « lève » ou qui « prend », pour parler en termes culinaires, à la manière d'une espèce de boue discursive. Comme si, tout entière, la parole du pouvoir s'installait allègrement dans ce marais aussi calamiteux qu'ergonomique, qui subsume tout autant le langage de la CAQ de François Legault que les politiques du Parti libéral, tout autant le prêche des recteurs que les analyses des économistes et que les énoncés de certains organismes subventionnaires : « contrats de performance », « capital humain », « entrepreneuriat intellectuel », bref toute une rhétorique de l'« économie du savoir » qui insiste sur la prime nécessité pour la connaissance (celle acquise sur les bancs d'école) d'être avant tout « concurrentielle » au niveau international, « productive » et « rentable » pour le développement économique, soumise, enfin, à une « pertinence » sociale immédiate et mesurable. C'est cette nouvelle rhétorique, qui déroule partout son paradigme lexical, que Pierre Hébert, professeur de littérature à l'Université de Sherbrooke, démonte avec discernement dans son petit ouvrage d'inspiration platonicienne sur *La nouvelle université guerrière*, où il associe cette volubilité technocratique à une militarisation du savoir. Comme il l'écrit avec une juste dérision : « Hélas, le ridicule ne tue pas ; il est même devenu payant. » Avant d'être rentabilisée et définie comme potentiel de capitalisation, la vie, en effet, ne mérite-t-elle pas d'être vécue, comprise, méditée ?

J'aimerais attirer l'attention sur un livre récemment publié (2011), chez Lux Éditeur, par Éric Martin et Maxime Ouellet, *Université Inc.* Il y a plusieurs raisons pour lesquelles, actuellement, cette étude essayistique mériterait d'être lue, ou à tout le moins parcourue en diagonale. Et d'abord parce que, nous permettant une prise de vue plus précise sur les enjeux du débat, elle s'attache à déconstruire, sur la base d'une analyse factuelle et chiffrée, les discours tenaces qui, tels des mythes aveuglément reconduits, rallient la plupart des promoteurs de la hausse des droits. L'ouvrage dénonce efficacement la façon dont la logique guerrière et managériale produit, comme une idéologie, l'idée d'une nécessité de la hausse des frais de scolarité pour légitimer, en fait, son emprise sur un enseignement universitaire qu'elle détourne de sa fonction critique et éthique pour produire et reproduire une « savante » milice au service du capital et de la gadgétisation du monde. Faisant miroiter une qualité accrue de l'enseignement (alors que seulement 50 % à 60 % des nouvelles ressources dégagées par la hausse servira à financer l'enseignement), cette idéologie exige des étudiant.e.s qu'ils financent eux-mêmes la « reconversion commerciale de l'université vers des activités qui bénéficient d'abord à l'entreprise », et par extension à une *logique* de compétitivité économique dans laquelle sont engagées, comme on dit, des « retombées » qui profitent surtout à un petit bouquet de décideur.e.s, d'administrateur.trice.s, d'actionnaires, etc. Dans ses grandes articulations, le mécanisme politique décrit par Ouellet et Martin est relativement

MARS

19 Des étudiant.e.s occupent des locaux administratifs et établissent des piquets de grève à l'UQTR. À l'UUQAR, ce sont les bureaux du recteur qui sont occupés.

19 À Québec, 200 professeur.e.s et étudiant.e.s (Radio-Canada) manifestent devant l'Assemblée nationale.

19 Au cégep de Maisonneuve, des piquets de grève sont installés afin d'empêcher la tenue des cours.

19 Des étudiant.e.s de l'Université Concordia mettent symboliquement en vente le condo de luxe (d'une valeur de 1,4 million de dollars) du recteur Frederick Lowy, qui lui a été prêté par l'université.

19 À Gatineau, des enseignant.e.s rejoignent les piquets de grève des étudiant.e.s du cégep de l'Outaouais.

19 À Saguenay, une quarantaine d'étudiant.e.s (Radio-Canada) occupent les bureaux du ministère de l'Éducation.

19 La mairie de Montréal annonce vouloir revoir les règlements encadrant les manifestations. Avoir le visage découvert deviendrait obligatoire pour manifester.

MARS

19 Les associations étudiantes réagissent à une campagne de publicité, lancée la semaine précédente par le gouvernement, faisant la promotion du programme de prêts et bourses qui accompagne la hausse des frais de scolarité.

19 Une cinquantaine d'étudiant.e.s de l'UQAC participent à une première séance d'université populaire, un exercice qui se veut un partage de savoir direct, « par la base, pour la base ».

19 Après avoir lancé en vain un ultimatum à la rectrice, les étudiant.e.s de l'UQTR organisent un bed-in en face de son bureau pour la suspension des cours. Ils l'obtiendront pour la journée du 22 mars.

20 En attendant le dépôt du budget Bachand, quelques centaines d'étudiant.e.s lié.e.s à la FECQ (Radio-Canada) font un sit-in devant l'Assemblée nationale, à Québec.

20 Dépôt du budget Bachand, sans concession pour les étudiant.e.s. Le budget est qualifié par la CLASSE « d'extrêmement provocant ».

20 Tweet du chroniqueur Richard Martineau : « Vu sur une terrasse à Outremont : cinq étudiants avec carré rouge, mangeant, buvant de la sangria et parlant au cellulaire. La belle vie ! » Ce tweet provoquera de très nombreuses réactions.

simple, et il apparaît finalement assez clairement que le prétendu « sous-financement » des universités n'est le résultat ni d'une sorte de fatalisme historique ni d'une véritable carence budgétaire causée par le gel des frais mais, au contraire, celui d'un choix gouvernemental délibéré, et donc purement idéologique, qui tend à inscrire l'éducation dans le circuit de la privatisation.

En clair, le « sous-financement » des universités n'est en fait qu'un déséquilibre arbitraire dû au surfinancement de la recherche « rentable » et « commercialisable » (les subventions qui lui sont réservées se sont multipliées par 12 entre 1980 et 2004) au détriment de l'enseignement proprement dit... domaine dans lequel, dès lors, la marge de désengagement étatique devrait être comblée par les étudiant.e.s. Comme ils l'expliquent, le portefeuille d'une institution universitaire est soumis à une sorte de division des tâches budgétaires. En effet, les universités disposent de plusieurs fonds distincts : parmi ceux-ci, un fonds « avec restrictions » est exclusivement consacré au financement de la recherche, alors que les activités d'enseignement, comme la plupart des opérations courantes, sont régies par un fonds de fonctionnement général... qui sert également à l'acquittement des frais indirects de la recherche, liés par exemple à la gestion des brevets et aux transferts de technologies vers des entreprises privées, donc à l'amélioration du positionnement concurrentiel de telle ou telle université dans le champ international. Pendant que, d'un côté, les investissements en recherche parasitent ainsi le fonds dédié à l'enseignement, pendant que de l'autre, le gouvernement provincial octroie annuellement, avec la « libéralité » qu'on lui connaît, plus de 5 milliards de dollars (année 2007-2008 : chiffres diffusés par Omar Aktouf, de HEC Montréal) sous forme de cadeaux et gratifications aux entreprises profitables, banques et cadres des sociétés d'État, Ouellet et Martin rappellent qu'il suffirait de réorienter vers les fonds d'enseignement une part marginale de l'ensemble des subventions publiques destinées au seul développement de la recherche (1,3 milliard de dollars) pour éponger les frais additionnels que l'on veut greffer aux factures étudiantes. Et dans un contexte où, comme on sait, l'indexation promise du régime des prêts et bourses ne profitera qu'à une maigre part des étudiants (17 %, estiment les auteurs), la hausse des frais de scolarité équivaut donc littéralement à une mesure de privatisation, voire d'individualisation de l'accès au savoir. On voit tout de suite que cet individualisme rampant revient à destituer la « société » de son mode d'existence communautaire, le *tout* collectif supposé irréductible s'effaçant ici derrière la somme de ses *parties* individuelles...

Ces quelques données, encore toutes rudimentaires, montrent assez qu'il faudra, de plus en plus, *s'acheter* l'apprentissage et le droit de connaître. Dans le nouveau rôle qu'on veut lui définir, par conséquent, l'étudiant.e pourra exiger que le produit payé (son « savoir ») soit directement convertible, à court ou moyen terme, en valeur brute et symbolique sur le « marché » du travail. Redéfini sur la scène du clientélisme, le sujet est en quelque sorte appelé à s'« entreprendre » et nouer une relation marchande avec son éducation ; tenu de gérer sa propre mise en marché, il devra aiguiser, comme dit le sociologue Pierre Bourdieu, son « sens du placement » pour prendre position dans une armée d'âmes enrôlées. Le modèle universi-

© FRÉDÉRIC FADDOUL

taire qui scintille à l'horizon cherchera, au détriment du sens et de la connaissance, la rentabilisation de l'existence. Drôle d'épistémocratie, en somme, que celle où le philosophe, que Platon nommait « roi », se trouve détrôné en même temps que l'enseignement. Quant à eux, les profits massivement générés par la commercialisation de la recherche universitaire (qui s'accompagne tristement d'une valorisation du seul savoir *commercialisable* : nous, littéraires qui étudient la culture, le savons assez...) sont encaissés par les entreprises du secteur privé (pharmaceutique, télécommunication, etc.). Bref, la politique libérale est à sens unique : recherche financée publiquement, recettes empochées privément...

Cette sujétion de la recherche aux « besoins » d'un monde inventé par ceux qui décident (un monde ni plus ni moins « vrai » que celui des écrivains chiffonniers et des scientifiques écervelés) nous ramène assez tristement à un constat maintes fois posé par les philosophes contemporains : la connaissance scientifique se légitime désormais, non plus à partir d'un critère de vérité mais en fonction d'un standard de performativité. Or, la hausse des frais de scolarité participe directement de cet effondrement concerté de l'indépendance intellectuelle et critique de la recherche universitaire. On peut dire, avec Ouellet et Martin, qu'il s'agit d'un détournement de la vocation fondamentale des universités dont « le rôle historique était de *transmettre* la connaissance et le savoir-faire qui forment le patrimoine intellectuel, culturel et scientifique des sociétés ».

MARS

20 Blocage de l'autoroute 10 et du pont Champlain, à Montréal, pendant l'heure de pointe. Quatre-vingts étudiant.e.s reçoivent une amende de 494 $ (Radio-Canada). Réaction de Line Beauchamp : « Les étudiants qui revendiquent la gratuité de leurs études universitaires doivent réaliser qu'ils sont en train d'écœurer les travailleurs à qui ils veulent refiler toute la facture. Ça suffit, on ne peut plus se permettre ce genre d'action-là. » (*Le Devoir*)

20 Bloqué sur le pont Champlain, le maire d'Huntingdon Stéphane Gendron écrit sur Facebook: « Les tabarnaks d'étudiants. Les criss, ça va finir dans le sang un moment donné. Ils ne cessent de provoquer... Câlisse on veut aller travailler bande d'esties de puants sales. La bastonnade, c'est pour quand ? »

20 En Outaouais, environ 250 étudiant.e.s (Radio-Canada) déposent un cercueil symbolisant l'enterrement de l'accessibilité aux études devant le bureau de la députée de Hull, Maryse Gaudreault.

21 À Gatineau, 300 étudiant.e.s du secondaire (Radio-Canada) manifestent contre la hausse des frais de scolarité.

MARS

21 La chef du PQ et de l'Opposition officielle, Pauline Marois, exhorte le gouvernement Charest à entamer un dialogue avec les associations étudiantes. Elle s'engage à abolir la hausse des frais de scolarité si elle est élue, mais sans exclure la possibilité d'une hausse moindre ou d'une indexation.

21 À Sherbrooke, une centaine d'étudiant.e.s (Radio-Canada) occupent un édifice gouvernemental.

21 Le vice-doyen de la faculté des Sciences de l'administration de l'Université Laval, André Gascon, propose aux professeur.e.s de donner leurs cours par Internet afin d'éviter les piquets de grève.

21 La ministre Line Beauchamp affirme que la chef péquiste Pauline Marois devra répondre des éventuels « débordements » de la manifestation prévue le lendemain.

22 Entre 300 et 400 personnes bloquent l'accès au port de Montréal.

Est-ce donc dans ce monde que nous souhaitons vivre ? Nous, parents, avons-nous si peu de respect pour nos enfants ? La hausse des frais de scolarité, ce n'est donc pas une mesure politique à endosser individuellement sur la base d'un simple calcul ou d'un menu réaménagement de ses finances personnelles ; la question ne se réduit pas non plus au seul débat moral de savoir si, oui ou non, l'éducation devrait ultimement être dispensée gratuitement. En appuyant la hausse, c'est, implicitement, un modèle de société au complet que l'on approuve, c'est une transformation historique du rôle de l'université et du savoir que l'on sanctionne, c'est un héritage et une tradition de culture que l'on enterre. C'est bien ce que l'on vise à étouffer : un idéal de liberté et de réflexivité morales qui consiste, avec la transmission et la formation d'une pensée transcendant la disparité des domaines d'études, en une capacité, triple, de prendre une distance par rapport à soi, de se représenter de façon critique son mode d'être au monde et d'apprendre à vivre ensemble. Ainsi entendue, la Culture n'est pas la somme énumérative d'une érudition poussiéreuse ni l'ambroisie réservée aux artistes, mais un principe à défendre en commun, un potentiel actif de réflexivité qui dessine, selon l'un de nos plus grands penseurs, Fernand Dumont, le « lieu fondamental de l'Homme ». Non seulement héritage du passé, la Culture assure la mise au monde du sens : un enseignement universitaire qui, avant de former des professionnels, avant même de répondre à la demande sociale, se montrerait incapable d'en écouter, d'en recueillir et d'en protéger les plus intimes pulsations ferait délibérément perdre à l'homme son lieu. C'est cela qui, aujourd'hui, nous jette au pavé.

« Aucun apprentissage, écrivait Michel Serres (*Le tiers instruit*), n'évite le voyage. Sous la conduite d'un guide, l'éducation pousse à l'extérieur. Pars : sors. Sors du ventre de ta mère, de l'ombre portée par la maison du père. Tes idées initiales ne répètent que des mots anciens. Jeune : vieux perroquet. Le voyage des enfants, voilà le sens nu du mot grec pédagogie. Apprendre lance l'errance. »

L'éducation n'est pas seulement un ministère ; tâchons qu'elle puisse demeurer le lieu d'une humanité continuellement consciente d'elle-même. Un grand regretté a dit que la liberté n'était pas une marque de yogourt. C'est que, de façon urgente, elle est liée à l'exercice d'une culture qui, elle, n'est pas seulement bactérienne.

D'une sève sans fatigue

Zéa Beaulieu-April

Publié dans *Fermaille* n° 5
le 19 mars 2012

écorchés nous avons vieilli si rapidement

faisons semblant d'être cette jeunesse dont ils parlent

fiévreux le corps échauffé d'une douleur lente

maniaques au matin d'une sève sans fatigue

faisons semblant d'ignorer la peur

soyons le danger où le doigt pointe

sous les semelles la rumeur tiède du sol creux

MARS

22 Manifestation de masse sous un soleil dangereusement estival : de 300 000 à 400 000 personnes, selon les sources, défilent à Montréal pour protester contre la hausse des frais de scolarité. Au cours de la manifestation circule une pancarte, signée l'École de la Montagne Rouge, portant le slogan « Printemps érable ». L'événement se solde par un spectacle, baptisé l'HAUSSEtie d'show, où des artistes tels Manu Militari, les Zapartistes, Michel Rivard, Tomas Jensen, Chloé Sainte-Marie et Dan Bigras, manifestent leur appui au mouvement étudiant.

22 La grève étudiante atteint un point culminant : 305 000 étudiant.e.s sont en grève, sur un total d'environ 400 000.

22 Selon Jean Charest, les étudiant.e.s ont raté leur chance en choisissant de « boycotter la discussion » à propos de la hausse des frais de scolarité lorsqu'elle avait lieu fin 2010. Line Beauchamp affirme traiter la manifestation « avec beaucoup de respect, mais [devoir] aussi écouter la majorité silencieuse, celle qui ne peut pas être dans les rues parce qu'elle travaille. [...] Est-ce qu'on va refiler la facture à ces gens qui sont au travail ? Déjà, ce sont eux qui font le plus grand effort dans le financement des universités. » (*La Presse*)

Se réapproprier l'espace urbain

Artung en grève ! et le collectif No Borders

Le 21 mars, Artung en grève !, un collectif d'artistes activistes agissant dans l'anonymat, collent plus de 300 affiches créatives, œuvres d'art et messages d'appui aux grévistes, en lieu et place de publicités. Une deuxième édition de cet événement, cette fois-ci sous l'égide du collectif No Borders, a lieu le 23 mai, avec une centaine d'affiches. Les deux groupes, qui existaient avant la grève, poursuivent leurs interventions artistiques et sociales dans l'espace public.

<CECINESTPASUNEPUB.NET>

« Les établissements d'enseignement, tout comme les rues, devraient être des lieux de dialogue plutôt que des espaces assujettis à l'économie de marché. »

UNE COPORTE-PAROLE D'ARTUNG EN GRÈVE !

© LA BOÎTE ROUGE

© LA BOÎTE ROUGE

© LA BOÎTE ROUGE

Un wagon de métro

Le 28 mars, un wagon de métro est complètement envahi de rouge, « de plumes, confettis, guirlandes, carrés rouges grand format ».

BOITEROUGE.NET

© NOUS SOMMES TOUS ART

PROJECTION LUMINEUSE SUR LE BÂTIMENT DU MINISTÈRE DE L'ÉDUCATION, DU LOISIR ET DU SPORT DU QUÉBEC (21 MARS 2012)

Nous sommes tous art

Nous sommes tous art est une initiative de Jean-François Boisvenue, étudiant en littérature comparée à l'Université de Montréal, et de quelques étudiant.e.s d'autres programmes qui utilisent les projections lumineuses sur des bâtiments afin de sensibiliser les passant.e.s au conflit étudiant. La première projection a lieu à la Place des arts, le 16 mars, mais la première projection officiellement revendiquée par le groupe a lieu le 21 mars alors que le bâtiment du ministère de l'Éducation, du Loisir et du Sport du Québec est illuminé de la phrase suivante : « Les étudiants, ici, on n'en a rien à crisser. » Par la suite, plusieurs autres bâtiments sont visés : l'Îlot Voyageur, l'Université de Montréal, le Palais des Congrès, la Sûreté du Québec, le Palais de justice, *La Presse*, TVA, le Service de police de la Ville de Montréal (SPVM), etc. Les lieux et les projections s'inspirent de l'actualité et chaque action est décidée de manière spontanée, sans grande planification et avec un minimum de matériel (projecteur, batterie de bateau, transformateur de courant, ordinateur portable et escabeau).

PAGE FACEBOOK DU GROUPE

« Nous voulons nous attaquer aux symboles en projetant des images. »

JEAN-FRANÇOIS BOISVENUE, MEMBRE DU COLLECTIF NOUS SOMMES TOUS ART

© FRÉDÉRIQUE MÉNARD AUBIN

PROJECTION LUMINEUSE SUR LE PONT JACQUES-CARTIER (23 MARS 2012)

© NOUS SOMMES TOUS ART

PROJECTION LUMINEUSE À PARTIR DU PONT JACQUES-CARTIER (9 AVRIL 2012)

© NOUS SOMMES TOUS ART

PROJECTION LUMINEUSE SUR LE BÂTIMENT DE *LA PRESSE* (1ER JUIN 2012)

© NOUS SOMMES TOUS ART

PROJECTION LUMINEUSE SUR LE CENTRE DE CONTRÔLE DU MÉTRO, AU COIN DES RUES BERRI ET ONTARIO (1ER AOÛT 2012)

Carrés rouges dans la ville

Une série de carrés rouges apparaissent un peu partout dans la ville de Montréal : notamment sur la croix du Mont-Royal (20 février), au Palais de justice (22 mars 2012), sur la tour de l'Université de Montréal (26 mars 2012), sur le pont Jacques-Cartier (6 avril 2012), au marché Atwater (14 avril).

© KARIN KP

© NICHOLAS DAWSON

© NICHOLAS DAWSON

© PASCAL DUMONT

Foire de l'environnement et de l'ÉCOhabitation
PROJET ÉCOSPHÈRE
SHOP ANGUS
Montréal
Banque Scotia
Banque Scotia

Quelle justice se cache derrière la « juste part » ?

Diane Gendron, professeure de philosophie au collège de Maisonneuve

Publié dans *Le Devoir*
le 21 mars 2012

À l'occasion du dévoilement de son troisième budget, hier, le ministre Bachand marche main dans la main avec la ministre de l'Éducation Line Beauchamp pour scander le slogan de la « juste part », c'est-à-dire le coût que les utilisateurs doivent payer pour bénéficier des services publics. C'est au nom de cette logique qu'ils refusent d'entendre les citoyens – dont je suis – qui contestent la hausse des droits de scolarité qui a été décrétée dans le budget de l'an dernier. Mais quelle justice, au juste, se cache derrière cette « juste part » ?

Dimanche dernier, j'ai participé à la grande manifestation familiale et j'irai marcher demain en appui aux étudiants. Je suis un parent contre la hausse des droits de scolarité; je suis une professeure pour la hausse du taux de scolarisation; une contribuable prête à payer « sa juste part » pour rendre possible la gratuité scolaire; une féministe qui croit que l'éducation est la pierre angulaire de la défense des droits des femmes; une citoyenne prête à défendre l'accessibilité des services sociaux, qui est une condition de base de la justice. Et, surtout, je suis la légataire d'un héritage que je refuse que vous dynamitiez.

Cet héritage, je le défends à la mémoire de mes deux grands-mères, Flore-Anna et Irène. Dans l'image qui me revient, en pensant à elles, je les vois assises, un livre entre les mains, et sur la petite table à côté, il y a une grille de mots croisés et un dictionnaire. Mes deux grands-mères, quand elles étaient « filles », furent institutrices. Pourtant, elles n'avaient elles-mêmes à leur actif qu'un diplôme d'études primaires. Rien de surprenant pour l'époque : n'est pas fille de juge qui veut ! Pourtant, parmi les valeurs qu'elles m'ont transmises, il y a l'idée que l'éducation est une priorité absolue : « Continue comme ça, ma petite fille, ce sont les études avant tout ! Le reste peut attendre... » Elles m'encourageaient à étudier « aussi longtemps que j'en aurais la chance ».

NOTRE HISTOIRE

La chance s'est fait attendre quelques générations... Mes parents non plus n'ont pas eu accès à l'éducation supérieure, par manque de moyens, mais non pas de talent. Pour la grande majorité de ceux et celles qui habitaient petites villes et villages, quitter la famille pour aller étudier « en ville » était un luxe inaccessible. Ont-ils eu « leur juste part » ?

De ma « filiation », je suis la première à avoir eu accès au cégep et la première aussi à fréquenter l'université. Mon histoire n'a rien d'unique. C'est notre histoire. En 1960, l'éducation supérieure coûte cher

MARS

22 Dans une lettre endossée par 10 étudiant.e.s, l'Université Laval est mise en demeure de prendre « les mesures nécessaires pour que tous les cours » prévus « soient accessibles à l'ensemble des étudiants et enseignants, et ce, en toute sécurité ». (*La Presse*)

22 La Commission scolaire de Montréal (CSDM) appuie le mouvement étudiant.

23 Déclaration de Line Beauchamp au lendemain de la manifestation monstre : « À ce moment-ci, il faut que les étudiants comprennent que la perturbation sera avant tout dans leur vie. Boycotter ses cours, c'est choisir de perturber sa propre vie, ça va vouloir dire un prolongement de la session, la reprise des cours, possiblement des cours de soir. » (La Presse canadienne)

23 Solidaires face au gouvernement Charest, la FECQ et la FEUQ refusent de rencontrer la ministre de l'Éducation sans la CLASSE et se disent prêtes à une « escalade des moyens de pression ».

23 Dans une pleine page du *Devoir*, la bière Boris donne son appui au mouvement étudiant.

23 La ministre Line Beauchamp brandit la menace d'une « perturbation de la session » (*La Presse*).

MARS

23 À l'Université Laval, un deuxième groupe d'étudiant.e.s opposé.e.s à la grève, appelé la Coalition pour un investissement étudiant efficace, demandent un accès « sans entrave » aux salles de cours et n'excluent pas le recours aux policiers de l'antiémeute pour y parvenir.

24 En entrevue au *Devoir*, la ministre Line Beauchamp confirme qu'il n'y aura pas d'annulation des sessions.

24 Dans une interview accordée à *La Presse*, le ministre Raymond Bachand déclare : « Quand tu es devant quelqu'un qui dit : je ne négocie pas, c'est le gel ou la gratuité, que va-t-il se passer ensuite? Les étudiants vont sortir en disant "le ministre ne nous écoute pas" et ils vont encore manifester? J'ai toujours discuté toute ma vie, mais un moment donné, il faut prendre une décision. »

24 Une soixantaine d'étudiant.e.s québécois.es en échange à Lyon, en France, manifestent place Sathonay contre la hausse des frais de scolarité (*Québec Hebdo*).

24 À Bruxelles, en Belgique, la statue de bronze du Manneken-Pis est orné d'un carré rouge.

et des statistiques indiquent qu'à peine 3 % des jeunes Canadiens français de 20 à 24 ans fréquentent l'université. L'objectif de la création des cégeps était de démocratiser l'enseignement supérieur en le rapprochant des gens.

C'est ce même objectif que visait le rapport Parent en recommandant d'instaurer la gratuité à l'université. En effet, on peut y lire que l'éducation est un bien commun et que l'État a le devoir d'assurer l'égalité des chances, ce qui comporte une responsabilité financière, comme précisé à l'article 586. N'oublions pas que, même sans droits de scolarité, étudier à l'université coûte cher : cela coûte, par an, les quelques milliers de dollars nécessaires pour se loger à proximité de l'université. Cela coûte aussi tout l'argent que nous ne gagnons pas pendant que nous consacrons notre temps et notre énergie à l'apprentissage, à la formation, à la recherche.

Pourtant, la société tout entière profite des efforts des étudiants, comme l'affirmait la commission Parent : « Le bénéfice social des études universitaires a plus de poids que le bénéfice individuel, et cela a été reconnu au premier et au second degré de l'enseignement » (article 616). Étudier devrait être une tâche à temps plein, il est contradictoire d'inciter les étudiants à consacrer une part toujours croissante de leur horaire à de petits boulots gobe-temps.

PREMIÈRE ET... DERNIÈRE ?

La chance d'étudier, une génération de décideurs qui ont eu le courage de faire des choix de société audacieux me l'a donnée. Mes filles pourront-elles aussi profiter de cette chance qui fut la mienne ? Pourront-elles se préparer adéquatement à prendre leur place dans la « société du savoir » ? Ou aurai-je été la première... et la dernière ? Avec le décret imposé par le gouvernement, les étudiants redeviendront de plus en plus dépendants de leurs parents – dépendance qui était déplorée par le rapport Parent ! – alors même que la paupérisation grandissante de la classe moyenne affectera la capacité de cette dernière à prendre en charge les coûts liés aux études de leurs enfants.

Une génération s'était donné comme objectif « l'éducation pour tous ». Une fois qu'elle l'a obtenue, la voilà qui se retourne et lance aux générations suivantes : « Vous vouliez étudier ? Eh bien, payez maintenant ! » C'est cela, la « juste part » ? Voilà une conception de la justice fort déroutante qui ressemble bien davantage au cri d'une enfant gâtée : « Quoi ? Payer pour que les autres étudient ? Et quoi encore ? Pour qu'ils développent leur esprit critique et débus-

MÈME DIFFUSÉ LE 4 MAI SUR LE SITE UQAMMEMES.WORDPRESS.COM

quent nos mensonges ? Ou bien qu'ils décident de prendre "notre" place aux postes les mieux payés ? Ce n'est pas juste ! » Ce qui est injuste, c'est de mettre en péril l'accessibilité aux services publics et la mobilité sociale, c'est-à-dire de réserver « les places » en fonction de l'appartenance à une classe sociale donnée. L'éducation est un service public et l'accessibilité aux études supérieures est une condition nécessaire de la mobilité sociale, et donc de la justice. C'est cela que vous mettez en péril, Mesdames et Messieurs les ministres.

Mes grands-mères étaient heureuses que je puisse poursuivre mes études à l'université. J'aimerais pouvoir être aussi heureuse pour mes filles que mes grand-mères l'ont été pour moi en pensant que les études supérieures seront encore plus accessibles qu'elles le sont aujourd'hui. Cette voie, que nous ont ouverte les générations passées, allons-nous la réserver aux plus fortunés ? Allons-nous vraiment laisser ce grand projet de société être détourné au profit d'une minorité ? Cette possibilité me révolte et je joins ma voix à celle de tous les groupes de citoyens contre la hausse. Parole de profs, parole de parents et parole de contribuables : une seule et même voix pour la dénoncer haut et fort !

MARS

26 La CLASSE annonce une série d'actions visant à consolider les liens entre le mouvement étudiant et les travailleur.euse.s et appelle à une mobilisation générale contre le gouvernement libéral.

26 Des étudiant.e.s de l'UQO bloquent le pavillon Lucien-Brault. Quelques jours auparavant, la direction de l'université avait déclaré son intention de maintenir les cours malgré les votes de grève.

26 À Rimouski, le bureau du maire est occupé par un groupe d'étudiant.e.s de l'UQAR.

26 Les 175 enseignant.e.s du cégep de Drummondville déclarent leur appui aux étudiant.e.s.

26 À Sherbrooke, un immense carré rouge est installé sur la croix du mont Bellevue.

26 Liette Yergeau, professeure émérite au Conservatoire de musique de Montréal, est suspendue après avoir affiché son soutien aux étudiant.e.s en grève.

26 À l'UdeM, où l'on attend une rencontre entre le ministre Raymond Bachand et le recteur Guy Breton, des étudiant.e.s bloquent de nombreux pavillons. Le SPVM intervient.

© NICHOLAS DAWSON

Richard Martineau et la belle vie

Le 20 mars 2012, à 19 h 37, le chroniqueur au *Journal de Montréal* Richard Martineau publie sur Twitter : « Vu sur une terrasse à Outremont : cinq étudiants avec carré rouge, mangeant, buvant de la sangria et parlant au cellulaire. La belle vie ! » S'ensuivra une vague d'indignation et de railleries dont le journaliste pâtira tout en tirant profit de la publicité qu'elle lui offrira.

Dès le mois de février, Richard Martineau avait lancé des « gazouillis » moquant les fautes de français des manifestant.e.s. Quelques jours plus tard, lors de l'émission *Tout le monde en parle*, il arbore un carré jaune et déclare : « Quand je vois des gens d'Outremont avec le carré rouge, en disant : "On ne veut pas de hausse pour personne, y compris pour moi-même", j'ai de la difficulté avec ça. Moi, j'ai de la compassion pour les étudiants, mais j'ai une priorité dans ma compassion. Ce qui se passe dans le système de santé me touche plus actuellement que la hausse chez les étudiants. Je demande aussi aux étudiants d'arrêter de se regarder le nombril et de voir que, tout le Québec, on est dans marde. Ça craque de partout, faut que tout le monde mette l'épaule à la roue. » À l'issue de l'entrevue, l'animateur Guy A. Lepage déclare : « Tout ce malentendu a commencé par une sangria, alors on a décidé de t'en faire une [1]. »

Dans la presse, les réactions sont mitigées : Normand Baillargeon propose le lendemain de la diffusion de l'émission une analyse intitulée « Argumentation 101, avec Richard Martineau » dans l'hedomadaire culturel *Voir* (Montréal), tandis que Michèle Ouimet tance dans le quotidien *La Presse* les « propos caricaturaux de Richard Martineau [qui] sont symptomatiques d'une condescendance affichée par certains politiciens et journalistes [2] ».

Sur les réseaux socionumériques, les réactions sont moins mesurées. Des tweets par centaines parodient, tels des *Exercices de style* à la Queneau, le message initial : on dit avoir vu des étudiant.e.s « déguster du Kraft Dinner avec des bouts de saucisse à hotdog », « acheter ailleurs qu'au Dollorama », « donner 2 $ à un itinérant », cela parmi des milliers d'exemples toujours ponctués de « la belle vie ! ». Un site intitulé *Ennemi public numéro un* est même lancé où il est possible de *tweeter* des combinaisons plus ou moins absurdes de la déclaration de Richard Martineau, lequel ne manque pas d'en citer certaines (parmi les plus insultantes à son égard ou à l'égard de sa compagne)[3]. Le 4 mai, lors d'une des manifestations nocturnes, des manifestant.e.s se rendent devant son domicile pour le haranguer. Il n'en a pas fallu davantage pour que le chroniqueur Mathieu Bock-Côté dénonce dans le *Journal de Montréal* la « martineauphobie » et un « lynchage médiatique [4] » tandis que le journaliste Patrick Lagacé s'inquiète des menaces sur la liberté d'expression que ces formes d'« intimidation » représentent[5]...

---

1 « Richard Martineau, partie I et II », *Tout le monde en parle*, Radio-Canada, 1er avril 2012, interview disponible à l'adresse <www.youtube.com/watch?v=ZxuL7AuqOUQ&feature=youtu.be>.

2 Michèle Ouimet, « La belle vie », *La Presse*, 4 avril 2012.

3 « Ennemi public numéro un », *Le Journal de Montréal*, 24 mars 2012.

4 Mathieu Bock-Côté, « De la Martineauphobie », *Le Journal de Montréal*, 7 mai 2012.

5 Patrick Lagacé, « Richard Martineau, la liberté d'expression et l'intimidation », *La Presse*, 7 mai 2012.

Collectif EncreRouge

« Le Collectif EncreRouge est né de l'initiative d'étudiantes en communication, politique et société [UQAM]. Il se veut un groupe d'actions et de réflexions politiques à saveur sociologique. »

Le collectif a produit une vidéo, *Oui à l'éducation,* mise en ligne le 18 mars, et tient un blogue toujours en activité.

« On nous parle de lutte contre le décrochage,
On nous parle de persévérance scolaire.

Notre potentiel devrait être notre seule limite.
Mais aujourd'hui la réalité est tout autre.
C'est par notre portefeuille que nous sommes limités.

En ce moment, des dizaines de milliers d'étudiant.e.s se tiennent debout et disent OUI !
Oui, à l'éducation accessible.
Parce que les piliers de l'économie de demain ce sont des citoyens et des citoyennes éduqué.e.s.
Oui, à une éducation tournée vers l'avenir
Oui, à la valorisation et à la transmission de nos valeurs communes
Parce que le savoir est une richesse collective.

On reproche aux jeunes de ne pas aller aux urnes, mais lorsqu'ils prennent part au débat, qu'ils donnent vie à la démocratie, leurs propos n'ont soudainement plus d'importance.

Alors que le Québec fait face à de nombreux enjeux
Plus que jamais nous devons défendre l'accessibilité à l'éducation
Nous devons nous lever.
Parce que j'ai encore la conviction que nous pouvons assurer le bien-être d'une société, de notre société.
Prenons le temps d'y penser.
Prenons position.
Disons OUI à l'éducation pour toutes et pour tous.
Ensemble bloquons la hausse. »

OUI À L'ÉDUCATION, COLLECTIF ENCREROUGE

© LA BOÎTE ROUGE.

IMAGE DE LA VIDÉO OUI À L'ÉDUCATION

MARS

26 Entre 200 et 300 étudiant.e.s (*La Presse*) occupent les bureaux de la Fédération des cégeps pendant près de deux heures.

27 À Montréal, environ 200 étudiant.e.s bloquent les entrées du siège social de la Société des alcools du Québec (SAQ) pendant près de trois heures avant d'être dispersé.e.s avec du gaz irritant et des coups de matraque.

27 À Rimouski, des étudiant.e.s en grève bloquent pendant plusieurs heures les accès à l'édifice d'Hydro-Québec.

27 Plus de 2 000 personnes (Radio-Canada) manifestent dans les rues de Montréal. Après la marche, un groupe entrave la circulation devant les bureaux de Loto-Québec, où se trouve le siège social de la CREPUQ.

© CHORALE DES GRÉVISTES ET LA BOÎTE ROUGE

MARS

27 200 étudiant.e.s (Radio-Canada) manifestent dans les rues de Québec. Une quinzaine d'étudiant.e.s de l'Université Laval bloquent l'accès au ministère des Finances, situé sur la rue Saint-Louis, pendant à peu près 1 h 30.

27 Environ 500 personnes (Radio-Canada), principalement des étudiant.e.s mais aussi plusieurs travailleur.euse.s de Rio Tinto Alcan en lock-out, manifestent dans l'arrondissement de Jonquière à Saguenay.

27 À Sherbrooke, action conjointe d'une centaine de membres de la coalition Estrie contre la hausse qui bloquent la rue King et d'un groupe d'environ 60 étudiant.e.s qui entravent la circulation sur l'autoroute 410 (Radio-Canada). Ces derniers reçoivent un constat d'infraction de 494 $.

27 Des manifestations ont également eu lieu à Saint-Hyacinthe et Val-d'Or.

LA CHORALE DES GRÉVISTES

Pour que la hausse prenne le chant

© CHORALE DES GRÉVISTES ET LA BOÎTE ROUGE

Un groupe d'étudiant.e.s mettent sur pied la Chorale des grévistes et enregistre, le 9 mars, un album de huit chansons ayant pour titre *Pour que la hausse prenne le chant* grâce à la participation d'une cinquantaine de chanteurs et le support technique de la Boîte Rouge. Les chansons sont basées sur des œuvres existantes, mais les paroles ont été adaptées à la thématique de la grève étudiante. Ainsi, *Sèche tes pleurs* de Daniel Bélanger devient *Bloque la hausse*, *Le Déserteur* de Boris Vian devient *Le Gréviste*, la chanson populaire *Où es-tu bergère ?* devient *D'où viens-tu Charest ?* Une représentation en direct est donnée sur le parvis de la Place des Arts et d'autres prestations de la Chorale des grévistes sont organisées : concert devant les bureaux du premier ministre Jean Charest à Montréal (24 février), participation au cortège funèbre des professeur.e.s pour l'îlot Voyageur (17 mars), participation au spectacle *L'HAUSSEtie d'show* (22 mars), participation au spectacle *NOUS ?* (7 avril), participation au *Lipdub Rouge* (26 avril), entre autres. La chorale est ouverte à tous et à toutes et l'appel est lancé sur la page Facebook du groupe : « Parce que l'art a une voix et que les étudiants en ont des milliers, nous vous proposons de venir chanter votre mécontentement contre une hausse qui s'oppose en tous points à ce droit fondamental qu'est l'éducation. L'art est un lieu de principes et d'opinion critique. Alors chantez ! »

<BOITEROUGE.NET/PAROLES-DE-POUR-QUE-LA-HAUSSE-PRENNE-LE-CHANT>

© JÉRÉMIE BATTAGLIA. MANIFESTATION DU 22 MARS 2012

Parc olympique 5
Biodôme 5
Jardin botanique 5
Centre-ville 2
Parc Jean-Drapeau 4
Champ-de-Mars
VIGER BARRÉE À SAINT DENIS OPTION : SAINT-ANTOINE SAINT-HUBERT
D'OÙ VIENS-TU
JUSTE PART MON CUL
CONTRE LA HAUSSE
STOP
À VENDRE
BLOQUONS LA HAUSSE
NOUS
NOUS SOMMES PRÊTS
PAR LA HAUSSE
HAUSSER les droits de scolarité, c'est CHOISIR l'endettement et le décrochage scolaire comme PROJET DE SOCIÉTÉ
à acheter,
et à partager»
LIBÉREZ NOUS DES LIBÉRAUX
DES DIPLÔMES PAS DES GRENADES
LESS IS MORE
LE$$ IS MORE
VISION LONG TERME S.V.P.
ARCHI CONTRE

LA SOLUTION AU DÉFICIT BUDGÉTAIRE?
ENDETTER LES JEUNES
CHAREST DEHORS!
L'U de M SE MOBILISE
L'effort commun, pour une société qui ne fait qu'un!
NON AUX HAUSSES!
ON STRIKE

© NICHOLAS DAWSON

© FRÉDÉRIC FADDOUL

© FRÉDÉRIC FADDOUL

© THIEN V

© MARIO JEAN - MADOC

© NICHOLAS DAWSON

MARS

27 Les chambres de commerce s'inquiètent du prolongement de la grève étudiante, qui pourrait causer un manque de main-d'œuvre temporaire pendant la période estivale.

27 En conférence de presse, le premier ministre Jean Charest se dit ouvert à une éventuelle bonification du régime de prêts et bourses.

27 Un étudiant envoie une mise en demeure à la ministre Line Beauchamp l'enjoignant d'ouvrir les négociations avec les associations étudiantes dans un délai de 10 jours. Il estime que son refus de le faire porte « atteinte à la démocratie ».

27 Jean Beauchesne, le président-directeur général de la Fédération des cégeps, demande aux chroniqueur.euse.s des grands médias québécois de cesser d'infantiliser les étudiant.e.s.

27 Des chercheurs de l'IRIS publient une étude intitulée *L'endettement étudiant : une bulle spéculative ?* montrant que l'aide financière aux études et les prêts étudiants contribuent à la privatisation de l'institution universitaire.

© LA BOÎTE ROUGE

LES ZAPARTISTES LORS DE L'HAUSSEtie d'show

L'HAUSSEtie d'show

« Le 22 mars 2012, à 19 h 30 (portes 18 h 30), la CLASSE organise un spectacle de solidarité au Métropolis à la suite de la grande manifestation nationale étudiante de la journée contre la hausse des droits de scolarité. Plusieurs artistes viendront chanter ou dire quelques mots pour soutenir la lutte étudiante pour la défense de l'éducation publique. Le spectacle est accessible gratuitement (contribution volontaire) et tous les étudiant.e.s, parents et citoyen.ne.s sont invité.e.s »

Les artistes invités sont, entre autres, La Chorale des grévistes, Chloé Sainte-Marie, Dan Bigras, Jérôme Minière, Les Zapartistes, Manu Militari, Paul Piché, Tomas Jensen. Le nom de cet événement est un clin d'œil à *L'Ostie d'show,* un spectacle d'Yvon Deschamps, de Louise Forestier, de Mouffe et de Robert Charlebois créé en 1968.

PAGE FACEBOOK DE L'ÉVÉNEMENT

Les vidéos de la grève

© MICHAËL FORTIN ET OM99MÉDIA

Printemps érable - Manifeste vidéo

Le 25 mars, Michaël Fortin (productions om99media.org) met en ligne un manifeste vidéo de trois minutes qu'il a réalisé avec des extraits de discours de Gabriel Nadeau-Dubois, Jeanne Reynolds, Jacques L'Heureux et Paul Ahmarani lisant un texte de Victor Hugo.

<YOUTUBE.COM>

Heureux d'un printemps

© ERIC ROBERTSON, BÉRÉNICE STEEVENSON ET 99 % QUÉBEC

Le 27 mars, les productions 99 % Québec mettent en ligne une vidéo de quatre minutes et demie montée et réalisée par Eric Robertson et Bérénice Steevenson, sur la chanson de Yann Perreau *Le bruit des bottes* et le poème de Roland Giguère « La main du bourreau finit toujours par pourrir » (*L'Âge de la parole,* 1965). Ce poème avait été lu par Pauline Julien à la Nuit de la poésie en 1970.

<YOUTUBE.COM>

MARS

27 Le PQ entend faire adopter par l'Assemblée nationale une motion pour « établir un dialogue entre les étudiants et le gouvernement libéral ».

28 À Rimouski, une centaine d'étudiant.e.s empêchent plus de 200 fonctionnaires d'entrer dans les bureaux des ministères du Revenu et de l'Environnement (Radio-Canada).

28 À Gatineau, quelques dizaines d'étudiant.e.s de l'UQO bloquent l'accès aux locaux administratifs du campus Alexandre-Taché (Radio-Canada). À la suite des perturbations étudiantes, la direction décide de suspendre les cours pour cinq jours.

28 À Longueuil, environ 200 étudiant.e.s du collège Édouard-Montpetit assistent à un cours en plein air donné à l'initiative de leurs enseignant.e.s (Radio-Canada).

28 François Legault, chef de la CAQ, propose une réduction des frais de scolarité pour les familles dont les revenus annuels sont inférieurs à 60 000 $.

28 Un groupe de 300 étudiant.e.s (TVA) bloquent l'accès au port de Montréal pendant plus d'une heure.

MARS

28 En soirée, environ 150 étudiant.e.s (Radio-Canada) se rendent à Westmount pour manifester devant la résidence du premier ministre Jean Charest.

28 À Québec, huit professeur.e.s du collectif Profs contre la hausse interrompent la commission parlementaire qui étudiait le projet de loi 56 sur le problème de la violence et de l'intimidation à l'école en déployant de larges bannières rouges sur lesquelles on peut lire : « Six semaines d'indifférence, c'est assez ! »

29 La ministre Beauchamp se dit « ouverte à la discussion », à la condition que les étudiant.e.s arrêtent de revendiquer le gel des frais de scolarité.

29 En réponse aux propos de Line Beauchamp, Gabriel Nadeau-Dubois, coporte-parole de la CLASSE, déclare : « Ce que réclament les étudiants, ce n'est pas de négocier leur endettement, mais le retrait de cette mesure injuste et inéquitable qu'est la hausse des frais de scolarité. [...] Doit-on rappeler à la ministre de l'Éducation que ce qui a déclenché ce mouvement social sans précédent est sa décision d'augmenter de 75 % les frais de scolarité universitaires ? »

Carré rouge - le film

Le 25 mars, Étienne de Massy (productions des Films du Meaulnes) met en ligne une vidéo de près de six minutes réalisée par Steve Robert et qui se veut un « témoignage de la lutte que mènent des étudiant.e.s québécois.es pour éviter des hausses de frais de scolarité. »

<YOUTUBE.COM>

Je marche à nous

Le 26 mars est mise en ligne une vidéo présentant un grand-père qui bricole un mortier, « mieux qu'un chapeau de princesse », avec sa petite-fille avant de partir marcher... Le texte est écrit par Alexandre Isabelle et le court-métrage de deux minutes est réalisé par l'auteur et Samuel Matteau. Sur YouTube, il est visionné plus de 126 000 fois.

<KEBWEB.TV/VIDEOS/JE-MARCHE-A-NOUS>

Dérives

Dérives est un documentaire sur la brutalité policière qui a eu cours durant le Printemps québécois. Ce long-métrage a été réalisé par Eric Robertson et Bérénice Steevenson, les deux réalisateurs des vidéos *Heureux d'un printemps* et *Un grand tonnerre*, ainsi que Samer Beyhum et Michaël Fortin, sous la bannière de la coopérative 99% Québec qui a fusionné en novembre avec OM99Media pour devenir 99% Media. Le film dénonce les violences subies par les manifestant.e.s et le climat d'impunité qui semble régner au sein des forces de l'ordre, en s'appuyant sur le témoignage de nombreux protagonistes de la grève étudiante. Il a été mis en ligne le 13 février 2013, date du premier anniversaire du déclenchement de la grève étudiante.

<YOUTUBE.COM>

IMAGE TIRÉE D'UNE BANDE-ANNONCE DU FILM *DÉRIVES*

Des personnages contre la hausse

Cyynpute pi la hausse des frais de scolarité :)

Le 20 mars est mis en ligne un monologue ironique d'une adolescente bien connue du web et qui est contre la hausse des frais de scolarité : pourquoi payer pour aller à l'école alors que c'est « fucking plate » ? La vidéo est visionnée plus de 165 000 fois.

<YOUTUBE.COM>

Les bandits gentils

Le 22 mars, les animateurs Stéphane Gendron et Caroline Proulx réalisent une entrevue controversée avec le coporte-parole de la CLASSE, Gabriel Nadeau-Dubois, à l'émission *Face à face* (Vtélé). Deux jours plus tard, le groupe humoristique Les bandits gentils en font une parodie nommée *Faces à fesses*.

<YOUTUBE.COM>

Gaétan Maudit pète sa coche

Le 23 mai , un « citoyen » (un personnage fictif) met en ligne une vidéo maison qui déboulonne avec conviction les arguments pour la hausse des frais de scolarité. La vidéo est visionnée plus de 480 000 fois sur YouTube et génère une série de réponses.

« C'est pas drôle, c'est vulgaire, mais c'est mon opinion et tout le monde a droit à mon opinion. »

GAÉTAN MAUDIT

MARS

29 Environ 200 étudiant.e.s (*La Presse*) bloquent l'entrée principale du Palais de justice de Montréal.

29 La Grande Mascarade rassemble 1 500 étudiant.e.s (*La Presse*) dans les rues de Montréal.

29 À la suite d'une manifestation ayant eu lieu à l'étage administratif du pavillon Alphonse-Desjardins de l'UQAC, 15 étudiant.e.s sont arrêté.e.s et reçoivent une contravention de 146 $.

29 Guillaume Charrette, un étudiant en droit de l'UdeM opposé à la grève, se rend en Cour supérieure pour obtenir une injonction afin d'avoir accès à ses cours. Sa requête est rejetée le lendemain.

29 L'ancien ministre libéral Claude Castonguay appelle à la nomination d'un médiateur dans le conflit opposant les étudiant.e.s au gouvernement.

29 Dans la nuit, un cénotaphe de Sherbrooke, situé sur la rue King, est aspergé de peinture rouge.

Rabbit Crew

© LA BOÎTE ROUGE. LORS DE LA GRANDE MASCARADE, LE 29 MARS 2012

Entrevus pour la première fois lors de la Grande Mascarade du 29 mars, les membres de la Rabbit Crew ne se font réellement connaître que le 4 avril alors qu'ils mettent en ligne une vidéo ironique simulant l'enlèvement d'un certain Xavier. La vidéo provoque une controverse dans les médias québécois et pousse la ministre Line Beauchamp à demander au SPVM de mener une enquête sur l'affaire. Le groupe diffusera quatre autres vidéos, chacune contenant un nouvel ultimatum donné au gouvernement et devant mener à la manifestation symbolique du lundi de Pâques. Ce jour-là, au terme d'une marche parodiant le chemin de croix, l'otage de la Rabbit Crew est bombardé d'œufs devant une foule hilare.

La Rabbit Crew entend dénoncer le non-dialogue entre les étudiant.e.s et le gouvernement grâce au déploiement de diverses stratégies ludiques, marquées par un humour cinglant : les revendications et les contre-offres loufoques, la création du groupe pro-hausse baptisé le Fox Crew, le « rap battle » avec Jean Charest, les manifestations aux trajets aléatoires et l'enlèvement symbolique de Gabriel Nadeau-Dubois en sont quelques exemples. En plus de subvertir la rhétorique gouvernementale, les lapins donnent dans l'autodérision et pointent le ridicule de certains clichés développés du côté des étudiant.e.s.

© MARIO JEAN - MADOC. UN RABBIT CREW LORS DE LA MANIFESTATION DU 4 AVRIL, DEVANT L'UNIVERSITÉ DE MONTRÉAL

Ne regroupant au départ que trois membres fondateurs, le groupe en vient à réunir 25 personnes issues de sphères et de groupes d'âge différents : étudiant.e.s, travailleur.euse.s, professeur.e.s et représentant.e.s des médias ont osé porter le masque du lapin. Le choix de cet animal totémique est bien sûr lié à l'imaginaire pascal, mais il vise également à marquer l'écart entre l'esthétique « gang de rue » du groupe et l'obéissante figure du lapin de laquelle n'est attendue aucune dissidence. Si les gentils lapins osent se révolter, preuve est faite que les politiques libérales mènent inévitablement à une révolte générale.

Le groupe a fait de l'anonymat un principe fondamental. Sa devise, pastichant celle du groupe Anonymous, en fait état : « Nous somme toi, lui, elle, nous sommes dans le cœur de tout manifestant, nous sommes une idée, nous sommes la Rabbit Crew, nous sommes une meute, on ne pardonne pas, on n'oublie pas, préparez-vous ! » (page Facebook du groupe)

La dernière apparition des lapins date de la manifestation nationale du 22 octobre 2012. Souvent sollicité par différents groupes militants, le collectif a choisi de miser sur la cause de l'éducation, la seule pouvant réellement unir ses différent.e.s membres et les pousser à sortir de nouveau de leur terrier.

« Nous le disons en partant : nous sommes là pour rester.

Nous irons à bout.

Enfin. Nous nous tenons au monde. »

EXTRAIT DU MANIFESTE DU COLLECTIF 1+1=1

© COLLECTIF 1+1=1

1+1=1

1+1=1 est une « installation itinérante et éphémère » réalisée par un collectif d'étudiantes en scénographie de l'UQAM (Laurence Boutin-Laperrière, Marie-Audrey Jacques, Claire Renaud, Charlotte Hoffmann) auquel s'est associé un auteur, étudiant en biologie à l'Université de Montréal (Alexis Lafleur). L'idée du collectif est de mettre ses talents au service du mouvement étudiant, en créant des œuvres qui proposent une réflexion sur l'individualité *versus* l'unité collective – d'où le nom du groupe. Ainsi, les étudiantes ont créé cinq cubes rouges et translucides (de 30 centimètres ou 1 pied) à l'intérieur desquels des personnages de maquette peints en rouge et blanc, représentés seuls ou en masses, créent différentes dynamiques de groupe. Les spectateur.trices.s sont alors invité.e.s à tourner autour des cubes pour saisir toutes les facettes potentielles d'un conflit. Des poèmes accompagnent chaque cube, ajoutant une autre dimension à l'œuvre. D'abord installée dans l'Agora de l'UQAM du 19 au 21 mars 2012, l'exposition se déplace par la suite à l'École des sciences de la gestion (UQAM), du 26 au 29 mars, pour créer une rencontre et un dialogue avec un public aux idées parfois diamétralement opposées à celles qu'elle véhicule. Les cubes existent toujours et poursuivent leur itinérance au Musée des maîtres et artisans du Québec pour l'exposition Carré Rouge de juin à octobre 2013.

« Avec ces cubes, il n'est pas question de vérité ou de message moralisateur. Nous voulions seulement exprimer les multiples choix qui sont donnés aux gens dans une situation telle que nous l'avons vécue : choisit-on l'unité du groupe ou de rester seul.e ? »

COLLECTIF 1+1=1

NOUS VOYONS EN NOUS-MÊMES AU-DESSUS DE NOS TÊTES.

UNE ROUTE IMMENSE.

ELLE EST MISE LÀ PAR NOS YEUX.

© COLLECTIF 1+1=1

© COLLECTIF 1+1=1

© NICHOLAS DAWSON

Des regroupements contre la hausse

De très nombreux regroupements ont été créés durant le Printemps québécois en appui aux étudiant.e.s. Petit survol des organisations et de leurs manifestes contre la hausse des frais de scolarité et l'injustice sociale.

Profs contre la hausse

Les Profs contre la hausse, regroupement officiellement fondé le 6 mars et qui poursuit ses activités encore aujourd'hui, ont été très actifs durant la grève étudiante. Ils mettent en circulation une série de pétitions, déclarations, lettres, vidéos, etc., et animent une page Facebook. Leur manifeste, intitulé *Nous sommes tous étudiant.e.s.* est publié pour la première fois dans *Le Devoir*, le 14 mars. À ce jour, il a été signé par 2 335 professeur.e.s.

Le 19 avril, les Profs contre la hausse mènent une action d'« obéissance civile » devant le quartier général du Service de police de la Ville de Montréal (SPVM). Sous l'œil des caméras, une douzaine de professeur.e.s y lisent la déclaration suivante : « Nous sommes des professeur.e.s des universités et collèges du Québec. Alors que des collègues de l'UQO sont arrêté.e.s, alors que nos institutions subissent une occupation policière, alors que des professeur.e.s de l'UdeM se font dire comment faire leur travail par des agents de sécurité, on ose nous demander, entre expulsions, amendes et matraques, de condamner la prétendue violence du mouvement étudiant. Sachez que si des injonctions devaient s'imposer également dans nos institutions, nous refuserions d'obtempérer, désobéissant ainsi à la loi. C'est pourquoi, par souci d'économie d'essence et de travail, nous vous demandons de nous arrêter immédiatement ! »

<PROFSCONTRELAHAUSSE.ORG>

LETTRE D'APPUI DES PROFESSEURES ET PROFESSEURS D'UNIVERSITÉ AUX ÉTUDIANTES ET ÉTUDIANTS EN GRÈVE

LE 11 AVRIL, TRANSMISE EN FRANÇAIS ET EN ANGLAIS

« Nous, professeures et professeurs d'université du Québec, tenons à marquer notre entière solidarité à l'égard des étudiantes et étudiants grévistes dans leur lutte contre la hausse des frais de scolarité.

Nous joignons notre voix à la leur pour dénoncer l'indifférence de l'actuel gouvernement, son refus d'une véritable négociation ainsi que sa conception à courte vue du financement des universités et de la place de l'éducation dans la société. Aux revendications – légitimes et argumentées – des étudiantes et étudiants, nous apportons notre soutien, aujourd'hui comme demain, pendant comme après la grève, quelle qu'en soit l'issue.

Nous tenons à saluer l'esprit critique, l'inventivité et la persévérance dont font preuve les étudiantes et les étudiants depuis le début de la grève. Ils ont montré plus souvent qu'à leur tour la pertinence de la place qu'ils entendent occuper dans des débats dont dépend l'avenir de nos universités. Grâce à eux, un espace de réflexion s'est ouvert, et des questions cruciales au sujet de l'enseignement, de la culture, de l'économie et du rôle de l'État sont débattues sur la place publique. Ils rappellent à tous que la démocratie se fait tous les jours, par tous.

Ils méritent d'être écoutés et entendus. »

(648 professeur.e.s d'université ont signé cette lettre)

DÉCLARATION DES PROFESSEUR.E.S DU CÉGEP DE SAINT-LAURENT CONCERNANT LA JUDICIARISATION DE LA LUTTE ÉTUDIANTE [EXTRAIT]

LE 23 AVRIL 2012

« Nous, professeurs du cégep de Saint-Laurent, sommes profondément convaincu.e.s qu'aucun retour en classe forcé par les tribunaux ne saura réunir les conditions nécessaires pour enseigner. Nous exhortons les pouvoirs politique et judiciaire à reconnaître la légitimité des associations étudiantes et à convenir que seule une décision prise en assemblée générale pourra garantir un retour en classe harmonieux. Nous réclamons que le gouvernement du Québec négocie sur la question de la hausse des frais de scolarité avec les représentants de toutes les associations étudiantes, incluant la CLASSE. Nous exigeons la démission immédiate de l'actuelle ministre de l'Éducation, des Loisirs et du Sport, Line Beauchamp, incapable de dénouer la crise. »

Artistes contre la hausse

CE PRINTEMPS, ENSEMBLE, BLOQUONS LA HAUSSE !

Le 19 mars, la CLASSE publie une vidéo présentant une douzaine d'artistes québécois (Julien Poulin, Geneviève Rochette, Paul Ahmarani, Charlotte Laurier, Paule Baillargeon, Paul Piché, Michel Rivard, etc.) afin de dénoncer la hausse des frais de scolarité. La vidéo, réalisée par un étudiant en communication de l'UQAM, circule largement sur les réseaux socionumériques et est visionnée plus de 100 000 fois sur YouTube.

<ARTISTESCONTRELAHAUSSE.ORG>

Parents contre la hausse

UN HÉRITAGE À DÉFENDRE [EXTRAIT]

LE 20 MARS 2012

« Comme parents, nous soutenons le développement de nos enfants depuis leur plus tendre enfance. Nous avons à cœur leur épanouissement et les appuyons activement dans leur parcours scolaire. Nous souhaitons assumer pleinement notre responsabilité non seulement envers nos propres enfants, mais également envers l'ensemble des enfants et des jeunes du Québec. Par conséquent, nous nous opposons à la hausse des droits de scolarité qu'impose le gouvernement Charest dans une logique de marchandisation et d'instrumentalisation de l'éducation, avec pour effet l'accroissement de l'inégalité d'accès aux études postsecondaires. Léguons à nos enfants et à nos petits-enfants un système d'éducation accessible, démocratique, exigeant et épanouissant, tant pour les individus que pour la collectivité. »

<PARENTSCONTRELAHAUSSE.ORG>

© ASSÉ

LE SCULPTEUR ARMAND VAILLANCOURT DANS LA VIDÉO *CE PRINTEMPS, ENSEMBLE, BLOQUONS LA HAUSSE !*

© FRÉDÉRIC FADDOUL

Féministes contre la hausse

MANIFESTE [EXTRAIT]

LE 22 MARS 2102

« Nous, féministes, nous opposons à la marchandisation de l'éducation et revendiquons une démocratisation du savoir. Non seulement cette hausse est une mesure malhonnête qui vise à faire de l'éducation un privilège pour une élite, mais elle est une décision politique sexiste. La hausse des frais de scolarité touchera davantage les femmes en raison des inégalités structurelles qui perdurent entre les sexes. Les difficultés économiques engendrées par cette mesure sexiste auront des impacts majeurs sur les personnes vivant des oppressions au niveau de leur origine, leur sexe, leur orientation sexuelle, leur âge, leur condition physique et/ou mentale. »

Chômeuses et chômeurs contre la hausse

MANIFESTE [EXTRAIT]

« Nous, chômeuses et chômeurs, condamnons les propos tenus par le premier ministre Jean Charest.

Nous, chômeuses et chômeurs, condamnons le fait que le premier ministre raille les étudiantes et étudiants sur le dos des personnes sans emploi précisément lors d'un Salon de l'emploi.

Nous, chômeuses et chômeurs, nous nous indignons que ce même premier ministre n'ait aucune considération ni pour les étudiantes et étudiants, ni pour les personnes à la recherche d'un emploi.

Nous, chômeuses et chômeurs, nous nous opposons à l'instrumentalisation des statistiques sur les revenus et sur l'emploi faite par le gouvernement pour justifier la hausse. »

<WWW.MACMTL.QC.CA/PDF/MANIFESTE.PDF>

Infirmières et infirmiers contre la hausse

Infirmières et infirmiers contre la hausse est une équipe de « médi-militant.e.s » constituée d'étudiant.e.s en soins infirmiers et de professionnel.le.s bénévoles. Tout au long de la grève, les membres de ce groupe ont accompagné les étudiant.e.s dans leurs manifestations afin de prodiguer des soins de première ligne aux blessé.e.s et de collaborer avec les services médicaux, au besoin. Le groupe, qui a recruté des membres et coordonné ses activités sur Facebook, a reçu le soutien de la Fédération interprofessionnelle de la santé du Québec (FIQ).

Les secouristes ont été particulièrement occupé.e.s durant la manifestation qui a eu lieu en marge du congrès du Parti libéral à Victoriaville, le 4 mai. L'affrontement a fait 12 blessés graves parmi les manifestant.e.s, dont un qui a souffert d'un traumatisme crânien et un autre qui a perdu l'usage de son œil. « Comment les forces de l'ordre peuvent-elles se préparer à intervenir dans un contexte d'émeute, avec des armes, avec un potentiel [...] subléthal (comme ils disent) très grand, et ne pas s'assurer d'un nombre adéquat d'ambulances et de centres hospitaliers prêts à recevoir ces blessé.e.s-là ? Ça, comme infirmière, ça me questionne énormément. C'est une question de responsabilité », dira Sophie Desbiens, une étudiante en soins infirmiers et membre fondatrice du groupe, dans le documentaire *Dérives*, à propos de son expérience à Victoriaville.

Écrivains contre la hausse

Le 3 avril, le regroupement met en ligne, entre autres, une vidéo intitulée *Les écrivains contre la hausse en 120 caractères.*

© CHANEL SABOURIN

« LE GEL DES FRAIS DE SCOLARITÉ N'EST PAS LE RETOUR DE L'HIVER, MAIS LE DÉBUT DU VRAI PRINTEMPS SOCIAL. »

BERTRAND LAVERDURE, *LES ÉCRIVAINS CONTRE LA HAUSSE EN 120 CARACTÈRES*

« LES OBTUS S'OBSTINENT À VIDE.
SOLILOQUE DES LOGIQUES QU'ILS CROIENT VRAIES.
LES ÉVEILLÉS ÉTUDIENT ET S'INVENTENT. »

JEAN-MARC DESGENT, *LES ÉCRIVAINS CONTRE LA HAUSSE EN 120 CARACTÈRES*

« SI CHAREST PU, CHAREST ÉTUDIÉ. LA RÈGLE EST CLAIRE. LES « SI » N'AIMENT PAS CHAREST PARCE QUE CHAREST BLOQUE LES POSSIBILITÉS. »

GHISLAIN TASCHEREAU, *LES ÉCRIVAINS CONTRE LA HAUSSE EN 120 CARACTÈRES*

© JÉRÉMIE BATTAGLIA, MANIFESTATION DU 22 MAI 2012

Mères en colère et solidaires

Têtes blanches carré rouge

Aîné-e-s contre la hausse

Travailleurs contre la hausse

Parents d'enfant blessé dans une manif

Profs féministes solidaires et en colère

MARS

30 Le juge Jean Lemelin, de la Cour supérieure, ordonne la levée des piquets de grève au collège d'Alma, répondant ainsi favorablement à la demande d'injonction d'une étudiante qui remettait en question la validité du vote de grève. C'est le début de la judiciarisation du conflit.

30 La Communauté universitaire syndicale et étudiante (professeur.e.s, employé.e.s de soutien, professionnel.le.s de recherche) dénonce la mauvaise foi du gouvernement Charest parce que ce dernier justifie la hausse des frais de scolarité en invoquant un « débat » tenu en 2010. La Communauté fait valoir que ce débat portait moins sur la hausse elle-même que sur les modalités de son application.

30 Trois manifestantes ayant participé à la Grande Mascarade de la veille sont accusées « de méfait, de complot et de port de déguisement dans un dessein criminel ».

30 À Gaspé, 300 manifestant.e.s (Radio-Canada) profitent du passage de Jean Charest dans la région pour faire entendre leur mécontentement.

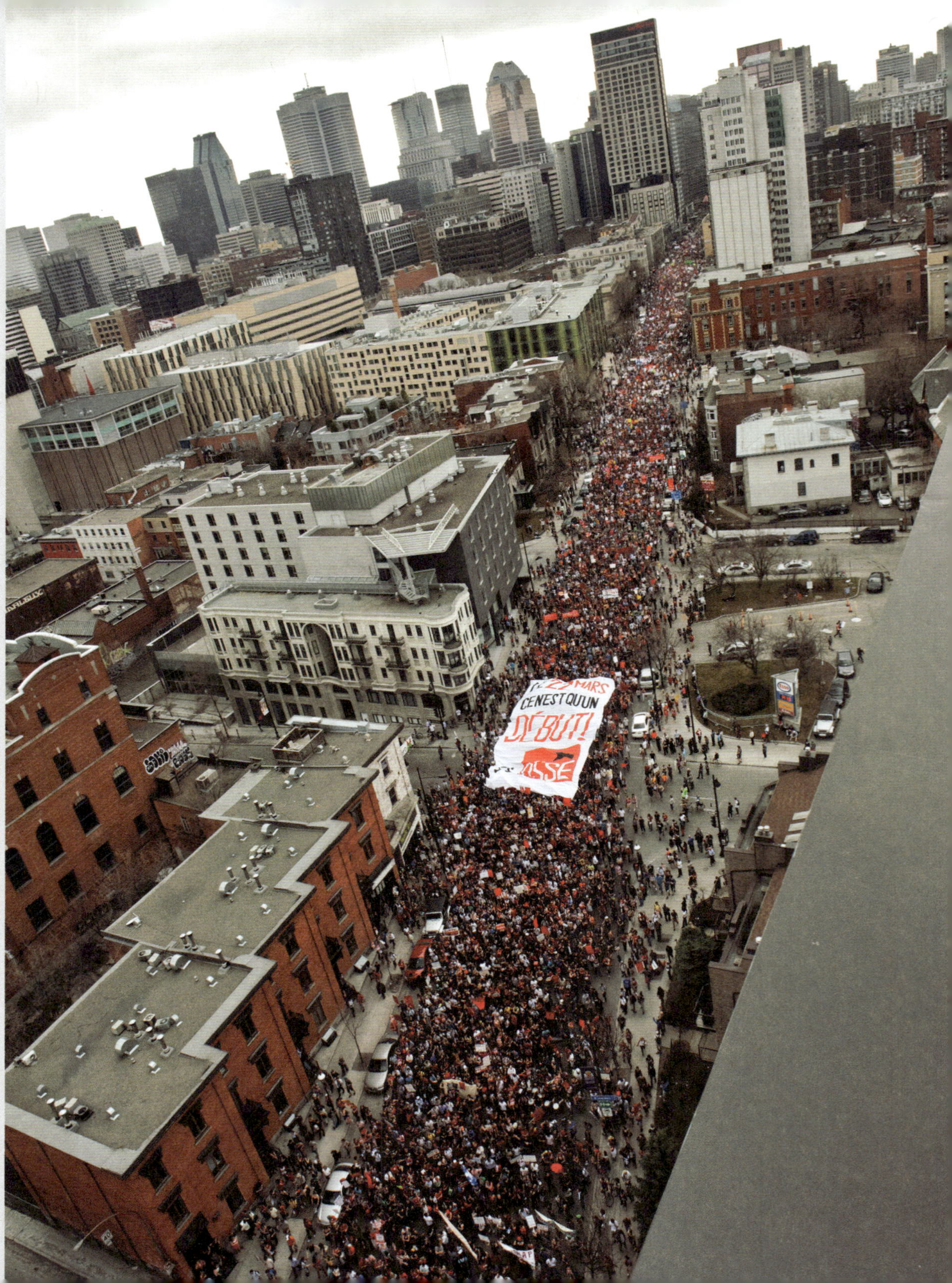

Scène de ménage de printemps

Sophie Torris

Publié dans *Fermaille* n° 10
le 28 mars 2012

Je voudrais aborder aujourd'hui la difficile réalité des ménages à trois, puisque je suis moi-même dans cette position délicate. Je me demande en effet s'il est possible de bien ménager sa monture quand on en a plusieurs. Si généralement, je suis plutôt du genre à ménager les susceptibilités de chacun, j'envisage ce printemps de faire un grand ménage. C'est qu'il y a de l'eau dans le gaz et pas à peu près ! J'aurais pu certes m'en laver les mains et briller par mon absence, mais depuis le 22 mars (une journée qui s'arrose !), plus personne ne lave sans bouillir, nous le « savons ».

Entrons dans le vif de mes envolées quitte à y laisser des plumes. Je le confesse, je vis donc la réalité d'un ménage à trois. Je suis volage. À la fois mère, étudiante et professeure, nous devons aujourd'hui composer l'une avec l'autre au sujet de la lutte contre la hausse des droits de scolarité. Mais approchez tous. Je vous invite à écouter nos conversations. Autour de la laveuse. Bavardes comme des pies. C'est là que nous lavons notre linge sale en famille.

Alors, il y a moi, la mère. Trois enfants. Et comme presque toutes les mamans du monde, je désire que ça baigne pour ma couvée : « Je ne suis pas une poule mouillée. Rien ne m'empêchera de revendiquer, bec et griffes, le meilleur pour mes petits. Du balai, cette politique de l'autruche ! Je suis en droit de réclamer l'accessibilité gratuite à l'éducation pour mes moineaux ! Je paie assez de taxes ! J'en ai assez de passer pour le dindon de la farce. Ce n'est pas marqué pigeon sur mon front, quand même ! Qu'est-ce qu'on veut pour demain, hein ? Des cervelles d'oiseau analphabètes ? »

Vous voyez que cette poule a du chien. Mais comme une hirondelle ne fait pas le printemps, sautons, si vous le permettez, de la poule au coq.

Il y a donc aussi moi, la professeure. Et comme presque tous les enseignants du monde, je désire que ça baigne pour mes couvées. « Je joue au coq. En fait, je ne suis que chargée de cours. Et pendant que les ressources professorales battent de l'aile dans nos universités, je fais le pied de grue en bayant aux corneilles. Y'a des nids de poule qui se creusent. Les universités sont mal financées ! Dès que je tends l'oreille, ça me fout la chair de poule. Tandis que de drôles de moineaux se remplument en jouant les poules de luxe et en sifflant une partie du bien commun, on assiste au chant du cygne d'un enseignement de qualité. Et moi, j'en ai assez de jouer les oiseaux de passage ! »

Vous notez bien que ce cygne n'est plus un perdreau de l'année. Il a du plomb

© MARIO JEAN - MADOC

MANIFESTATION DU 2 AVRIL 2012 À SHERBROOKE

© PASCAL DUMONT. MANIFESTATION DU 22 MARS 2012

MARS

30 Des étudiant.e.s en médecine de l'Université Laval organisent un pique-nique devant l'Assemblée nationale.

30 Les cégeps de Valleyfield et de Montmorency décident d'annuler leurs cours d'été.

31 À Alma, une manifestation rassemble 7 000 étudiant.e.s et travailleur.euse.s en lock-out de Rio Tinto Alcan (Radio-Canada).

31 À Gatineau, 150 personnes participent à une manifestation familiale (Radio-Canada).

31 Des étudiant.e.s du collège Édouard-Montpetit entament une grève de la faim, en formant différents « blocs » qui doivent se relayer pendant 48 heures.

dans la cervelle et de l'aplomb dans l'aile. Mais comme deux hirondelles ne font pas le printemps, écoutons enfin le vilain p'tit canard, celui qui congestionne les ponts en scandant : « Faute de grives, on ne mangera pas des merles. Faute de grève, on mangera d'la m… ! »

Alors voilà, il y a aussi moi, l'étudiante. Et comme presque tous les étudiants du monde, je désire que ça baigne pour moi et surtout qu'on ne jette pas l'eau du bain avec le bébé : « Je ne demande pas qu'on me gave comme une oie ! Je veux juste ne pas finir maigre comme un coucou ! Qu'ils répètent comme des perroquets que je vais finir par m'essouffler ! Ils vont vite comprendre, ces grands serins, qu'il ne faut pas prendre les enfants du Bon Dieu pour des canards sauvages. Si c'est petit à petit que l'oiseau fait son nid, on n'attendra pas que les poules aient des dents. Voyez déjà comment nous canardons le gouvernement à grands coups de révolutions tranquilles. »

Vous vous apercevez que le canard n'est pas boiteux. Qu'il est beau de le voir fier comme un paon, engagé et engageant ! Il apprend à utiliser la démocratie pour s'exprimer : « Je suis sur la place publique avec les miens. La poésie n'a pas à rougir de moi. J'ai su qu'une espérance soulevait le monde jusqu'ici. »

Alors ? Trois hirondelles, pensez-vous que ça pourrait faire fleurir ce printemps érable ? J'ai bien peur, moi, que mon ménage à trois se retrouve le bec dans l'eau si chacune de nous milite de son côté. C'est ensemble, mère, professeure, étudiante qu'il faut briser le miroir aux alouettes si on veut gagner sept ans de bonheur et plus encore. Certes, nous avons toutes les trois d'honnêtes revendications. On ne peut en effet qu'être d'accord avec la vertu, n'est-ce pas ? Vouloir le meilleur pour ses petits, enseigner dans de meilleures conditions, avoir accès au savoir, peu importe son milieu social, c'est tout à fait légitime.

Mais est-ce suffisant ? Je pense – et certains me traiteront peut-être de tous les noms d'oiseaux – que l'aboutissement de cette quête suppose une notion de sacrifice de la part de chacune.

Pour que mon ménage à trois fonctionne, je dois donc marcher à « Nous ». Tout d'abord, la mère doit prendre conscience qu'elle est le premier guide de son enfant et lui inculquer le culte de l'effort. Combien sommes-nous aujourd'hui à laisser nos enfants-rois jeter l'éponge dès que ça attache un peu ? Pour sa part, la professeure ne doit pas se désengager de l'enseignement au profit de recherches estimées rentables. Sans parler de nettoyage à sec radical, la vraie mesure de son accomplissement devrait être, avant tout, l'élévation de ses étudiants. Combien sommes-nous aujourd'hui à arpenter les estrades sans que brille la flamme de la transmission ? L'étudiante, quant à elle, ne brille pas toujours par son assiduité et sa constance aux cours. Elle pourrait commencer par gérer sa formation comme une priorité. Car enfin, si vous étiez parent, si vous l'êtes déjà, continueriez-vous à payer des cours de violon à votre enfant s'il ne les prenait pas au sérieux ?

Je prône l'abolition des frais de scolarité pour ceux et celles qui s'investissent réellement dans leurs études. Le savoir est un droit pour tous, certes. Mais il est aussi privilège. Je l'offrirais pour ma part à ceux et celles qui le méritent.

Vous avez compris qu'après toutes ces années à mélanger les torchons et les serviettes (maternité, professorat et études), chez moi, aucune de nous trois n'est tota-

© NICHOLAS DAWSON. MANIFESTATION DU 22 MARS 2012

lement lavée de tout soupçon. La question que je me pose, c'est de savoir si l'être humain est capable de dépasser la perspective de son propre jardin pour s'atteler enfin à la grande corvée ? Car derrière le débat sur la hausse, c'est tout l'avenir d'une société qui se discute. Derrière le désir d'une éducation qui servirait l'autonomie, la transmission et la culture, c'est d'un Québec plus juste et transparent dont nous avons envie.

Tandis que coule l'encre tricolore de mon ménage à trois, le ménage de printemps a bel et bien commencé sous les grands érables qui coulent. Nous récolterons bientôt le fruit de nos entailles.

AVRIL

Chloé Germain-Thérien juin 2012 www.eklozion.ca

Manifestations ironiques

Le 1er avril, le Mouvement des étudiants super-riches du Québec (dont l'acronyme est le même que le Mouvement des étudiants socialement responsables du Québec) organise la « Manif de droite pour la hausse » demandant au gouvernement de doubler, voire de tripler la hausse des frais de scolarité. Sur l'affiche de l'événement, le groupe annonce ses couleurs : « Nous souhaitons une école élitiste, individualiste et inaccessible. Les pauvres, nous n'en voulons pas. Venez marcher avec nous pour montrer à quel point il serait fantastique de vivre dans un Québec de droite. Quand on est Super-Riche™ bien sûr ! » Une seconde édition de cet événement a lieu le 26 avril et rassemble des manifestant.e.s qui réclament cette fois-ci ni plus ni moins que la « Loi des mesures de guerre ».

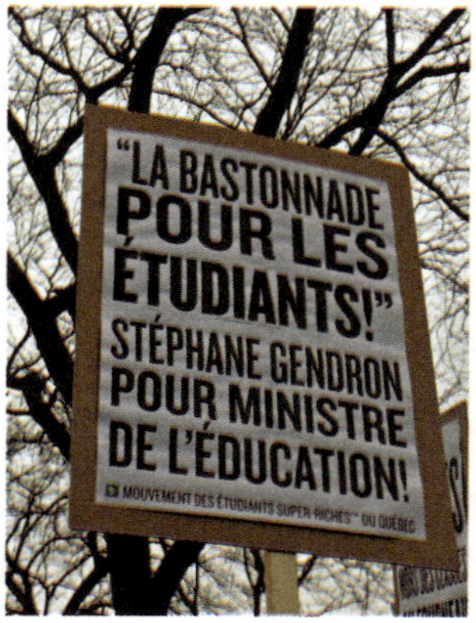

© NICHOLAS DAWSON

© NICHOLAS DAWSON ; MANIF DE DROITE POUR LA HAUSSE

Les Fausses nouvelles

À partir du 1er avril, un auteur anonyme se met à rédiger des « fausses nouvelles » sur une page Facebook, où il dépeint avec humour notre « vraie » actualité. Plus d'une centaine de « faux » grands titres seront ainsi diffusés jusqu'au 19 septembre, date à laquelle l'auteur décide d'en cesser la rédaction. Plus de 2 000 personnes ont suivi cette page.

<FACEBOOK.COM/FAUSSESNOUVELLES>

« Les gros rires gras de mes chums ont été cités hors contexte », s'est défendu Jean Charest.

Les Fausses nouvelles, 20 avril 2012

Un sondage bidon publié aujourd'hui dans *Le Journal de Montréal* aurait accidentellement reflété la réalité.

Les Fausses nouvelles, 2 mai 2012

Le SPVM veut transférer le dossier étudiant à la section « crime organisé ». Les étudiants soulagés : « Enfin, on va nous laisser tranquilles. »

Les Fausses nouvelles, 21 juillet 2012

Université de Montréal : il a fallu escorter d'urgence à l'hôpital un policier qui s'était approché trop près d'un concept philosophique.

Les Fausses nouvelles, 28 août 2012

Mobilisation record. À 14 h, le taux de participation est déjà de 108 % dans Sherbrooke.

Les Fausses nouvelles, 4 septembre 2012

AVRIL

1 À Laval, environ 200 étudiant.e.s (*La Presse*) manifestent près d'un centre de congrès où Jean Charest prononce une allocution. Réagissant aux protestations, le premier ministre déclare : « L'avenir n'est pas dans le gel. »

1 Présent à Laval, le président de la FECQ, Léo-Bureau Blouin, tente en vain de rencontrer le premier ministre Charest.

1 À l'occasion du poisson d'avril, le Mouvement des étudiants super-riches du Québec organise à Montréal une manifestation en faveur de la hausse des frais de scolarité au cours de laquelle les manifestant.e.s se déplacent seulement vers la droite. On lit sur des pancartes : « La juste part : 100 », « Pauvres : payez ! », « Nous sommes tous super riches ».

2 À Montréal, la façade des bureaux du ministère de l'Éducation, rue Fullum, est peinte en rouge.

2 À Rimouski, une vingtaine d'étudiant.e.s bloquent l'entrée du ministère des Transports pendant quelques heures. Plus tard, une cinquantaine d'étudiant.e.s manifestent devant l'hôtel de ville pour dénoncer la position officielle du conseil municipal en faveur de la hausse (si elle est assortie d'une bonification du régime de prêts et bourses).

Et pendant ce temps, nos cheveux s'emmêlent

Guiless

Publié dans *Fermaille* n° 7
le 1er avril 2012

Tu vois, dis ?
T'entends, dis ?

Mais si, ils sont là
Non, je ne te parle pas de la minorité
silencieuse
J'te parle pas des honnêtes comme
tu les appelles

Je te parle des autres
Ceux que t'aimerais enfoncer à la masse ou à la matraque
Ceux qui t'écorchent le bas de laine gris béton

Tu nous vois, dis ?
Mais tu nous entends, dis ?

Nous sommes là pourtant
Deux cent milles en orgie dans la métropole
Nous en avons fait mouiller les cieux
Bon sang c'était bon !
Nos corps tressaillent encore sous les spasmes post-orgasmiques

Vos chaperons impuissants
Résignés à regarder de loin
Sont repartis la matraque entre les jambes
Bandent-ils comme toi à la vue de chiffres comptables ?

AVRIL

2 À Sept-Îles, où le vote de grève s'est soldé par un vote nul, la statue de « l'ami d'acier », symbole de la vie économique de la ville, est recouverte d'une grande cape et d'un carré rouges.

2 En Outaouais, la direction de l'école secondaire Grande-Rivière impose une retenue aux quelque 800 étudiant.e.s qui ont appuyé la manifestation du 21 mars. Des étudiant.e.s du cégep de l'Outaouais manifestent devant l'école secondaire en guise de solidarité.

2 Une centaine d'étudiant.e.s du cégep d'Alma défient l'injonction et érigent des barricades à l'intérieur de l'établissement. La direction décide de suspendre les cours.

3 L'étudiant Laurent Proulx obtient une injonction pour assister à son cours d'anthropologie à l'Université Laval.

3 Environ 150 étudiant.e.s organisent un sit-in à l'Université McGill.

© DAVID CHAMPAGNE. MANUFESTATION DU 16 MAI 2012

Mais toi.
Toi.
Tu nous as vus ?
Tu nous as entendus, dis ?
Bien sûr
Voyeur !

Essoufflés. Nous ?
As-tu déjà oublié la fringance de la jeunesse !
Donne-moi cinq minutes, ok ?
Pas plus
Qu'on replace un peu nos cheveux en broussaille

Bon, tu es prêt ?
Round 2
Ce sera plus loin cette fois

C'est toujours comme ça.

AVRIL

3 À Drummondville, une partie du mobilier urbain est couvert de tissu rouge.

3 À Matane, une quinzaine d'étudiant.e.s de niveau collégial sont surpris.es par des agents de la SQ en train de peindre en rouge des dalles de béton près du barrage Mathieu-D'Amours.

4 199 000 étudiant.e.s sont en grève.

4 Un groupe d'étudiant.e.s occupe le bureau de Luce Samoisette, rectrice de l'Université de Sherbrooke et présidente de la CREPUQ.

4 La manifestation nationale organisée par la FECQ et la FEUQ dans la circonscription de Jean Charest, à Sherbrooke, rassemble entre 4 000 et 10 000 personnes.

4 76 étudiant.e.s sont arrêté.e.s à la suite d'une manifestation d'environ 300 personnes au centre-ville de Montréal (Radio-Canada).

4 Environ 500 étudiant.e.s manifestent dans les rues de Québec (Radio-Canada).

4 L'UQAM s'entend avec les étudiant.e.s en grève pour qu'ils cessent de bloquer l'accès à l'établissement et évite ainsi le recours aux tribunaux.

AVRIL

4 Altercation à l'UQAC entre des manifestant.e.s et des agent.e.s de sécurité : un agent est transporté à l'hôpital, un étudiant est inculpé de voies de fait.

4 Une vingtaine de personnes se couchent devant la Maison du Québec à Berlin dans le cadre d'un flashmob en appui à la grève.

4 Une lettre publiée dans le journal *Le Droit*, prétendument signée par les anciens recteurs Léo-A. Dorais, Michel Gervais et Louis-Edmond Hamelin, déplore la fermeture dont fait preuve le gouvernement Charest dans le dossier de la hausse des frais de scolarité. On y affirme notamment que « [d]es recteurs en poste volent au secours du gouvernement en lui fournissant des arguments sur un besoin factice de financement et sur un besoin tout aussi controuvé de "compétitivité" des institutions universitaires. Or ces arguments servent principalement à masquer la mauvaise gestion des universités québécoises et les pratiques dépensières dont ces mêmes administrations ne cessent de se montrer capables. » Il s'agissait en fait d'un canular, rapidement mis au jour dans *Le Soleil* et *Le Nouvelliste* par l'un des recteurs, prohausse.

On hausse le ton !

CONCERT D'ORCHESTRE ET POÉSIE SUR LA HAUSSE

Le lundi 2 avril a lieu un « concert d'orchestre et poésie sur la hausse » au Théâtre rouge du Conservatoire d'art dramatique de Montréal. Organisé par les associations étudiantes du conservatoire et animé par Maxime Denommée, l'événement a lieu en même temps que le lancement du septième numéro de la revue *Fermaille*.

ENTENDU DANS UNE MANIF

« Un policier : *Cette manifestation est illégale. Veuillez retourner à vos occupations habituelles.*

Un manifestant : *Ces temps-ci, c'est ça nos occupations habituelles.* »

Lettre à Julien, étudiant

(OU : COMME UN SYMBOLE AU BEAU MILIEU DU DÉSERT)

Ève Paquette

Publié sur le site *Profs au carré*
le 2 avril 2012

Cher Julien,

La première fois que je t'ai rencontré, ç'a été un peu gênant et aussi un peu drôle : je crois bien qu'avant même de savoir ton nom, je t'ai tenu la main alors que nous manifestions dans le cadre de « ma » grève (celle des profs de l'UQAM), en 2009. Excuse-moi si je te donne ici un rôle que tu n'as pas joué; si ce n'était pas toi, alors prends-le comme un compliment ! Ce Julien-là te ressemblait. En tant qu'étudiants, vous nous aviez donné votre appui, sentant qu'il y avait là une revendication touchant la plus vaste question de la valorisation sociale de l'éducation universitaire.

Je t'ai recroisé, par la suite, à quelques reprises à l'Université; si je n'ai pas pu, chaque fois, me souvenir de ton prénom, je me souvenais pourtant toujours que je t'avais tenu la main – ou plutôt, que tu avais tenu la mienne, puisque c'est toi qui nous appuyais. La deuxième fois que je t'ai rencontré, c'était au début de cette session d'hiver 2012, dans ma classe. J'ai eu cinq semaines pour apprécier pleinement tes interventions et ta présence. Ta volonté de réfléchir et de porter un regard critique sur le monde est exactement ce qui me donne envie de continuer à enseigner.

Je t'ai recroisé, la semaine dernière, alors qu'avec d'autres tu tentais d'entrer dans l'UQAM pour faire un « stop toilette » avant d'aller rejoindre la ligne verte de la Grande Mascarade à laquelle tu participais. J'ai vu les agents de sécurité verrouiller toutes les portes, de sorte que vous n'avez pas pu entrer.

Qu'il s'agisse de toi ou d'un autre Julien, d'un Gabriel ou d'une Sophie qui m'ait tenu la main, je veux t'assurer que je serai là au retour, quelque forme que prenne ce retour. Je serai là avec Roland Barthes (c'était le prochain cours prévu) et je suis certaine que ton expérience des dernières semaines te permettra de comprendre sans peine lorsqu'on lira, dans ses *Mythologies*, que la mythologie est à droite, alors que la mythologie de gauche est bien souvent impuissante. Mais ce que j'espère le plus fort d'ici là, c'est que nous l'aurons fait mentir, ce Barthes : je me refuse à croire que l'image d'une main tenue soit impuissante. Je me refuse à croire que ce monde-là puisse ne pas exister.

Nous nous recroiserons sans doute, ces prochains jours, pour prêter vie ensemble à ces symboles que le mouvement étudiant porte si vaillamment. Qui sait, peut-être même nous rencontrerons-nous.

AVRIL

5 Dans une conférence de presse, les ministres Line Beauchamp et Raymond Bachand annoncent la décision du gouvernement de bonifier de 21 millions de dollars le programme de prêts étudiants et d'instaurer un régime de remboursement proportionnel au revenu des diplômé.e.s.

5 Les artistes Malajube, Doba, Boni Suba et Orange Orange donnent un spectacle à la Place du Canada, à Montréal. Ce spectacle est organisé par un regroupement d'associations étudiantes.

5 Plusieurs enseignant.e.s et futur.e.s enseignant.e.s installent de grands cartons rouges dans les cours de 36 écoles secondaires de la Commission scolaire de Montréal (CSDM).

5 Des étudiant.e.s québécois.es et ontarien.ne.s se réunissent devant le Bureau du Québec à Toronto pour dénoncer la hausse des frais de scolarité.

5 Environ 200 étudiant.e.s bloquent pendant deux heures l'accès au centre de distribution de la SAQ, dans l'est de Montréal.

La grève 2.0

La grève étudiante se déroule dans les assemblées générales, autour des tables, dans les conférences, dans la rue. Si ces lieux de rencontre sont fondamentaux, le rapport que le mouvement entretient avec Internet est aussi ce qui a fait la particularité du Printemps québécois. Que ce soit en termes d'information, de mobilisation et même d'esthétique, le web, peu coûteux et accessible, a été un outil indispensable, tant pour les partisans de la grève étudiante que pour ses détracteurs.

Dès le début de l'année scolaire 2011-2012, le web sert à transmettre de l'information sur la hausse des frais de scolarité. Si les militant.e.s actif.ive.s sont déjà bien mobilisé.e.s, c'est par le biais d'articles diffusés dans les médias socionumériques qu'une majorité d'étudiant.e.s entendent en effet parler pour la première fois de la lutte à venir. Les chercheurs de l'IRIS utilisent d'ailleurs cette stratégie avant même le déclenchement de la grève en diffusant une série de vidéos qui s'attaquent aux différents mythes sur la hausse des frais de scolarité. Ces vidéos sont partagées des milliers de fois sur Facebook et Twitter, donnant un avant-goût du rôle que jouera le web pendant le conflit.

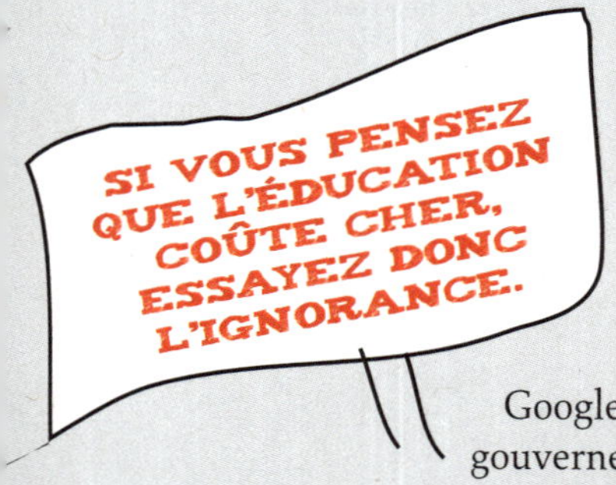

Cette dynamique, le gouvernement libéral la comprend aussi très rapidement. Au lendemain de la manifestation du 10 novembre 2011, premier grand rassemblement du mouvement étudiant ayant réuni plus de 20 000 personnes, le ministère de l'Éducation achète différents mots-clés sur Google afin que ceux-ci renvoient à un site gouvernemental résumant l'argumentaire libéral sur la hausse des frais de scolarité. Ainsi, toute personne qui cherche des termes tels que « manifestation étudiante », « grève étudiante », « FECQ », « FEUQ » ou « ASSÉ » voit apparaître en tête de liste un lien publicitaire vers le site droitsdescolarite.com, stratégie qui est fortement contestée par les étudiant.e.s.

Les sites officiels des différents regroupements étudiants jouent également un rôle essentiel. Ces sites sont très consultés, car ils sont d'importantes sources d'informations factuelles : par exemple, le décompte des associations en grève tenu par le site <bloquonslahausse.com> de la CLASSE demeure une référence. Les associations étudiantes y mettent aussi du matériel de mobilisation à la disposition de tout le monde, affiches, tracts et brochures d'information pouvant ainsi être facilement distribués.

Facebook a cependant été la plateforme web la plus utilisée pour la mobilisation étudiante. Outre la facilité et la vitesse à laquelle l'information s'y répand, le réseau est un lieu (parfois houleux) de débats, d'échanges et de mobilisation. La création d'« événements » devient vite quasiment nécessaire à la réussite de toute action d'envergure, et on assiste à l'émergence d'innombrables groupes qui peuvent ainsi coordonner leurs activités en ligne. Le Mouvement des étudiants socialement responsables du Québec (MÉSRQ) profite d'ailleurs comme les autres des possibilités du réseau socionumérique.

L'imagination des étudiants en grève donne lieu à des manifestations numériques tout à fait originales. C'est ainsi que la Fédération des associations étudiantes du campus de l'Université de Montréal (FAECUM) organise, le 16 octobre 2011, une véritable occupation du réseau Twitter de l'émission *Tout le monde en parle* (TLMEP) en invitant les étudiant.e.s à tweeter les liens vers des vidéos parodiant des publicités de l'Université de Montréal avec le mot-clic #TLMEP. L'action, qui sera répétée par la suite (entre autres pour publiciser le *Lipdub rouge*), bénéficie ainsi de la grande popularité de la discussion

© RABBIT CREW LTÉE

IMAGE TIRÉE D'UNE DES CINQ VIDÉOS HUMORISTIQUES PRODUITES PAR LA RABBIT CREW ENTRE LE 4 ET LE 8 AVRIL OÙ EST SIMULÉ L'ENLÈVEMENT « DE L'AMI DE MON FRÈRE » AFIN D'OBLIGER LA MINISTRE LINE BEAUCHAMP À ANNULER LA HAUSSE DES FRAIS DE SCOLARITÉ AVANT LE LUNDI DE PÂQUES.

web qui a lieu simultanément à la diffusion de l'émission. Twitter est aussi le moyen par lequel l'état des manifestations est suivi, tant du côté du SPVM qui utilise cette plateforme pour annoncer l'illégalité d'un rassemblement, que de celui des étudiant.e.s qui commentent l'action à l'aide des mots-clics #manifencours et #GGI (pour « grève générale illimitée »).

Cette compréhension du fonctionnement des réseaux socionumériques passe aussi par la production d'un ensemble de vidéos (le faux enlèvement de la Rabbit Crew, *Un grand tonnerre*, etc.), la création de nombreux blogues humoristiques (*Fuck Yeah GND*, *Entendu dans une manif*, etc.), le lancement de jeux en ligne (*Angry grévistes*, *Contrecarré*), la mise sur pied de plateformes visant à affirmer la force du mouvement (Opération 1625, Arrêtez-moi quelqu'un !, J'étudie là) et la production de mèmes humoristiques et politiques. D'autres initiatives proviennent de l'extérieur du milieu étudiant ; par exemple, une ligne du temps est mise en ligne par le responsable des réseaux sociaux de Radio-Canada, Xavier K. Richard (<ggi.xkr.ca>), ou une vidéo filmée à Sagard, dans le domaine des Desmarais, est diffusée par les pirates informatiques d'Anonymous.

Mis à part la vitesse à laquelle ils permettent de partager l'information, les médias socionumériques contribuent aussi énormément à la diffusion du travail des différents médias alternatifs qui se révèlent pendant la grève. Ainsi, les initiatives de CUTV, du Fil rouge ou de la Boîte Rouge font plus facilement contrepoids aux médias de masse et procurent une voix plus forte aux étudiant.e.s. Le travail de Geneviève L'obstineuse, dénonçant les « scandales, aberrations, tromperies et mensonges » du gouvernement de Jean Charest sur le site <libéraux.net>, a d'abord acquis sa notoriété grâce à Facebook.

Le web joue également un rôle dans l'historicisation des événements. La prolifération de vidéos, de photos, de montages et d'objets de toutes sortes ainsi que la facilité avec laquelle cette masse médiatique est diffusée participent grandement à la construction de la mémoire collective. De nombreuses images désormais mythiques de la grève étudiante (Anarchopanda, la Rabbit Crew, l'entrevue à *Tout le monde en parle* opposant Gabriel Nadeau-Dubois et Arielle Grenier, Richard Martineau twittant à propos d'étudiant.e.s à Outremont, etc.) ont beaucoup circulé sur la Toile, ce qui contribue à la définition même des repères du mouvement. Le désir d'archiver le plus possible les événements du Printemps québécois est aussi palpable sur le web : la page Wikipédia « Grève étudiante québécoise de 2012 » est déjà considérablement plus documentée que celle de la grève de 2005 et les initiatives qui visent à rassembler en ligne le plus de documents possible ont commencé bien avant la fin du conflit et l'annulation de la hausse des frais de scolarité. Par exemple, David Widgington, un étudiant en recherche-création à la maîtrise en communication de l'Université Concordia, met en ligne les *Archives : Imagerie d'un Printemps Érable* sur Facebook et un nombre considérable d'albums photos consacrés à la grève sont mis en ligne sur Tumblr (par exemple, <brosbeforehausses.tumblr.com> et <pancartesggi.tumblr.com/page/2> réunissent de nombreuses photographies des pancartes et slogans des manifestations).

Plus que jamais, il apparaît que les combats sociaux et tous les « printemps » à venir ne se penseront plus sans le web.

AVRIL

5 Des étudiant.e.s lâchent des milliers de criquets dans un immeuble des HEC, une référence aux « 10 plaies d'Égypte ». Les cours ne sont pas perturbés par cette action, mais des exterminateurs procèdent au nettoyage des lieux.

5 L'Association des étudiant.e.s de Laval inscrits aux études supérieures (AELIES), qui compte 11 000 membres, se prononce contre la reconduction de la grève. Il ne reste plus que quelques milliers de grévistes dans la Vieille Capitale.

6 Une injonction provisoire est accordée à la direction de l'UQAC qui interdit aux étudiant.e.s de manifester à moins de 25 mètres de l'établissement.

6 L'offre du gouvernement Charest de bonifier de 21 millions de dollars le régime de prêts et bourses et d'instaurer un remboursement proportionnel aux revenus pour les diplômé.e.s est rejetée par la FECQ, la FEUQ et la CLASSE.

7 La ministre Line Beauchamp annonce qu'aucune rencontre n'est prévue avec les associations étudiantes.

Les tweets de la grève étudiante

Olivier H. Beauchesne publie le 3 avril sur son blogue *Collaborative Cybernetics* une visualisation des tweets portant sur la grève étudiante. Cet analyste de recherche a développé un algorithme établissant des parentés sémantiques entre les différents tweets envoyés et présentant une cartographie du Printemps québécois sur Twitter. Le 28 juin, Olivier H. Beauchesne publie une mise à jour de son étude à partir des 500 000 tweets publiés entre la mi-février et la fin juin. Cinquante sujets principaux sont identifiés, dont les commentaires à propos de Jean Charest, CUTV, la loi 78, les arrestations massives, les casseroles. L'étude établit par ailleurs les principaux mots-clics ou *hashtags* (#ggi, pour *grève générale illimitée*, domine largement la tweetosphère) ainsi que les destinataires les plus fréquents. Il révèle aussi que le pic de participation a lieu vers 20 h, heure à laquelle commencent les manifestations de casseroles et se préparent les manifestations nocturnes. D'ailleurs, le SPVM est très présent sur Twitter puisqu'il utilise aussi le réseau socionumérique pour informer les manifestant.e.s en temps réel. Jamais le Québec n'a été aussi présent sur cette plateforme, la grève étudiante devenant même pendant une semaine un des cinq sujets les plus « tweetés » de la planète.

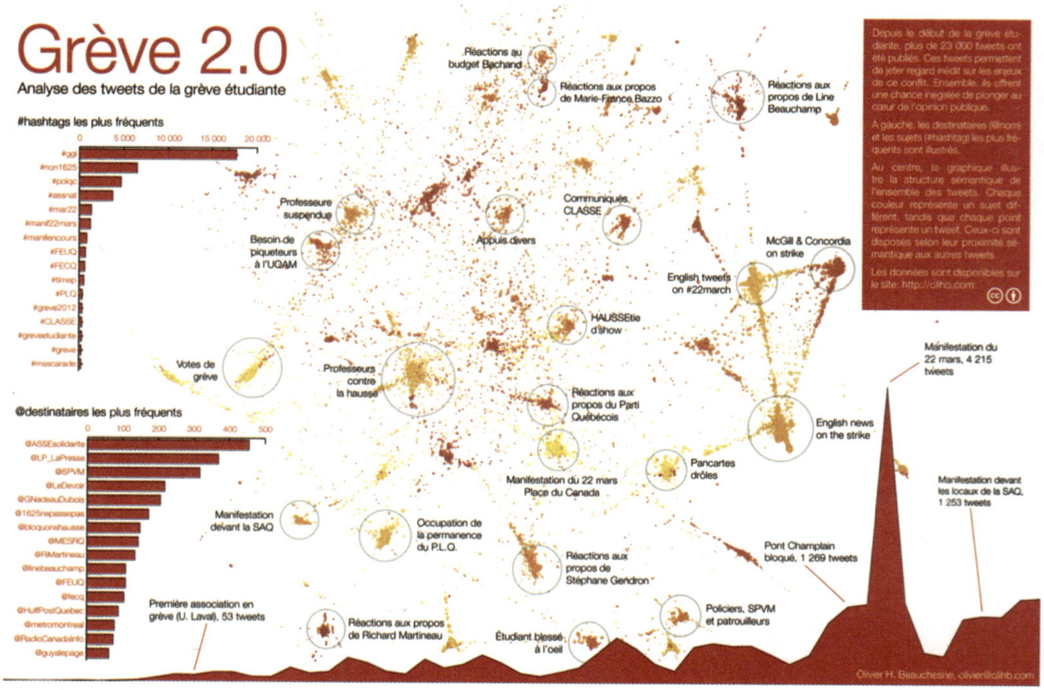

Légion D

Le groupe Légion D, réunissant des étudiants en design de l'Université de Montréal, naît peu après la manifestation du 22 mars lors de *L'Atelier rouge*, une activité de création organisée à la Faculté d'aménagement de l'UdeM. Inspiré par leurs collègues du groupe Archicontre, Légion D, alors composé d'un noyau de six étudiants, crée cinq étendards arborant autant de propositions (taxe sur les banques, états généraux, récupération fiscale, etc.). Ces étendards, visibles lors de plusieurs manifestations, doivent à l'origine accompagner les boucliers d'Archicontre afin de symboliser la « résistance à l'oppression du gouvernement ». À la mi-avril, le groupe prend de l'expansion et réunit une trentaine d'étudiant.e.s en design. Ensemble, ils créent un jeu de société géant nommé « Bloc-Hausse ».

Dans ce « Jenga » géant, « les blocs rouges illustrent les valeurs menant vers l'équilibre et les petits blocs noirs illustrent les sources de déséquilibre, ceux qui menacent la structure d'écroulement, à l'image de la société ». Le jeu fait sa première apparition publique lors de la manifestation du 22 avril et sera visible, entre autres, dans le *Lipdub rouge*.

« Peu après la naissance de Légion D, notre discours d'individus "contre la hausse" a été troqué pour un discours collectif visant à rejoindre les gens autrement. Notre but fut d'informer, de faire réfléchir, de conscientiser, de grandir et surtout, de faire sourire. »

PHILIPPE CÔTÉ,
MEMBRE DE LÉGION D

LE JEU DE JENGA GÉANT, « BLOC-HAUSSE », DANS LE LIPDUB ROUGE

AVRIL

7 De midi à minuit se tient l'événement NOUS ?, une réflexion sur la démocratie au Québec. Plus de 70 intellectuel.le.s et artistes sont invité.e.s à lire des textes écrits pour l'occasion, dont le coporte-parole de la CLASSE Gabriel Nadeau-Dubois.

9 179 000 étudiant.e.s sont en grève.

9 Entre 200 et 300 personnes (*La Presse*) manifestent contre la hausse des frais de scolarité dans les rues de Granby.

9 Un grand rassemblement populaire, organisé par la CLASSE, se tient toute la journée au parc Émilie-Gamelin sur le thème « Vers un printemps québécois ».

10 Environ 200 personnes (*La Presse*) bloquent deux entrées du port de Montréal. La police intervient pour les disperser.

10 Lors d'un point de presse, Jean Charest dément l'instrumentalisation du mouvement étudiant à des fins électorales. « Les droits de scolarité ne sont pas un enjeu électoral », dit-il.

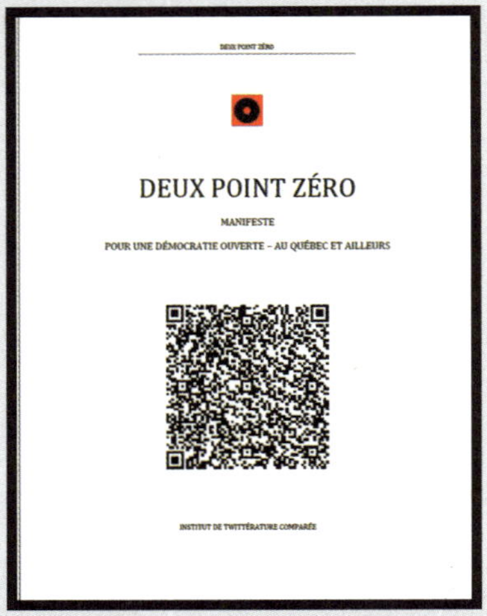

DEUX POINT ZÉRO

DEUX POINT ZÉRO

MANIFESTE

POUR UNE DÉMOCRATIE OUVERTE – AU QUÉBEC ET AILLEURS

INSTITUT DE TWITTÉRATURE COMPARÉE

NOUS ?

L'événement NOUS ? est un « marathon de prise de parole » où, pendant 12 heures, 70 citoyen.ne.s de différents milieux (artistique, universitaire, scientifique, politique, etc.) sont venu.e.s lire des textes inédits dans une allocution de 5 à 10 minutes. Ils et elles étaient invité.e.s à réfléchir collectivement à la question : « comment rendre visible, opérante la liberté qui nous caractérise et qui nous échappe en même temps ? » L'événement, qui a lieu le 7 avril au Monument national, est organisé par le collectif Moulin à paroles, réunissant Pierre-Laval Pineault (qui anime la soirée), Sébastien Ricard, Brigitte Haentjens, Jean-Sébastien Pineault et Jean-Martin Johanns. L'Institut de twittérature comparée (ITC) publie le 20 avril *Deux Point Zéro*, un livre numérique qui regroupe 140 tweets diffusés lors de l'événement, que l'on peut trouver à l'adresse suivante : <twittexte.com/documents/DEUXPOINTZERO/DEUXPOINTZERO.pdf>.

« Soyons des allumeurs de rêves. Car sans NOUS, les anonymes n'auront pas de rêves. Car NOUS ne pourrons jamais rêver seuls sans les anonymes. »

TWEET PUBLIÉ DANS *DEUX POINT ZÉRO*

« La torpeur NOUS tord et NOUS taille tous comme un tordeur. Torture inacceptable et cachée. Diffuse. Lente. Triste. Et NOUS ? Le savons-NOUS ? »

TWEET PUBLIÉ DANS *DEUX POINT ZÉRO*

« Aurions-NOUS été libres pour rien? Qu'avons-NOUS fait pendant que NOUS étions librement libres? Aurions-NOUS eu le temps de NOUS oublier ? »

TWEET PUBLIÉ DANS *DEUX POINT ZÉRO*

Le texte fondateur de NOUS ?

LA PUISSANCE RÉVOLUTIONNAIRE EST INTACTE AU QUÉBEC. L'esprit de liberté qui l'innerve et s'en nourrit s'est manifesté tout au long de notre histoire. Ce serait même ce qui nous caractérise essentiellement. Enclavés dans un milieu qui diffère du nôtre sur les plans historique, culturel, politique et social, nous sommes animés d'un mouvement propre qui résiste à l'enfermement et révèle, « au-delà d'une uniformité institutionnelle et d'un lien juridique artificiel entre nous et les autres, le phénomène bien plus profond de notre indépendance » (Pierre Vadeboncoeur). Ce phénomène, reconnu occasionnellement, demeure invisible le reste du temps et la puissance révolutionnaire reclose (*sic*).

Certes, le Québec participe d'un portrait plus large, celui d'un monde ébranlé par un capitalisme féroce, soutenu par les gouvernements et travaillant sans relâche à la déchéance des États. L'emballement et les excès du marché mondial instaurent une concurrence généralisée qui échappe à toute forme de régulation, menaçant les acquis humanistes des révolutions française et américaine. Cette érosion de la démocratie, si elle affecte des États constitués, minant leurs assises et leur pouvoir, elle menace d'anéantissement une société comme la nôtre, sans constitution et qui cultive pourtant l'illusion de sa cohésion et de sa cohérence.

Dans cet état des choses, alors que les mouvements de révolte et d'indignation traversent actuellement le monde, ouvrant des perspectives qui semblaient hier impensables, ici, la tentation est vive de dénoncer cette fausse présence au monde qui désarme l'esprit révolutionnaire. Car sans cet esprit il ne saurait exister de démocratie.

Le souffle le plus long

Discours de **Gabriel Nadeau-Dubois**

lors de l'événement NOUS ?
le 7 avril 2012

Depuis 54 jours, je suis en grève. Cinquante-quatre jours de lutte, 54 jours de matraque, de gaz, de poivre. Moi, mes ami.e.s, mes camarades, les étudiants et les étudiantes du Québec.

Cinquante-quatre jours de grève contre les libéraux, contre les boss, contre la police, contre les chroniqueurs méprisants. Cinquante-quatre jours et déjà, déjà nous avons gagné. Déjà nous avons gagné contre le cynisme. Déjà nous avons gagné contre l'impuissance, contre ceux qui disaient, il y a de cela quelques semaines à peine, que le peuple du Québec était mort et que sa jeunesse ne valait pas mieux.

C'est pour cela, je crois, que je vais profiter de la tribune qui m'est offerte aujourd'hui pour remercier chaleureusement le premier ministre du Québec, monsieur Jean Charest. Merci monsieur Charest. Vous nous avez donné une confiance inébranlable en nous-mêmes.

Mais maintenant vous êtes en sursis. Vous avez déclaré la guerre à une génération en entier. Nous avons marqué le sol de l'histoire d'une marque indélébile. L'histoire du Québec dorénavant ne pourra plus se lire sans s'y arrêter. Vous nous avez montré la violence de votre monde, pour nous permettre peut-être d'un peu mieux imaginer le nôtre. Parce que nous aspirons à plus que votre monde qui meurt. Nous aspirons à plus qu'à votre éducation marchandise, qu'à vos écoles laboratoires, qu'à votre société du *moi inc.*

Nous avons maintenant confiance en nous. Nous avons confiance en nos camarades de classe. Nous avons maintenant confiance en l'histoire. Nous avons confiance en notre peuple et nous savons qu'il ne s'arrêtera pas là. Notre colère, déjà, a des échos aux quatre coins de la province. Déjà, les oreilles de nos enfants, de nos nièces, de nos cousins, de nos cousines en sont remplies.

L'école de la grève, pour nous, ce printemps, aura été la meilleure des formations. Elle aura été gratuite en plus. On a appris ce printemps, on a appris pour vrai. On a appris c'était quoi l'injustice, on a appris c'est quoi la violence d'un système. On a appris ça goûte quoi le poivre de Cayenne, on a appris ça sent quoi les gaz lacrymogènes. Mais surtout, on a appris la résistance.

On a appris par centaines de milliers à se battre comme jamais on ne l'avait fait dans nos vies, comme jamais on ne l'avait fait dans l'histoire du Québec. Notre grève, c'est pas l'affaire d'une génération. C'est pas l'affaire d'un printemps. C'est l'affaire d'un peuple, c'est l'affaire d'un monde.

Notre grève n'est pas un événement isolé. Notre grève, c'est juste un pas, c'est juste une halte le long d'une route beaucoup plus longue. Notre grève, elle est déjà victorieuse parce qu'elle nous a permis de voir cette route-là, celle de la résistance.

Il est là le vrai sens de notre grève : 250 000 personnes ne sortent pas dans la rue parce que ça ne veut pas payer 1 625 $ de plus. Il est là le sens de notre grève, dans la durée, dans la poursuite, demain, de la désobéissance. Nous avons planté ce printemps les graines d'une révolte qui ne germeront peut-être que dans plusieurs années. Mais déjà ce qu'on peut dire, c'est que le peuple du Québec n'est pas endormi, pas plus que ne l'est sa jeunesse.

Ils ont peut-être les matraques les plus dures, ils ont peut-être les armures les plus épaisses, ils ont peut-être les plus grands journaux, ils ont peut-être les portefeuilles les plus épais, mais nous, nous avons le souffle le plus long. Nous avons le courage des opprimés, nous avons la force de la multitude. Mais surtout, nous avons, tout simplement, raison.

On a raison de se lever. On a raison de crier. On a raison de manifester, on a raison de faire la grève. On a raison de bloquer l'entrée de nos cégeps, de bloquer l'entrée de nos universités. On a raison de ne pas se laisser impressionner par les injonctions de ceux qui ont perdu leur débat en assemblée générale et qui ont des parents assez riches pour se payer un avocat. On a raison de se battre contre ça. Contre un monde qui veut nous couper les ailes, qui veut nous dresser à coups de dettes pis de travail.

Mais cette lutte-là, ce n'est pas seulement une lutte étudiante. En fait, ça ne doit pas être seulement une lutte étudiante. Parce que les gens qui veulent augmenter les frais de scolarité, les gens qui ont décidé d'imposer une taxe santé, les gens qui ont mis sur pied le Plan Nord, les gens qui ont mis à pied les travailleurs et les travailleuses d'Aveos, les gens qui tentent de mettre à pied les travailleurs et les travailleuses de Rio Tinto Alcan à Alma, les gens qui tentent d'empêcher les travailleurs et les travailleuses de Couche-Tard de se syndiquer, tous ces gens-là sont les mêmes.

Ce sont les mêmes personnes, avec les mêmes intérêts, dans les mêmes groupes, dans les mêmes partis politiques, dans les mêmes instituts économiques. Ces gens sont une seule élite. Une élite gloutonne, une élite vulgaire, une élite corrompue, une élite qui ne voit l'éducation que comme un investissement dans du capital humain, qui ne voit un arbre que comme une feuille de papier et qui ne voit un enfant que comme un futur employé.

Ces gens ont un projet convergent, ils ont des intérêts politiques convergents. Et c'est contre eux aussi que l'on doit se battre, pas seulement contre le gouvernement libéral.

Je peux, aujourd'hui, vous transmettre le souhait, je crois, le plus cher des étudiants et des étudiantes qui sont en grève actuellement au Québec : servir de tremplin. Que notre grève serve de tremplin à une contestation beaucoup plus large, beaucoup plus profonde, beaucoup plus, oui, radicale, de la direction que prend le Québec depuis les dernières années.

S'il y a une tradition québécoise à conserver, ce n'est pas la poutine ou la xénophobie. S'il y a une tradition québécoise à conserver, c'est celle que les étudiants et les étudiantes du Québec sont en train de transmettre. Une tradition de lutte. De lutte syndicale, de lutte étudiante, de lutte populaire, de lutte féministe. Et pour parler de cette lutte-là, je ne saurais terminer mon allocution aujourd'hui sans vous laisser sur les mots de Gaston Miron :

AVRIL

10 Devant la difficulté croissante de planifier l'éventuelle reprise des cours, le président-directeur général de la Fédération des cégeps, Jean Beauchesne, qualifie la situation de « catastrophique ».

10 Peu avant la tenue d'un vote de reconduction de grève, des professeur.e.s de l'Université de Sherbrooke manifestent devant l'établissement pour souligner leur appui au mouvement étudiant.

10 L'injonction provisoire touchant le collège d'Alma est levée. Entre-temps, l'association étudiante s'est prononcée contre la reconduction de la grève.

11 À Montréal, environ 200 étudiant.e.s bloquent l'accès au siège social de la Banque Nationale. Les policiers déclarent la manifestation illégale et dispersent les manifestant.e.s à l'aide de gaz irritants.

11 Dans un point de presse commun, la FEUQ et la FECQ proposent une solution pour dégager 296 millions de dollars sur cinq ans tout en maintenant le gel des frais de scolarité. Cette solution comporte trois propositions principales, dont le gel des dépenses non liées à l'enseignement ou à la recherche ainsi qu'une baisse des salaires des recteurs des universités.

© JÉRÉMIE BATTAGLIA

nous avançons nous
avançons le front
comme un delta
« Good-bye farewell ! »
nous reviendrons nous
aurons à dos
le passé
et à force d'avoir pris
en haine toutes
les servitudes
nous serons devenus
des bêtes féroces
de l'espoir.

Merci.

AVRIL

11 En visite à São Paulo, au Brésil, Jean Charest dénonce « l'intimidation » exercée par les étudiant.e.s. Il compare les votes dans les associations étudiantes au climat d'intimidation qui règne dans l'industrie de la construction. De son côté, la ministre Beauchamp déclare que les cégeps et les universités devraient prendre « toutes les mesures nécessaires pour que les cours se donnent » (*La Presse*).

11 Sous le titre « Manifestation générale illimitée », un « marathon de manifestations » organisé à Montréal par le Fil rouge donne lieu à 12 manifestations en 12 heures.

11 L'Association canadienne des libertés civiles déplore le recours de plus en plus fréquent des policiers à un article du Code de la sécurité routière pour mettre fin aux manifestations et verbaliser leurs participant.e.s.

12 Un homme est arrêté pour avoir proféré sur Internet des menaces à l'encontre de la ministre Line Beauchamp. Le ministre de la Justice, Jean-Marc Fournier, aurait également été la cible de menaces de mort. La Sûreté du Québec enquête.

Les féministes de la grève

Durant la grève, les féministes étudiantes ont soulevé un certain nombre de questions sur la place et le rôle des femmes dans la vie publique. Accessibilité aux études, conciliation famille-travail-études, avortement, hétérosexisme, traitement médiatique réservé aux femmes en politique, marchandisation des corps : pour les femmes de tous âges, le Printemps québécois est une formidable occasion de remettre les pendules (patriarcales) à l'heure.

TRACTS, ACTIONS, MANIFESTATIONS

Le 12 février 2012, la CLASSE lance un tract intitulé « Féministes contre la hausse » dans lequel la hausse des frais de scolarité est considérée comme une menace à l'accessibilité aux études. Selon les rédactrices du tract :

> *[l]'accès à l'éducation a toujours été l'un des chevaux de bataille des mouvements féministes. En accédant à l'éducation, les femmes de tous temps et de tous lieux ont pu espérer de meilleures conditions de vie par l'accession à une égalité réelle. Elles ont aussi pu aspirer à la possibilité d'occuper un emploi et d'obtenir un revenu, gage d'indépendance, tout en aiguisant leur esprit critique et en acquérant de précieuses connaissances pour mieux résister à ceux qui les auraient voulues ignorantes et dociles. La hausse des frais de scolarité universitaires compromet cruellement ce crucial et pourtant fragile acquis des mouvements féministes qu'est l'accessibilité aux études*[1].

© LOUISE-ANDRÉE LAUZIÈRE

MANIFESTATION ANTICAPITALISTE DU 1er MAI 2012

Les interventions et les prises de position féministes se multiplient au cours des semaines suivantes. La Journée internationale des femmes, notamment, est marquée par plusieurs manifestations et actions féministes. Grâce au Comité de soutien aux parents étudiants de l'UQAM, le registrariat de l'université est transformé en garderie autogérée afin de témoigner de la difficile conciliation du travail, de la famille et des études ainsi que de la situation précaire des mères monoparentales. Une vigile pro-choix est organisée devant la clinique Morgentaler. Des marches de soutien, des manifestations *queer* et féministes visent à défendre l'accès à l'éducation et à dénoncer les publicités sexistes[2]. Le P!nk Bloc, groupe réunissant des étudiant.e.s et sympathisant.e.s lesbiennes, gais, bisexuel.le.s, transgenres et *queer*, adopte des tactiques ludiques, organise « un French-o-thon et [une] manifestation travestie Genre de grève », « marche, embrasse et danse pour l'accessibilité de tou.te.s à l'éducation ». Il émet aussi « des communiqués autocritiques du mouvement étudiant, dénonçant les slogans proviol dans les manifestations, [...] soutenant l'importance du consentement dans les relations personnelles, [déplorant] l'analyse féministe abolitionniste des événements du Grand Prix[3] ».

© PASCAL DUMONT

MARTINE DESJARDINS, PRÉSIDENTE DE LA FEUQ

LES FÉMINISTES ET LE POUVOIR POLITIQUE

Les féministes étudiantes réfléchissent également à la place des femmes en politique. Dans un entretien accordé au collectif Nous sommes les filles, Martine Desjardins, présidente de la FEUQ, n'hésite pas à évoquer le traitement parfois injuste que réservent les médias aux femmes actives dans les milieux politiques :

Si Léo et Gabriel ne sont pas rasés, sont mal peignés, s'ils semblent fatigués, c'est qu'ils travaillent fort. De mon côté, si j'ai l'air fatigué, c'est que je suis complètement épuisée, débordée par ce qui se passe. Un jour, je n'avais pas eu le temps de me maquiller ; le lendemain, un article est sorti qui disait que j'étais complètement dépassée. Ça ne pardonne pas, alors j'ai appris à mettre du cache-cernes[4] ! »

© NICHOLAS DAWSON

© FRÉDÉRIC FADDOUL

MANIFESTATION DU 21 MARS 2012

Éliane Laberge, présidente de la FECQ, soutient au contraire qu'une véritable parité hommes-femmes existe au sein du mouvement étudiant :

Cette année, autour de la table de la FECQ, c'était plus féminin que masculin, ce qui veut dire que cette pression-là, moi, je ne la ressens pas dans le contexte de la fédération. En général, dans la vie, je ne la ressens pas non plus. Selon moi, un être humain est un être humain, peu importe le sexe qu'il a. [...] On le voit, à la tête de la FEUQ, c'est une présidente. Il y a une porte-parole à la CLASSE et à l'ASSÉ aussi. Alors il y a quand même une place pour la femme dans le mouvement étudiant[5].

© MARIO JEAN - MADOC

JEANNE REYNOLDS, COPORTE-PAROLE DE LA CLASSE

Néanmoins, c'est sans doute à la CLASSE que l'engagement féministe est le plus manifeste. Un numéro spécial de *L'Ultimatum*, le journal de la CLASSE, est consacré à la question de la marchandisation du corps de la femme au Grand Prix de la Formule 1[6]. En juin, les militantes féministes de la CLASSE s'en prennent aux propos sexistes de certains membres de la Coalition des humoristes indignés. Plus encore, la lutte étudiante constitue, selon Blandine Parchemal, une véritable « confrontation théorique [...], donne lieu à un formidable laboratoire de discussions et de réflexions sur le féminisme. Au sein [des] assemblées générales [de la CLASSE], des débats ont ainsi été lancés quant à la question de l'alternance homme/femme pour les tours de parole, un comité femme a été créé avec, entres autres, comme visée d'établir un code éthique sur les discriminations issues des comportements lors des prises de parole[7] ».

© THIEN V

MANIFESTATION DU 18 JUIN 2012

LES FILLES DE LA GRÈVE

Les filles de la grève ne sont pas « toutes des Martine Desjardins[8] ». Les filles de la grève, comme le note si justement Martine Delvaux, « sont nombreuses, elles se ressemblent et se rassemblent, donnant par moments cette impression d'harmonie et de répétition sur un mode qui peut rappeler les agencements corporels des girls de toutes sortes [...] L'anonymat peut être l'alibi de la domestication, et être gréviste féministe, c'est refuser d'oublier le féminin, c'est refuser d'oublier de le penser. C'est ainsi que les filles se font "fauteuses de trouble", "casseuses de party", comme celles de cette Société des marginales rêvée par Virginia Woolf en 1938[9]. »

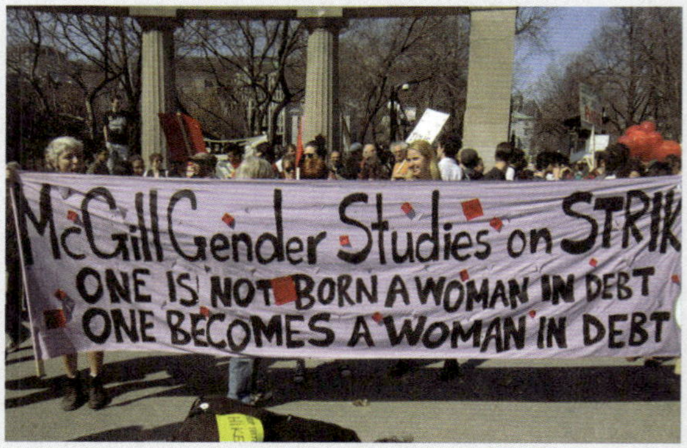

© INCONNU

1 CLASSE, tract « Féministes contre la hausse », 12 février 2012.<http://greve2012.org/wp-content/uploads/2012/02/Tract_ %C3 %89tudiantes-copie.jpg>.

2 Andréa Pilote, « Étudiantes en colère pour la gratuité scolaire », *Ultimatum. Le journal de la CLASSE*, semaine du 12 mars 2012.

3 Marie-Anne Casselot, « Le Pink bloc en colère », 3 juillet 2012, <http://journal.alternatives.ca/spip.php ?article6839>.

4 Nous sommes les filles, « Martine Desjardins : entretien », 29 mai 2012, <http://noussommeslesfilles.com/2012/05/29/martine-desjardins/>.

5 Nous sommes les filles, « Éliane Laberge : entretien », 31 mai 2012,<http://noussommeslesfilles.com/2012/05/31/eliane-laberge/>.

6 « Numéro spécial sur le sexisme inhérent au Grand Prix et à la Formule 1 », *Ultimatum. Le journal de la CLASSE*, juin 2012,<http://www.bloquonslahausse.com/2012/06/la-classe-publie-un-journal-feministe-en-marge-du-grand-prix/>.

7 Blandine Parchemal, « Lutte étudiante : une confrontation directe avec la question du féminisme », *Presse-toi à gauche !*, 19 juin 2012, <www.pressegauche.org/spip.php ?article10767>.

8 Camille Tremblay-Fournier, « Nous ne sommes pas toutes Martine Desjardins », *Je suis féministe*, 14 novembre 2012, <www.jesuisfeministe.com/ ?tag=greve-etudiante>.

9 Martine Delvaux, « Les filles de la grève », *Presse-toi à gauche !*, 25 septembre 2012, <www.pressegauche.org/spip.php ?article11710>.

Mots et images de la résistance

Mots et images de la résistance est un événement, répété à six reprises à partir du 10 avril, où des conférences « informelles » (en moyenne sept ou huit par soirée) sont proposées au public au bar L'Amère à boire (rue Saint-Denis, à Montréal), puis au Café-bar de la Cinémathèque québécoise (boul. De Maisonneuve, à Montréal). À partir d'un mot, d'une image, d'un texte, « étudiants, professeurs, intellectuels, créateurs et grand public sont invités à présenter quelques-unes de leurs armes de résistance, de leurs bouées intellectuelles ». Les conférenciers ont carte blanche pour partager leurs réflexions liées à l'actualité de la grève étudiante. Organisée par le professeur Michel Lacroix, du département d'études littéraires de l'UQAM, ainsi que par Rachel Nadon et par Émile Bordeleau-Pitre, tous deux étudiants à la maîtrise en études littéraires à l'UQAM, la dernière édition de *Mots et images de la résistance* a lieu le 21 novembre, mais une nouvelle formule de l'événement est envisagée par les organisateurs.

<MIRESISTANCE.COM>

Pastiches lus sur des pancartes lors des manifestations

L'éducation n'est pas une marque de yogourt (Pierre Falardeau)

L'enfer, c'est la hausse (Jean-Paul Sartre)

Dans le rouge et le noir (Stendhal)

La dette de la jeune fille en pleurs (Marcel Proust)

Rien ne sert de hausser, il faut financer à point (Jean de Lafontaine)

Je pense donc je paye. Cogito Ergo $um (René Descartes)

Manifs nocturnes

AVRIL

12 Des étudiant.e.s du collège de Valleyfield forcent la levée des cours malgré l'opposition de la direction au vote de grève.

12 Depuis le Brésil, Jean Charest déclare que les cégeps et universités doivent tenir compte de plusieurs critères (dont la sécurité) pour reprendre les cours, malgré les votes étudiants.

12 Plusieurs centaines de personnes (Radio-Canada) manifestent à l'UdeM pour dénoncer l'injonction provisoire obtenue par la direction de l'université interdisant de bloquer l'accès aux pavillons.

12 Des policiers antiémeutes interviennent à l'Université Concordia pour disperser les étudiant.e.s qui tiennent des piquets de grève bloquant l'accès à l'établissement.

12 Dans une lettre envoyée aux médias, plus de 500 professeur.e.s d'université expriment leur appui aux étudiant.e.s opposé.e.s à la hausse des frais de scolarité. Parmi les signataires, on retrouve notamment Gérald Larose (UQAM), Michel Seymour (UdeM), Gilles Gagné (Université Laval), Yvon Rivard (Université McGill), Georges Leroux (UQAM), Martine Delvaux (UQAM) et Daniel Turp (UdeM).

Après la Manifestation générale illimitée, tenue toute la journée du 11 avril, les manifestant.e.s se sont retrouvé.e.s vers 21 h au parc Émilie-Gamelin pour une manifestation de nuit, accompagnée de lampions et d'autres sources lumineuses. Ces manifestations nocturnes deviendront quotidiennes à partir du 24 avril. La dernière manif nocturne répertoriée dans les médias de masse sera la 100e, soit celle du 1er août, jour du déclenchement de la campagne électorale par le premier ministre Jean Charest.

ENTENDU DANS UNE MANIF

« Un manifestant à un policier : *À demain !* »

© LA BOÎTE ROUGE, MANIFESTATION NOCTURNE DU 11 AVRIL

© NICHOLAS DAWSON, MANIFESTATION NOCTURNE DU 31 MAI

© FRÉDÉRIC FADDOUL, MANIFESTATION NOCTURNE DU 27 AVRIL

© MARIO JEAN - MADOC, MANIFESTATION NOCTURNE DU 28 AVRIL

© NICHOLAS DAWSON, MANIFESTATION NOCTURNE DU 20 MAI

MANIF CHAQUE SOIR JUSQU'À LA VICTOIRE!

AVRIL

13 Une quinzaine de personnes entrent par effraction dans le bureau de Line Beauchamp et y commettent des actes de vandalisme. Deux journalistes de *La Presse* sont arrêtés en marge de l'événement.

13 Jean-François Morasse, étudiant en arts visuels à l'Université Laval, obtient une injonction pour accéder à ses cours.

13 En conférence de presse, Léo Bureau-Blouin déclare que « le premier ministre encourage ni plus ni moins la violence en forçant un retour des étudiants sur les bancs d'école. [...] On croit que le premier ministre devrait plutôt tenter de pacifier la situation plutôt que d'essayer de briser le mouvement de grève étudiant qui, faut-il le rappeler, a été choisi de manière démocratique ». Gabriel Nadeau-Dubois, quant à lui, affirme que « la radicalisation à laquelle on assiste dans le mouvement étudiant n'est que la réponse à une vague de répression de la part des administrations [des universités] et de la ministre ».

13 La Fédération des cégeps demande aux étudiant.e.s de mettre fin à la grève pour sauver la session. Cette intervention sera dénoncée par les associations étudiantes.

Capsules éducation

© LA BOÎTE ROUGE

RICHARD DESJARDINS DANS LA CAPSULE ÉDUCATION NUMÉRO 5

La Boîte Rouge réalise cinq vidéos d'entrevues avec des personnalités publiques : Richard Z. Sirois, les Justiciers masqués, Guy A. Lepage, Michel Rivard et Richard Desjardins y exposent leur vision de l'éducation et expliquent pourquoi ils appuient le mouvement de grève étudiante.

CAPSULE ÉDUCATION Nº 5 RICHARD DESJARDINS

Date de diffusion : 12 avril 2012

« Richard Desjardins, auteur-compositeur-interprète et cinéaste (*L'Erreur boréale, Le peuple invisible, Trou Story*), explique pourquoi la hausse des frais de scolarité est un non-sens, une double taxation. »

« Ça leur coûtait à mes parents 2 000 piasses de scolarité par année pis y gagnaient 8 000. C'est le quart du budget juste en frais de scolarité. Mais quand en 69, quand y'a eu une grosse commission d'étude sur le système de l'éducation, ça a donné le rapport Parent, où c'est qu'y'ont démocratisé les écoles. Y'a eu énormément plus de monde qui ont pu poursuivre leurs études. Pis c'est avec du monde instruit que tu construis un pays. Pour qu'est-c'est faire qu'on paie des taxes ? C'est pour l'éducation... c'est pour ça. Aller chercher 250 millions dans les poches des étudiants, je pense que c'est plus idéologique que d'autre chose. C'est juste une manière de dire au monde, vous nous payez des taxes, vous nous payez des impôts, pis en plus chacun des services vous êtes obligés de les payer. C'est comme une double taxation. »

« C'est ça que j'veux dire, c'est 250 millions sur un budget de 70 milliards. Pis avec des ressources qu'on va pas chercher pis avec des banques qu'on collecte pas. C'est une manière d'exercer une autorité par rapport à la population, de se montrer qu'y'est *boss*. Pis c'est facile faire ça avec des étudiants, pis d'aller leur tapocher dessus pis de sortir le gaz (rire). C'est *cheap* (rire). Ok. »

Je ne serai plus étudiante

Julie Gingras, bachelière en science politique de l'Université Laval et étudiante en *Fine Arts* à l'Université Concordia

Publié dans *Le Devoir*
le 13 avril 2012

Je ne serai plus étudiante à partir de demain. Je pourrais dire que ça m'enrage, parce que je quitte l'institution du savoir par manque de moyens financiers, mais pour m'encourager, j'essaie plutôt de voir les bons côtés. Je pourrai enfin utiliser mon iPhone sans honte, mais ça, c'est accessoire.

Par contre, je pourrai transférer toutes mes frustrations sur les étudiants qui siphonneront mes impôts. S'ils ne sont pas contents, je leur répondrai qu'ils sont gâtés, qu'ils ont juste à faire comme moi, à quitter les bancs d'école pour aller jouer dans la vraie vie pendant un an ou deux afin de payer leurs études. Et puis, si en plus c'est à des récipiendaires de prêts et bourses que j'aurai affaire, bien là, je rougirai de jalousie, je les traiterai de BS de luxe parce que moi, je n'y ai plus droit.

Quand on me dira que l'éducation est un bien commun, que c'est utile à la société, je leur répondrai que c'est moi, toute seule, qui paie mes dettes d'études, que je m'en fiche de la société, qu'elle n'a jamais rien fait pour moi. Par paresse intellectuelle ou pour mieux vivre avec mes désillusions, je ne voudrai plus replacer les choses dans un ensemble plus large que ma situation personnelle et immédiate.

C'est en brandissant l'argument de la solidarité sociale qu'ils me traiteront d'égoïste. Mais qu'est-ce que j'en aurai à faire de ce qu'ils pensent de moi, quand bien même ils auraient raison ? Et là, parce qu'il me restera un peu de jugeote, j'assumerai mon égocentrisme et mon élitisme. Je leur répondrai qu'ils n'ont qu'à se démarquer pour décrocher les bourses d'excellence, même en travaillant une trentaine d'heures par semaine. Que leurs parents n'avaient qu'à mettre de l'argent de côté pour eux, que ce n'est pas de ma faute à moi si leur famille n'a pas fait les efforts nécessaires pour qu'ils puissent jouir de la vie comme des enfants-rois.

Finalement, tranquillement, je me refermerai sur moi-même, dans mon quotidien effréné, à la recherche de la vie qu'on me propose depuis toujours dans les médias, mais que je n'ai jamais pu me permettre. Je consommerai, je m'endetterai même pour le faire. Je trouverai une satisfaction dans la contemplation de mes biens, mais elle sera insatiable et je ne remettrai pas en question mon propre rythme de vie. Ma colère envers les étudiants grandira, parce que je trouverai injuste de devoir me priver pour payer leurs études. Je leur demanderai alors leur juste part.

Demain, je ne serai plus étudiante, mais j'espère que rien de tout ce qui précède ne m'arrivera. Que je trouverai le courage de ne pas renier mon appartenance à ma collectivité. Que je resterai fidèle aux va-

AVRIL

13 Pour une deuxième journée de suite, les étudiant.e.s du collège de Valleyfield forcent la levée des cours.

13 Un millier de professeur.e.s de tous les niveaux signent une pétition réclamant la démission de Line Beauchamp.

13 Au lendemain d'actes de vandalisme commis dans un de ses pavillons, l'UdeM dépose une deuxième demande d'injonction pour resserrer les termes de celle qu'elle vient d'obtenir et interdire la tenue de manifestations sur le campus. Cette demande est rejetée par le juge de la Cour supérieure Michel Caron.

13 Pauline Marois, chef du PQ, demande à Jean Charest d'ouvrir le dialogue avec les étudiant.e.s. Depuis le Brésil, ce dernier répond : « Ceux qui essaient de justifier [l'intimidation et la violence] font fausse route et ceux qui sont silencieux, encore pire, et ceux qui sont des leaders politiques comme Pauline Marois, qui sont silencieux là-dessus, franchement, c'est une faute impardonnable. »

AVRIL

13 Une cinquantaine d'étudiant.e.s de l'UQO obtiennent une injonction interdisant aux grévistes de manifester à moins de 25 mètres de l'établissement.

13 Une étudiante en sciences de la nature du collège de Rosemont obtient une injonction ordonnant la reprise de sept de ses cours. La direction de l'établissement profite de l'occasion pour réclamer, en vain, la reprise de l'ensemble des cours, suspendus depuis le 5 mars.

13 Les sites Internet du PLQ et du ministère de l'Éducation sont piratés.

14 Une manifestation familiale sous le thème « Pour un printemps québécois » rassemble 40 000 personnes (*La Presse*) dans les rues de Montréal, coïncidant avec le 9e anniversaire de l'élection du PLQ.

14 Pauline Marois déclare que Jean Charest est « en train de créer une crise pour se faire du capital politique ».

14 Dans le cadre de la manifestation « Pour un printemps québécois », des centaines de personnes (Radio-Canada) occupent le centre-ville de Rimouski.

© FRÉDÉRIC FADDOUL. SIT-IN CONTRE LES COUPURES FÉDRALES À L'ONF, LE 10 AVRIL 2012

leurs d'équité et de justice que j'ai eu la chance de développer à l'université, par l'acquisition de connaissances et d'un mode de pensée rationnelle qui me permettent d'appréhender la société dans son ensemble, au-delà de mes intérêts particuliers.

Demain, je serai travailleuse, contribuable, citoyenne, féministe, militante, et je croirai encore à une société juste.

L'école, hors les murs

Si la grève étudiante a interrompu momentanément les cours donnés dans les institutions collégiales et universitaires, elle a aussi été l'occasion d'un décloisonnement de l'enseignement supérieur. Plusieurs professeur.e.s et étudiant.e.s ont en effet investi les rues, les lieux publics, les parcs et même les stationnements des centres commerciaux pour partager de manière désintéressée leurs savoirs.

Des cégeps populaires voient le jour au Vieux Montréal, à Rosemont, à Saint-Laurent, pour ne nommer que ceux-là, et visent à « offrir une éducation gratuite et libre tout en créant un lien de réciprocité entre les enseignant.e.s et les étudiant.e.s[1] ». Des initiatives similaires sont adoptées dans différentes universités québécoises dès le mois de février 2012. La Mouvance associative pour le partage des savoirs (MAPS), lancée par des professeur.e.s de l'UQAM, organise des soirées au bar L'Absynthe autour de différents sujets, des sciences des religions à l'économie, en passant par la philosophie politique. En mars, des conférences sont organisées par les manifestant.e.s au sein du bâtiment administratif de l'UQTR qu'ils occupent. Le 15 avril, des professeur.e.s de Concordia, de McGill, de l'Université de Montréal et de l'UQAM animent l'événement « l'université dans la rue » au carré Saint-Louis.

Peu après le dépôt du projet de loi 78, des étudiant.e.s et professeure.e.s créent le groupe Profs gratuits afin d'organiser « plusieurs types d'activités qui procèdent du renversement offensif de la marchandisation de l'université ». Ils ont d'ailleurs rédigé une « petite éthique » qui pourrait bien résumer les revendications de ceux et celles qui ont choisi, provisoirement ou non, de recréer une école dialogique, gratuite et accessible hors les murs des institutions.

© PAGE FACEBOOK POUR UN PRINTEMPS QUÉBÉCOIS

LES CHERCHEURS ALAIN DENEAULT ET ÉRIC MARTIN ENSEIGNANT LES PHILOSOPHES JACQUES RANCIÈRE ET MICHEL FREITAG DANS LA RUE, OCCUPÉE PACIFIQUEMENT MALGRÉ UNE PLUIE HIVERNALE, SOUS L'ŒIL ATTENTIF ET RAVI D'ENVIRON 300 ÉTUDIANT.E.S ET PROFESSEUR.E.S

1. PROF GRATUIT N'EST PAS À VENDRE. LE SAVOIR QU'IL TRANSMET NON PLUS.
2. PROF GRATUIT PENSE : « LA CLASSE EST UN MONDE, LE MONDE EST UNE CLASSE, UN BANC PUBLIC EST D'ÉCOLE ET LES BANCS D'ÉCOLE SONT PUBLICS ».
3. PROF GRATUIT S'INCLINE DEVANT LE SAVOIR, ET NON LE POUVOIR.
4. PROF GRATUIT NE DONNE PAS DE LEÇONS.
5. PROF GRATUIT DIT : « TA QUESTION EST MA QUESTION ».
6. AU LAVAGE DE CERVEAU, PROF GRATUIT PRÉFÈRE LE CHOC DES IDÉES.
7. PROF GRATUIT EST CÉRÉBRALEMENT MOBILE ET PHYSIQUEMENT AMBULANT.
8. IL N'Y A PAS DE PROF GRATUIT SANS INTERLOCUTEUR OU INTERLOCUTRICE SPONTANÉ.E.

INTERROGEZ-EN UN MAINTENANT[2]

---

1 « Cégep pop », <www.facebook.com/pages/Cégeppop/300609773328513?sk=info>.

2 Profs gratuits, <www.facebook.com/ProfsGratuits/info>.

LE CÉGEP POPULAIRE DE SAINT-LAURENT

Pour un accès désintéressé au savoir

Laurie Magnan, Maxence L. Valade, avec la collaboration de **Brigitte Faivre-Duboz**

Publié dans *À bâbord !*
décembre 2012-janvier 2013

Une fois la grève déclenchée, nous courions le risque de voir le cégep déserté par sa communauté. Nous avons donc imaginé le cégep pop comme un lieu évolutif susceptible d'attirer un nombre conséquent de participant.e.s qui, par leur présence régulière, assureraient un bastion militant fort et soudé. Inspirés des *Projections libérantes* de Borduas, il s'agissait pour nous de démontrer que le cégep pop pouvait constituer une forme d'action directe puisqu'il visait à établir un modèle alternatif d'éducation.

Nous avons d'abord sollicité nos professeur.e.s en leur donnant carte blanche quant aux sujets. Nous n'avons pas eu besoin de les prier, d'emblée elles et ils ont choisi de parler d'enjeux négligés par les programmes ministériels. À titre d'exemple, dès la deuxième semaine se sont tenus des ateliers tels que « La géométrie, l'art et la perspective » (animé par un mathématicien), « Le genre en question » (animé par un anthropologue) et « Les métamorphoses de l'esprit à l'ère du numérique » (coanimé par des littéraires).

Petit à petit sont venus se greffer, outre les ateliers nourrissant plus directement la lutte en cours (créations artistiques collectives en vue des manifestations, désobéissance civile, diversité des tactiques, démocratie directe, féminisme, mouvements libertaires et anarchistes, économie participative, etc.), des interventions issues de champs du savoir encore plus étrangers au *curriculum* collégial traditionnel, tels l'horticulture, les Premières Nations, l'astronomie, la politique russe, le militantisme en médecine ainsi qu'en poésie ! Toutes et tous y trouvaient ainsi matière à apprendre, nos professeur.e.s n'étant d'ailleurs pas toujours derrière le micro. Pour nourrir les corps autant que les esprits, une cuisine populaire responsable, autogérée et ravitaillée par du glanage urbain ainsi que par des dons offrait des repas gratuits à l'assistance.

Le cégep et la cuisine populaires ont ainsi contribué à forger une communauté d'idées au cégep Saint-Laurent, et ce, à la fois parmi les étudiant.e.s et les enseignant.e.s et entre eux et elles. Chaque séance était l'occasion de décompresser entre deux attaques des forces policières ou de nos adversaires médiatiques, politiques et économiques tout en nous armant intellectuellement. Nous nous retrouvions cernés mais solidaires dans le dégoût tout autant que dans notre désir de connaissances, que nous avions à cœur de partager et de propager.

© FRANCK LE COROLLER

SÉANCE TENUE AU CÉGEP SAINT-LAURENT
LE 13 FÉVRIER 2012

© FRANCK LE COROLLER

Suspens

Ginette Michaud

Fragments d'un texte lu lors de l'événement « L'université dans la rue », organisé par l'Association des étudiant.e.s du département des littératures de langue française de l'Université de Montréal

le 15 avril 2012

Où est l'université ? *Ubi universitas ?* Où ? Dedans ou dehors ? Dans les murs et dans la rue ? Où est l'université ?

Qui est l'université ? *Qui* ou *quoi* est-elle ? Quels sont son corps et ses esprits ?

Ceci n'est pas un cours. Je le répète : ceci n'est pas un cours, ni un discours, mais ce n'en est pas le contraire non plus, ni une parodie ou, encore moins, un déni. Plutôt quelque chose comme son envers, sa trame. Ceci est hors cours, sans flux ni fluidité, ni la temporalité ni la scansion d'un cours, sans l'intimité protectrice de l'enceinte d'un lieu à la fois public (oui, l'université est un espace public) et exposé (non, elle n'est pas assiégée ou maintenue ouverte ou fermée par force de loi). Ceci est donc suspens, interruption du cours.

Ceci n'est pas un cours mais aura la forme d'un carré, rouge bien sûr, piquant en chaque coin quatre mots qui trouvent résonance pour nous ici. Quatre mots : « université », « démocratie », « humanités », « révolution politique et poétique » (ou, comme vous voudrez, poétique et politique) ; quatre mots, qui en lèvent aussitôt bien d'autres et qui pourraient être subsumés dans ceux de « désir » et de « justice », d'un désir *de* justice.

[...]

J'enchaîne avec *Vérité de la démocratie* de Jean-Luc Nancy et ce qu'il y dit de ces mots « Vérité » et « démocratie », et aussi de Mai 68, figure exemplaire non pas tant de la révolution pour lui que de suspens et d'interruption, point tournant (dans un texte paru dans *La Quinzaine littéraire* en 1986 intitulé « N'oubliez pas[1] ! », Maurice Blanchot identifiait lui-même clairement trois de ces points tournants marquant un changement d'époque : la Déclaration des 121, les événements de Mai 68 et plus encore et tout autrement la Shoah).

Mai 68, donc :

> Il n'y a [...] aucune raison de parler d'un « héritage » de 68 – qu'on se prononce, de manière assez ridicule, pour sa liquidation ou bien qu'on veuille le faire fructifier en prétendant renouveler son supposé printemps. Il n'y a pas d'héritage, il n'y a pas eu de décès. L'esprit n'a pas cessé de souffler.
>
> 68 n'a été ni une révolution, ni un mouvement de réformes [...], ni une contestation, ni une rébellion, ni une révolte, ni une insurrection, bien qu'on puisse y trouver des traits de toutes ces postures, postulations, ambitions et attentes. Ce qui fait la propriété la plus singulière de 68 et qui lui a conféré comme tout naturellement le droit de porter son monogramme calendaire en guise de patronyme – comme avant lui

AVRIL

15 La ministre Beauchamp se dit prête à discuter de la gestion des universités avec la FECQ et la FEUQ. Ces dernières refusent de la rencontrer sans la CLASSE et exigent d'aborder aussi la question de la hausse des frais de scolarité.

15 À Montréal, des professeur.e.s se montrent solidaires des étudiant.e.s en donnant des cours en plein air au carré Saint-Louis.

15 Environ 400 personnes (*La Presse*) manifestent dans les rues de Trois-Rivières.

16 Des sacs de briques et un engin fumigène sont jetés sur les rails du métro de Montréal, paralysant le service pour un temps. Ces actes ne sont pas revendiqués.

16 Jean Charest déclare qu'il ne discutera pas avec la CLASSE si elle ne condamne pas la violence.

16 À Sherbrooke, des carrés verts et des opposant.e.s à la grève manifestent.

16 Plus de 200 étudiant.e.s de l'UQO défient l'injonction en se barricadant à l'intérieur du pavillon Alexandre-Taché pour forcer la levée des cours.

> 89, 48 ou 17 – ne peut être repéré qu'à travers la mise à l'écart, au moins partielle ou relative, de toutes ces catégories[2].
> […] pour l'essentiel Mai 68 représente plutôt pour moi, précise ailleurs Nancy, une mise en suspens de la fondation politique, tout comme de la révolution, qui en est une forme[3].

Nous avons à repenser le sens de tous ces mots, à inventer une politique qui permettent d'ouvrir et de garder ouverts des espaces où puissent s'inscrire ce qui reste inaccessible : « arts », « pensées », « amours », « gestes », « passions » (ce sont les mots de Nancy : ce sont également les nôtres). La politique, une politique démocratique doit être trouvée ou plutôt inventée – car on ne la trouve pas comme telle, dans une forme déjà donnée, dans la nature – pour donner accès à cet infini en acte.

> Pensons d'abord l'être de notre être-ensemble-au-monde, nous verrons quelle politique laisse cette pensée courir ses chances[4].

[…]

Je termine sur ce passage d'*Un captif amoureux* :

> Vouloir penser la révolution serait l'équivalent, au réveil de vouloir la logique dans l'incohérence des images rêvées. Il est vain d'inventer, si le temps est au sec, les gestes nécessaires pour mieux traverser la rivière quand la crue emportera le pont. Dans une demi-somnolence, en songeant à elle, la révolution m'apparaît ainsi, la queue d'un tigre encagé commence un paraphe hyberbolique qui rabat sa courbe lassée sur le flanc du fauve toujours en cage[5].

*

> Qu'il s'agisse de philosophie ou de littérature, qu'il s'agisse du droit lui-même, pourquoi est-ce à l'université, et en elles aux humanités de demain, que serait confiée l'ultime ressource de résistance et d'invention ? Qu'est-ce alors que *cette* université à venir ? Et pourquoi n'est-elle pas confinée dans les murs de ce qu'on appelle aujourd'hui l'université[6] ?

« Ce sera à vous désormais, à d'autres aussi d'en décider », dit Derrida. « Prenez votre temps mais dépêchez-vous de le faire, car vous ne savez pas ce qui vous attend[7]. » Oui, c'est bien à nous d'en décider, et maintenant.

---

1 N° 459, 16-31 mars 1986, p. 11-12.

2 Jean-Luc Nancy, *Vérité de la démocratie*, Paris, Galilée, coll. « La philosophie en effet », 2008, p. 12-13.

3 *Id.*, « Le désir des formes. Entretien avec Ginette Michaud », *Europe* (Paris), n° 960, cahier « Jean-Luc Nancy », avril 2009, p. 217.

4 *Id.*, *Vérité de la démocratie*, *op. cit.*, p. 62.

5 Jean Genet, *Un captif amoureux*, Paris, Gallimard, 1986, p. 416-417.

6 Jacques Derrida, « Prière d'insérer », *L'Université sans condition*, Paris, Galilée, coll. « La philosophie en effet », 2001. C'est Jacques Derrida qui souligne.

7 *Ibid.*, p. 79.

L'autre grève

Daria Mailfait

Texte d'ouverture du Tribunal populaire
Publié dans *Fermaille* nº 9
le 15 avril 2012

Il m'est arrivé, dans certaines de mes élucubrations, et à la suite de détournements et remises en question de la définition et de l'application du mot « grève », d'explorer les définitions. Il en existe une autre définition, pour les évadés de la *crassie*, pour les regardeurs d'ô loin et les ancreurs de présent. Un bord de mer. La grève, c'est un bord de bord de mer, fait de sable et de gravier. Une croûte hétérogène dans laquelle on met les pieds.

Elle m'irrite, par moment.

Elle me creuse des cicatrices, boit le sang qui s'en écoule. C'est une grève salée qui porte en tapis la plante de mes pieds. Elle soutient mon œil fatigué, épuisé, qui scrute encore les failles de son mouvement. Car, de mes pieds à mes mains, je veux y semer le mieux, planter une brèche dans la mer des possibles.

Mon Je veut y ouvrir notre monde. Y écarteler nos principes comme une torture du corps pour l'imposition radicale d'une coagulation qui nous est propre. Je suis sur la grève. Je suis positionnée face à la violence de l'infini. J'en ai conscience. On me demande comment je fais pour y rester, là, depuis des mois déjà. Comment je fais pour me tenir debout, le menton levé, les poings serrés, sans dormir, sans pâlir. Comment je fais pour rester là, butée contre un système cyclique aux vagues violentes, vaguement le même discours, la même tonalité univoque, ce bruit, ce refrain sans couplet qui apaise la masse de vagues médiatisations, et moi qui en vomis des gaz abrutissants.

Comment je fais ? Comment je fais ?
Comment faisons-nous ?

Je suis sur la grève. Je n'y suis pas seule. Nous sommes sur la grève. Je sens ton Je et la plante de ses pieds écorchés. Je sens nos mains sans paume tresser un filage invisible, oui, mais ô combien menaçant. Et j'ai rouvert mon dictionnaire. C'est ce mot-là, je l'ai trouvé, celui qu'on ne m'avait pas fait écrire en dictée, celui dont on m'avait vaguement parlé, ce mot menaçant, épeurant, bruyant, retentissant. Cette solidarité.

Je suis un nouvel être au monde, accouchée à même le sol, héritière des pavés et de la plage qui me crachent à la gueule, seule juste part d'un passé aux acquis usurpés. Mais c'est grâce à tous nos Je, de nos réalités liées, solidaires, que le mien ose enfin prendre la parole. Et que notre Nous se proclame plus légitime que le leur !

Je refuse aujourd'hui de devoir entretenir une foi quasi religieuse à l'égard de mon système politique. La démocratie ploutocrasse me fait violence et maintenant, à coups d'injonctions. J'ai le sentiment urgent de parler, de crier, d'exulter ma rage. D'exprimer que nous sommes ensemble sur la

AVRIL

15 Les fédérations syndicales du secteur collégial affiliées à la CSQ s'interrogent sur les coûts de « l'intransigeance » du gouvernement Charest.

15 La TaCEQ déplore son exclusion au sein d'une éventuelle table de discussion portant sur la gestion des universités, alors qu'elle représente plus de 70 000 étudiant.e.s universitaires.

15 La FECQ entame une poursuite contre le cégep de Saint-Hyacinthe pour empêcher une consultation électronique sur les modalités de reprise des cours.

15 À Québec, une vingtaine de litres de peinture rouge sont déversés sur la chaussée de la côte d'Abraham. À Montréal, des actes de vandalisme sont commis sur divers immeubles, dont des bureaux de ministres.

16 Marc-André Jourdain, étudiant à l'UQAR, obtient une injonction provisoire. Par souci de sécurité, le recteur refuse de forcer le retour en classe.

17 Au cours d'une conférence de presse tenue à l'UQAM, des avocats, juristes et professeur.e.s de droit dénoncent la judiciarisation de la grève étudiante.

© NICHOLAS DAWSON

grève comme en amont d'un état d'esprit béton. Que nous pourfendrons leur démocratie avec pour élan le contrepoids de nos pieds, bien ancrés au sol. La vraie réalité. Celle d'un peuple qui, de sable et de gravier, a décidé de parler.

Déliez vos langues, venez vous exprimer. Venez accuser ici, sans retenue, je serai la première et le premier à condamner avec vous. Nous sommes sur la grève et ils ont terriblement peur de Nous !

Schtroumpfons la hausse !

Le 19 avril, une parodie des schtroumpfs fait son apparition sur Facebook. Les aventures de ces petits bonhommes bleus opposés à la hausse des frais de scolarité se déclinent de mille façons en faisant directement référence aux événements de l'actualité. On voit même l'apparition d'une Rabbit schtoumpfette, d'un Schtroumpfopanda, d'un Bananaschtroumpf et d'un Schtroumpf de la Montagne Rouge. À partir du 9 juin, de fausses planches de schtroumpfs sont mises en ligne, « l'album » portant le titre de *Schtroumpfs ! Unis ! Jamais ne seront vaincus !* : « Cette année, le dégel a été brusque. Chez les schtroumpfs, le printemps s'est rapidement annoncé chaud, très chaud. Le Schtroumpf Recteur, acoquiné avec le maléfique Gargacharest et sa complice Azraline, veut s'enrichir sur le dos des petits bonhommes bleus. La société schtroumpf réussira-t-elle à s'unir et à bloquer la hausse des schtroumpfs de scolarité, malgré la vision biaisée du Schtroumpf daltonien, les manœuvres du Schtroumpf financier et du Schtroumpf reporter et la répression violente des Schtroumpfs de l'ordre ? »

<SCHTROUMPFONSLAHAUSSE.COM>

AVRIL

17 À l'Assemblée nationale, le ministre de la Sécurité publique Robert Dutil dénonce la violence des étudiant.e.s et enjoint les « leaders » des associations étudiantes à faire de même : « Depuis quelques semaines, les directions d'associations étudiantes s'opposent à une décision prise il y a plus d'un an concernant la hausse des droits de scolarité. C'est leur droit. Ce droit peut s'exprimer par des manifestations pacifiques, mais ce droit ne peut pas s'exprimer par des gestes de violence et d'intimidation. Malheureusement, des petits groupes ont décidé de ne pas respecter ces règles élémentaires de la démocratie. »

17 Les cégeps de Valleyfield et de Saint-Jean-sur-Richelieu abandonnent l'idée d'une reprise forcée des cours jusqu'à ce que les étudiant.e.s se prononcent à nouveau sur la reconduction de la grève.

17 Plusieurs manifestations ont lieu à Québec et à Montréal.

17 Une manifestation nocturne rassemble près de 2 000 personnes (Radio-Canada) à Montréal.

Jeux vidéo

Angry grévistes

Le 28 mars, Hugo Laliberté et Antoine Busque (programmation et design), Jean-Nicolas Bourdon (graphisme) et Sébastien Monette-Roy (musique), tous étudiants au collégial, mettent en ligne un jeu vidéo « contre la hausse », dont le titre est inspiré de *Angry Birds*. Le jeu, créé en une semaine grâce à un logiciel gratuit en code source ouvert, rappelle les jeux de plateformes des années 1980 en 16 bits où le joueur, représenté par un avatar de Gabriel Nadeau-Dubois, doit collecter des pièces d'argent tout en évitant les policiers, les bombes lacrymogènes et une étudiante rousse. Lorsque le joueur a accumulé 1620 $, il doit combattre le « monstre final », le Robochamp, un gigantesque robot qui a le visage de la ministre de l'Éducation, Line Beauchamp, et qui projette par la bouche des carrés verts. Le joueur gagne lorsqu'il renvoie tous ces carrés verts vers le Robochamp en les transformant ainsi en carrés rouges. Il obtient alors 5 $ supplémentaires, pour faire un montant symbolique de 1625 $. Un message final apparaît : « Bravo ! Vous avez réussi à surmonter les multiples obstacles et vaincu Robochamp. Par contre, la lutte réelle n'est pas encore terminée. La victoire est proche, les libéraux sont sur le point de reculer. » Lors de la première semaine de mise en ligne seulement, le jeu reçoit plus de 30 000 visites et bénéficie d'une large couverture médiatique.

<BIGTREESTUDIOS.ORG>

© BIG TREE STUDIO

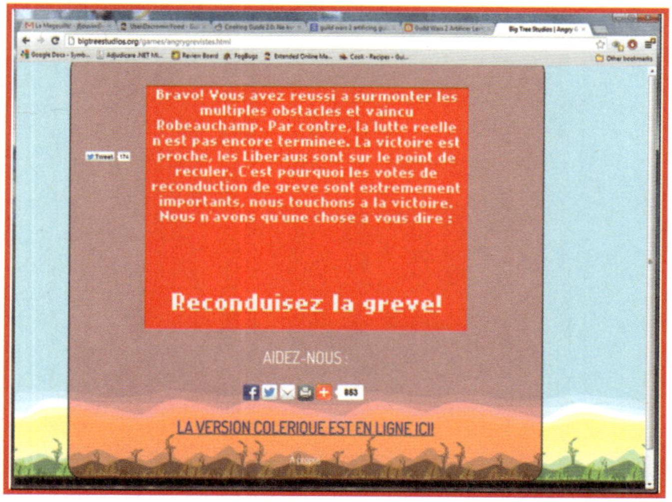

© BIG TREE STUDIO

© BIG TREE STUDIO

© CONTRE^2

© CONTRE^2

Contre^2 (Contrecarré)

© CONTRE^2

« Contrecarré est un jeu de type "Tower Defense" qui tente de faire comprendre les moyens dont disposent les pouvoirs en place pour contrer le mouvement de la grève étudiante qui déferle sur le Québec en ce printemps 2012. À vous de décourager les manifestants qui ont pris la rue pour s'opposer à la hausse des frais de scolarité ! » Le but est de poser des « tours démagogiques » (policiers, politiciens, étudiants « carrés verts », « radios poubelles ») sur les toits des bâtiments afin d'empêcher les étudiants contestataires de se rendre jusqu'au parlement en suivant un trajet dans les rues. Le joueur, qui incarne donc le gouvernement, est condamné à perdre en tout temps, puisque si les étudiants « restent unis, leur voix sera entendue, l'ensemble de la société bénéficiera de leurs revendications et, en définitive, la démocratie sera servie ». L'initiative de ce jeu est de Andrew Kozloski, Pascal Nataf, Emmanuel Mandart, David Duguay et Romain Douville-Parent, mais 12 personnes participent à la réalisation du jeu – dont une dizaine d'étudiant.e.s de la promotion 2012 du D.E.S.S en design de jeux de l'Université de Montréal, le plus petit programme universitaire (13 étudiant.e.s) à joindre le mouvement de grève. Dans le jeu, les manifestant.e.s sont d'ailleurs des portraits retravaillés de ses concepteurs. *Contre^2* est réalisé en 20 jours grâce à une licence offerte par Unity (un logiciel pour concevoir des jeux électroniques) et le lancement a lieu le 28 avril (une version en anglais est mise en ligne plus tard). Un manifeste accompagnant la démarche est signé dès le 10 avril et plus de 21 000 visiteurs viennent sur le site du jeu en trois mois.

<CONTRE.CA>

« Ce printemps, jouez le jeu de la propagande gouvernementale ! »

SLOGAN DU JEU CONTRE^2

« L'avenir verra la démocratisation de ce genre de jeu militant comme plateforme artistique de communication, voire de revendication. Nous n'avions aucun budget et une fenêtre de temps très limitée, mais les jeux électroniques sont des vecteurs puissants de sensibilisation. »

PASCAL NATAF, PORTE-PAROLE DU JEU VIDÉO CONTRE^2

Carrés verts, MÉSRQ et injonctions

Avec les premiers votes de grève, le Mouvement des étudiants socialement responsables du Québec (MÉSRQ), jusque-là discret, commence à se faire connaître. Dès le 20 février, une entrevue de Gabrielle Brisebois, membre du comité exécutif, paraît dans *Le Soleil*[1]. Trois jours plus tard, une vidéo est publiée sur YouTube dans laquelle Marc-Antoine Morin, alors président du MÉSRQ, annonce les trois mots d'ordre du Mouvement : 1) oui au droit à l'éducation : non à la grève ; 2) oui à une éducation de qualité : oui à la hausse des frais de scolarité ; 3) oui à l'accessibilité : oui aux investissements dans les prêts et les bourses[2].

SUR LES ÉCRANS, DANS LES JOURNAUX... ET DANS LA RUE ?

À l'époque, la stratégie du MÉSRQ est explicite : Marc-Antoine Morin en appelle à la participation aux assemblées générales et au vote contre la grève. Les votes de grève se multipliant, cette stratégie va évoluer et jouer davantage la carte de la judiciarisation : on retrouvera donc des membres du MÉRSQ parmi les étudiant.e.s qui demanderont des injonctions.

Les « carrés verts » s'expriment essentiellement via le journal étudiant ouvertement conservateur de l'Université McGill, le *Prince Arthur Herald*, ainsi que sur Facebook (le nombre d'adhérent.e.s au groupe Facebook est considéré comme le nombre de membres du Mouvement). On peut dater cependant du 26 février le surcroît de visibilité médiatique du MÉSRQ avec la participation à l'émission *Tout le monde en parle* d'Arielle Grenier, qui affiche le carré vert, aux côtés de Gabriel Nadeau-Dubois qui arbore quant à lui le carré rouge. La prestation de la jeune femme ainsi que la légitimité du MÉSRQ[3] comme mouvement politiquement neutre sont cependant entachées par la révélation, peu avant, des hautes responsabilités que plusieurs dirigeants du MÉSRQ, en particulier Marc-Antoine Morin et Jean-François Trudelle, assument ou ont assumées dans l'aile jeunesse du PLQ.

« Il n'y a personne au monde, cette personne n'est pas encore née, qui pourra m'empêcher d'aller à mes cours. »

ARIELLE GRENIER, LORS DE L'ÉMISSION *TOUT LE MONDE EN PARLE* DU 26 FÉVRIER 2012

Après la démission de Marc-Antoine Morin de la présidence du MÉSRQ et la décision d'Arielle Grenier de délaisser les plateaux de télévision, le Mouvement a surtout reposé sur l'activisme de quelques personnes, comme Jean-François Trudelle, responsable de l'éphémère blogue <nonalagreve.wordress.com> et rédacteur en chef de la section francophone du *Prince Arthur Herald*, Laurent Proulx, étudiant à l'Université Laval qui obtiendra une injonction pour assister à ses cours (avant de s'en désinscrire[4]) et Simon Talbot. Avec l'intensification du mouvement étudiant, les carrés verts (qui ne se confondent pas avec le MÉSRQ, mais finissent par l'englober), vont bénéficier d'une attention médiatique importante. Leur présence dans les rues reste pourtant faible : une première manifestation, à la fin mars, ne rassemble qu'une dizaine de personnes et les suivantes, organisées le 12 mai à Montréal et à Québec à l'appel d'un étudiant du collège de Valleyfield, n'en mobilisent qu'une centaine. La plupart des sorties publiques des « verts » seront d'ailleurs encadrées par des « rouges » en beaucoup plus grand nombre. La faiblesse numérique de ces opposant.e.s visibles à la grève sera inversement proportionnelle à l'attention médiatique dont ils bénéficieront, les médias

© ILLUSTRÉ PAR PETER COSTANZA. ADAPTÉ PAR LÉA-KIM CHÂTEAUNEUF. REPRISE DE COSTANZA (1965)

trouvant sans doute là l'occasion de ne pas opposer seulement les grévistes au gouvernement.

DEVANT LES TRIBUNAUX

La voie principalement choisie par le MÉSRQ dans sa lutte contre le mouvement de grève sera d'encourager les actions devant les tribunaux : il en viendra même à transmettre à ses membres un « kit d'injonction » et à proposer de le rendre accessible à tou.te.s.

Certaines institutions ont saisi la justice : l'Université de Montréal, l'UQAC, le Conservatoire de musique de Montréal ont ainsi obtenu, à la demande de leur direction, une injonction contre les piquets de grève[5]. Dans la plupart des cas, cependant, ce sont des étudiant.e.s qui, à titre individuel, ont déposé des demandes d'injonction. Le premier à déposer une telle requête, le 29 mars, fut un étudiant en droit de l'Université de Montréal, Guillaume Charrette, qui visait la « déclaration des droits des étudiants d'avoir accès à leurs cours sans obstruction, harcèlement, intimidation ni dérangement ». Sa demande en urgence a été rejetée. Dès le lendemain, cependant, le juge Jean Lemelin de la Cour supérieure du Québec ordonne la levée des piquets de grève au collège d'Alma. Les cas vont alors se multiplier : Laurent Proulx, étudiant à l'Université Laval, se voit accorder par le juge Bernard Godbout l'injonction interlocutoire provisoire lui permettant d'assister au cours d'anthropologie auquel il est inscrit, mais l'injonction ne touche cependant pas l'ensemble des cours donnés par l'établissement. L'UQAR, l'UQO, le cégep de Saint-Hyacinthe ou encore le collège de Rosemont sont bientôt contraints par des injonctions similaires visant la reprise de cours mais aussi, pour certaines, l'interdiction de manifestations dans ou à proximité de l'établissement.

Avec l'injonction accordée à Jean-François Morasse, de l'Université Laval, par le même juge Jean Lemelin, un pas supplémentaire est franchi dans la judiciarisation du conflit : le juge se prononce en effet sur la grève elle-même, affirmant que celle-ci n'est pas légale « au sens juridique du terme en droit québécois ». Quelques jours plus tard, le juge Gilles Blanchet est plus explicite encore dans l'affaire

Lebleu @mlebleu
#ManifVerte déclarée illégale parce qu'ils n'ont pas atteint le nombre minimum pour une manifestation. #manifencours #ggi
↩ Répondre ★ Favori

Marc-André Jourdain de l'UQAR : « De fait, contrairement au domaine des relations de travail, où un vote de grève lie l'ensemble des travailleurs concernés, il n'existe dans notre droit aucun système en vertu duquel chaque membre d'une association étudiante serait lié par une décision, même majoritaire, prévoyant le boycottage des cours comme moyen de pression », écrit-il dans son jugement.

La pluie d'injonctions qui s'est abattue en avril sur le mouvement de grève est stoppée dans un seul cas : le 27 avril, en effet, la juge Johanne April a rejeté une injonction interlocutoire provisoire (sans se prononcer sur le fond) des étudiants de l'UQAR David Leclair-Legault (administration) et Mohamed Fahed Louati (génie électromécanique).

Si certaines institutions se sont empressées d'obtempérer, d'autres ont adopté une attitude plus prudente. C'est le cas à l'Université de Sherbrooke après que 11 étudiant.e.s de la Faculté des lettres et sciences humaines eurent déposé une requête en urgence devant le tribunal. Le juge Gaétan Dumas de la Cour supérieure leur a donné raison et a même étendu l'ordonnance à l'ensemble des étudiant.e.s de l'Université, sans que cela ait été demandé par les plaignant.e.s. Il émet un jugement similaire peu après pour le cégep de Sherbrooke, allant jusqu'à déclarer que l'ordonnance avait comme objectif d'éviter que les professeur.e.s ne donnent pas de cours ou ne donnent que de la révision : « Si des universitaires ne comprennent pas ce que ça veut dire, c'est inquiétant pour ceux qui suivent leurs cours », avait-il ajouté (*La Tribune*, 18 avril). Plutôt que d'outrepasser la décision démocratique des associations étudiantes et d'appeler la police pour forcer l'accès aux classes, l'Université et le cégep de Sherbrooke ont alors décidé de suspendre leurs cours pour plusieurs jours. Cela leur vaudra, ainsi qu'à leurs associations étudiantes, d'être cités à comparaître pour outrage au tribunal.

La vague d'injonctions s'est ensuite apaisée, surtout après l'adoption de la loi 78, en mai. Toutefois, ce ne fut pas la fin de la judiciarisation du conflit. Gabriel Nadeau-Dubois, coporte-parole de la CLASSE, en fait les frais lorsque Jean-François Morasse (soutenu par la Fondation 1625, elle-même en lien avec le MÉSRQ) l'accuse de non-respect d'une injonction parce qu'il a déclaré en entrevue à la chaîne RDI qu'il était « tout à fait légitime que les gens prennent les moyens nécessaires pour faire respecter le vote de grève. Et si ça prend des lignes de piquetage, on croit que c'est un moyen tout à fait légitime ». Gabriel Nadeau-Dubois sera condamné en première instance le 1er novembre, ce qui fera dire au député de Québec solidaire, Amir Khadir, dans un communiqué de presse publié la même journée : « Cette décision du tribunal est une insulte à toute la jeunesse qui s'est mobilisée au printemps dernier de manière massivement pacifique. Gabriel Nadeau-Dubois a incarné cette jeunesse et est maintenant puni pour s'être mis au service d'une cause. On lui a fait un procès politique. »

---

1 Ian Bussières, « Des étudiants en faveur de la hausse des droits de scolarité », *Le Soleil*, 20 février 2012.

2 Ces mots d'ordre seront développés et explicités sur le site <www.pourlahausse.com>.

3 À ne pas confondre avec son pendant parodique, le Mouvement des étudiants super-riches du Québec, lequel a eu aussi son groupe Facebook.

4 Michel Corbeil, « Laurent Proulx : un "vert" chez les "rouges" », *Le Soleil*, 18 mai 2012.

5 L'UQAM a déposé une requête, mais a conclu ensuite une entente avec les associations étudiantes. L'UQAR avait fait des menaces en ce sens en février, sans aller plus loin.

L'état de siège

René Lapierre

Publié sur le blogue *Profs au carré*
le 20 avril 2012

© LAST

Nous ne sommes plus une démocratie. Nous ne relevons plus en tant que société d'un gouvernement, mais d'un pouvoir partisan qui a quotidiennement recours à la force dans le sens de son intérêt, et celui-ci ne consiste plus à assurer le bien commun de la population, mais à obtenir d'elle une passivité que seules les « forces de l'ordre » semblent en mesure de lui assurer désormais.

Devant cette réaction de panique et ce déploiement autoritaire, devant l'abandon qu'ils traduisent de toute responsabilité démocratique, nous tous, citoyens du Québec, éprouvons un terrible sentiment de deuil et d'isolement. La colère, l'amertume et la consternation sont en voie de devenir nos réactions habituelles au complet désarroi du gouvernement et aux dérives inconcevables qui en découlent. Nous voilà parvenus à un point de désordre tel que l'on voit des gens se réjouir et des médias triompher des violences qui s'exercent à l'endroit de ceux-là mêmes qui tentent de sauver ce qui reste. Que s'est-il donc passé ? Vers quoi sommes-nous en train de glisser ?

En prétendant condamner les « éléments radicaux » du mouvement étudiant, le gouvernement ne cherche même plus à cacher qu'il considère l'ensemble des étudiants en grève comme des fauteurs de trouble et des criminels en puissance. En recourant à la violence, la surveillance policière s'est transformée en répression. L'occupation des collèges et des universités est devenue courante ; les injonctions suspendent ou criminalisent par tribunal interposé l'exercice des droits démocratiques, la suspicion est en train de se généraliser dans le corps social parce que ce gouvernement, qui laisse tout passer aux entreprises, aux banques, aux corporations et à leurs lobbyistes, a entrepris de se refaire une morale en s'en prenant à des étudiantes et à des étudiants, rien de moins, qui osent dénoncer le règlement de comptes idéologique enclenché par l'État au moyen de la hausse des frais de scolarité.

Le gouvernement sait parfaitement qu'une hausse de 75 % va rendre inaccessibles les études postsecondaires pour une part importante de la classe moyenne et ça ne le dérange pas. Dans sa tentative de confisquer à la classe moyenne en général – et aux francophones en particulier – la possibilité de s'instruire, cette affaire n'est pas pour lui scandaleuse mais instrumentale. L'accès aux études était une erreur des années 1960, aura-t-on fait comprendre aux ministres de l'Éducation et des Finances ; on compte sur vous pour arranger ça. Dans l'état actuel des choses, au Québec, le simple fait qu'on puisse penser dérange le pouvoir politique, qui multiplie les injonctions et les crises pour empêcher l'exercice des droits civiques et démocratiques. Ça dégénère gravement, dangereusement.

AVRIL

17 À l'UQO, 200 étudiant.e.s défient l'injonction en bloquant l'accès du pavillon Alexandre-Taché. Le professeur Thibault Martin est arrêté dans un couloir de l'établissement après que la direction de l'UQO eût demandé l'intervention de la police.

17 L'ex-ministre péquiste de l'Éducation Jean Garon donne son appui aux étudiant.e.s et se dit favorable à la gratuité scolaire.

17 L'Université Laval permet aux grévistes d'abandonner leurs cours sans mention d'échec, mais sans remboursement, et se dit prête à prolonger la session jusqu'en juin.

17 Le ministère des Affaires municipales sévit contre un haut fonctionnaire qui a écrit dans le quotidien *Le Soleil* une lettre véhémente contre le mouvement étudiant dans laquelle il parle de mettre fin à « la tyrannie des agitateurs de gauche » en s'inspirant des « mouvements fascistes ».

Nous assistons plusieurs fois par jour, au nom de l'ordre public, à des brutalités de toutes sortes, à des expulsions et à des invasions, à des insultes et à des humiliations non pas ordinaires, mais d'État ; nous sommes devenus les témoins abasourdis de réactions folles, attisées par le désarroi des pouvoirs publics et par leur capitulation honteuse à l'endroit de leurs devoirs démocratiques les plus simples. Se peut-il qu'au Québec, en 2012, un gouvernement ait perdu à ce point toute référence sociale, qu'il ait en bloc basculé dans l'inconscience et dans l'inconséquence politiques ? Apparemment oui, deux fois plutôt qu'une. Et cet effrayant processus, pas un seul de ses ministres, pas un seul de ses députés, homme ou femme, ne l'a critiqué ni combattu. Ce silence est assourdissant. Un parti qui pense ainsi et qui agit ainsi n'a plus rien d'un gouvernement, il se retourne contre sa population et l'assiège au moyen même des institutions avec lesquelles il serait censé la défendre. Les gaz et les matraques contre les manifestants, les tribunaux contre les associations étudiantes, les cadres universitaires contre les professeurs, les grands médias contre l'idée même de manifester et les ministres contre l'idée même de discuter montrent de cent manières à la fois, dans une succession quotidienne de graves dysfonctions gouvernementales, que l'état de siège est en train de se substituer à l'état de droit.

Qu'est-ce que l'état de siège ? Tout simplement un dispositif qui confie à la force l'administration de la société. Dans l'*Encyclopædia universalis*, Annie Gruber définit l'état de siège comme un « régime spécial de légalité, comportant une aggravation des systèmes de police, justifiée par l'idée de péril national ». Justifiée est le mot, en effet. On n'en finit pas de nous expliquer à quel point le recours à ce qui nous détruit chaque jour un peu plus, comme individus et comme société, se justifie par les pouvoirs d'argent et les intérêts corporatifs. Il y a péril en effet : notre survie démocratique est gravement, systématiquement, massivement menacée par ceux-là mêmes qui ont été élus pour nous représenter et protéger nos institutions, et qui se servent au contraire de celles-ci pour confisquer à la population le droit de s'opposer aux dangers qui la menacent.

Nous sommes assiégés. Qui ça, nous ? Nous, les étudiantes et les étudiants ; nous les professeurs, nous les parents, nous les proches, nous les grands-parents ; nous les francophones, nous les anglophones ; nous tous non pas divisés par la langue, mais occupés à reconstruire au moyen du langage et du bon sens les valeurs de communauté et de confiance que les exploiteurs et leurs lobbyistes cherchent à détruire au nom d'intérêts qui n'ont rien à voir ni avec le bien commun, ni avec la collectivité, ni avec la citoyenneté, ni même avec la politique dont on a fait une affaire d'argent comme les autres, achetable et rachetable, monnayable et payante. Tous, dans cette affaire, nous sommes divisés et atteints ; tous nous nous sentons floués parce qu'on nous joue les uns contre les autres, par journaux interposés, par manchettes mensongères, par omissions et par aggravations de la simple réalité.

Nous sommes assiégés. Autour des étudiants, autour de nous tous, voilà que l'on cherche à élever un mur de silence. À ne rien répondre à celui qui prend la parole, à ne pas entendre celui qui est violenté. À ne tolérer le citoyen qu'au prix de sa soumission aux violences d'État qui, toutes, cautionnent les violences économiques qu'on lui a déjà fait subir au nom du progrès et de la croissance. C'est assez. Pendant que les ministres donnent aux journaux des leçons de vocabulaire, on dit boycotteurs, pas grévistes, on dit perturbateurs, pas manifestants, condamner, pas se dissocier, les dénégations, les niaiseries et les sophismes pleuvent, les dérapages et les abus des pouvoirs policiers, administratifs, juridiques et gouvernementaux se multiplient. Au plus fort la poche. À mesure que le climat social se détériore, il devient évident que nous sommes politiquement orphelins, et que les gens qui ont reçu de nous le mandat de gouverner n'ont plus la capacité de le faire. Assiégés par nos propres dirigeants, notre propre police et nos propres institutions, nous voilà en deuil de la société, de la culture, de l'éducation et de l'économie dont nous avons voulu nous doter il y a à peine 50 ans.

© CLÉMENT DE GAULEJAC

Pendant que les *egos* des ministres n'en finissent plus de gonfler, leur infantilisme et leur arrogance sont en train de causer des dommages sans précédent dans l'histoire politique du Québec moderne. L'irréparable n'est pas encore fait, et cependant tout montre qu'il est en train de se produire. Ce n'est pas seulement la ministre de l'Éducation, mais l'ensemble des députés et des ministres de son parti qui doivent s'en aller, démissionner. L'exercice normal de la démocratie ne peut plus être assuré, ni défendu, ni à plus forte raison restauré par eux. Dès maintenant, un immense travail de reconstruction nous attend. Au-delà du deuil que nous traversons comme individus et comme collectivité, ce sont les étudiants qui nous l'auront montré, qui nous auront permis d'imaginer et de vouloir à nouveau un projet de société.

AVRIL

13 Le gouvernement Charest lance un ultimatum à la CLASSE lui demandant de condamner publiquement la violence pour être admise à une table de discussions. Celle-ci répond qu'elle n'a pas le mandat de condamner la violence et qu'elle doit d'abord consulter ses membres.

13 À Sherbrooke, 19 étudiant.e.s sont arrêté.e.s pour avoir bloqué l'accès aux bureaux du ministère de l'Éducation.

13 À Gatineau, plus de 250 étudiant.e.s, professeur.e.s et sympathisant.e.s défient l'injonction en cherchant à bloquer l'accès à l'établissement. Cent-soixante-et-une personnes sont arrêtées, dont deux professeur.e.s. L'UdeM annonce que « les cours visés par le boycottage des étudiants » ne seront plus donnés jusqu'à nouvel ordre, en raison « des difficultés certaines à reprendre les classes dans un climat acceptable ».

18 Dans une lettre envoyée aux médias, 36 professeur.e.s et chargé.e.s de cours de l'UdeM accusent la direction de gérer l'institution comme un centre commercial.

© DAVID CHAMPAGNE, MANIFESTATION DU 1ER MAI 2012

L'encre coule

Vianney Gallant

Publié dans *Fermaille* n° 10
le 22 avril 2012

QUELQUES PAS ENTRE DEUX ROYAUMES

L'encre coule. Loin de se tarir, elle s'ancre dans nos pas. Étranges parentés, étranges oppositions. Murs et ouvertures. Deux Royaumes se regardent en louchant, deux solitudes, deux cultures différentes dans un même espace. Langues de sourds ? Pourtant, une culture du dire s'éveille comme dans un acmé de cycle. Marchons en pensant le monde. Allons ailleurs qu'en nous-mêmes ! Aimons notre patience affermie d'affirmation. Aimons cette geste de l'ensemble enfin retrouvé.

***

Pourquoi les manifestants sont-ils si beaux ? J'ai vu cette beauté individuelle et collective au Monument national (« NOUS ? ») et dans chaque marche... et le soir du huitième lancement de *Fermaille* ou lors de certains slams quand l'approbation unanime de l'un devient la victoire de tous. Des yeux humides et une lumière dense débordant du visage ! Auras d'intelligence. La réalité reconstruite de son propre point de vue, partagée, rendue collective et affirmée avec courage ferait-elle surgir ce *punctum* phréatique : la beauté ? J'adore chaque lever de nos soleils fondus en un seul.

***

Ça sent de plus en plus les mesures de guerre, je les sens venir comme le fantôme de mes 20 ans. C'est tellement laid dans ce Royaume. Le Québec a une brûlure d'angine. La démocratie vient d'avoir un infarctus. Injonctions non judicieuses. La peur masquée du pouvoir : opérations policières en pleine université. Qui va pouvoir soigner cela ? Ni la honte ni le déni d'être eux, ni la nostalgie posthume de lumineuses peurs ; peut-être la fierté essaimante d'être le fragment d'un rêve de beauté et de justice.

AVRIL

18 Le cégep de l'Outaouais décide d'annuler sa session d'été.

18 À Sherbrooke, le juge Gaétan Dumas accorde une injonction provisoire à 11 étudiant.e.s de la Faculté des lettres et sciences humaines qui avaient demandé de reprendre leurs cours. Le juge ajoute que les manifestations devront avoir lieu à au moins 25 mètres de l'établissement.

19 Environ 400 personnes (Radio-Canada) manifestent à l'UQO contre l'injonction pour la reprise des cours. La direction renforce ses effectifs de sécurité. Deux manifestant.e.s sont blessés, 150 personnes sont arrêtées.

19 Plus de 300 personnes (Radio-Canada) manifestent à l'Université de Sherbrooke contre l'injonction accordée la veille. La direction décide de lever les cours jusqu'au lundi suivant.

19 Des syndicats de professeur.e.s universitaires (SGPUM, SPUQO et FQPPU) dénoncent, au cours d'une conférence de presse, la judiciarisation du conflit étudiant.

Performances et manifestations religieuses et mortuaires

© LA BOÎTE ROUGE

In memoriam - cortège funèbre

Le 16 mars, à Montréal, les Profs contre la hausse et des étudiant.e.s mettent en terre « Madame Accès-Aux-Études et Monsieur Universités-Publiques ».

La Passion de l'étudiant

Le 10 avril, des étudiant.e.s en histoire de l'art de l'Université de Montréal organisent une crucifixion afin de symboliser le « chemin de croix de l'étudiant ».

Peuple à genoux, en rouge ta délivrance

Le 15 avril, des étudiant.e.s montent les marches de l'Oratoire Saint-Joseph à genoux.

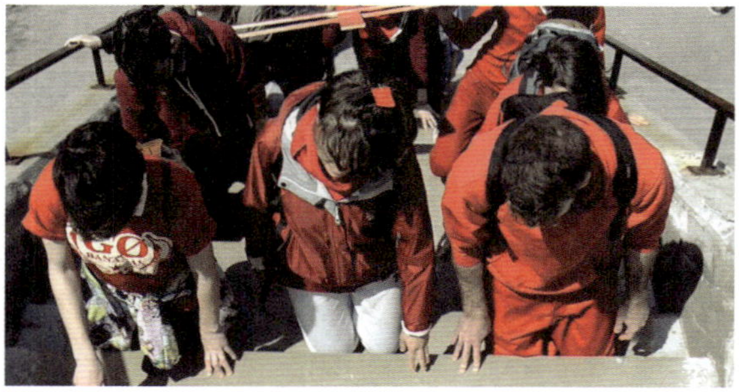

© LA BOÎTE ROUGE

© LA BOÎTE ROUGE

« QU'EST-CE QUI EST SACRÉ POUR LE QUÉBEC ? »

© MARIO JEAN - MADOC

« MORT » DES ÉTUDIANT.E.S SUR L'ESPLANADE DE LA PLACE DES ARTS

© MARIO JEAN - MADOC

« MORT » DES ÉTUDIANT.E.S DEVANT LE PALAIS DE JUSTICE DE MONTRÉAL

Marche ou crève

Le 19 avril, les étudiants sont appelés à « mourir » à différents endroits de Montréal « écrasés par les dettes, morts de frousse en voyant leurs factures de frais de scolarité augmentées, étouffés par les injonctions, etc. »

© ÉCOLE DE LA MONTAGNE ROUGE

Tribunal populaire des condamnés d'avance

Le 16 avril, des étudiant.e.s, professeur.e.s et artistes revendiquent le droit « d'accuser » pendant cinq heures, au Cabaret du Mile-End.

© LA BOÎTE ROUGE

La bataille des mots

Durant tout le printemps, une rude bataille a été menée sur le front lexical. Le gouvernement Charest, notamment, a sorti l'artillerie lourde pour détourner le vocabulaire de la grève étudiante. Pour réfléchir à ce brouillage sémantique, voici quelques extraits du *Dictionnaire de la révolte étudiante. Du carré rouge au printemps québécois* (Tête première, 2012).

ACCESSIBILITÉ AUX ÉTUDES SUPÉRIEURES – Au cours de la crise étudiante québécoise de 2012 [...], l'expression « accessibilité aux études supérieures » s'est trouvée occultée par le gouvernement libéral de Jean Charest qui, avec une formule raccourcie dénotant un glissement de sens, parla plus étroitement de « l'accès aux classes », de façon à rendre inopérants les votes de grève démocratiquement obtenus par les associations étudiantes et les lignes de piquetage visant à faire respecter ces décisions. (François Parenteau)

CONFLIT – « Conflit » est une dénomination tronquée, générale et orientée, peu présente dans les médias, qui prétend désigner, et par là légitimer, un désaccord tendu, voire des affrontements entre le gouvernement du Québec et les étudiants. De façon plus judicieuse, on lui préfère l'expression *in extenso* « conflit étudiant », déjà adoptée par la grande majorité des politiciens, médias, analystes et citoyens, si bien que, par une promotion paradigmatique naturelle, elle a muté en surtitre générique afin de circonscrire l'événement que provoque la violente révolte des étudiants. L'intérêt pour cette appellation est de conférer au sensationnalisme du simple « conflit » la valeur d'une *appellation d'origine* grâce à son épithète qui désigne sans équivoque la seule et unique source du problème, à savoir, bien entendu, les étudiants. (Patrick Lafontaine)

ÉCONOMIE – Nom commun, un peu trop même : ses usages variés le rendent difficile à définir. De manière générale, l'économie constitue l'étalon de mesure permettant de juger de la pertinence d'une décision collective ou gouvernementale. Cela est rendu possible grâce à sa fascinante capacité à donner l'impression que c'est la société, les institutions, la nature et les gens qui doivent la servir, et non l'inverse. (Gabriel Nadeau-Dubois)

ÉDUCATION – S'ancrant dans la philosophie de l'économie du savoir, l'éducation a comme double mandat la formation d'une main-d'œuvre hautement qualifiée et la production de recherche financée publiquement visant à permettre aux entreprises d'être compétitives, et à favoriser l'investissement privé dans une ère de mondialisation des marchés. (Marie-Andrée Plante)

GRATUITÉ SCOLAIRE – Prônée durant le printemps 2012 par les illuminés du carré rouge, c'est-à-dire par les adeptes de la « violence-et-de-l'intimidation » et leur chef, le très « violent » Fred Pellerin, la gratuité scolaire suscite elle-même des réactions explosives puisqu'elle heurte l'une des vérités dogmatiques les plus structurantes du tout-à-l'économie-les-deux-mains-su'l-volant qui régit le Québec postmoderne, à savoir que le Québec est pauvre, la dette, la Chine, etc. Comment financerait-on la gratuité scolaire qui coûte au maximum 700 millions de dollars alors que nous avons déjà aboli la taxe sur le capital des entreprises financières (2,4 milliards de dollars par année) et qu'il faut payer des routes pour les mines, ce qui est vastement plus important que d'enseigner Platon ou Zola à la jeunesse. (Éric Martin)

GRÈVE – Il aura fallu beaucoup d'efforts et de démagogie pour mettre dans les têtes « qu'en vertu du Code du travail du Québec, le boycott de cours ou de toute activité rattachée à ceux-ci ne constitue pas une grève au sens de la loi », mais le gouvernement libéral aura été persévérant. Dans une certaine mesure, il sera parvenu à nier l'existence du seul moyen de pression des étudiants en réprimant, d'abord dans le langage, la possibilité même d'une mobilisation politique qui puisse faire valoir, comme disait Bourdieu, que « ce qui fait problème, pour l'essentiel, c'est que l'ordre établi ne fait pas problème ». Dans une certaine mesure, dis-je bien, parce qu'en termes de persévérance, les étudiants auront été encore plus forts, obligeant du coup ce gouvernement à passer des manipulations lexicales aux manigances législatives. (Alain Farah)

INTIMIDATION. – Action de porter un carré rouge, avec l'intention menaçante d'être vu. (Marc Cassivi)

LIBERTÉ D'EXPRESSION - Mère de toutes les libertés, elle ne se donne point mais se conquiert et n'existe qu'en étant revendiquée à chaque instant. Contre la dictature de l'argent qui dépouille les mots de leur sens, elle est la parole restituée au vivant. Aux tenants de la barbarie, aux cracheurs de mépris, aux anatiques mortifères, elle oppose l'exigence de l'indignation et la lutte pour la dignité de tous. Par-delà la censure, l'humiliation, la matraque et la peur, celles-là, ceux-là, sujets collectifs d'un monde en faillite, se prévalent encore inexorablement de cette parole libre, dernière des armes contre toutes les tyrannies. (Anne-Marie Voisard)

MAJORITÉS SILENCIEUSES – Elles ne manquent jamais d'intellectuels d'élevage, de politiciens inc., de journalistes de sérail pour représenter, louer, cajoler leur « légitime grogne ». Ces élites puisent leur raison d'être dans la substitution du gouvernement des *majorités muettes* à la pensée des individus eux-mêmes. (Jacques Mascotto)

MATRAQUE – Outil de condescendance par excellence, la matraque a toujours fait partie des dispositifs éducatifs. On l'utilise pour remettre sur le droit chemin les brebis qui s'en écartent. On ne s'étonne donc pas de constater que, tout au long du Printemps érable, les sbires de la matriarche de l'Éducation en aient abondamment fait usage sur les étudiants. (Danielle Marcotte)

PROFESSEUR – (« Absolument moderne » depuis le 19 mai 2012) Dispensateur de services d'enseignement. Veillant au droit inaliénable qu'ont les apprenants de jouir de ses services, le professeur ainsi entendu se fait le défenseur de l'accès de chacun des bénéficiaires à ses unités de cours. Aucun de ses enseignements ne sachant contrevenir aux principes inhérents à la loi 12, il se targue d'être le nouveau tâcheron d'une grande chaîne d'obéissance au principe de l'utilisateur-payeur et se voit déchargé du poids d'un héritage obsolète qui l'enjoignait de former des étudiants à la pensée critique et à la participation citoyenne. (Frédérique Bernier)

SONDAGE – Un sondage d'opinion est un outil de réduction idéologique voulant que chaque idéal, principe, désir, souhait, crainte, inquiétude ou répulsion puisse être traduit en pourcentage. Équivalent social du carottage des sols mous ou d'un toucher rectal destiné à découvrir des protubérances malignes, le sondage permet aux politiciens contemporains (entre autres) d'agir selon la mise en récit d'une opinion publique livrée par les sondeurs professionnels. (Jean-Simon Desrochers)

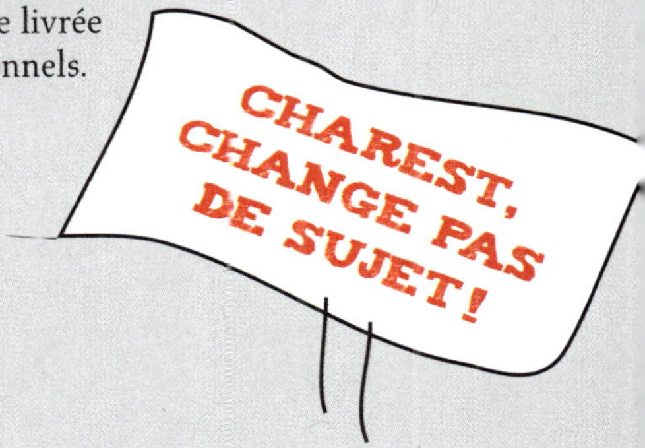

AVRIL

19 Le CA du collège Montmorency adopte à l'unanimité une résolution invitant le gouvernement Charest à négocier avec les étudiant.e.s.

19 À Trois-Rivières, des étudiant.e.s affichent une énorme banderole « Non à la hausse » au sommet du pont ferroviaire qui traverse la rivière Saint-Maurice.

19 Line Beauchamp se dit prête à rencontrer la FECQ et la FEUQ dès le lendemain, mais pas la CLASSE qui refuse toujours de « condamner la violence ».

19 Au cégep de Limoilou, une manifestation de 400 étudiant.e.s (Radio-Canada) se solde par 49 arrestations.

19 À Montréal, une manifestation d'environ 200 personnes (Radio-Canada) est rapidement déclarée illégale et réprimée à l'aide de gaz irritant. Deux manifestants sont arrêtés.

19 Gabriel Nadeau-Dubois porte plainte à la police après avoir reçu des menaces.

20 Dans le cadre du Salon Plan Nord tenu au Palais des Congrès de Montréal, une manifestation ayant pour thème « Non à la gratuité minière ! Oui à la gratuité scolaire ! » tourne à l'émeute. Six personnes sont blessées et 18 sont arrêtées.

Je ne sais plus quoi répondre

Sara Dignard

Publié dans *Fermaille* n° 10
le 22 avril 2012

Jeudi de marteau piqueur
la Ville refait la ruelle de mon enfance
grattement de ciel
traitement de canal
migraine annoncée
depuis une semaine
coups de matraques dans le ventre
grenades assourdissantes
de mon bureau
des mots durs
à vomir
je les retiens les polis
comme un ulcère à vernir
de toute façon personne n'entend
avec tout ce silence

des images en boucle
boucliers hurleurs
manifestants d'existences encerclées
assis en Indiens
paix en l'air
des paroles berceuses
« Dans quelle sorte de société on vit, si on accepte que des personnes
soient intimidées parce qu'elles veulent aller étudier »
des guerres intestines
me bloquent le corps
j'en perds l'envie de parler

au-delà du mépris légitimé
une rage exponentielle
pour cette mauvaise foi gavée
qui se fait masser les pieds dans des bains d'ignorance

concoction de peur et d'espoir
de fierté et d'amertume

que ce soit un combat collectif
que ce soit un sentiment national
que ce soit l'indépendance nécessaire
que ce soit intelligent   poétique   engagé   constant   solidaire
que de cette solitude naisse un commun
que notre victoire soit celle du Tibet qui choisit encore la passivité radicale
que le maintenant regarde plus loin que le bout de son nez
qu'il se crée un horizon aux frontières encore invisibles

Alors j'attends
je n'accomplis rien de grandiose
je n'en profite pas pour me muscler les mollets
découvrir les bienfaits du « manger cru »
ou pour enfin lire Proust

je marche
je crie
j'écoute
j'écris
je pleure aussi
souvent le matin
des sanglots profonds
inconsolables et partagés

on me répond que nous rêvons
et qu'ils ne rêvent pas
on me répond que la gratuité est une illusion
qu'on ne peut pas se comparer à des pays qui l'ont atteinte
alors on se compare aux pays qui renforcent l'endettement étudiant
alors on me parle de cohérence économique et d'égoïsme d'une génération qui ne pense qu'à son nombril en se déresponsabilisant de ses responsabilités responsables
et on me dit qu'on ne veut pas payer si l'autre ne paie pas

et je ne sais plus quoi répondre
à ce Québec affaissé
qui me fait peur
et qui nous donne envie de nous en créer un nouveau

à bout de souffle
et de statistiques
je constate mon ignorance et m'en réjouis
j'ai encore de l'espace à construire
et des rêves vierges

AVRIL

20 Une déclaration de Jean Charest devant les participant.e.s du Salon suscite un tollé de protestations : « Le Salon du Plan Nord que nous allons ouvrir aujourd'hui, qui est déjà très populaire – les gens courent de partout pour entrer – est une occasion, notamment pour les chercheurs d'emplois. Alors à ceux qui frappaient à notre porte ce matin, on pourra leur offrir un emploi... dans le Nord autant que possible. » Pauline Marois dénoncera ces propos : « Ce n'est pas le temps de faire de l'humour, c'est le temps de tendre la main aux jeunes du Québec, aux étudiant.e.s, à nos enfants finalement. » François Legault fera de même : « Est-ce que vous en connaissez beaucoup des chefs d'État qui font des blagues pendant qu'il y a des émeutes à l'extérieur ? C'est triste à dire, mais je pense qu'aujourd'hui le Québec n'avait pas de premier ministre. »

20 Lors d'un point de presse, Jean Charest déclare : « Mais là, on a beau tendre la main, encore faut-il que de l'autre côté quelqu'un la prenne. »

20 La CSN demande au gouvernement de négocier avec tous les regroupements étudiants.

Leçon

Benoît Jutras

Publié dans *Estuaire*
le 22 avril 2012

Ils ont mangé ton visage pour ouvrir le chemin
brûlé la charte gardée au fond du chien commun
avec des chiffres et avis légaux à bout portant ils font feu
réchauffent leurs grognements comme une drogue berceuse
dans la boîte noire l'histoire se pend pour dire
le centième tour de piste le cirque du capital et des vaches
la peste des autres qui pissent le diamant et le gras
dans les salles de classe pour le retour des rhésus
dans les souterrains pour manger ton clan mort

© MARIO JEAN - MADOC, MANIFESTATION DU JOUR DE LA TERRE, LE 22 AVRIL 2012

ils ont la tribune aux virus venteux toi un carré de sang
arraché aux enseignements anciens pour marcher
fendre le rictus calleux de la faute et de l'ordre
eux leur peau de bureau de brique toi ta feutrine de cran
le printemps est une question qui fait rougir l'histoire
maintenant tu rapailles tes pieds tes tristesses tes pirates
pour écrire pas à pas des paragraphes de gaz et d'os
des complaintes froides dans les livres d'école
le bâton noir épinglé au flanc

© FRÉDÉRIC FADDOUL

© FRÉDÉRIC FADDOUL

© FRÉDÉRIC FADDOUL

© NICHOLAS DAWSON

© NICHOLAS DAWSON

© FRÉDÉRIC FADDOUL

© FRÉDÉRIC FADDOUL

© FRÉDÉRIC FADDOUL

© MARIO JEAN - MADO

© FRÉDÉRIC FADDOUL

© MARIO JEAN - MADOC

Encore d'autres manifs inusitées

© LA BOÎTE ROUGE

Tour de l'île en rouge

Le 1er avril, environ 3 000 manifestant.e.s sont invité.e.s à faire quelques kilomètres en vélo, habillés de rouge, afin de contrer « la lenteur et le manque d'ouverture du gouvernement » et « d'octroyer un peu de vitesse à la lutte en cours ».

Manifestation de zombies

Le 5 avril, des manifestant.e.s, déguisé.e.s en zombies, déambulent dans les rues de Montréal « parce que l'État bouffe nos cerveaux ».

© LA BOÎTE ROUGE

© LA BOÎTE ROUGE

Essouffle la hausse

Le 6 avril, des participant.e.s s'adonnent à diverses activités sportives comme l'Évite la hausse (ballon-chasseur), le Lance ta hausse (frisbee), le Gèle la hausse, Charest te court après (tag couchée) et le Drapeau rouge, police et étudiant (drapeau voleur).

© LA BOÎTE ROUGE, AMÈNE TA CHAISE, ON MARCHE!

© LA BOÎTE ROUGE

Manifestation générale illimitée

Le 11 avril, Rouge illimité organise la Manifestation générale illimitée où un groupe de manifestant.e.s quitte le Square Victoria à chaque heure, et ce, pendant 12 heures.

Amène ta chaise, on marche !

Le 12 avril, des étudiant.e.s manifestent assis sur des chaises au milieu de la rue, progressant lentement autour de l'UQAM.

© DOMINIC ARSENAULT

HAR fait le penseur de Rodin

Le 19 avril, des étudiant.e.s en histoire de l'art de l'Université de Montréal prennent la pose du penseur de Rodin pendant cinq minutes « puisque l'intelligence et la réflexion nous appartiennent ! »

© LA BOÎTE ROUGE

French-o-thon

Le 13 avril, le P!nk Bloc, un collectif *queer* et féministe en grève, organise un French-o-thon où les manifestant.e.s sont invité.e.s « sur une place publique pour montrer à tout le monde qu'on s'aime et qu'on est pour la bais.s.e (des frais de scolarité). »

© FRÉDÉRIC FADDOUL

« On essaie de nous faire croire qu'on va aimer ça, la hausse. Qu'elle sera plus agréable une fois qu'elle nous aura pénétrés. Qu'en nous forçant la main, notre NON finira par devenir un OUI. Il s'agit là d'un grave manquement au consentement. »

EXTRAIT DU COMMUNIQUÉ DE PRESSE DU P!NK BLOC, LE 8 AVRIL

© FRÉDÉRIC FADDOUL

© LA BOÎTE ROUGE

© LA BOÎTE ROUGE

© FRÉDÉRIC FADDOUL

À ma fille en larmes, à mes étudiants

Sylvie Rheault, professeure au département de français du collège de Bois-de-Boulogne

Publié sur le site de Profs contre la hausse
le 22 avril 2012

Tu es rentrée en après-midi de cette manifestation qui a tourné à l'affrontement ; tu pleurais de rage, de tristesse, de désespoir : « C'est la guerre, tout le monde lance des objets, les flics nous poursuivent à travers les rues... », disais-tu entre tes larmes.

Depuis 10 semaines, tu es très très impliquée dans le mouvement étudiant, tu manifestes 4-5 fois par semaine avec ingéniosité, pacifisme et créativité.

Là, le mépris de Jean Charest vient de te rentrer dedans comme un poignard...

Combien de fois nous as-tu trouvés, ton père et moi, discutant de la grève (deux parents professeurs de cégep en grève, c'est intense !) ? Tu nous trouvais plus frustrés, plus offusqués que toi : « Vous êtes lourds », nous as-tu quelquefois répété !

Oui, on a tout pris à cœur en bloc pour toi, pour ton frère, pour nos étudiants, pour nos convictions en un Québec différent et solidaire. Nous sommes si fiers de voir cette jeunesse se soulever et refuser magnifiquement d'adhérer à un monde dit immuable. Tout peut bouger... Mais qu'est-ce que cela prendra ? Aujourd'hui, c'est la dérive totale. Un gouvernement condescendant, paternaliste et imbécile vous ignore et se moque de vous. Un être irresponsable, qui devrait être un modèle de droiture puisqu'il occupe le poste important de premier ministre et se doit de représenter toute sa population, vient de montrer une autre fois son vrai visage.

Je suis triste de ces larmes versées, mais je sais que ta lutte, malgré les apparences, n'est pas vaine ! Ma fille, je t'aime, je t'admire et je t'appuie et, comme mère, j'ai peur...

Peur qu'il te soit fait du mal, que l'on ignore et que l'on casse ta fougue admirable.

Mes chers étudiants, je suis fière de vous voir debout, solides et solidaires dans cette juste lutte. J'admire votre ténacité, vous avez semé les graines dont nous récolterons assurément les fruits bientôt ! Mais j'ai peur de vous retrouver tous en miettes lorsque nos cours reprendront ; déjà, le sang coule... jusqu'où cela ira-t-il ?

La lutte est difficile, mais elle a le mérite d'avoir éveillé tant de consciences et de faire voir au grand jour que la démocratie, si on ne la revendique pas, est un mot vide de sens.

AVRIL

20 Au Conservatoire de musique de Montréal, les étudiant.e.s ayant cumulé plus de deux absences dans chaque cours voient leur session annulée.

20 L'étudiant Laurent Proulx présente une demande de désistement pour l'injonction qu'il a obtenue.

21 À Montréal, quelques centaines de personnes (*La Presse*) manifestent à l'occasion de la deuxième journée du Salon Plan Nord. Bilan : 90 personnes sont arrêtées.

21 Dix-huit personnalités publiques, dont les professeur.e.s Guy Rocher et Louise Vandelac, le cinéaste Bernard Émond et le médecin Alain Vadeboncœur, demandent au gouvernement de rencontrer les étudiant.e.s.

21 En raison d'une injonction, le cégep de Saint-Jean-sur-Richelieu annonce qu'il reprendra les cours.

AVRIL

22 À Gatineau, Jean Charest est accueilli par des centaines de manifestant.e.s. Il déclare : « L'offre de s'asseoir avec nous et d'échanger dans le respect et avec les mêmes valeurs tient toujours. Nous espérons que cet appel sera entendu par les leaders étudiants. Notre position reste toutefois la même et le gouvernement du Québec n'acceptera pas l'intimidation. »

22 À Montréal, 150 000 à 300 000 personnes, selon les sources, descendent dans les rues à l'occasion du Jour de la Terre. C'est un rassemblement d'une ampleur sans précédent. Au parc Jeanne-Mance, la foule se masse de façon à recréer une immense main qui se transforme par la suite en arbre, si on regarde du haut des airs.

22 La ministre Line Beauchamp convoque la FECQ et la FEUQ à une rencontre prévue le 24 avril. Martine Desjardins refuse d'y participer en l'absence de la CLASSE : « J'ai toujours la même position : ne pas me présenter à une table si la CLASSE n'y est pas. »

22 À l'issue de son congrès, la CLASSE se prononce contre la violence physique, sans pour autant désapprouver la désobéissance civile.

L'eau tiède

Clément de Gaulejac, artiste, auteur et doctorant en études et pratiques des arts à l'UQAM

Présenté lors d'une journée sur « L'imaginaire en acte », organisée par le centre Figura le 28 juin 2012

« Ces dessins ont été réalisés au fil des événements. Parfois ils anticipent sur ce qui va se passer, donnent une couleur à un pressentiment général ou choisissent une option parmi plusieurs possibles. Parfois, ils sont des réponses à chaud à une brutalité de langage du gouvernement, à l'une de ses dérives autoritaires. Je publie mes dessins sur mon blogue, *L'eau tiède*, les partage sur Facebook, les imprime pour la ville et les manifs sous forme d'affiches et de pancartes. De même que le carré rouge et toutes les initiatives créatives auxquelles le mouvement étudiant a pu donner lieu, ils servent à lui assurer une visibilité constante dans un espace public élargi : le web et la rue. On sait comment le découragement et l'abattement peuvent nous gagner. Mes dessins font du renforcement positif. Le trait de ces échafaudages dessin-texte est rapide, comme l'est l'idée exprimée.

Cette rapidité n'est pas un maniérisme, c'est plutôt une éthique provisoire : devant la brutalité néolibérale et les attaques de ses relais médiatiques, il faut penser vite (même si, à d'autres moments, comme l'a démontré la CLASSE, il faut ralentir le tempo, imposer son propre rythme, quitte à exaspérer l'adversaire). Mes dessins ont également un petit je-ne-sais-quoi de pas fini. C'est au regardeur de les terminer, à lui et son intelligence, ce libre exercice qui rend content de soi. La créativité du mouvement étudiant est très minimaliste : le carré rouge, les casseroles, Anarchopanda, Banane rebelle, etc., ce sont des signes à la fois simples dans leur dessin et riches de multiples significations. Ce sont des esquisses faciles à brandir. Elles poussent à continuer le travail qu'elles initient. C'est tout le potentiel d'appropriation que je souhaite pour mes images. Elles sont un point de départ. Comme le carré rouge, elles sont le signe d'une appartenance générale à partir de laquelle commencer à discuter. Elles expriment un point de vue, bien sûr, mais surtout un climat de réflexion, un ordre d'idées. On ne sait pas comment naissent les slogans (« La loi spéciale, on s'en câlisse », « On est plusse que 50 », « Charest, youhou », etc.). Mais quand ils sont justes et beaux, ils contribuent à façonner l'identité collective en mouvement. Ce ne sont pas des discours, ce sont des flèches. Mes affiches fonctionnent un peu comme ça – sans explication. »

EAU-TIEDE.BLOGSPOT.CA

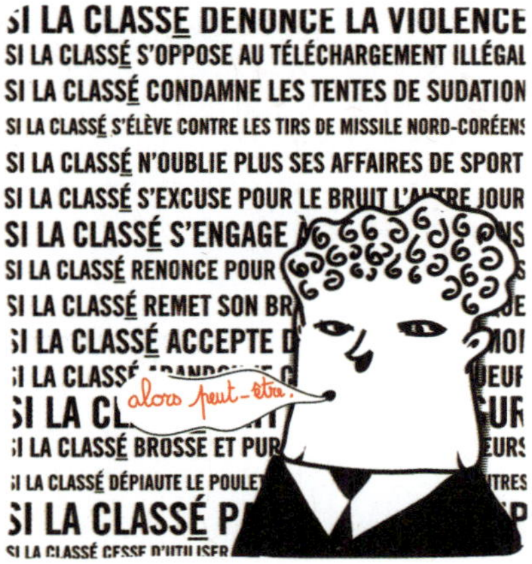
SI LA CLASSE DENONCE LA VIOLENCE
SI LA CLASSÉ S'OPPOSE AU TÉLÉCHARGEMENT ILLÉGAL
SI LA CLASSÉ CONDAMNE LES TENTES DE SUDATION
SI LA CLASSÉ S'ÉLÈVE CONTRE LES TIRS DE MISSILE NORD-CORÉENS
SI LA CLASSÉ N'OUBLIE PLUS SES AFFAIRES DE SPORT
SI LA CLASSÉ S'EXCUSE POUR LE BRUIT
SI LA CLASSÉ S'ENGAGE
SI LA CLASSÉ RENONCE POUR
SI LA CLASSÉ REMET SON
SI LA CLASSÉ ACCEPTE
SI LA CLASSÉ BROSSE ET
SI LA CLASSÉ DÉPIAUTE LE POULET
SI LA CLASSÉ
alors peut-être.

APRÈS L'AGENT ORANGE
L'AGENT 78

LE
POIVRE
C'EST POUR LE
STEAK

PIÈCES À CONVICTION
CHEZ NOUS AUSSI IL Y A :
UN MANTEAU BLEU
UN T-SHIRT NOIR
UN PANTALON NOIR
UN TÉLÉPHONE CELLULAIRE
DES CHAUSSURES CONVERSE (ROSE)
UN BÂTON
UN DRAPEAU NOIR
UNE CHEMISE VERTE
UN FOULARD NOIR
UN SAC DE CUIR EN BANDOULIÈRE
DES PANTALONS LEGGINGS NOIR.
pour le drapeau noir ça peut s'arranger

DIFFICILE D'EXPLIQUER
LA CLASSE
À CEUX QUI N'EN ONT PAS

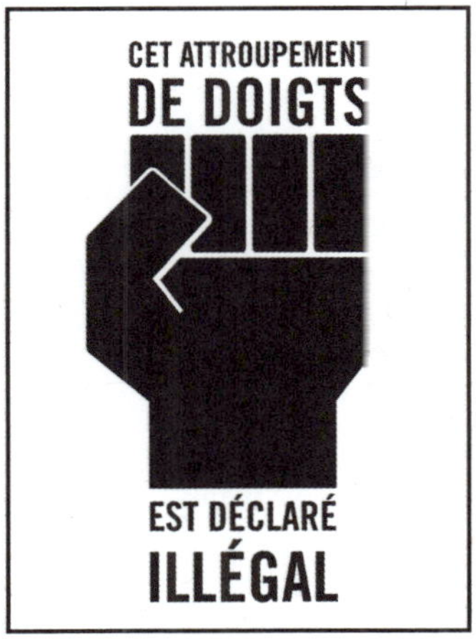
CET ATTROUPEMENT
DE DOIGTS
EST DÉCLARÉ
ILLÉGAL

© TOMA ICZKOVITZ. CUTV, LE 11 MAI 2012

« MAKE HISTORY WITH CUTV »

La chaîne de télévision CUTV (Concordia University Television), qui diffuse également sur le web, a joué un rôle important durant le Printemps québécois. Munie d'une caméra, d'un petit trépied et d'un sac à dos transmetteur[1], son équipe a été présente lors de nombreuses manifestations étudiantes à Montréal. Les reportages de ses journalistes et caméramen diffèrent de ceux des médias traditionnels parce qu'ils privilégient le point de vue des étudiant.e.s, montrent de longues séquences sans coupure, se risquent à filmer de près les événements les plus violents, actes de répression policière, échauffourées, dispersion forcée des manifestant.e.s.

Solidaires des manifestant.e.s, les journalistes et les caméramen de CUTV ont eux-mêmes subi à plusieurs reprises la violence policière : « Laith Marouf, producteur exécutif et caméraman, fut lui-même arrêté le 4 avril, aspergé de poivre de Cayenne pendant le tournage de la manifestation du 25 avril et a deux côtes brisées en raison d'une altercation brutale avec des policiers survenue lors de la manifestation du 20 mai[2]. » Laura Kneale, directrice de production et reporter tout-terrain, a elle aussi été matraquée en direct lors de la manifestation du 23 mai pendant laquelle 518 manifestant.e.s ont été arrêté.e.s.

Cette présence sur le terrain a donné aux reporters de CUTV un point de vue privilégié sur les événements et certaines de leurs images ont même été reprises par les médias de masse (NBC, CTV, TVA, LCN, CNN et Al-Jazeera[3]).

Selon Laura Kneale, CUTV pratique une forme de journalisme communautaire socialement engagé[4], ce qui l'a conduite à soutenir dès le départ la cause étudiante. Ce parti pris nettement affiché lui a été reproché par des citoyen.ne.s et certain.e.s représentant.e.s des médias traditionnels, qui ont notamment critiqué la trop grande subjectivité de son journalisme militant[5]. « À ces critiques, Laura Kneale répond que la liberté de presse demeure un principe fondamental qui ne se réduit pas à l'impartialité journalistique, mais signifie bien plutôt que des angles d'analyse peuvent être privilégiés pourvu que ceux-ci soient transparents pour le public[6]. »

Fondée en 1969, CUTV est une organisation à but non lucratif gérée par la Concordia Student Broadcasting Corporation (CSBC) qui agit à la fois en tant que chaîne de télévision et maison de production pour vidéastes indépendants. Depuis 2010, elle diffuse sur son site web sept émissions thématiques ainsi que des actualités filmées sur le vif dans les rues de Montréal. CUTV entend offrir une voix aux sans-voix[7] et ainsi faire voir et entendre des perspectives, des idées et des interprétations rarement mises de l'avant dans les médias traditionnels. Son équipe d'une dizaine d'employés est épaulée par de nombreux bénévoles, dont certains sont des professionnels issus du milieu de la télévision et du cinéma[8].

---

1 Mathieu Charlebois, « Six questions à CUTV », *L'Actualité*, 10 mai 2012.

2 Ryoa Chung, « CUTV, Montréal : la télévision étudiante socialement engagée », *Mediapart*, 31 mai 2012.

3 Raphaël Dallaire Ferland, « Le printemps étudiant vu par les médias étudiants », *Le Devoir*, 2 juin 2012.

4 Jean-Hugues Roy, « Qu'est-ce que CUTV ? », <http://vimeo.com/44040624>.

5 Christian Tremblay, « CUTV, vecteur d'une propagande nocive au conflit », *La Presse*, 11 juin 2012.

6 Ryoa Chung, *loc. cit.*

7 « A voice for the voiceless » ; « Station mission and objectives », <http://cutvmontreal.ca/station/objectives>.

8 Ryoa Chung, *loc. cit.*

Ce n'est pas rien

Romain Wilhelmy-Dumont, étudiant au collège Jean-de-Brébeuf

Publié dans *Le Devoir*
le 24 avril 2012

Vendredi dernier, je me suis fait arrêter comme 17 autres camarades devant le Palais des congrès. Nous étions venus manifester contre le Plan Nord, qui non seulement contribue à la destruction de notre planète et bafoue les droits fondamentaux des populations autochtones, mais rend aussi légal le pillage de nos ressources naturelles par des compagnies privées et étrangères. Nous étions en colère, mais d'une colère réfléchie.

Lors de mon arrestation, j'étais assis, exerçant avec détermination mon droit à manifester. Des policiers m'ont demandé de me déplacer, je n'ai pas cédé, ils m'ont menotté. Je me retrouve accusé d'entrave à un agent de la paix et participation à une émeute.

Pendant 30 heures, nous avons été détenus six par cellule, à dormir par terre sur le béton, à avoir froid, à être en permanence éclairés par la lumière des néons, à partager le même bol de toilette et à avoir faim.

Ce fut pénible, mais ce n'est rien. Ce n'est rien, car malgré le fait qu'on était derrière les barreaux, nous n'étions pas dans le camp des criminels. Non, nous étions dans le camp des justes. Ces maux endurés, ce n'est rien, ils n'ont pas étouffé nos mots.

Leurs matraques, ce n'est rien, elles ne briseront pas nos rêves. Leurs jets de poivre de Cayenne, ce n'est rien, ils n'aveugleront pas notre vision d'un monde meilleur. Leurs menottes, ce n'est rien, elles ne nous rendront jamais immobiles face à l'injustice. Leurs cages d'acier, ce n'est rien, elles ne feront pas disparaître nos esprits libres.

Nous voulons du changement, et ça, ce n'est pas rien.

« Mon carré rouge représente beaucoup plus que mon appui au gel des frais de scolarité, il représente une résistance à ce que le Québec est en train de devenir. »

L'AUTEUR-COMPOSITEUR-INTERPRÈTE DANIEL BOUCHER, SUR SON BLOGUE (26 AVRIL 2012)

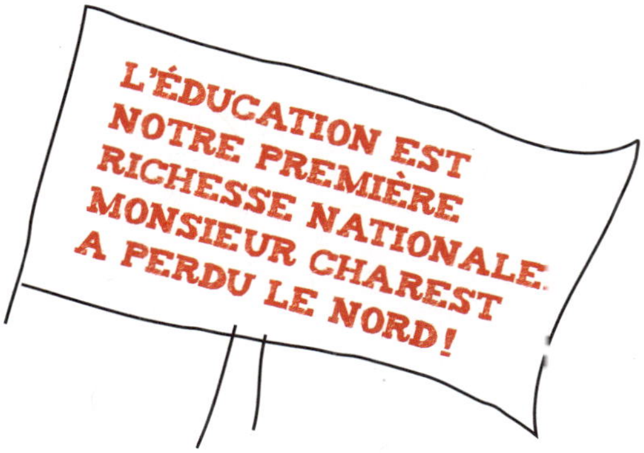

© NICHOLAS DAWSON. MANIFESTATION DU 3 JUIN 2012

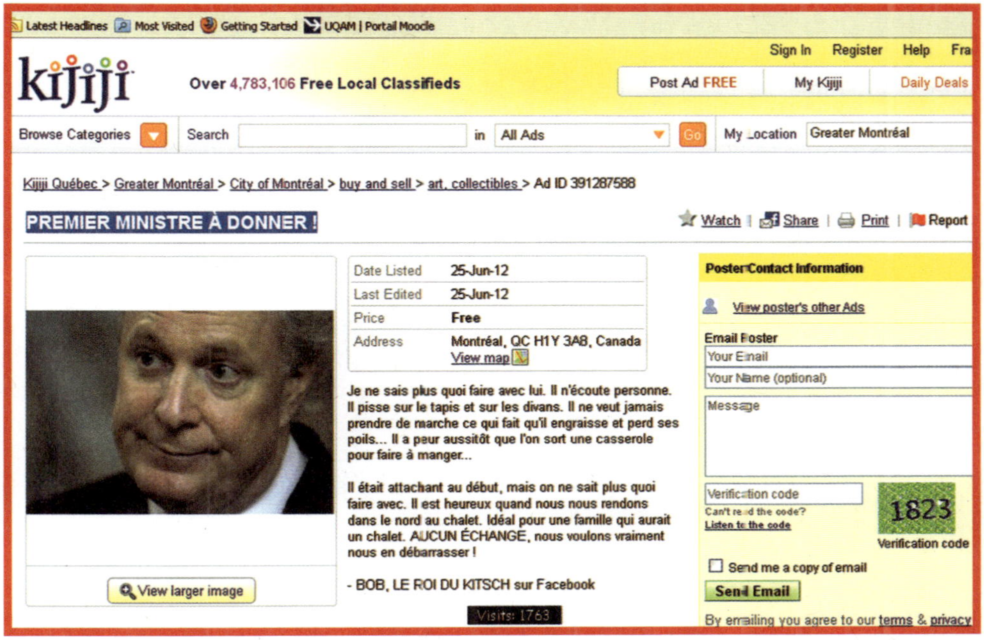

© MONTREAL.KIJIJI.CA

LE 25 JUIN, UN CITOYEN, SOUS LE PSEUDONYME DE BOB LE ROI DU KITSCH PUBLIE UNE ANNONCE SUR LE SITE WEB DE PETITES ANNONCES CLASSÉES KIJIJI AFIN DE « DONNER LE PREMIER MINISTRE ». AU MOINS UNE ANNONCE SIMILAIRE AVAIT ÉTÉ PRÉCÉDEMMENT PUBLIÉE DANS LA SECTION « PETITES ANNONCES » DU QUOTIDIEN *LA PRESSE*.

Geneviève L'obstineuse

Le site <liberaux.net> présente une centaine de cas de « scandales, aberrations, tromperies et mensonges » commis par le Parti libéral du Québec pendant qu'il était au pouvoir (2003-2012). Les sujets sont aussi variés que *Le vol du siècle : Anticosti et Gaspésie, Dette du Québec : 33 % depuis Charest* ou encore *CHSLD : mauvaise gestion et généreux contrats.* Ce projet citoyen est mené par « Geneviève L'obstineuse » Tardy et il n'est financé par aucun parti politique. Au départ, Geneviève L'obstineuse répertorie une quinzaine de scandales sous le règne libéral qu'elle présente dans une page Facebook mise en ligne le 30 avril 2012. Puis, de clic en clic et de partage en partage, cette page Facebook s'enrichit d'autres cas scandaleux et de nombreux hyperliens, donnant encore plus de crédit à son propos. Vite repéré, le travail de Geneviève L'obstineuse finit par migrer sur le web, le 23 mai... où il ne passe pas inaperçu : le Parti libéral le qualifie de « plus vaste opération anonyme de salissage sur le web » et met en ligne un site concurrent intitulé <pourlaverite.net>. Durant la campagne électorale, le DGE tente même de faire fermer le site <liberaux.net> avant de se raviser 24 heures plus tard.

En octobre, Geneviève Tardif est embauchée au cabinet du nouveau ministre de l'Environnement, Daniel Breton, qui doit démissionner peu de temps après. Geneviève, elle, y travaille toujours.

AVRIL

23 185 000 étudiant.e.s sont en grève.

23 Une rencontre est prévue entre la ministre Beauchamp et les associations étudiantes. Ces dernières acceptent de suspendre les gestes de désobéissance civile pendant 48 heures. La CLASSE, de son côté, affirme que son plan ne prévoit aucune action de ce type pour les prochaines 48 heures. Pour sa part, Line Beauchamp déclare que les frais de scolarité pourront faire l'objet d'une discussion. Onze délégués participent aux négociations : quatre de la CLASSE, trois de la FEUQ, deux de la FECQ et deux de la TaCEQ. Pierre Pilote sera le négociateur.

23 Le juge Pierre Isabelle de la Cour supérieure reconduit l'injonction en ordonnant à l'UQO de prendre les moyens nécessaires pour assurer la reprise des cours, quitte à ce qu'ils soient donnés sur Internet.

ArtAct

ArtAct est le pseudonyme d'un artiste activiste anonyme qui réalise plusieurs peintures digitales (c'est-à-dire réalisées entièrement par ordinateur, avec tablette graphique et logiciel) en appui au mouvement de grève et au soulèvement populaire contre le « néolibéralisme qui est en train de ronger la société québécoise ». L'anonymat de l'artiste est un hommage à tou.te.s les militant.e.s travaillant quotidiennement sans en tirer le crédit : « Rester anonyme est donc notre façon d'être solidaires avec tous ces gens qui se soucient de nos droits et libertés, d'une société plus juste, du respect de l'environnement... » Cette idée du collectif se reflète par le partage de ses œuvres, libres de droit et offertes aux internautes à partir du 4 mai, date de diffusion de sa première œuvre, « Le bal des cochons ». Presque toutes les œuvres sont accompagnées d'un texte écrit par l'artiste.

ARTACTQC.COM

« Je renoue avec un rôle de citoyen que j'avais oublié depuis longtemps. »

ARTACT

© ARTACT ; HUBTRIS, 8 JUIN

© ARTACT. JUSQU'À LA VICTOIRE (4 JUIN)

AVRIL

23 Dans un communiqué, Amnistie internationale demande au gouvernement Charest « de trouver une solution pacifique au conflit étudiant et de cesser de recourir à des moyens portant potentiellement atteinte à la liberté d'expression et au droit de manifester pacifiquement ».

24 Line Beauchamp, qui avait exigé une trêve de 48 heures pendant les négociations avec les étudiant.e.s, demande une suspension prolongée des « actions de perturbation économique et sociale » (*La Presse*).

24 Lors d'une première manifestation nocturne au centre-ville de Montréal, plusieurs actes de vandalisme sont commis, un policier est blessé et trois manifestant.e.s sont arrêtés. C'est la première manifestation nocturne : une centaine d'autres suivront.

24 Entre 200 et 300 étudiant.e.s défient l'injonction touchant le cégep de Sherbrooke en forçant la levée des cours. Les manifestant.e.s se rendent ensuite devant le Palais de justice pour dénoncer l'injonction.

Les coups de matraque

Léa Clermont-Dion, étudiante en science politique

Publié dans *Le Devoir*
le 27 avril 2012

Le rassemblement nocturne visant à exprimer notre mécontentement face à l'expulsion de la CLASSE à la table des négociations a débuté calmement mercredi soir. Nous étions des milliers à marcher pacifiquement. Pa-ci-fi-que-ment comme dans tranquillement, doucement, flegmatiquement, froidement, paisiblement, posément, sagement, sereinement. Nous étions souriants. Oui, ai-je bien dit, souriants. Souriants malgré l'impasse de la journée, souriants malgré toutes ces semaines de non-ouverture, souriants malgré, malgré et malgré.

Mais le chaos a débuté sans crier gare. Nous avons alors arrêté de sourire. Un chaos parmi d'autres ? Un chaos de trop créé artificiellement par le SPVM. Cette violence légitimée (ah oui ?) était adressée à l'endroit de jeunes manifestants.

Je récapitule pour ceux qui n'y étaient pas : nous marchions pacifiquement sur la rue Sainte-Catherine quand plusieurs bombes lacrymogènes ont été lancées dans la foule. Incompréhension ? Certes, une incompréhension profonde devant une telle provocation alors que le calme régnait parmi nous.

Pas d'avertissement clair de notre point de vue de la manifestation. La violence policière s'est alors fait sentir par les gaz, et ce, trop rapidement.

Résultat ? Un amoncellement de manifestants pacifiques agressés par les bombes lacrymogènes, entassés comme des sardines et cherchant désespérément leur souffle. L'air était empoisonné. Les uns pleuraient, les autres toussaient. Bref : la routine ingrate.

Permettez-moi cet aparté un peu plus personnel, une historiette parmi des centaines d'autres hier soir.

Un ami, un garçon de 20 ans, un jeune comédien, un travailleur supportant les étudiants, m'accompagnait lors de ladite manifestation. Après avoir été étouffés par les gaz, nous marchions sur la rue Sainte-Catherine lors du dispersement. De loin, nous avons pu voir l'anti-émeute arriver rapidement. Nous avons alors tenté de quitter la rue. Dommage. L'anti-émeute s'est mise à courir trop vite. Après la foule. Après nous.

Nous avons alors été isolés près d'une église par quelques policiers. Mon ami a été pris d'assaut par ceux-là. À terre, sous mes yeux, il s'est fait battre violemment, sans raison particulière, à coups de matraque par ces « supposés agents de la paix ». J'ai alors imploré le policier de le laisser tranquille.

À son tour de me répondre en me pointant sa matraque violemment : « Décâlisse ostie de conne ! »

Les policiers ont alors quitté les lieux, nous laissant en plan.

Je vous l'ai dit, nous étions des milliers à marcher pa-ci-fi-que-ment. Hier soir, le

© DAVID CHAMPAGNE. MANIFESTATION CONTRE LE PLAN NORD, 20 AVRIL 2012

SPVM a agi de manière inacceptable. L'arrogance du gouvernement actuel a résonné une fois de plus par de violents coups de matraque adressés à des citoyens pacifiques.

Madame Beauchamp, j'ai hâte que vous condamniez les violences abusives des brigades anti-émeutes du SPVM qui font preuve de provocation vraiment très peu subtile.

AVRIL

24 À Montréal, les élèves des écoles Joseph-François-Perrault et Édouard-Montpetit ainsi que de l'Académie De Roberval, trois écoles secondaires, déclenchent une grève en appui au mouvement étudiant.

23 Selon *Infopresse*, la grève étudiante est toujours au sommet de l'actualité québécoise, devançant le Jour de la Terre.

25 Au lendemain des événements qui ont eu lieu lors de la manifestation nocturne, annoncée sur le site de la CLASSE, le gouvernement exclut la CLASSE des négociations. Les autres associations étudiantes rompent les négociations par solidarité. Line Beauchamp déclare que « la CLASSE s'est exclue d'elle-même ». La ministre « jette de l'huile sur le feu », répond Gabriel Nadeau-Dubois.

25 Le MÉSRQ distribue un « kit d'injonction » à ses membres et propose de le rendre accessible à tou.te.s.

AVRIL

25 Quelques heures après l'échec des négociations, des manifestations violentes éclatent dans la métropole : plusieurs banques, voitures et commerces sont endommagés, 85 personnes sont arrêtées, dont le comédien Alexis Martin qui se trouvait là par hasard. Des employé.e.s de plusieurs médias (dont *La Presse* et TVA) sont agressé.e.s verbalement et physiquement. Le porte-parole de l'Association facultaire étudiante de science politique et droit de l'UQAM, qui a organisé la manifestation, déclare : « On condamne les gestes à l'endroit des personnes et c'est déplorable qu'on se soit attaqué à des journalistes. En même temps, on peut comprendre la colère des étudiants devant le traitement médiatique des grands empires comme Québecor ou Power Corporation, dont les chroniqueurs et les éditorialistes ridiculisent la grève et se font les porte-parole du Parti libéral. » (*La Presse*)

Tristes temps

Éric Lucas

Publié sur le site *Profs au carré*
le 28 avril 2012

Hier, il y a eu cette étudiante qui est venue me demander un jour de délai pour la remise d'un rapport de stage (activité non affectée par la grève). Je lui ai demandé de passer pour en comprendre la raison (*je crois encore à la justice malgré tout ça*). Elle est venue à mon bureau, petite mademoiselle, au pas décidé avec des boucles d'oreilles couleur pourpre. Elle est restée debout, elle ne s'est assise que quand je l'ai invitée à le faire. *Bien élevée.* On s'est parlé, elle m'a dit :

... Tu sais Éric, je pourrais le remettre à temps le travail, mais ce ne sera pas peaufiné. J'aimerais juste un jour de plus. Si tu ne veux pas je comprendrai. *Pas habituée à ce genre de démarche, travailleuse modèle, sérieuse, impliquée, une perle d'étudiante. Le genre que je prendrais en maîtrise dans mon équipe demain matin.*

... Tu sais, je suis à la manif chaque jour, chaque soir. *Le désarroi et la colère montaient en elle.* J'ai dit pas de problème, que je comprenais. Je lui ai demandé comment ça allait. Elle s'est mise à déverser sa rage...

... Tu sais Éric, je ne suis pas touchée par la hausse. Mes parents paient mes frais de scolarité et continueront quoi qu'il advienne. Ils votent conservateur et ne me comprennent pas. *Vient d'une bonne famille, d'un milieu aisé et tranquille.* J'y vais pour tous les autres, mes collègues, mes amis et les autres, les étudiants d'aujourd'hui et de demain, pour la société, ses valeurs, ce que nous valons tous collectivement... *Articulée, altruiste.*

... Tu sais, en temps normal, je suis quelqu'un de pacifique, de calme, tranquille, travailleur. *Je sais, moyenne impeccable, membre du comité de programme.* Mais là, je suis enragée, ça devient de la folie là-bas, les policiers deviennent de plus en plus agressifs. Ils tirent des grenades sans préavis, pourchassent des manifestants pacifiques pour leur donner des coups de matraque sans aucune justification. Je suis fâchée ! Ils ont arrêté un organisateur de la faculté, il ne peut même plus s'approcher de l'université. *En colère et quelle colère, chez quelqu'un de si tranquille !* Je ne pensais pas ça possible, pas ici. *Estomaquée que dans ce pays libre et développé, on en arrive à de tels extrêmes.*

... Tu sais Éric, j'ai des amis dans la police. Ils m'ont expliqué comment se fait le recrutement pour aller dans la rue face aux étudiants. Ils affichent des listes dans les postes et ceux qui veulent s'inscrire y vont sur une base volontaire. En moins d'une heure la liste est pleine... Déplorable. *Choquée, à juste titre. Et moi ? Hein ? Ça veut dire que beaucoup de policiers choisissent volontairement d'aller taper sur les étudiants. Payés temps supplémentaire avec ça ?*

... Tu sais Éric, j'aimerais revenir en classe. Je suis fatiguée de me faire poivrer

© PASCAL DUMONT

MANIFESTATION CONTRE LE PLAN NORD, LE 20 AVRIL 2012

tous les jours. On arrête nos leaders. ... Je suis exténuée. J'ai pris deux coups de matraque dans les côtes... *Moment de faiblesse, une demi-seconde. Découragée de nos dirigeants. Quel État, quel gouvernement peut amener des étudiantes modèles à des extrémités ?*

... Mais tu sais Éric, je ne céderai pas, nous ne céderons pas. Nous n'avons plus rien à perdre. Ce gouvernement injuste ne nous aura pas. On va se battre jusqu'au bout... *Une détermination à toute épreuve. Une valeur sûre pour l'avenir de ce monde. Une lueur d'espoir dans ce conflit de m...*

J'ai dit : sûr que tu l'as la prolongation, cette activité n'est rien en regard du combat que vous livrez. Le genre d'échange qui me fait garder foi dans les étudiants et dans mon métier de prof.

Et puis il y a eu ces hommes, ces hommes à la TV, le soir même. Représentants des forces policières qui parlaient, bien à l'aise dans leur costume ajusté. Sûrs de leur propos et de leur droit, ils disaient... les étudiants sont devenus des professionnels des manifestations, ils aiment ça. Ils viennent pour casser, ils y ont pris goût... Le journaliste surpris : « Vous êtes sûr de ça ? »... Ah oui, c'est clair ils y ont pris goût...

Je me suis dit en moi-même... *Tristes temps...*

© LAST

La Petite Manif

Œuvre du Regroupement pacifique de peluches et de figurines pour une société plus juste et plus solidaire, la Petite Manif consiste en une série de photographies qui mettent en scène des peluches et des jouets dans des manifestations. La première Petite Manif a officiellement lieu le 28 avril et elle reçoit un appui « mondial », certains internautes photographiant à leur tour des jouets avec des carrés rouges et autres signes d'appui au mouvement étudiant.

<LAPETITEMANIF.TUMBLR.COM>

© REGROUPEMENT PACIFIQUE DE PELUCHES..., 22 JUIN 2012

© REGROUPEMENT PACIFIQUE DE PELUCHES..., 13 JUIN 2012

© REGROUPEMENT PACIFIQUE DE PELUCHES...

© REGROUPEMENT PACIFIQUE DE PELUCHES..., 13 JUIN 2012

© REGROUPEMENT PACIFIQUE DE PELUCHES ET DE FIGURINES POUR UNE SOCIÉTÉ PLUS JUSTE ET PLUS SOLIDAIRE

© REGROUPEMENT PACIFIQUE DE PELUCHES ET DE FIGURINES POUR UNE SOCIÉTÉ PLUS JUSTE ET PLUS SOLIDAIRE

UQAM
PELUCHES CONTRE LA HAUSSE
PLUS DE JUSTICE PLUS DE SOLIDARITÉ
NON À L'ÉTAT POLICIER
MÉDIAS INDÉPENDANTS MÉDIAS VIVANTS
PAS D'ENTREPRISES DANS LES UNIVERSITÉS
PARENTS CONTRE LA HAUSSE!
SOLUTION = ÉLECTION
LE SAVOIR EST UNE RICHESSE

Les syndicats ont-ils manqué le Printemps québécois ?

Les syndicats ont-ils manqué le Printemps québécois ? Ont-ils laissé passer une occasion historique d'unir le mouvement des travailleur.euse.s et celui des étudiant.e.s ? L'histoire syndicale du Printemps québécois est-elle celle d'une déception ? Certain.e.s le pensent, au vu notamment de l'échec des tentatives de grève sociale et du rôle d'arbitres auxquels se sont maintenus dans les négociations gouvernementales les principaux dirigeants syndicaux. En fait, le bilan du soutien syndical au mouvement étudiant du Printemps est beaucoup plus nuancé parce qu'il a pris une myriade de formes.

Dès le 6 décembre 2010, la CSN, la CSQ et la FTQ quittent conjointement avec les associations étudiantes la table de consultation et dénoncent l'entêtement du gouvernement Charest à hausser les frais de scolarité. Un an plus tard, les organisations syndicales s'engagent à fournir un soutien logistique et financier aux associations étudiantes. Après le déclenchement de la grève, les manifestations de solidarité n'ont pas manqué dans le discours médiatique des centrales. Ainsi le 17 avril, quelques jours avant les premières négociations, Louis Roy, président de la CSN, publie un communiqué de presse : « Nous souhaitons donc que tous nos syndicats posent des gestes pour appuyer les associations étudiantes en lutte dans leur région. Que ce soit par un mot d'appui, un geste de solidarité ou la participation aux actions déjà prévues, nous sommes convaincus que ce soutien peut faire la différence en cette semaine cruciale. »

Cet appel n'a pas débouché cependant sur une campagne active de mobilisation du monde du travail. Cela s'explique en partie par le contexte particulier de la commission d'enquête publique présidée par la juge Charbonneau sur le scandale de corruption dans l'industrie de la construction. Tout au long de l'année 2012, les syndicats ont par effet rebond été en pleine tourmente médiatique, ce qui les a sans doute conduits à adopter une stratégie prudente. Comme d'autres institutions, les syndicats n'ont commencé à peser de tout leur poids qu'après l'adoption du projet de loi 78 parce que les mesures répressives qu'il contenait les menaçaient directement.

En revanche, les centrales syndicales ont fourni un soutien financier important aux associations étudiantes. Pour ne donner que quelques exemples, le Syndicat canadien de la fonction publique (SCFP) de l'Ontario a envoyé 30 000 $ à l'ASSÉ, la CSN a versé des dizaines de milliers de dollars à la FECQ, la FEUQ et la CLASSE en prenant en charge la location de salles, d'autobus et de camions, le développement du site Internet <1625canepassepas.ca>, l'aide juridique pour combattre les injonctions, mais aussi l'achat de porte-voix, de bâtons qui servent à tenir les pancartes… et la liste pourrait encore s'allonger. Certains chroniqueurs, comme Richard Martineau, n'ont d'ailleurs pas hésité à crier au scandale relativement à ces marques de soutien, dont les syndicats sont pourtant coutumiers avec toutes sortes d'associations.

Le moment qui a sans doute le plus marqué les esprits est celui où les leaders syndicaux ont été invités à participer aux négociations avec le gouvernement. Quelques jours après la manifestation conjointe du 1er mai, les syndicats et les associations étudiantes sont appelés à négocier avec le gouvernement. « Quand tu es président de la FTQ et que le premier ministre te convoque, tu y vas, résumera Michel Arsenault en conférence de presse. Surtout quand il te demande un service pour le bien du Québec. » Au cours des négociations des 4 et 5 mai, les dirigeants syndicaux jouent un rôle de modérateur. Le président de la FTQ conseille ainsi aux étudiant.e.s, lors d'une rencontre à part, de ne « pas pousser leur *luck*, qu'il ne faut pas aller trop loin. Il faut savoir quand faire un compromis » (*La Presse*).

Mais l'émeute de Victoriaville survient à ce moment. Le négociateur du gouvernement, Pierre Pilote, affirme que le premier ministre veut tout arrêter, à moins d'une condamnation de la « violence ». Les trois dirigeants syndicaux insistent là encore auprès des étudiant.e.s pour qu'ils se montrent accommodant.e.s. Il s'ensuit des déclarations quasi unanimes pour appeler au calme. Finalement, les syndicats ne sont pas étrangers au fait que les négociateurs étudiants adoptent, le lendemain, une « feuille de route » à soumettre à toutes les associations en grève. Cette proposition, on le sait, sera massivement rejetée par les étudiant.e.s dans la semaine qui suit.

Le bilan mitigé de l'action des directions syndicales est loin d'épuiser les initiatives collectives qui ont été prises dans les cégeps, les universités et dans toute la société civile. Par dizaines, des collectifs de parents, de féministes, d'artistes, de professeur.e.s, etc., ont pris position. Québec solidaire s'est engagé sans faillir en faveur du mouvement étudiant et de la défense de la gratuité scolaire ; son coporte-parole Amir Khadir a joué à cet égard un rôle emblématique pendant le conflit. Des dizaines de syndicats locaux de professeur.e.s et de chargé.e.s de cours ont adopté, souvent à la suite d'intenses discussions, des motions de soutien au mouvement contre la hausse des frais de scolarité[1], de même que plusieurs départements. À plusieurs reprises, la Fédération nationale des enseignantes et des enseignants du Québec (FNEEQ-CSN) a publié des communiqués de presse pour soutenir le mouvement étudiant, tancer la ministre d'entamer des négociations, protester contre les violences policières ou encore la judiciarisation du conflit. De son côté, la Fédération québécoise des professeures et professeurs d'université (FQPPU) a eu un rôle rassembleur en initiant, le 17 mai, la protestation de très nombreux syndicats de professeur.e.s des universités contre la répression policière et pour la tenue des négociations où ils seraient eux aussi partie prenante.

© MARIO JEAN – MADOC. MANIFESTATION NATIONALE À QUÉBEC

Enfin, à l'instar du réseau Profs contre la hausse, certains collectifs locaux de professeur.e.s et de chargé.e.s de cours, comme celui de l'Université de Sherbrooke, ont fait un travail de terrain important. Des enseignant.e.s qui souvent ne se connaissaient que peu avant la grève ont cosigné, publié et distribué des lettres ouvertes, manifesté derrière des banderoles, organisé des tables rondes et des forums publics. C'est là aussi que s'est joué le soutien des travailleur.euse.s au mouvement de ceux et celles qu'ils côtoient au quotidien.

1 On en trouvera une liste au <http://profscontrelahausse.org/appuis>.

AVRIL

25 Les directeurs généraux des cégeps estiment que le coût de la grève étudiante, qui dure depuis plus de 10 semaines, risque d'effacer les bénéfices provenant de la hausse des droits de scolarité pour l'année à venir.

25 Des engins fumigènes paralysent deux lignes du réseau du métro de Montréal. D'autres engins fumigènes explosent dans le Complexe Desjardins.

25 La direction de l'UQAR s'oppose aux demandes d'injonction de deux étudiants.

26 La 3e manifestation nocturne rassemble entre 1 500 et 2 000 personnes (*La Presse*) à Montréal.

26 Dans un point de presse, Jean Charest défend Line Beauchamp en martelant que « rien ne justifie la violence ou l'intimidation. Il faut le dire et le redire. Là-dessus, les leaders d'opinion ont la responsabilité de dénoncer les gestes de violence et de le faire sans réserve. [...] L'intimidation et la violence sont un affront à nos valeurs démocratiques. » Et encore : « Ce n'est pas au prix de la violence qu'on accepte de négocier. Ce n'est pas au prix de l'intimidation qu'on accepte de négocier. »

La disgrâce

Dominic Auger

Publié dans *Fermaille* n° 11
le 29 avril 2012

Le pas cadencé sur YouTube
Sinistres indécences
Bombes lacrymogènes au visage
Humiliations et offenses !
Ma révolte gronde et inonde

Je pleure de rage de ces matraques
Qui saignent les têtes remplies d'avenirs lueurs

Qui sont ces marionnettes maniaques ?
Fervents défenseurs de l'abus du pouvoir
d'injonction
Que savent-ils d'un monde à envisager, à inventer, à engendrer ?
Quel pays voient-ils en dormant ?

Mais ils ne sont que l'instrument zélé et sadique
D'un triste marquis bouffon
C'est cette tête de clown qui nous répugne
Là où loge la disgrâce

Alpagas contre la hausse

Patrick Nicol

Publié sur le blogue *Littéraires après tout*
le 29 avril 2012

Quand j'étais jeune, j'avais un « Etch a Sketch ». Ce petit jouet de plastique empli de poudre d'aluminium était probablement l'objet le plus complexe qu'il m'était permis de toucher. Dessiner des visages avec cet engin était quasiment impossible, mais je me débrouillais assez bien avec les paysages et les maisons, que j'entourais d'arbres et de clôtures.

Un jour – j'avais huit ans peut-être –, j'ai imaginé qu'il devait exister une autre forme d'Etch a Sketch, une version beaucoup plus avancée. Ce serait comme une vraie télé qui permettrait de voir tout, n'importe où. Espionner les gens que l'on connaît, par exemple, et en découvrir d'autres dont on ne soupçonne même pas l'existence. À 18, peut-être à 20 ans, tout le monde recevait cet Etch a Sketch perfectionné, pour marquer son passage à l'âge adulte. J'étais seul dans ma chambre, assis sur mon lit et j'ai pensé qu'en ce moment quelqu'un devait m'observer. La mère du voisin, peut-être, ou un homme qui m'était totalement inconnu. Il m'apparaît tout à coup que l'Etch a Sketch ressemblait aux accessoires que manipulaient les personnages de *Patrouille du cosmos*.

Pourquoi avoir imaginé ça ? J'étais impressionné, je crois, du fait que les adultes connaissaient mes activités, devinaient mes pensées, je me surprenais peut-être de ne pas avoir de secret. Il est possible aussi que je ne croyais pas que la vie se vive exactement comme je la vivais, c'est-à-dire, en gros, enfermé dans une chambre, coupé des autres qui ne pensaient pas à moi.

Le 4 avril dernier, j'ai marché avec Ève-Marie en plein milieu de la rue. Ève-Marie étudie en droit, maintenant. Elle a dit : « Tu sais, les jeunes libéraux, ceux que l'on voit à la télé, ils sont dans ma classe ». Et elle a eu un mouvement de recul et de dégoût, comme si elle venait de découvrir dans sa cave le mouvement de la vermine. Elle a dit aussi : « je n'écris plus ». Mes anciens élèves parfois me font ce genre d'aveu. Je lui ai dit, comme aux autres, que ce n'était pas très grave : il est difficile de faire progresser en même temps tous les aspects de sa vie.

Devant nous, un garçon portait une pancarte arborant la photo agrandie de ce qu'il faut bien appeler un périnée. Le périnée bien rasé d'une femme penchée. Au-dessus, on pouvait lire : « Charest, mange ma raie ». Quand j'ai compris que l'image ne montrait pas la raie du porteur de pancarte mais plutôt une photo prise sur Internet, j'ai été déçu. Puis j'ai quitté Ève-Marie, car il était de toute façon impossible de tenir une conversation dans cette foule.

Nous étions 4 000, peut-être 6 000 à marcher ainsi dans les rues de Sherbrooke. J'ai dépassé un groupe de jeunes transportant des boîtes de carton peintes en rouge. Certains les portaient sur la tête, d'autres

© LA5T

© DAVID CHAMPAGNE. MANUFESTATION DU 7 JUIN 2012

rampaient sur l'asphalte, comme écrasés par les boîtes qui pesaient sur leur dos, d'autres encore les traînaient comme des boulets. Sarah marchait devant, je voulais la rejoindre.

Elle m'a dit : « Je commence à croire au groupe. » Nous étions rendus en haut d'une côte d'où on pouvait voir l'étendue de la manifestation. Moi aussi, j'y croyais un peu. C'était étrange de se voir là, elle et moi qui sommes d'ordinaire si peu bruyants, et tellement pas grégaires. Quand tout le monde criait « À qui la rue ? À nous la rue ! », nous nous contentions de sourire, gênés comme devant des enfants adorables et turbulents.

À ce moment-là, nous avions oublié les milliers d'hommes et de femmes qui n'étaient pas sortis de chez eux, parce qu'indifférents ou hostiles, ou juste ignorants de ce qui était en train de se jouer. Nous étions ensemble, avec cette fille qui brandissait la photo de Richard Martineau collée à l'envers sur sa pancarte, avec Alex dont le garçon dormait dans sa poussette, avec cette militante qui en profitait pour faire prendre l'air à son alpaga.

Cette histoire d'Etch a Sketch m'est revenue, un peu plus tard, quand je me suis mis à penser à tous ces appartements le long de la rue Galt, de la rue King, à tous ces locataires qui peut-être étaient chez eux, assis dans leur cuisine ou devant la télé. J'ai vraiment regretté ne pas les avoir vus, un à un, assis sur leur chaise en chrome ou debout devant l'évier, buvant un verre d'eau, attendant que le bruit cesse pour reprendre leurs activités.

Je devais avoir 8 ans, ce devait être en 1972, à peu près. C'était une activité silencieuse et délicate qui m'allait plutôt bien. Et puis je pouvais y jouer seul, débarrassé un moment du désir d'avoir des amis. Le seul problème, c'est qu'à la fin, il n'y avait personne à qui montrer mon dessin.

Le lendemain, à la télé, nous avons vu parler la ministre de l'Éducation. Elle utilisait toujours les mêmes mots, avec une obstination un peu bête. Elle disait « facture » et « boycott ». « Juste part » aussi, à satiété, et je me suis dit qu'à force de répéter, de ne rien dire en substance, mais de toujours répéter, elle finirait par gagner.

Bien sûr, le premier ministre était absent. Notre premier ministre est toujours absent dans les grands moments, nous le savons tous et depuis longtemps. Encore une fois, il envoyait au front ses ministres, les mains vides, équipés de trois mots de vocabulaire. Et je me suis dit : il va finir par gagner. À force de ne rien dire et de se cacher, il finirait par gagner. Comme à la fin de la vie triomphe la vermine, comme le cochon graissé est impossible à attraper.

J'étais assis dans le salon avec ma fille. Elle aussi avait marché, la veille. Regardant la ministre, j'ai dit : ce ne doit pas être facile, être elle. Avoir si peu de menton et tant de dents, et tous les jours se coucher dans le lit d'un porc méthanier, ce ne doit pas être très drôle. Nous avons ri, un peu. Nous n'avions pas le cœur à rire. Puis j'ai pensé qu'il ne fallait pas parler ainsi, attaquer une femme sur son apparence, c'est rétrograde, critiquer un ministre sur ses accointances, ça fait amateur. Il existe des façons civilisées de se parler, entre adultes. Mais voilà : je ne sais plus comment parler. Je ne sais pas comment leur parler.

Le 22 mars, nous étions plus de 100 000 dans les rues de Montréal à hurler : « Crions, plus fort, pour que personne ne nous ignore ! » Certains brandissaient des pancartes arborant des citations de Victor Hugo ; je préférais l'image du vieil Einstein tirant une langue rouge. Quelqu'un avait collé un nez de clown sur la figure de Martineau. J'ai vu aussi des centaines de tamtams, trois quatuors à vent, des médecins et des cyclistes. Raphael avait écrit sur sa pancarte « Ta yeule, Duhaime ! » Une fille a manifesté les seins nus, des carrés rouges cachant ses mamelons. Je ne l'ai vue que plus tard, sur Facebook, posant avec une fille qui portait le hijab.

Nous étions tellement nombreux que je ne savais pas sous quelle bannière marcher. Il y avait les Écrivains contre la hausse, les Profs contre la hausse, les Parents contre la hausse, l'Estrie contre la hausse... Un groupe d'anciens hippies semblaient sympathiques : CVM contre la hausse. Je me suis plu à penser qu'il s'agissait du Cœur vengeur de Marie... Je souriais, silencieux, dans la foule colorée, me réclamant secrètement des Quarantenaires bedonnants affligés d'un léger problème d'alcool contre la hausse.

Le soir même, à la télé, la ministre a dit : « Nous continuerons de faire ce que nous dicte la majorité silencieuse. » Les bras m'en sont tombés.

Je ne comprends pas tout. Certaines réalités en fait m'échappent de façon alarmante. Si le monde était dirigé par mes amis Facebook, nous n'aurions pas le gouvernement actuel, certaines voitures seraient interdites, les garçons comme les filles seraient habillés avec goût, la pancarte, le même et le graffiti auraient atteint le statut d'œuvres d'art. Je ne sais pas exactement comment nos maisons seraient chauffées, mais je crois que l'éducation serait gratuite et personne n'aurait le droit à la malhonnêteté intellectuelle de cette femme.

AVRIL

26 La CLASSE accepte d'envoyer deux de ses représentant.e.s avec la délégation de la FEUQ à la table de négociations.

26 Le gouvernement décline l'invitation à reprendre les négociations lancée par la FECQ et la FEUQ. Il s'oppose à ce que la FEUQ admette deux représentante.es de la CLASSE au sein de sa délégation. Line Beauchamp déclare en point de presse : « Le gouvernement ne peut pas répondre à la violence, [mais peut] mener des négociations de bonne foi, sur le bon sujet. »

26 Après le refus par Line Beauchamp de reprendre les négociations, une quarantaine d'étudiant.e.s de l'UQAR forment une chaîne humaine et se rendent aux bureaux de la SQ pour manifester contre la diabolisation des grévistes.

25 Des étudiant.e.s du Conservatoire de musique de Montréal défient l'injonction et forcent la levée des cours.

CRIONS, PLUS FORT, POUR QUE PERSONNE NE NOUS IGNORE !

AVRIL

26 Le maire de Montréal Gérald Tremblay presse le gouvernement et les étudiant.e.s de s'entendre : « Je n'accepterai pas que mes citoyens, qui en ont ras-le-bol, qui sont écœurés de ce qui se passe, soient pris en otages, que les gens d'affaires et les commerçants soient vandalisés, que la réputation de Montréal soit entachée sur la scène internationale. Assez, c'est assez ! »

26 Le journal *La Presse* révèle que la proposition du gouvernement consistait, avant la rupture des négociations, à bonifier de 35 millions de dollars le système de prêts et bourses, mais sans faire de compromis sur la hausse des frais de scolarité.

26 La Fédération des enseignantes et des enseignants de cégep, la Fédération nationale des enseignants et enseignantes du Québec et la Fédération québécoise des professeures et professeurs d'université s'indignent de l'exclusion de la CLASSE par la ministre Beauchamp.

26 Une injonction est accordée par la Cour supérieure à trois étudiant.e.s du cégep de Saint-Laurent.

Une grande partie du monde se déploie hors de mon atteinte. Je ne reconnais personne sur les couvertures des magazines disposés près des caisses au supermarché et jusqu'à dernièrement, j'ignorais qui étaient Duhaime ou Dufour. Pourtant, ma fille me le répète sans cesse : il y a une planète LCN, un univers Québecor. Ces gens sont très nombreux et parfois étrangement unanimes. Je ne sais pas si je devrais la croire quand la ministre dit : « Nous continuerons de faire ce que nous dicte la majorité silencieuse ». Est-ce d'eux dont elle parle ?

Je voudrais retrouver le Etch a Sketch dont à 18 ans on m'a privé, voir dans tous ces appartements le long de la rue Galt, de la rue King, des rues Peel et Sainte-Catherine, regarder tous ces gens assis ou debout dans leur cuisine. Ils lavent la vaisselle, trient de la paperasse, roulent des cigarettes, regardent les enfants jouer sur le prélart. Ils prennent une bière, un café. Dans une autre pièce, la télévision est allumée. Ils ne me connaissent pas, ne pensent pas à moi.

Je voudrais avec Sarah croire au groupe et penser que ces gens et moi ne sommes pas si différents.

La semaine dernière, les policiers sont entrés dans les écoles et le petit cochon graissé a fait porter la discussion sur la différence entre condamner la violence ou s'en dissocier. Pas de politique et deux mots de vocabulaire.

Le 22 avril, ils étaient des milliers encore à défiler dans les rues, mais *Le Journal de Montréal* a fait sa une avec un médecin vivant sur un terrain contaminé. C'est la maison des fous. Plus personne ne sait parler et il est impossible de se faire entendre. Comment parler à un sourd quand crier ne suffit plus ?

Demain j'irai travailler. Un juge – un juge libéral – m'y oblige. Je devrai m'enfermer dans une classe avec de jeunes adultes et faire semblant que le monde extérieur n'existe pas. Je me sens aussi seul qu'à 8 ans, aussi enfermé, autant privé de contact et de vérité.

À la fin, on comprend les seins nus, les danses publiques, la peinture répandue et le mobilier empilé pour empêcher l'ouverture des portes ; à la fin, on a envie de crier *Alpagas contre la hausse*, de se photographier la raie et de toucher ceux que notre voix n'atteint pas.

BixiPoésie

BixiPoésie est l'œuvre de citoyen.ne.s, d'étudiant.e.s, de travailleur.euse.s, d'artistes, de professeur.e.s et d'activistes qui, pour lutter contre « la marchandisation de l'espace public (incluant les universités) », ont choisi de remplacer les publicités affichées sur 4 000 Bixi – les vélos en libre-service de la Ville de Montréal – par des citations d'œuvres littéraires et poétiques. Dans un faux communiqué de presse diffusé le 30 avril 2012, le collectif a prêté à la Société de vélo en libre-service (SVLS) des intentions anticapitalistes et un discours ouvertement critique envers la Ville de Montréal et le gouvernement Charest : « En nommant cette opération Mea culpa, la SVLS fait non seulement un[e] volte-face courageu[se], mais veut aller encore plus loin en inscrivant sa saison 2012 dans la mouvance sociale actuelle. En effet, comme l'a déclaré en conférence de presse ce matin le directeur adjoint des communications : "En l'absence d'une réelle volonté du gouvernement Charest de rendre le savoir accessible à tous, on s'est dit qu'on allait faire notre part. À défaut d'être véhiculé dans les cégeps et dans les universités, le savoir va donc circuler librement dans les rues, sur les BIXI !". Cette déclaration a été saluée par les trois principales organisations étudiantes, la FECQ, la FEUQ et la CLASSE, cette dernière ayant souligné le caractère non violent de la décision. » Le collectif met fin à ses activités le 4 mai 2012 en léguant aux utilisateurs de Bixi l'intégrale de son œuvre à télécharger sur son site, prête à être imprimée et apposée sur les vélos en libre-service.

© NICHOLAS DAWSON

<BIXIPOESIE.CA>

AVRIL

27 177 000 étudiant.e.s sont en grève, soit 36,4 % des étudiant.e.s aux études postsecondaires. Sept cégeps ont annulé leur trimestre d'été.

27 Dans une conférence de presse, le gouvernement Charest propose une « solution globale » pour mettre fin au conflit : étaler la hausse des frais de scolarité sur sept ans au lieu de cinq et investir 39 millions de dollars supplémentaires dans le régime de prêts et bourses. Les frais de scolarité augmenteraient ainsi de 255 $ par année pendant sept ans plutôt que de 325 $ par année sur cinq ans. Jean Charest précise qu'en appliquant le crédit d'impôt sur les frais de scolarité, la hausse revient à « moins de 50 sous par jour ». Ces mesures impliquent en fait une hausse non plus de 75 %, mais de 82 %, comme le démontrera par la suite le journaliste Gérald Fillion sur son blogue de Radio-Canada.ca. Les propositions du gouvernement Charest sont très mal reçues par les regroupements étudiants.

27 La FECQ et la FEUQ envisagent de demander la nomination d'un médiateur.

Lipdub rouge

« On n'a pas fait ça pour la gloire ou pour l'argent : on a fait ça pour participer au mouvement de grève, en s'impliquant d'une façon propre à nous, étudiants en cinéma. »

VÉRONIQUE DAGENAIS, CORÉALISATRICE DU *LIPDUB ROUGE*

Le lipdub, de *lip* (lèvre) et *dubbing* (tournage) en anglais, est un type de court-métrage en un seul plan-séquence et réalisé sur un fond sonore où les participant.e.s sont invité.e.s à chanter en synchronisation avec les paroles d'une ou plusieurs chansons. Ce type de vidéo, utilisé de manière virale sur le web, connaît une grande popularité à partir de 2007. Marc-Antoine Doyon et Véronique Dagenais, tous deux étudiants en communication profil cinéma à l'UQAM et ayant eux-mêmes été des participant.e.s du célèbre lipdub *Comm-UQAM 2009*, décident au mois d'avril de réaliser un lipdub contre la hausse. Ayant mis en ligne dès le 19 avril la bande sonore afin que les participant.e.s puissent apprendre les paroles, ils réalisent le tournage le 26 avril avec la collaboration des Loco Locass et des Justiciers masqués ainsi que de nombreux groupes et individus impliqués dans la grève : la Chorale contre la hausse, Archicontre, Légion D, l'École de la Montagne Rouge, les étudiant.e.s en théâtre de Saint-Hyacinthe – qui réalisent la tête géante de Jean Charest – la Rabbit Crew, etc. La vidéo, entièrement réalisée aux frais des deux réalisateurs, est mise en ligne sur YouTube le 29 avril et connaît immédiatement un grand succès, avec plus de 100 000 visites en moins d'une journée (surtout grâce à l'envoi du lien sur le fil Twitter de *Tout le monde en parle*).

<BOITEROUGE.NET/2012/04/29/LIPDUB>

© MARC-ANTOINE DOYON ET VÉRONIQUE DAGENAIS

Lettre à mes étudiants, autour d'une idée d'Hubert Aquin

Martine-Emmanuelle Lapointe

Publiée dans *Mots et images de la résistance*[1] le 30 avril 2012

Chers M et J, vous m'avez tous deux écrit – dans des contextes fort différents et sans vous consulter – pour me demander pourquoi je m'acharnais à défaire certains récits accompagnant les grands textes de la Révolution tranquille, pourquoi je refusais de les enfermer dans une vulgate nationaliste et triomphaliste, de les célébrer inlassablement, pourquoi, en revanche, je continuais à les relire, à les enseigner, à les aimer. Pourquoi Blais, Ducharme, Aquin ? Pourquoi ces spectres-là, me demandiez-vous ? J, je vous cite, « de quoi vous sentiez-vous responsable face à ces textes, [...] : responsable de ce qui n'avait pas été lu chez eux, ou laissé pour compte, comme *subside* qui ne trouvait pas à être réinvesti dans une mémoire toujours d'abord nationale ? »

C'est toujours un peu étrange de se sentir ainsi découverte, prise au piège de ses propres obsessions. Et sans chercher à vous offrir une réponse réfléchie, nuancée, je vous dirai spontanément que je me sens responsable de la polysémie de ces textes, de leur liberté, de leur caractère inassignable. Il m'importe de lire et de relire, de tenter aussi de sortir des réflexes de lecture qui nous empiègent, qui menacent constamment de se transformer en credos, et de nier par là même le travail de l'interprétation, de l'analyse, de la réflexion.

Quels sont les liens entre cette expérience singulière et votre combat contre la hausse des frais de scolarité ? Ils sont nombreux.

Je ne saurais dire à quel point je souffre en écoutant la radio, en lisant les journaux, en subissant la rhétorique pitoyable des représentants du gouvernement Charest et de l'administration universitaire. Comment peut-on oublier à ce point le travail de la lecture, de la juste interprétation, de l'analyse, de la réflexion ? Comment peut-on être aussi paresseux, démagogique, « embarqué dans son jumbo-bateau garanti tout confort jusqu'à la prochaine nouvelle vague », pour citer *L'hiver de force* de Ducharme ? Comment peut-on infliger une telle humiliation à un groupe de jeunes citoyens engagés ?

Comment est-il possible qu'une ministre de l'Éducation ose affirmer, en public qui plus est : « On n'est pas devant une notion de grève encadrée par des lois comme dans le domaine du travail, c'est

AVRIL

27 Après avoir forcé la levée des cours au cégep de Sherbrooke, 500 étudiant.e.s se rendent devant le Palais de justice pour protester contre la judiciarisation du conflit.

27 À Québec, une manifestation visant à dénoncer le caractère sexiste de la hausse des frais de scolarité est rapidement interrompue quand les manifestant.e.s sont pris.es en souricière par les forces de l'ordre. Au total, 81 personnes sont arrêtées et reçoivent des constats d'infraction de 494 $ pour s'être trouvées sur la voie publique.

27 À Montréal, une manifestation nocturne ayant pour thème « C'est pas une offre, c'est une insulte » se solde par 35 arrestations.

27 Au fédéral, un député conservateur dépose un projet de loi pour que le port d'un masque dans une manifestation déclarée illégale soit inscrit au Code criminel.

27 Selon le ministre de la Sécurité publique, Robert Dutil, Gabriel Nadeau-Dubois « incite à la violence ».

27 Seize élèves du collège de Maisonneuve obtiennent une injonction.

AVRIL

28 Selon une compilation réalisée par *La Presse*, plus de 25 demandes d'injonction ont été déposées depuis le début du conflit étudiant.

28 Une manifestation nocturne rassemble plus de 4 000 personnes (*La Presse*) à Montréal.

28 Des étudiant.e.s, habillé.e.s en rouge, forment la Grande corvée en rouge quand ils se joignent à la Grande corvée du Mont-Royal afin de ramasser des déchets dans le parc de la montagne.

29 Plus de 700 personnes manifestent à Québec devant l'Assemblée nationale contre la hausse des frais de scolarité et le Plan Nord.

29 Sixième manifestation nocturne à Montréal : environ 3 000 personnes y participent.

29 La CLASSE rejette à l'unanimité l'offre du gouvernement du 27 avril.

29 Considérant la personnalisation du conflit et la surmédiatisation de Gabriel Nadeau-Dubois, la CLASSE envisage de se doter d'un troisième porte-parole.

29 En raison des manifestations étudiantes, le PLQ transfère son conseil général de Montréal à Victoriaville.

plutôt un mouvement de boycottage » ? Ou encore : « Est-ce que vous avez entendu un élément de souplesse, est-ce que quelqu'un a mis de l'eau dans son vin du côté étudiant ? Non. » De quel droit un premier ministre, au seuil d'une élection, peut-il lancer, alors qu'il mène campagne publicitaire au Brésil, « que le Québec venait de faire "un gros débat dans le domaine de la construction, on ne veut pas ça pour ailleurs" », faisant ainsi mine de ne pas voir qu'il n'y a eu aucun débat sur la construction, et que les véritables débats sont ailleurs, sous ses yeux, dans la rue, tous les jours. C'est qu'il fait bon croire en l'absolue vanité de la jeunesse, en son idéalisme naïf, à ses révoltes adolescentes. Cette grève étudiante – pardon, ce boycott – ça ne serait qu'un jeu, une « récréation » pour de jeunes effrontés qu'il s'agit de mater à coups d'injonctions et de rappels à l'ordre.

Quelle langue ces représentants du pouvoir parlent-ils ? Quelle langue corrompue, artificielle, abusive, dépourvue d'ancrage et de vérité ? Quelle langue de plomb, de rentabilité, de performance parlent-ils ? Comment osent-ils vous parler ainsi ?

Parce qu'ils ne savent pas à qui ils s'adressent visiblement. Pire, parce qu'il vous ont pris pour d'autres, ont voulu vous faire jouer un rôle que vous avez choisi sciemment de refuser. Quel rôle ? Celui de l'étudiant.e rangé.e, qui ne parle qu'en son nom propre, qui croit que les bons cours sont structurés et utiles, que les bons profs leur transmettent des savoirs permettant d'étudier pour travailler, comme le propose le recteur Guy Breton. Cet étudiant se soucie plus de ses futurs investissements financiers que de l'avenir de sa société. Cet étudiant arrive à l'heure à ses cours, souscrit aux mots d'ordre de la société contemporaine – consumérisme, clientélisme, performance –, sait que son tour viendra, qu'il aura un gros salaire parce qu'il aura fait de grosses études. Et donc, c'est bien logique, qu'il consentira à payer sa « juste part » avant, pendant et après ses études.

Permettez-moi de le dire une fois pour toutes, de le crier s'il le faut : cet étudiant, Mme Beauchamp, M. Charest, cet étudiant au portrait-robot si rassurant, à la conduite si exemplaire, cet étudiant n'existe pas… Ou enfin très peu. Cet étudiant est une fiction. Et nous, professeurs d'université, en sommes fort aises. Car s'il existait, cet étudiant nous demanderait de lui offrir un enseignement servile et pâlot, commode et pratique, un enseignement qui nous ennuierait au plus haut point, qui ferait de nous aussi de petits robots bien gentils.

Vous avez su, chers étudiants grévistes, chers étudiants imprévisibles, fougueux, avides de connaître, ouverts et passionnés, rompre avec les figures imposées. Vous avez refusé le rôle que vous offrait le gouvernement. Vous avez « scrapé votre casting ». Et je vous en remercie. Surtout, vous avez su lire entre les lignes, réfléchir aux enjeux d'un contrat aussi indécent que frauduleux. Vous avez relevé les truismes – « juste part », « condamnation unilatérale de la violence » et compagnie –, renoué avec la première personne du pluriel, le nous, si souvent mis à mal dans les médias contemporains. Plutôt que de perdre une session, vous gagnez liberté d'interprétation, expérience collective, nouveau récit générationnel. Vous avez su réécrire votre présent, et par là-même corriger l'histoire.

« Scraper son casting », refuser son rôle, aller à l'encontre des scénarios écrits d'avance, tout cela nous ramène – et c'était voulu – à la conception aquinienne de la révolution et des rapports de force entre dominés et dominateurs. Vous vous en souvenez peut-être, dans son essai *La fatigue culturelle du Canada français,* Aquin précise que « le Canada français détiendrait un rôle, le premier à l'occasion, dans une histoire dont il ne serait jamais l'auteur[2] ». Cette idée est approfondie dans *L'art de la défaite. Considérations stylistiques*[3]. L'auteur y revisite les Rébellions de 1837-38, l'un de ses sujets de prédilection, afin de montrer comment les Patriotes ont fomenté leur propre défaite. Trop étonnés de leur victoire à Saint-Denis, « une réussite révolutionnaire qui frise la perfection » (AD, 139), ils auraient ensuite rompu avec le style de la guérilla[4] pour adopter les règles militaires de leurs ennemis :

> Ils étaient sûrs de mourir glorieusement sous le tir des vrais soldats ; voilà qu'ils triomphent et ils ne savent plus quoi faire, surpris par l'invraisemblable, paralysés par une victoire nullement prophétisée ; ils sont muets de terreur, car la logique désormais veut qu'ils continuent la guerre. [...] La troupe victorieuse de Saint-Denis n'a pas profité de sa victoire parce qu'elle préparait [...] sa défaite et son anéantissement. [...] Puis c'est la bataille de Saint-Charles : les vainqueurs de Saint-Denis, déphasés, se conforment secrètement aux canons inavouables de la guerre lasse. [...] En bons colonisés, les Patriotes jouent à l'intérieur des lignes blanches et se comportent avec une politesse de désespérés, en parfaits gentlemen. (AD, 135-136)

Or cette analyse stylistique des Rébellions de 1837-38 est d'une importance capitale dans la pensée d'Hubert Aquin dans la mesure où elle illustre – véritable exemplum – ses théories sur la révolution développées en d'autres lieux. Car la révolution consiste, selon Aquin, à « sortir du dialogue dominé-dominateur[5] », à adopter des règles autres, à surprendre son adversaire en parlant un langage qui lui serait parfaitement étranger. N'est-ce pas ce que vous avez fait en refusant le rôle de l'étudiant modèle formaté par les conseillers en communication de Line Beauchamp ? Vous avez adopté une rhétorique qui, aujourd'hui, peut être qualifiée de subversive. Vos actions pacifiques, vos réflexions, vos analyses en sont la preuve. Vous ne parlez pas la langue de l'intimidation, de la peur, des arguments économiques. Bien au contraire.

Que retenir de tout cela ? Certainement pas que vous êtes condamnés à la défaite ou à vivre inlassablement avec les spectres des Patriotes, mais plutôt qu'il importe de penser et de dire ce monde-ci à contretemps, avec une sorte de distance volontairement entretenue qui redonne à la parole et à la langue leur souveraineté. Il faut refuser la pollution rhétorique, les formules toutes faites, les poncifs, les plates évidences, les sophismes. Il ne faut plus lire Richard Martineau et Denise Bombardier !

Catherine Mavrikakis, dans ses essais comme dans son roman *Ça va aller,* a bien montré comment l'œuvre aquinienne témoignait *in absentia* d'un autre devenir – devenir potentiel, s'entend – de l'histoire québécoise. Selon elle, Aquin « s'inscrit déjà dans une pensée d'une possibilité d'une fin de l'histoire moderne, de répétition qui annule le déploiement du temps et dont le minoritaire serait porteur[6] ».

AVRIL

29 À Québec, une quinzaine de campeurs lancent le mouvement « Occupons l'Assemblée nationale », qui sera démantelé dès le lendemain par les forces de l'ordre.

30 Line Beauchamp déclare en point de presse que le recours à un médiateur serait « peu opportun ». Elle attend plutôt que les étudiant.e.s se prononcent sur l'offre globale du gouvernement par la tenue de votes secrets : « Prenons le temps de laisser à chacun des étudiants mesurer [ses options] : je dois payer 50 sous par jour ou je compromets l'obtention de mon diplôme. »

30 Entre 8 000 et 10 000 personnes prennent part à la 7e manifestation nocturne qui a lieu à Montréal.

30 Plus de 500 étudiant.e.s bloquent l'accès au cégep de Sherbrooke et forcent la levée des cours, malgré l'injonction. Une altercation entre deux grévistes et une personne tentant de franchir les piquets de grève entraîne l'arrestation des deux grévistes.

30 Au cégep de Saint-Laurent, une centaine d'étudiant.e.s forcent la levée des cours donnés en vertu d'une injonction.

AVRIL

30 Les étudiant.e.s du collège de Maisonneuve qui devaient se prononcer sur l'offre du gouvernement votent contre l'ouverture de l'assemblée générale et décident de prolonger la grève jusqu'à ce qu'une « offre raisonnable » leur soit soumise.

30 Le juge Martin Bédard de la Cour supérieure, à Gatineau, déplore la judiciarisation du conflit : « C'est un problème politique important et, là, on en fait un problème juridique important. C'est regrettable. » (*Le Droit*)

30 Selon Gabriel Nadeau-Dubois, la CLASSE accepterait de se « prêter au jeu de la médiation ». (*Le Soleil*)

30 La CLASSE promet des manifestations importantes dans le cadre du conseil général du PLQ. « Il y a très peu d'endroits au Québec où Jean Charest sera à l'abri », déclare Gabriel Nadeau-Dubois.

30 Au cours de la fin de semaine, le gouvernement du Québec a dépensé 165 000 $ en publicités pour expliquer l'offre qui a été faite aux étudiant.e.s.

30 D'après le fiscaliste Luc Godbout, de l'UdeS, les étudiant.e.s issu.e.s de familles à revenus modestes profiteraient de l'offre du gouvernement Charest (RDI).

Comparable aux dérapages, aux improvisations et aux explosions mis en scène dans les textes aquiniens, ce détraquage temporel aurait pour effet de ralentir la marche moderne vers le progrès, d'en « paralyser l'évolution[7] ».

Soyez minoritaires, enfin au sens aquinien du terme, surtout n'hésitez pas...

---

1 Publiée également dans « 50e anniversaire du département des littératures de langue française de l'Université de Montréal », *Le Pied. Revue littéraire*.

2 Hubert Aquin, « La fatigue culturelle du Canada français », dans *Mélanges littéraires II. Comprendre dangereusement,* édition critique établie par Jacinthe Martel avec la collaboration de Pierre Lamy, Montréal, BQ, 1995, p. 96.

3 Hubert Aquin, « L'art de la défaite », dans *Mélanges littéraires II, op. cit.,* p. 131-144. Les références à cet essai seront désormais données dans le corps du texte à l'aide du sigle AD, suivi immédiatement du numéro de la page.

4 À ce propos, Aquin écrit : « j'ai appris [...] que des paysans espagnols, moins instruits et moins bien armés que les Patriotes, ont fait reculer la Grande Armée de Napoléon, en pratiquant une petite guerre que l'on appelle depuis la guérilla » (AD, 132).

5 Hubert Aquin, « Profession : écrivain », dans *Point de fuite,* Montréal, Le Cercle du livre de France, 1971, p. 53.

6 Catherine Mavrikakis, « "Qu'on en finisse donc..." : l'inscription du posthume, de la survivance et du prénatal modernes », dans Ginette Michaud et Élisabeth Nardout-Lafarge (dir.), *Constructions de la modernité au Québec,* Outremont, Lanctôt, 2004, p. 312.

7 *Ibid.*, p. 313.

Dépasser la ligne

Comme pour *La hausse en question*, les auteur.e.s gravitant autour de la revue *Fonte* de la Maison de la bande dessinée de Montréal proposent le 30 avril un fascicule d'histoires courtes, disponible à la fois dans la rue et en téléchargement libre. Sous une couverture de Luc Bossé et de Vincent Giard, on y retrouve 14 artistes en 28 pages (dont *Les Fausses nouvelles* ou l'affichiste Clément de Gaulejac).

<DEPASSER.AENCRE.ORG>

MAI

ENROUGEZ-VOUS !

« C'est un peuple qui dit non à la loi spéciale. Pas un mouvement étudiant. Tout un peuple qui se lève et tape sur ses casseroles, le soir, pour dire non au mépris, au *business as usual*, aux politicailleries.

Après 30 ans de néolibéralisme pour seul horizon, d'autres façons de voir le monde et son économie percent maintenant le mur de l'indifférence. Après 30 ans de cocooning et de chacun pour soi, de matraquage publicitaire et de déboires boursiers, dans le vacarme du tintamarre, c'est la voix d'un peuple qui se fait entendre à nouveau.

Ce peuple, monsieur Charest, que vous avez aimé petit, silencieux, manipulable, effrayé. Émietté.

Ce peuple, vous l'avez réuni en le méprisant, vous lui avez redonné une voix en ne l'écoutant pas. Vous l'avez fait se soulever en cherchant à l'écraser.

Ce peuple, monsieur Charest, est désormais trop grand pour vous. »

EXTRAIT DE « UN PEUPLE TROP GRAND POUR LUI », PUBLIÉ PAR JEAN BARBE SUR SON BLOGUE DU *JOURNAL DE MONTRÉAL*, LE 26 MAI 2012

© MARIO JEAN - MADOC

MAI

1 Plusieurs milliers de personnes, dont un grand nombre d'étudiant.e.s, prennent part à la manifestation anticapitaliste organisée par la Convergence des luttes anticapitalistes (CLAC) à l'occasion de la Journée internationale des travailleur.euse.s. La marche est rapidement déclarée illégale. Plus d'une centaine de personnes sont arrêtées (*Le Devoir*).

1 Plus de 200 personnalités publiques, pour la plupart issues du milieu artistique (Ariane Moffat, Dominic Champagne, Guylaine Tremblay, Denis Villeneuve, etc.) demandent un moratoire sur la hausse des frais de scolarité.

1 En conférence de presse, la FECQ et la FEUQ déposent une « contre-offre » en sept points, qui maintient le gel des droits de scolarité sans hausse d'impôts et propose la tenue d'États généraux sur l'éducation postsecondaire. La ministre Beauchamp répond : « Je ne suis pas devant une contre-proposition, je suis devant une justification d'une position pour défendre le gel. Sur cet élément, je ne crois pas qu'on soit en mode "rapprochement". » Lors de sa conférence de presse, elle se dit « pantoite » : cette erreur fera le tour du web.

Cinquante cents

René Lapierre

Publié sur le blogue *Profs au carré* le 1er mai 2012

La dernière trouvaille de Line Beauchamp, après une fin de semaine de *brainstorming*, se trouve donc présentée en ce beau lundi dans la nouvelle édition de son *Grand livre de leçons sur la démocratie* : il est absolument nécessaire, estime-t-elle, « que chaque gréviste se prononce sur l'offre de Québec[1] ». Or, « chaque gréviste », il faut ici l'entendre au sens de « personnellement ».

« Gréviste », bien sûr, c'est la manchette qui dit ça. La ministre n'utilise pas de gros mots, ce qui ne l'empêche pas de dire des énormités : les étudiants ne sont pas en grève, leurs associations ne sont pas représentatives, leurs votes ne sont pas démocratiques, etc. D'où sa trouvaille : « Je ne crois pas qu'entre vendredi midi et lundi matin, on puisse prétendre que chaque étudiant dans chaque cégep ou département universitaire qui sont en boycott a vraiment pu se prononcer personnellement. »

Pardon ?

Après avoir encouragé durant des semaines le court-circuitage des associations et le retour forcé des grévistes en classe[2], et s'être désolée, pas plus tard que vendredi dernier, de la lenteur du processus de consultation de la CLASSE, qui allait prendre tout le week-end, la ministre trouverait soudain que les choses vont trop vite à son goût ? Je rêve ?

Depuis plus de deux mois, les étudiants et leurs associations n'arrêtent pas de répéter, d'assemblée générale en assemblée générale, ce qu'ils pensent personnellement des « offres » gouvernementales. Leurs professeurs, leurs parents, leurs amis, leurs familles, leurs pancartes et leurs chiens sont personnellement descendus dans la rue pour dire, avec des centaines de milliers de citoyens, leur ras-le-bol de l'injustice organisée qui définit, dans tous les domaines de la vie publique, le comportement du club de parvenus qui leur sert de gouvernement. En vain, apparemment.

Depuis plus de deux mois ce gouvernement essaie par tous les moyens de réduire, de déformer et de nier non seulement le bien-fondé, mais le contenu même des revendications étudiantes. Il a tenté un blocus complet, une stratégie d'étouffement par la non-réponse et l'isolement, au prix d'une grave détérioration du climat social et d'un recours catastrophique et systématique à la force. Malgré tout, ce blocus même est en train d'éclater depuis que la presse internationale (à la suite d'Amnistie, du *Guardian*, du *Huffington Post*, du *Monde*, de *Paris Match*, de *La Libre Belgique*, de la RTBF, de la télé argentine, de Al Jazeera, des États-Unis, de la Nouvelle-Zélande et même de la Russie) a commencé à montrer des images des manifestations populaires et des violences policières. Depuis la semaine dernière, c'est partout et ça ne va pas s'arrêter.

© LAST

Pendant ce temps-là, la réponse gouvernementale consiste toujours à distribuer des leçons de démocratie, d'ouverture et d'écoute. Sa bienveillance est telle qu'après 12 semaines de surdité et d'immobilisme, la ministre explique tranquillement ce matin que : « Faire entrer en ce moment un médiateur entre le gouvernement et les étudiants, alors que le gouvernement a déjà beaucoup bougé – je suis rendue [*sic*] à 50 sous par jour – et les étudiants pas du tout, ça ne m'apparaît pas opportun. » Pas opportun ? Sa bouche aurait vraiment dit ça ? Voyons donc : on l'aura citée hors contexte, sans aucun doute. On peut encore sourire.

Quoi d'autre ? Ceci : juste avant d'arriver à ses 50 sous, la ministre soulignait que « le gouvernement avait beaucoup bougé » – et là, soudain, c'est devenu sinistre. Le seul mouvement que ce gouvernement ait fait, à part aggraver la hausse, a été de déménager durant le week-end son congrès de Montréal à Victoriaville. Se défiler, se cacher, c'est ça bouger ? Individuellement et personnellement, alors, chacun des ministres et des députés silencieux et lâches de ce gouvernement corrompu bouge : toujours pour se défiler, en demandant chaque fois aux étudiants d'être plus ouverts et plus démocratiques. Mais se cacher derrière des flics, des médias obéissants, des firmes de stratégie et des fabricants d'images pour justifier l'injustifiable n'a rien de la démocratie que la ministre dit défendre. Et il est parfaitement clair à cause de cela que la démocratie dont elle parle quand elle fait la leçon est minimale, secrète, divisive et passive : qu'on aille voter, « faire son devoir », et qu'on se la ferme. Mais ça ne se passera pas ainsi.

Puisqu'elle tient tant à ce que chacun se prononce individuellement, j'exige que la ministre demande à chaque électeur et à chaque électrice, personnellement et individuellement, son avis sur la légitimité de son gouvernement qui, par scrutin secret, n'a même pas remporté 43 % des suffrages dans le maigre 57 % de la population qui a voté. Même pas 43 % de 57 % ça fait combien, ça, pour donner des leçons de démocratie ?

Ça ne fait pas beaucoup, c'est le moins qu'on puisse dire. Et ça n'arrête pas de descendre malgré les manipulations, les matraques, les injonctions, les blagues et les sophismes.

La campagne de 2008, d'une durée de 33 jours, aura coûté autour de 83 millions de dollars[3].

Aujourd'hui, le 30 avril 2012, on est rendu à 50 cents.

---

1 « Trop tôt pour la médiation, les grévistes doivent d'abord voter », Radio-Canada.ca, 30 avril 2012.

2 Tommy Chouinard, « Grève : Beauchamp encourage un retour forcé en classe », *La Presse*, 11 avril 2012.

3 Wikipedia, « Élection générale québécoise de 2008 », <http://fr.wikipedia.org/wiki/%C3%89lection_g%C3%A9n%C3%A9rale_qu%C3%A9b%C3%A9coise_de_2008>.

MAI

1 Les regroupements étudiants reçoivent quelque 60 000 $ des grandes centrales syndicales en soutien à leurs activités.

1 Une manifestation nocturne se tient à Gatineau.

1 Le maire de Victoriaville demande l'aide de la SQ pour contenir la manifestation étudiante prévue lors du conseil général du PLQ.

1 Malgré l'injonction, étudiant.e.s et professeur.e.s forcent la levée des cours au collège de Maisonneuve.

1 Des étudiant.e.s de l'UQAR opposés à la grève déposent trois plaintes contre la juge Johanne April, qui avait refusé de leur accorder des injonctions.

1 Le ministre de la Justice, Jean-Marc Fournier, refuse d'intervenir pour limiter les demandes d'injonction, comme le souhaite le juge en chef de la Cour supérieure, François Rolland.

1 Une manifestation spontanée à Alma se solde par deux arrestations.

1 Les professeur.e.s de l'UQO votent une résolution demandant la démission du recteur, Jean Vaillancourt, pour sa gestion de la crise étudiante.

MaNUfestation(s)

La première « maNUfestation » a lieu le 1er mai et elle s'intitule *Manifestation ludique : en sous-vêtements pour un gouvernement transparent.* Plus d'un millier d'étudiant.e.s et de citoyen.ne.s se dévêtent alors pour démontrer leur opposition à la hausse des droits de scolarité (1 200 personnes indiquent leur présence sur la page Facebook de l'événement). Le départ a lieu au parc Émilie-Gamelin, endroit désormais habituel pour le départ des manifestations de nuit. Une deuxième édition a lieu le 16 mai, puis une troisième le 7 juin, dans le cadre des protestations entourant le Grand Prix de Formule 1.

© MARIO JEAN – MADOC. MANUFESTATION DU 16 MAI 2012

© NICHOLAS DAWSON

© JÉRÉMIE BATTAGLIA

JÉRÉMIE BATTAGLIA

© JÉRÉMIE BATTAGLIA

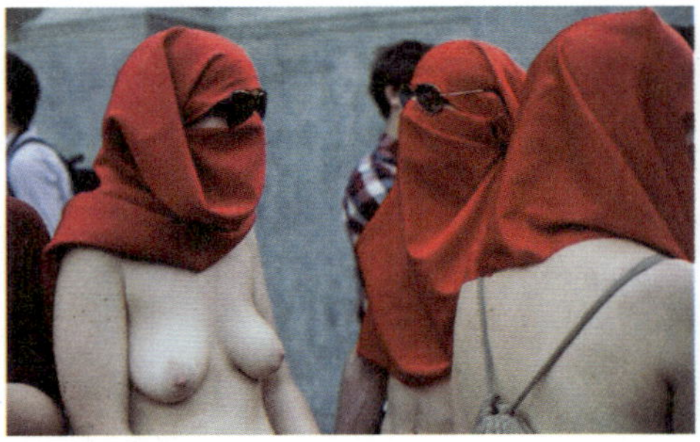
JÉRÉMIE BATTAGLIA

JÉRÉMIE BATTAGLIA

© MARIO JEAN - MADOC

© THIEN V

MAI

1 Des policier.ère.s se présentent au local où se tient l'assemblée générale des étudiant.e.s du collège de Montmorency.

2 Les milliers de personnes qui participent à la manifestation nocturne se rendent devant la résidence de Jean Charest à Westmount.

2 Le ministre Raymond Bachand déclare qu'il est inutile de négocier avec les étudiant.e.s : « Il y a une place pour régler ça, c'est lors d'une élection. Il y a un parti qui veut la gratuité, un autre qui veut les geler [les frais de scolarité], il y en a deux qui pensent qu'il faut qu'on finance les universités. » (*Le Devoir*)

2 La chef du PQ, Pauline Marois, déclare que « seules des élections générales peuvent dénouer l'impasse ».

2 Des étudiant.e.s du cégep de l'Outaouais forcent la levée des cours malgré l'injonction. Même chose aux cégeps de Sherbrooke et de Maisonneuve.

2 Des étudiant.e.s qui souhaitent la reprise des cours déposent une requête pour outrage au tribunal contre la direction et l'association étudiante du cégep de Sherbrooke.

La fêlure

La fêlure est un collectif « d'auteurs qui réfléchit sur un Québec en crise » : ils conçoivent le Printemps québécois comme une « cassure générale » à partir de laquelle on peut désigner un « avant » et un « après ». Les auteur.e.s sont majoritairement des étudiant.e.s (ou ancien.ne.s étudiant.e.s) du département des littératures de langue française de l'Université de Montréal. Leurs textes sont publiés simultanément sur deux blogues différents entre le 3 et le 9 mai : *La Swompe* et *Poème sale*. Il y est principalement question de la grève étudiante sous ses différentes facettes, mais une réflexion plus large est proposée sur le rapport au politique, les relations intergénérationnelles, la *doxa* et les médias de masse.

© LA FÊLURE ET ÉCOLE DE LA MONTAGNE ROUGE

La fêlure (IV) : le Québec après l'ironie

Samuel Mercier

Avec Laurie Bédard, Charles Dionne, Gautier Langevin, Fabrice Masson-Goulet, Alice Michaud-Lapointe, Mathieu Poulin et Éric Samson

Publié sur le blogue *La Swompe*
le 5 mai 2012

Aujourd'hui, j'ai l'impression de vivre dans un Québec différent. Différent d'il y a à peine quelques mois. Ni meilleur, ni pire, seulement plus pesant et plus présent, comme si tout à coup les événements étaient devenus graves alors qu'on se contentait jusque-là de les regarder passer bien loin de l'histoire. Bien sûr, les quelques mois du conflit étudiant que nous sommes en train de traverser ont profondément marqué les esprits : en plus d'avoir polarisé la population côté frais de scolarité, la grève a entraîné une réflexion en profondeur sur nos valeurs en tant que société. Tout ça, on le sait, on se le répète depuis des semaines, si bien que le conflit n'a plus grand-chose à voir avec une question de facturation. N'empêche qu'une impression étrange demeure, comme une blessure qui restera, je pense, assez longtemps : cette idée qu'un équilibre a été rompu, et que nous ne pourrons plus jamais regarder certains de nos adversaires de la même façon.

L'ironie était de mise il y a quelques mois lorsqu'un animateur de radio de Québec décriait les artistes « gogauches », les universitaires « dans leur tour d'ivoire » ou les étudiants « gâtés ». Les mots n'étaient que des mots, et on les laissait traîner à l'ouïe de tout le monde, certes, mais on pouvait bien rire entre *geeks* de tout ça, se dire qu'ils avaient beau parler, les idiots, les charognes, et qu'ils ne feraient jamais vibrer autre chose que l'air à coup d'ondes hertziennes. C'était avant les injonctions, le gaz, les matraques...

Comme plusieurs, j'ai passé les dernières semaines accroché aux fils de presse, le pouls palpitant au rythme de Twitter et de Facebook, à regarder l'image renvoyée de la grève que je vivais, à discuter avec d'autres pour refaire entre nous cette image, question de s'assurer une toute petite mainmise sur l'écriture de l'histoire. Il faut peut-être se rappeler que l'histoire ne s'écrit jamais d'elle-même, qu'on l'écrit au fil de morceaux choisis, que certains doivent décider à l'ombre des *hashtags* ce qui sera plus tard le vrai récit d'une grève que nous aurons vécue et qu'à travers, il y a tous ces récits qui sont les nôtres, ceux qui ne font ni les livres ni les manchettes, certains diront l'anecdotique ou le témoignage, peu importe, comme tous je ne garderai pas de cette grève que ce que j'en ai vécu, mais aussi ce qu'on m'en a dit et ce qu'on m'en a montré.

Je suis arrivé en retard au Salon du Plan Nord. Les pierres avaient déjà été lancées, il

MAI

2 À l'Assemblée nationale, Jean Charest demande la tenue de votes secrets dans les assemblées générales des associations étudiantes.

2 Dans une lettre aux médias, les « lucides » (Lucien Bouchard, Joseph Facal, Robert Lacroix, Michel Leblanc, etc.) soutiennent qu'il « faut rétablir l'ordre, les étudiants doivent retourner en classe et tous les efforts doivent être déployés pour sauver une session déjà terriblement compromise ».

2 Dans un point de presse, la ministre Line Beauchamp insiste sur la division du mouvement étudiant, arguant que seulement deux des quatre associations étudiantes ont présenté une nouvelle offre.

2 Les calculs du fiscaliste Luc Godbout sont sévèrement critiqués par des chercheurs de l'IRIS.

2 Le cégep de Victoriaville annonce qu'il fermera ses portes pendant la fin de semaine où se tiendra le conseil général du PLQ.

3 La 10e manifestation nocturne, qui rassemble plusieurs milliers de personnes, se termine devant la maison du maire de Montréal à Outremont.

MAI

3 Le SPVM confirme qu'il n'interviendra pas pour faire respecter les injonctions ordonnant la reprise des cours, à moins qu'un juge en fasse la demande.

3 La CLASSE lance une contre-offre pour sortir de la crise : elle suggère notamment un transfert d'une partie des fonds consacrés à la recherche vers l'enseignement, l'abolition de la publicité et la suspension de la construction des campus satellites. Elle propose d'atteindre la gratuité scolaire en 2016 par l'instauration d'une taxe sur le capital des institutions financières. La contre-offre est aussitôt rejetée.

3 Au collège de Maisonneuve, la direction conclut une entente avec les grévistes pour qu'ils laissent les 16 signataires d'une injonction assister à leurs cours.

3 Après neuf semaines de grève, les étudiant.e.s du cégep de Sherbrooke votent à 55,6 % pour le retour en classe.

3 Répondant à l'offre globale de la FECQ et la FEUQ, le gouvernement du Québec se montre ouvert à l'idée de mettre sur pied un conseil de gestion des universités.

restait les traces d'un feu de cônes orange, l'hélicoptère de la SQ survolant le centre-ville, de la vitre brisée, quelques morceaux de la barricade sur Saint-Antoine et une fille qui pleurait de douleur (ou de panique, je ne sais pas) tandis que l'anti-émeute la faisait monter dans l'ambulance. J'étais à l'arrière du cortège quand les grenades assourdissantes ont éclairé la nuit et la manifestation sur la rue Sainte-Catherine, je n'ai pas eu le temps de comprendre ce qui m'arrivait quand les chevaux ont foncé vers la foule et je n'ai respiré que les derniers effluves des lacrymogènes. L'histoire, vue du dessous, a quelque chose de ridicule.

Pourtant, il reste de tout cela une image, l'impression générale d'une répression qui me dépassait largement, pas tant dans son caractère policier somme toute assez tranquille que dans son caractère discursif. Nous étions ignorés par une partie importante de la population, cette ignorance avait ses armes, ses lois, sa justice qui s'érigeaient en partie contre nous, oui, mais elle avait surtout ses mots.

On entend souvent dire que les mots sont des armes, mais on ne pourrait dire plus faux. C'est à cet endroit précis que nous nous sommes trompés, croyant que les mots se suffisaient à eux-mêmes, qu'il ne fallait que rire du discours des limaces du gros bon sens pour les évincer à bon compte. Nous avions oublié que, si les mots ne sont pas véritablement des armes, c'est qu'il y en a d'autres beaucoup plus efficaces. Nous pensions que tout cela s'arrêtait seulement au mauvais goût, que l'anti-intellectualisme ou l'anti-progressisme n'étaient qu'affaire de discours graisseux versés sur la bande FM et dans la presse jaune. Nous étions en train de nous croire plus libres que nous l'étions vraiment.

Puis, nous avons vu les injonctions tomber, le discours creux des relationnistes couler jusqu'au bout des matraques de la « juste part » ou du marteau anti-« boycott », le tout relayé par une rage et une colère que nous ne soupçonnions pas. Nous étions tout à coup plus à l'étroit. Il faisait moins bon être un *geek* dans le Québec du bas XXIe siècle. Nous n'avions plus le choix de prendre parti. Ce qui ne relevait que d'une simple position quelques mois plus tôt devenait un engagement et, dans cet engagement, nous n'étions plus seuls, tentant d'opposer la force du nombre à la violence d'État, prenant parti contre un certain Québec qui se dressait devant nous.

On nous a cassé les oreilles durant des décennies à propos de l'individualisme contemporain, de l'oubli de l'autre : nous étions ensemble dans ce combat, et c'est sans doute ce qu'il y a eu de plus beau dans notre lutte, la fraternité. Nous étions avec les gens de l'UQO comme avec ceux de Sherbrooke. Nous étions Chiliens, nous étions Londoniens... face au même mépris et à la même force, il n'y avait plus rien d'autre à faire que de prendre parti. Tout devenait plus lourd, les mots pouvaient soudainement tourner à l'égalité ou au poivre, l'ironie était réellement une arme et non pas un enfermement, nous avions des amis et des ennemis...

Nous avons osé proposer une autre voie et nous avons appris ce qu'il en coûtait de croire en quelque chose. Nous avons aussi appris que certains de nos adversaires étaient prêts à se rendre jusqu'au bout de leur mépris pour nous faire taire. Le Québec demeurera sans doute inchangé, prostré sur le fleuve gelé qui lui sert de gueule, à suivre les moutons de Panurge de la version *cheap* du rêve américain ; il n'est déjà plus le même à mes yeux, à la fois beau et inquiétant.

POLICE

J'étais à Victoriaville, hier. Voici ce que j'ai vu.

Normand Baillargeon

Publié sur le blogue de *Voir*
le 5 mai 2012

Ceci ne prétend évidemment pas être une description objective et complète de la manif, mais rapporte simplement ce que j'ai vu.

Tout a commencé de manière festive, dans le stationnement d'un Walmart. Nous étions quelques (de trois à cinq, je dirais, au terme d'un petit calcul maison sans prétention) milliers de personnes. Le Walmart (comme le Macdo) était fermé : on a au moins réussi ça ! Mais je soupçonne que le petit boisé avoisinant n'aura jamais vu autant d'urine !

Le départ a été donné et on a marché environ un kilomètre vers le Palais des congrès de Victo, qui est en fait un hôtel. La foule s'est massée devant ce lieu. Il n'y avait alors, c'est important de le dire, que quelques policiers « ordinaires » (une dizaine ?), en costume usuel, qui en bloquaient l'accès.

Entre eux et nous, des clôtures de métal, pas bien hautes. Je suis face au Palais. Assez près pour bien voir la scène. Derrière nous, un camion dans lequel une personne hurle des slogans ou harangue la foule.

Sur ma droite, quelques casseurs entreprennent de renverser les clôtures. Ils y arrivent et avancent vers les quelques flics qui se trouvent là. D'autres barrières tombent ou sont secouées, sur ma gauche et devant moi.

Peu après, l'anti-émeute arrive : boucliers, casques, matraques, la totale. Et ils sont très, très nombreux : au moins une cinquantaine.

Ils font reculer les personnes qui se sont trop rapprochées. Quelques projectiles sont lancés. J'aperçois alors très clairement des policiers de l'anti-émeute qui vont s'assoir en retrait. Ça m'intrigue. Ils enlèvent leurs casques. Étrange ? Non. Ils se mettent quelque chose sur la tête : ça y est, je comprends : ce sont des masques à gaz. J'en informe les compagnons qui m'entourent : on va peut-être être gazés. On s'attend à ce qu'ils déclarent la manif illégale et qu'ils nous demandent de nous disperser. On s'attend à ce que si la foule refuse, il y aura avertissement puis jets de gaz.

J'étais tout près. Je m'attendais à tout ce que je viens de dire en raison de ce que j'avais vu et de ce que je sais (pense savoir ?) de la gestion des manifs.

Eh bien, je n'ai rien, absolument rien entendu : aucune annonce que la manif était illégale, aucun avertissement, rien. Tout à coup, très, très vite, des gaz ont été lancés. Si vous n'avez jamais vécu ça, vous devez savoir que ça fait très, très mal. On a du mal à respirer. On cherche son souffle. Mais quand on respire, ça augmente le mal ; vos yeux brûlent, aussi, atrocement. Ils coulent. Chez certaines personnes, ils deviennent d'une rougeur extrême. On n'a d'autre choix que

MAI

3 Le PQ présente une motion de censure à l'Assemblée nationale pour que la Chambre retire sa confiance au gouvernement Charest. La motion est rejetée.

3 Pauline Marois annonce que si elle devenait première ministre, elle limiterait la hausse des droits de scolarité à l'indexation au coût de la vie.

3 La CREPUQ et la Fédération des cégeps rencontrent le premier ministre Jean Charest, jusque-là resté absent des négociations, pour tenter de trouver une sortie de crise.

4 Le gouvernement Charest convoque les quatre regroupements étudiants (dont la CLASSE), les syndicats de professeur.e.s (CSN, CSQ et FTQ), la CREPUQ et la Fédération des cégeps pour une négociation.

4 Pendant le conseil général du PLQ à Victoriaville, Jean Charest défend la hausse des frais de scolarité, qu'il qualifie de « juste » et d'« équitable ». Il déclare : « Nous avons fait le choix de défendre l'avenir de tous les Québécois. Pauline Marois a fait le choix, elle, du carré rouge. »

© ARTACT, LA BATAILLE DE VICTORIAVILLE, 26 MAI

de chercher de l'air pur. On s'enfuit donc, à toutes jambes, tout le monde.

J'ai vu, fuyant à côté de moi, des jeunes (dont certains qui savent, eux : ils ont des masques de plongée sur les yeux, portent un foulard – imbibé d'eau citronnée, je pense – sur le bas du visage), mais aussi des personnes d'un âge avancé (le dangereux White Block, je présume ?) et même, ça, je ne l'oublierai pas de sitôt, un jeune papa avec un très jeune enfant dans les bras, le petit hurlant de douleur. Je serais surpris si le papa avait entendu un avertissement et choisi de rester sur place. Je croiserai plus tard d'autres parents avec de jeunes enfants terrorisés.

Nous courons donc, portés par la foule qui va où elle peut mais, et on ne le comprendra que plus tard, malgré nous dans la mauvaise direction, celle du vent. Nous nous réfugions derrière un bâtiment. L'air est plus respirable. Des gens vomissent, d'autres hurlent, d'autres reprennent tant bien que mal leur respiration.

Et là, on est gazés une deuxième fois. On reprend notre course, on fuit. On doit être à plusieurs centaines de mètres du Palais des congrès.

On court le plus souvent les yeux fermés : ça fait très mal autrement. J'ouvre les yeux. Nous sommes dans une sorte de champ qui donne sur la cour arrière de maisons. La rue est à 50 mètres et les maisons faisant barrière, l'air y est meilleur. Des tas de gens sont là. J'aperçois un homme, le propriétaire de cette maison-là sans doute. Il me faut de l'eau. Je vais lui en demander. Pas le temps : il nous dit de filer et de ne pas passer sur son terrain. On est à 50 mètres d'un air plus pur, on a les yeux en feu. Il ne veut pas qu'on fasse ces 50 mètres sur son bout de gazon. Sa femme l'appuie : elle sort sur son balcon et nous hurle des injures. On reprend notre course, les yeux fermés.

Il a plu. On se met de l'eau de pluie recueillie sur l'herbe sur les yeux. Ça calme. Les effets des gaz prennent fin. On revient vers la manif, en croisant tout au long du chemin de retour des gens de tous âges qui, comme nous, ont été gazés sans avertissement entendu. La manif dégénère. Comme bien d'autres qui n'ont plus le goût, ou l'âge, ou le courage d'affronter des policiers armés et violents, on décide de rentrer.

On a de quoi jaser en route et de quoi méditer sur d'innombrables sujets. Par exemple, qu'auriez-vous répondu, vous, ayant vécu ce qui précède à de nombreuses reprises, à une demande ministérielle de condamner la violence ? Et bien d'autres.

Victoriaville : un champ de bataille

Blandine Parchemal, étudiante en philosophie à l'UdeM

Publié dans *Fermaille* nº 13
le 13 mai 2012

© DAVID CHAMPAGNE. LE 4 MAI 2012 À VICTORIAVILLE

Dans l'incapacité d'exprimer de façon constructive et argumentée ce que j'ai pu vivre lors de la manifestation de vendredi dernier à Victoriaville, je vais procéder par associations d'images et de mots. Il me semble en effet que face à un tel déploiement de violence policière, il est difficile de faire autrement que de faire appel soi-même à des phrases courtes et des images percutantes.

UN GESTE (RÉCIPROQUE) : celui de l'étudiant qui m'a pris par le bras alors que je titubais et qui a mis de l'eau dans mes yeux brûlants et incapables de s'ouvrir. L'eau que j'ai ensuite mise dans les yeux d'un étudiant qui souffrait du même mal.

UN SOUVENIR (HISTORIQUE) : celui de mes livres d'histoire qui me racontaient la guerre des tranchées lors de la Première Guerre mondiale. Un terrain boueux et pluvieux, une forêt en arrière, une cuvette où nous attendaient les anti-émeute, une fumée constante provenant des gaz lacrymogènes, un bruit de fond issu des bombes assourdissantes : tout y était ou presque. La seule différence, et non des moindres, est que nous n'étions pas des soldats armés mais de simples étudiants ou professeurs venus manifester.

UNE PENSÉE (IMAGINÉE) : celle des membres du Parti libéral installés confortablement à l'intérieur du Palais des congrès et ne prêtant aucune attention à la scène extérieure, voire esquissant un certain sourire narquois.

UNE IMAGE (TROUBLANTE) ET UNE ENVIE (DÉSAGRÉABLE) LIÉE À CELLE-CI : celle d'un étudiant la tête ensanglantée, allongé par terre. Celle de vomir.

UNE PEUR (PÉTRIFIANTE) : celle vécue dans l'autobus du retour quand on a appris que plusieurs autres autobus s'étaient fait arrêter. Par chance, nous avions voté l'absence de pause sur le trajet. Nous avons débarqué ailleurs par peur d'être attendus.

UN MOT (UNIQUE) : dégoût.

Jouer sur les mots

Denise Brassard

Publié dans *Fermaille* nº 12
le 6 mai 2012

Il faut un minimum de concentration pour ne pas incendier la page. Je suis en recherche et en combat. J'alimente mes archétypes du futur. Ce combat est pensée et élucidation de ce qui le pense. Les apparences, les faits m'importent dans la mesure où j'essaie d'en retracer l'origine, la fiction qui les fait émerger et exister.

– NICOLE BROSSARD

Je viens de lire l'avant-dernière version du mémoire d'une de mes étudiantes et je suis très émue. Plus que de raison, m'a-t-il d'abord semblé. Ma sensibilité est-elle attribuable à la fatigue printanière, aux nerfs tendus, voire aux hormones ? Et pourtant... Ce qui se trouve là, dans ces pages, est le fruit d'un effort soutenu, et d'une ferme détermination. Mener à terme un tel projet demandait autant de persévérance que de courage, et en cela il résulte non seulement de la formation reçue à la maîtrise, mais de l'ensemble du cheminement postsecondaire, sans quoi mon étudiante n'aurait pas atteint la maturité intellectuelle qui a rendu possible cette belle réflexion sur la responsabilité de l'écrivain qui choisit de témoigner de la souffrance et de l'injustice. Et si, me suis-je demandé, elle n'avait pu répondre à cette nécessité ? Si, faute de moyens, elle avait dû abandonner ses études ?

Vous êtes plusieurs désormais à pouvoir témoigner d'expériences douloureuses, de répression, de brutalité policière, d'arrestations injustifiées. Mais il y a une autre violence, tout aussi néfaste et dangereuse, et qui passe par une torsion du langage. J'ai été consternée, cette semaine, par la réaction de Line Beauchamp à l'annonce de l'« osti de grosse manif pour la fin de la trêve » sur le site de la CLASSE. Quand une ministre de l'Éducation (!) pousse la mauvaise foi ou l'étroitesse d'esprit jusqu'à refuser de reconnaître une éventuelle référence culturelle (à l'*Osstidcho*, a fait remarquer Martine Desjardins) et crie au blasphème, il y a de quoi se révolter. Cet effort d'oblitération d'un héritage culturel et de sa légitimité recèle une violence indéniable. Comme si elle n'avait pas assez de chercher à diviser les étudiants, la ministre cherche encore à leur sabrer la mémoire. Ainsi, se comporter en citoyen responsable, ce serait renier son histoire et sa force de résistance, et rentrer docilement dans les rangs en suivant les consignes que nous dictent nos élus, qui incarnent tellement mieux le peuple québécois que les gens qui marchent dans la rue (autre citation édifiante de Mme Beauchamp). Allez ouste, en

MAI

4 La manifestation à Victoriaville, qui visait l'annulation du congrès du PLQ, rassemble environ 2 000 personnes et tourne à l'affrontement avec la SQ. Au total, 12 personnes sont blessées, dont 2 grièvement : Alexandre Allard souffre d'un traumatisme crânien et Maxence L. Valade perd l'usage de son œil. Après l'événement, la SQ intercepte trois autobus de manifestant.e.s, entraînant une centaine d'arrestations.

4 Pendant les événements de Victoriaville, le gouvernement demande aux associations étudiantes de lancer un appel au calme pour pouvoir rester à la table de discussions. Sous la pression (notamment celle des syndicats), la FECQ, la FEUQ et la CLASSE s'exécutent.

4 Un sondage CROP commandité par *La Presse* semble indiquer que la crise étudiante profite à Jean Charest, le PLQ se retrouvant avec 31 % des intentions de vote. La méthode utilisée pour ce sondage et pour d'autres sera très critiquée.

4 Amnistie internationale et la Ligue des droits et libertés du Québec dénoncent les abus policiers lors des manifestations étudiantes.

classe, et surtout : pas un mot ! Cette réaction est emblématique des inflexions discursives (tantôt on atténue, tantôt on accentue) qu'on observe depuis le début de la grève et qui ont amené peu à peu les journalistes et commentateurs, d'abord à hésiter sur les mots, puis à en bannir certains, pour finalement ne retenir le plus souvent que ceux que le gouvernement utilise pour désigner « la chose ». Ainsi les mots se voient coupés de leur sens, comme la démocratie de ses fondements.

Il s'est trouvé que le même jour où *Le Devoir* relatait les propos de la ministre, j'ai lu en rafale les derniers numéros de *Fermaille*. Depuis le début du conflit, si je lisais avec intérêt ce que mes collègues et étudiants écrivaient sur la question, je n'avais pas senti la nécessité d'intervenir moi-même, sinon en participant aux manifestations quand je le pouvais. Étant entourée de gens qui embrassent très majoritairement la cause étudiante, je me disais qu'en adressant un texte aux médias que je fréquente, je serais lue par des sympathisants, et qu'il vaudrait sans doute mieux écrire ailleurs si on voulait rejoindre les opposants, ceux qui comprennent mal la situation ou qui sont victimes de désinformation. Mais ce que j'ai trouvé dans vos textes, en cette onzième semaine de grève, au-delà des idées que je partageais déjà, c'est une véritable parole résistante, portée par la conviction que les mots veulent encore dire quelque chose, qu'ils sont bien vivants, et conséquents, contrairement à ce que s'obstine à nous faire croire Line Beauchamp. Une grève est une grève, que notre activité relève ou non du Code du travail, n'en déplaise à Jean Charest. Et que je sache, il y a encore de la place pour les nuances dans notre langue. Ne nous y trompons pas : ce à quoi nous assistons n'est pas un simple débat sémantique ; c'est une guerre idéologique. Refuser à la langue sa transitivité et son pouvoir d'affecter le réel, c'est priver l'être humain de ce qui fonde sa conscience critique et sa dignité – la possibilité d'être entendu. Voilà ce que tente de faire le gouvernement en jouant sur les mots.

En lisant mon étudiante, je porte attention à chaque phrase, à chaque mot, j'en éprouve le sens et la portée. Rend-elle bien compte de sa démarche ? A-t-elle exposé justement ses idées ? Trahit-elle sa pensée ? Bref, je la prends aux mots, et la crois sur parole. Ainsi entre elle et moi s'instaure un dialogue, qui se poursuivra de vive voix lors de nos échanges. Or s'il y a une chose qu'on apprend à l'université, et qui justifie en soi qu'elle soit rendue accessible à tous, c'est que tout langage a ses exigences, qu'on ne saurait prendre à la légère, et qu'on ne peut pas faire dire n'importe quoi aux mots. On y apprend aussi que la langue est porteuse d'un héritage, qu'elle est elle-même un héritage (avec son histoire, ses références, ses lacunes, ses blessures) qu'il nous faut apprécier à sa juste mesure et savoir défendre. Que c'est à travers elle qu'on se rend compte, et qu'on se rencontre. Vos textes – et l'existence même de *Fermaille* – m'apparaissent comme un témoignage en faveur de cet héritage et de son exigence de dignité ; de cela j'ai eu envie à mon tour de témoigner. Car s'il importe de veiller à mieux informer une population qui pour une bonne part n'a aucune idée de ce qui se passe dans les universités, et recrache candidement les clichés qu'on lui ressasse, il importe aussi de garder vivant le dialogue, d'offrir et d'échanger cette parole solidaire afin de résister au cynisme et de consolider la communauté de sens qu'ensemble nous

MAI

5 Line Beauchamp renonce à se rendre à Victoriaville, où elle devait donner une conférence, et reste à Québec pour assister aux négociations avec les associations étudiantes.

5 Après 22 heures de négociations, une entente de principe qui ne touche pas aux frais de scolarité est signée. La hausse serait compensée par une réduction des frais institutionnels obligatoires (frais afférents) en proportion de ce que le nouveau conseil provisoire des universités pourra retrancher dans le budget des universités. Si le conseil ne parvient pas à couper dans les frais institutionnels obligatoires, la facture des étudiant.e.s grimpera en flèche. Le Conseil provisoire sera composé de six représentant.e.s de la CREPUQ, quatre représentant.e.s étudiant.e.s (FEUQ, FECQ, ASSÉ, TaCEQ), quatre représentant.e.s du milieu syndical (CSN, CSQ, FTQ, FQPPU), deux représentant.e.s du milieu des affaires (désignés par la ministre), un.e représentant.e des cégeps (désigné par la Fédération des cégeps), un représentant du MELS (désigné par la ministre), le président (désigné par la ministre). Les associations étudiantes doivent se prononcer sur l'entente de principe au cours de la semaine suivante.

© CHANEL SABOURIN. MANIFESTATION DU 22 MARS 2012

formons. Car quelle que soit l'issue de cette grève, il est certain, votre détermination et votre persévérance l'ont bien montré, que ses enjeux ne sont pas économiques, mais politiques, et qu'il nous restera, une fois revenus en classe, encore bien du travail à faire.

MAI

5 D'après un article de *La Presse*, la CLASSE compte 60 000 nouveaux membres depuis l'élargissement de l'ASSÉ en décembre dernier.

5 La deuxième journée de manifestations à Victoriaville, à laquelle participent plus de 500 manifestant.e.s, se déroule dans le calme (Radio-Canada).

5 La 12e manifestation nocturne rassemble plus de 1 000 personnes à Montréal (TVA).

6 Line Beauchamp insiste pour dire que la hausse des frais de scolarité est maintenue et récuse le terme « moratoire » employé par les associations étudiantes.

6 Le PLQ envoie un courriel à ses députés. On y lit : « Le gouvernement maintient intégralement les hausses » et « Il est faux de prétendre que l'augmentation des frais de scolarité sera obligatoirement compensée par la baisse des frais. »

6 Des manifestant.e.s envisagent un recours collectif contre la police de la Ville de Québec qui, le 27 avril, a arrêté et encerclé 81 personnes lors d'une marche pacifique. Le SPVQ répond en défendant son travail.

© FRÉDÉRIC FADDOUL. MANIFESTATION DU 21 MARS 2012: LE FÉMINISME MANIFESTÉ, PAS RÉCUPÉRÉ!

Orchestre de la solidarité sociale

Un « concert pour dénoncer la hausse des droits de scolarité » a lieu le 14 mai à l'Église Saint-Jean-Baptiste, située sur la rue Rachel, à Montréal. Réunissant 70 musiciens de l'Université de Montréal, de l'Université McGill et du Conservatoire de musique de Montréal sous le nom d'Orchestre de la solidarité sociale, le concert, gratuit, est dirigé par Nicolas Ellis. L'*Ouverture 1812* de Tchaïkovski et la 5e *symphonie* de Shostakovitch sont au programme, tout comme des discours du comédien Julien Poulin et de la coporte-parole de la CLASSE, Jeanne Reynolds, entre autres.

ROULEAU DE PRINTEMPS

Caisse de dépôt et placement du Québec

DE L'AMÉRIQUE LATINE AU QUÉBEC

La violence, un débat irréductiblement politique

Martin Breaugh, André Corten, Charles Deslandes, José Antonio Giménez Micó, Catherine Huart, Vanessa Molina et Ricardo Peñafiel[1]

Publié sur le blogue *Trahir*
le 6 mai 2012

La violence fait peur. Pour beaucoup, objet de cauchemars. Le monde est de plus en plus violent. Les médias sélectionnent l'information à partir d'un critère de violence « accrocheuse », ils la grossissent, mais elle est là. Depuis 2001, la violence est devenue terrorisme. Avec 2001, la violence, c'est le mal. Un mal dont la simple existence (ou désignation) appelle une réaction de l'ordre établi au nom de sa protection. Mais la violence est aussi un mode de lecture de la réalité : c'est légal et pourtant violent, c'est illégal et pourtant pas nécessairement violent ! La grève étudiante au Québec, ce printemps, la répression qu'elle subit et la pression qu'elle fait – au Palais des congrès de Montréal lors du discours du premier ministre aux investisseurs du Plan Nord, au centre-ville de la métropole lors des manifestations nocturnes, à Victoriaville lors du congrès général du Parti libéral – nous force à réévaluer ce que la violence nous dit.

Avant de revenir aux soi-disant « faux débats » de sémantique autour du mot « violence », regardons l'Amérique latine qui s'est transformée par les rues depuis 2000. Dans les années 1990, l'Amérique latine était entrée dans la « transition démocratique ». La légalité, les élections remplaçaient la dictature, les arrestations, la torture, les disparitions. Mais bientôt une conscience émerge dans la population : on se rend compte que la légalité est le cheval de Troie du néolibéralisme. Peut-être le signal le plus emblématique de cette conscience est la « guerre de l'eau » en Bolivie. On est en 2000, le pays a un président constitutionnel, celui-ci privatise l'eau. Durant quatre mois, la population proteste dans la rue. Toujours face à des gouvernements constitutionnels, à la guerre de l'eau succèdent deux guerres du gaz. Malgré la violence répressive couverte par la légalité, la rue impose une autre voix. Les indigènes ne doivent plus porter de cravates ou se faire élire pour se faire entendre. Les « sans-titres » parlent, occupent et bloquent les villes. La violence répressive est justifiée par la légalité, la violence de la rue questionne cette légalité. La rue devient le lieu d'une mobilisation qui expose les limites de la démocratie représentative. Mais au fait, qui questionne, qui tente de paralyser l'ordre établi qui a remplacé les dictatures, qui

MAI

6 Des centaines de personnes participent à la manifestation nocturne à Montréal pour dénoncer l'offre du gouvernement. Trois personnes sont arrêtées.

6 Au fédéral, le gouvernement Harper appuie un projet de loi d'initiative parlementaire (déposé par le conservateur Blake Richards) visant à donner à la police le pouvoir d'arrêter toute personne masquée durant une manifestation ou un attroupement illégal. Les contrevenants seraient passibles de peines de prison pouvant atteindre cinq ans ou des amendes maximales de 5 000 $.

7 Le maire de Montréal Gérald Tremblay veut obliger les manifestant.e.s à divulguer leur itinéraire et interdire le port de masques.

7 Jean Charest blâme les étudiant.e.s pour la durée du conflit. En clôture du conseil général du PLQ, il affirme avoir « fait tous les efforts nécessaires » pour régler la crise.

MAI

7 Gabriel Nadeau-Dubois déplore une « certaine différence entre l'entente verbale et le texte final ». Selon l'entente verbale, les économies réalisées devaient être systématiquement appliquées à la facture globale des étudiant.e.s. Il ajoute que «les gens ont l'impression de plus en plus de s'être fait avoir », dénonçant la façon dont Jean Charest et Line Beauchamp « pavanent dans les médias en disant avoir gagné contre les étudiants et les étudiantes, en disant n'avoir fait aucun compromis, n'avoir reculé sur aucun aspect ».

7 La FEUQ demande au gouvernement de clarifier l'entente : « Le discours médiatique qui [a été] tenu par le gouvernement au cours des dernières heures ne correspond pas à ce qu'on s'était dit autour de la table. »

7 Les associations étudiantes rejettent massivement l'entente de principe. Seul le cégep de Gaspé, qui n'est plus touché par la grève, l'accepte.

7 Line Beauchamp déclare à *La Presse* : « L'entente a été vue comme étant une réponse réglant l'ensemble des enjeux. [...] Peut-être qu'on n'a pas assez bien dit que ce n'est pas le cas. C'est une entente pour sortir de la crise. »

essaie de le faire déborder pour se faire entendre ? C'est la « plèbe »[2], une masse non monolithique qui ne peut pas être lue en termes de classe, de lobby, ni d'autres groupes d'intérêt. Une masse hétérogène dont le critère de base est l'exclusion persistante de l'ordre social ou, du moins, l'exclusion des instances politiques institutionnelles qui le déterminent, l'exclusion des lieux officiels où « se prennent les décisions ».

© NICOLAS LACHAPELLE ; EXTRAIT DE SON ŒUVRE LA POLICE C'EST MAL ÇA CRÈVE LES YEUX OU UNE VITRINE DE BANQUE ÇA N'A PAS MAL. PUBLIÉE SUR LE BLOGUE <DERIVES.AENCRE.ORG>

Au Québec, comme ailleurs dans l'Occident moderne industrialisé, on n'en est pas à la « transition démocratique » : toute comparaison risque d'être bancale. La démocratie représentative y est relativement bien implantée ; sur le plan de la culture électorale et des droits civiques notamment. Un certain droit à la dissidence a fini par se frayer un chemin en fonction de luttes syndicales, populaires et civiques d'ici et d'ailleurs, au point de se traduire jusque dans les législations nationales et les traités internationaux, légalisant et encadrant les droits d'association et d'expression. Pourtant, ces « droits » – qui ont été concédés pour empêcher que la conflictualité inhérente à toute société hiérarchisée ait à se rendre à des degrés ultimes – se voient aujourd'hui remis en question par un gouvernement qui refuse de reconnaître une quelconque légitimité aux formes extra-parlementaires d'expression publique. Stigmatisant comme violents les actes de désobéissance civile autant que les manifestations dans l'ensemble pacifiques, ignorant leurs interpellations ou lançant sur eux une violence conservatrice du droit, comme s'il s'agissait d'actes de sédition, l'actuel gouvernement place les étudiants (de même qu'un ensemble beaucoup plus large les appuyant) dans une position de « plèbe », de sans-voix, de « sans-titre » pour statuer sur le bien-fondé de la loi ou de sa procédure.

Ce qui se produit actuellement au Québec peut ainsi être lu comme l'embryon d'une remise en question plébéienne de la légitimité des décisions prises par le gouvernement élu et, tout autant, de la force d'État qui les applique. Dans le mouvement étudiant et les nombreux appuis qu'il récolte, on peut voir les traits de cette plèbe hétérogène qui tente de faire déborder l'ordre dans lequel elle ne trouve pas de place, dans lequel elle ne se reconnaît pas, ni sur le plan des valeurs, ni sur le plan de la rigidité des procédures qu'on tente de lui imposer. Cette plèbe québécoise remet en cause le fait que la démocratie représentative qu'elle connaît, ou souhaite, se transforme sans qu'elle n'ait à dire mot, passant d'un État social à un système généralisé d'utilisateurs-payeurs. Le phénomène ne date pas d'aujourd'hui, mais se généralise en rigidifiant le fonctionnement de la démocratie représentative. On s'adresse au public comme à un marché compartimenté.

Dans la rue, on redéfinit la légalité et la violence. De nouveaux « sans-titre » surgissent. Les étudiants ne sont pas des travailleurs, dit-on : ils n'ont pas droit à la grève. En effet, ils ne négocient pas comme les syndicats ; ils font pression sur les hiérarchies, y compris à l'intérieur de leur propre organisation. La figure du tribun est contestée : c'est la rue qui parle. En Bolivie, les « sans-titre » ont été identifiés aux indigènes, comme au Québec aux étudiants, mais la question déborde des intérêts immédiats du groupe qui devient le symbole de la remise en question d'un système. Tout doucement, au-delà de la question des frais de scolarité, les étudiants se dévoilent comme force de sécession refusant d'être marginale. Ils contestent le monopole que l'État s'accorde pour définir la violence. La violence que la CLASSE refuse de condamner, celle portée contre des symboles de la violence économique, structurelle, symbolique et répressive qu'ils subissent, se présente alors comme légitime. Du moins, elle fait l'objet d'une lutte pour l'établissement de sa légitimité. Et c'est là une lutte politique vivante, qui s'invente au fur et à mesure où elle se fait – qui ne se limite pas, tel que le veut la politique convenue, à négocier des intérêts privés selon des procédures prédéfinies.

ENTENDU DANS UNE MANIF

« Je suis exaspoivré! »

---

1 Les auteur.e.s, chercheur.euse.s du GRIPAL (Groupe de recherche sur les imaginaires politiques en Amérique latine), ont collaboré à l'écriture d'un ouvrage sur les soulèvements populaires et les actions directes spontanées en Amérique latine : *L'interpellation plébéienne en Amérique latine. Violence, actions directes et virage à gauche*, Paris/Montréal, Karthala/PUQ, 2012.

2 Le terme « plèbe » réfère à une expérience qui consiste à réaliser un projet politique et à assumer la dignité et la responsabilité de l'action politique. « Plèbe » ne désigne ni une catégorie sociale, ni une identité, mais réfère à un événement politique de la plus grande importance : le passage d'un statut infrapolitique à celui de sujet politique dans toute sa plénitude. Source : Martin Breaugh, *The Plebeian Experience*, New York, Columbia University Press, à paraître.

MAI

7 Jean Charest déclare que les étudiant.e.s doivent respecter l'entente qu'ils ont signée.

7 Une « petite centaine » (*La Presse*) de « carrés verts » tiennent leur propre manifestation nocturne dans les rues de Montréal. À un moment de la soirée, la police suspend la diffusion d'informations sur son compte Twitter afin d'éviter une rencontre entre les « verts » et le millier de « rouges » qui prennent part à la 14e manifestation nocturne. Les deux marches se terminent dans le calme.

8 Le rejet massif de l'entente de principe par les associations étudiantes se poursuit.

8 Devant le tollé, le gouvernement du Québec accepte de préciser certains points de l'entente de principe signée le samedi précédent, mais refuse de la renégocier.

8 À Montréal, des manifestant.e.s bloquent la rue Saint-Jacques devant les bureaux du Centre du commerce mondial.

8 Le Collectif des arrêté.e.s du 29 mars, un groupe de 15 étudiant.e.s ayant participé à une manifestation au bureau du recteur de l'UQAC, réclame le retrait des accusations portées contre eux.

Démocratie étudiante, pratique libertaire et anarchisme

La CLASSE a systématiquement été présentée dans les médias comme la frange la plus radicale du mouvement étudiant. Mais qu'en est-il de ses liens avec le mouvement anarchiste ? Quelle a été l'influence de la culture libertaire sur ses pratiques, en particulier sur la démocratie directe qu'elle a exercée dans ses propres instances ?

Pourtant, les liens entre la CLASSE et l'Union communiste libertaire (UCL), par exemple, sont loin d'avoir été si étroits. Lorsque plusieurs journaux et blogues les ont rapprochées, la seconde a tenu à préciser : « Il n'y a aucun lien formel entre la CLASSE et l'UCL. La CLASSE ne répond de personne d'autre que de son congrès et ses assemblées générales. [...] Nous partageons quelques points communs. Au-delà de la participation d'anarchistes au sein d'associations étudiantes locales ou d'instances de la CLASSE, nous prônons également la démocratie directe, une éducation libre, gratuite et populaire, l'indépendance des mouvements sociaux vis-à-vis des partis politiques[1]. »

La CLASSE, qui a regroupé 67 associations étudiantes et plus de 100 000 membres, s'inspirait en effet des principes de la démocratie directe en refusant de reconduire les structures hiérarchiques propres aux organisations politiques traditionnelles et en privilégiant la parole « d'un Nous qui s'exprime dans les assemblées : à l'école, au travail et dans les quartiers ». À la différence des autres associations étudiantes, plus centralisées et fondées sur la démocratie représentative, elle témoignait ainsi « d'une prise en charge permanente de la politique par la population[2] ».

Se disant à gauche de la CLASSE, Force étudiante critique a été créée en 2010 par des militant.e.s de l'Association pour une solidarité syndicale étudiante (ASSÉ). Issu.e.s de différents cégeps et universités, les membres du groupe ont diffusé trois publications, soit *Bases préliminaires pour une grève générale illimitée victorieuse*, *Précisions sur les bases préliminaires* et *Sur les traces de la collaboration.* Inspirées elles aussi de la démocratie directe, les méthodes de Force étudiante critique reposent sur un constant travail collectif résumé par l'équation suivante : « Réunion (idée de texte) → Comités (écritures des parties) → Google docs (uniformisation et retravail des parties par tout le groupe) → Réunion (adoption du texte) ». Les interventions du groupe sont

© THIEN V. MANIFESTATION ANTICAPITALISTE À MONTRÉAL, 1ER MAI 2012

surtout d'ordre théorique et critique, conjuguant « l'expérience passée et l'implication active » des membres pour « donner naissance à une lecture critique de la situation du mouvement étudiant, une lecture se démarquant du flux incessant des informations qui concernent le sujet[3] ».

BLACK BLOC ET STRATÉGIES DE MOBILISATION

Souvent associé par les médias de masse à la violence et à l'intimidation, le Black Bloc est « une forme d'action collective très typée, qui consiste pour des individus masqués et vêtus de noir à former un cortège (un bloc noir) au sein d'une manifestation ». Les manifestants ainsi masqués et vêtus souhaitent exprimer leurs sympathies anarchistes, anticapitalistes et antiautoritaires. Ce groupe d'intervention refuse d'être considéré comme une organisation permanente et structurée selon des critères hiérarchiques : « le Black Bloc n'existe pas avant une manif. Le Black Bloc n'existe pas après une manif[4] ».

La présence du Black Bloc lors des nombreuses manifestations du printemps québécois n'est certes pas passée inaperçue. Loin d'improviser ses actions, le Black Bloc s'en est pris à des cibles bien précises. Comme l'explique Francis Dupuis-Déri, « il ne s'agit jamais – ou presque – de "violence aveugle". Les cibles sont associées au capitalisme (banques, firmes multinationales), aux grands médias privés ou publics, à l'État (surtout la police) et, parfois, au patriarcat[5]. »

PORT DU CARRÉ NOIR

Le port du carré noir est devenu le symbole de la résistance, non pas des seuls anarchistes, mais aussi de ceux qui, par leur présence aux manifestations ou leurs actes de désobéissance civile, ont tenu à exprimer leur adhésion aux valeurs anticapitalistes et libertaires. Dans le *Manifeste du carré noir*, publié le 16 mars 2012 sur le site du Centre des médias alternatifs du Québec (CMAQ), les signataires justifient leurs actions en distinguant clairement « la violence envers des objets et celle envers des êtres humains », revendiquant le caractère « politique et symbolique[6] » de leurs interventions. En réponse à l'adoption de la loi spéciale, à la répression policière et à la judiciarisation grandissante du conflit étudiant, Normand Baillargeon intitule sa chronique du *Voir* du 18 mai 2012 « Je porterai désormais un carré noir » :

> Je porterai dorénavant un carré noir. [Ajout : sans enlever le rouge, bien entendu. Et les deux ensemble font un bien beau drapeau] Je le porterai d'abord en solidarité avec ces jeunes gens que l'on a sans répit humiliés, battus, matraqués et gazés, et pour ne jamais oublier ce qu'on leur a fait. [...] Je le porterai en solidarité avec mes compagnons libertaires qu'on humilie, qu'on bat, qu'on matraque et qu'on gaze, comme les autres, mais qu'on calomnie aussi.
>
> Je le porterai donc pour me rappeler l'immense et noble espoir que l'anarchisme n'a cessé de porter : celui d'une société libre, démocratique égalitaire et sans pouvoir illégitime, pour me rappeler cet idéal que j'aime infiniment et dont ne connaissent manifestement rien ceux et celles qui lui crachent aujourd'hui dessus.
>
> Je le porterai enfin et surtout pour me souvenir que des jeunes gens, un moment, chez nous, ont incarné cet idéal et que si les gouvernements passent, cet idéal, lui, ne mourra jamais.[7]

ASSEMBLÉES POPULAIRES AUTONOMES DE QUARTIER

L'adoption de la loi spéciale a également donné lieu à un vaste mouvement de protestation populaire, emblématisé par les joyeux concerts de casseroles. C'est dans la foulée de ces mouvements spontanés que s'inscrit la formation d'assemblées populaires autonomes dans différents quartiers de Montréal. De Saint-Henri à Villeray, des citoyen.ne.s ont choisi de manifester leur indignation en renouant avec l'engagement civique et en adoptant certains des principes de la démocratie participative dans le cadre de rencontres de quartier, d'ateliers de discussion et de

© JÉRÉMIE BATTAGLIA. MANIFESTATION ANTICAPITALISTE À MONTRÉAL, 1ER MAI 2012

© LOUISE-ANDRÉE LAUZIÈRE. DRAPEAUX ANARCHISTES À LA MANIFESTATION DU 22 MARS 2012

5 à 7 plus informels : « Les APAQs s'opposent non seulement à la hausse des frais de scolarité, mais aussi plus largement aux mesures d'austérité qui menacent nos services publics, nos programmes sociaux et nos droits. Afin de soutenir le mouvement étudiant, de nombreuses APAQs organiseront des manifestations d'appui et certaines entendent même défier la loi 12 en renforçant les lignes de piquetage dès le premier jour de la rentrée forcée[8]. »

LA GRÈVE EST ÉTUDIANTE LA LUTTE EST POPULAIRE

1 Union communiste libertaire, « Rectificatifs sur les liens entre la CLASSE et l'UCL », 10 mai 2012, <www.causecommune.net/actualite/2012/05/rectificatifs-sur-les-liens-entre-la-classe-et-lucl>. Une polémique sur ce sujet surviendra dans les pages du *Devoir* après que, le 11 juillet, le journaliste et syndicaliste Louis Fournier eût rapproché les deux organisations. Jacques Phosphore, membre de l'UCL lui donne vivement la réplique le 20 juillet. Voir <www.ledevoir.com/politique/quebec/354963/a-propos-de-l-anarchisme-de-la-classe>.

2 « Nous sommes avenir. Le manifeste de la CLASSE », <www.bloquonslahausse.com/la-classe/manifeste/>.

3 Force étudiante critique,<www.forceetudiantecritique.org/2011/09/texte-de-presentation.html>, hors-ligne.

4 Non à l'État policier ! Résistance et Désobéissance, groupe Facebook [en ligne], <www.facebook.com/media/set/?set=a.461605607202105.119085.209569399072395&type=3>.

5 Francis Dupuis-Déri, « Black Bloc et carré rouge », *Le Devoir,* 28 avril 2012, <www.ledevoir.com/societe/education/348759/black-bloc-et-carre-rouge>.

6 Anonyme, « Manifeste du carré noir », *Centre des médias alternatifs du Québec,* 16 mars 2012, <http://archives-2001-2012.cmaq.net/fr/node/45191>.

7 Normand Baillargeon, « Je porterai dorénavant un carré noir », *Voir,* 18 mai 2012, <http://voir.ca/normandbaillargeon/2012/05/18/je-porterai-a-present-un-carre-noir/>.

8 « Les Assemblées Populaires Autonomes de Quartiers solidaires de la lutte étudiante ! », *Bloquons la hausse,* <www.bloquonslahausse.com/2012/08/les-assemblees-populaires-autonomes-de-quartiers-solidaires-de-la-lutte-etudiante/>.

Outremont déjeune sur l'herbe rouge

Une manifestation « ironique » sur la richesse des étudiant.e.s, en référence au commentaire de Richard Martineau du 20 mars, a lieu le 3 mai à Outremont. Lors de cet événement, « près d'une centaine d'étudiants bourgeois, tous plus en vue les uns que les autres, sont venus célébrer les faibles frais de scolarité qui leur permettent de mener un train de vie exubérant d'opulence ».

« Vu à Outremont, un banquet d'enfants gâtés »

PASTICHE DU TWEET DE RICHARD MARTINEAU

© LA BOÎTE ROUGE

© LA BOÎTE ROUGE

© LA BOÎTE ROUGE

© LA BOÎTE ROUGE

© LA BOÎTE ROUGE

© LA BOÎTE ROUGE

© LA BOÎTE ROUGE

Les bières

Bière La Matraque

Les Brasseurs illimités lancent le 21 mai 2012 la Matraque, une bière « au coup du jour », (mise en vente dès le 18 mai). Dès sa sortie, les médias socionumériques s'enflamment pour cette bière, qui est rapidement connue du public. Deux versions de l'étiquette existent : l'une avec le carré rouge, l'autre avec le carré vert.

<BRASSEURSILLIMITES.COM>

© BRASSEURS ILLIMITÉS

« Voici la Matraque, notre humble participation au Printemps érable, l'incontournable descendante printanière de la Magouille [une autre bière des Brasseurs illimités] : la Matraque, dont le but manifeste est d'éclipser la Magouille. La Matraque ne prend pas un parti clair pour ou contre la hausse des droits de scolarité, mais elle veut, comme la Magouille, souligner par l'absurde ce qui aujourd'hui semble clairement être une situation sciemment poussée à pourrir dans la violence, avec comme objectif une bête récupération politique. »

RENÉ HUARD, CRÉATEUR DE LA BIÈRE LA MATRAQUE

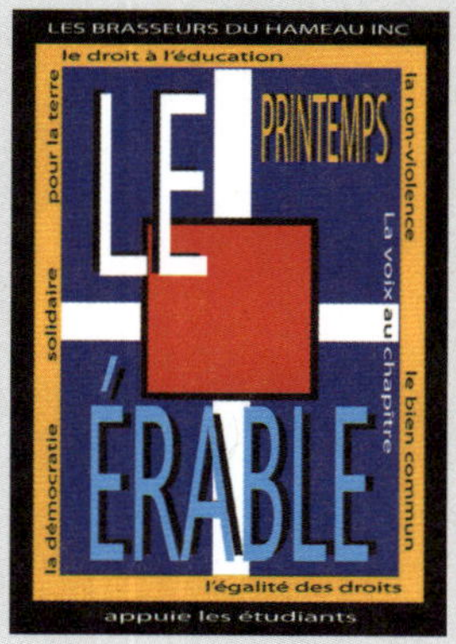

© BRASSEURS DU HAMEAU

Bière Le Printemps érable

Les Brasseurs du Hameau lancent la bière Le Printemps érable en appui aux étudiant.e.s en grève. Elle arbore le carré rouge et deux dollars sur chaque bière vendue seront versés à l'Association étudiante du cégep de Sherbrooke.

« Cette bière a été brassée dans du réduit d'eau d'érable. Elle est forte et pleine. Elle est calme, intelligente et s'exprime avec conviction. Elle est créative. Elle a du répondant. Elle est patiente. Elle est têtue. Elle se tient DEBOUT. Elle est notre JEUNESSE. »

<LESBRASSEURSDUHAMEAU.CA>

© BRASSERIE LA LICORNE

Bière Boris

La Brasserie Licorne modifie le logo de la bière Boris. Le 22 mars, une publicité est publiée et des affiches sont posées dans les rues de Montréal.

<BIEREBORIS.COM>

© BRIAN HARVEY

Des épouvantails manifestent

En 2007, Brian Harvey, professeur à l'UQAT, propose à sa petite communauté de Rapide-Danseur, en Abitibi-Témiscamingue, de créer un champ d'épouvantails à la suite d'un voyage en Finlande où il a l'occasion de visiter l'installation « Le peuple silencieux » par l'artiste Reijo Kela. L'activité permet d'utiliser un surplus de vêtements provenant du centre de dépannage du village et de sensibiliser les passants à la migration des populations rurales vers les centres urbains ; elle exprime surtout la vitalité de cette communauté. D'année en année, au début du mois de juin, les épouvantails sont rhabillés et installés dans un champ entre les villes de Duparquet et La Sarre. Au début du mois de mai 2012, Suzanne Brais, compagne de M. Harvey et professeure à l'UQAT, propose d'ajouter des carrés rouges aux 75 épouvantails, un geste de solidarité avec les étudiant.e.s en grève. Cette action vise à « rappeler aux passants que l'ensemble des municipalités de l'Abitibi-Témiscamingue s'est prononcé contre cette hausse. Le niveau de scolarisation des résidant.e.s de l'Abitibi-Témiscamingue accuse un retard important par rapport au reste de la province. Le coût des études est particulièrement élevé pour les jeunes de la région qui doivent quitter leur domicile afin de compléter leur formation. » Le communiqué de presse précise aussi que les épouvantails sont opposés à la loi spéciale et qu'ils « n'ont pas fourni le parcours de leur manifestation »...

« Comme citoyenne, comme mère de deux filles impliquées dans le mouvement étudiant et comme acteur du milieu universitaire, ce conflit m'a profondément affectée. »

SUZANNE BRAIS, INITIATRICE DES ÉPOUVANTAILS MANIFESTENT

MAI

8 À Montréal, la 15ᵉ manifestation nocturne ne rassemble que 500 personnes ; qui plus est, ces personnes ont marché dans deux groupes distincts qui finissent par se rejoindre (l'un étant parti du nord de la ville et l'autre du parc Émilie-Gamelin).

8 Francis Grenier, l'étudiant qui avait été grièvement blessé à un œil lors de la manifestation du 7 mars, annonce qu'il poursuivra la Ville de Montréal.

8 La Cour d'appel refuse d'entendre le cégep de l'Outaouais qui veut faire tomber l'injonction forçant le retour en classe.

9 Léo Bureau-Blouin déclare à *La Presse* qu'il a « sous-estimé la détermination » des membres de la FECQ.

9 Les associations étudiantes continuent de se prononcer contre l'entente de principe.

Ce que j'aimerais leur dire

Michel Lacroix

Publié dans *Mots et images de la résistance*
le 9 mai 2012

Écoutez, mais écoutez donc, vous tous, vous qui êtes enlisés dans votre confort, votre stress de performance, votre insatiable désir de posséder, de « réussir », vous aussi qui êtes écrasés par les dettes, grugés par des emplois, des employeurs qui vous nient, vous inondent de mépris, vous tous qui êtes dépossédés, écoutez-les, les étudiants, qui battent les rues, depuis des semaines. Ils ne parlent pas d'argent, de carrières, de gestion, ne s'adressent pas au contribuable, à l'investisseur, au calculateur d'agendas et de sentiments, à l'amnésique, au lucide aveuglé par la peur, à ces Créon d'un monde évidé comme une citrouille de lendemain d'Halloween. Ils en appellent, en vous, à celui qui nie, rêve, ose, celui qui, un jour, a voulu plus, a imaginé autre chose, et a peut-être, fugacement, senti que cette autre chose pouvait se révéler un autre monde, un continent nouveau, un ébranlement contagieux, dangereux, au creux de l'être et dans la cité. Depuis, quand ce souvenir, malgré lui, revient en vous, vous en avez honte, comme d'une indigne faiblesse, et vous vous surprenez, parfois, à haïr tout ce qui vous rappelle que vos heures, vos jours, votre travail, votre famille n'ont pas à être soumis à la loi d'airain de « ce qui est ».

Cette grève, trou où s'est engouffré le semestre, où le présent s'est enrayé, s'est ouvert, pour être habité, maintenant, comme espoir d'autre chose, cette grève se dresse précisément contre le cours « normal » des choses, contre le « *business as usual* », ses petits deals entre complices, ses ornières, ses obligations « incontournables », ses marges de manœuvre réduites comme des peaux de chagrin.

Cette déchirure fait mal. Elle clive le consensus mou, polarise, fait des chroniqueurs cyniques des chiens de garde populistes (la sainte alliance du gros bon sens et du grand capital), transforme les éditorialistes pleins d'onction en clairons des forces policières et des matraques juridiques (l'ordre vaut toujours plus que des crânes fracassés), métamorphose aussi, parfois, les manifestants en émeutiers. Il y a de la colère, vive, disséminée, de tous côtés.

Il y a une colère, pragmatique, subjective, à courte vue, contre ce qui perturbe, trouble, contre ce qui empêche de dominer sans ambages, contre ce qui complique un peu plus encore des vies éparpillées, hérissées de contraintes, contre ce qui laisse entendre que l'on ne court pas après son temps, mais qu'on le perd, toujours un peu plus, irrémédiablement, en cédant sur nos désirs les plus chers, pour se rabattre sur les objets les plus chers (ou leurs ersatz, quand on a des rêves de riches et des moyens de

© FRÉDÉRIC FADDOUL

LE JEU DE JENGA GÉANT « BLOC-HAUSSE » DU GROUPE LÉGION D LORS DE LA MANIFESTATION DU 22 AVRIL 2012

pauvres). Une colère s'étouffant d'indignation vertueuse : on ne peut pas, on n'a pas le droit de, c'est impossible. Et une autre colère, négatrice et créatrice, contre « ce qui est », contre le pouvoir du mépris, contre le pouvoir méprisant, contre les fausses nécessités de l'ordre néolibéral, contre la répression et l'aliénation. Cette colère, vous avez raison d'y voir la voix de la révolte. J'espère, pour ma part, qu'elle sera contagieuse, cette révolte. J'espère qu'elle ne tentera pas de troquer ses désirs contre le plan de lentilles d'une « bonne gestion », qu'elle marque le retour d'une gauche offensive ; d'une minorité agissante et qui se sait telle, d'une gauche qui ne visera pas à modérer son propos, à être réformiste, pour prendre le pouvoir, d'une gauche qui se sait forte, volontaire, militante, qui sait que l'opinion publique n'est pas soluble dans un sondage, comme le café instantané dans l'eau bouillante, mais est le choc de luttes, constant.

Écoutez-les, vous dis-je, parce que leur voix est aussi en vous, devrait y être, même si niée, refoulée, combattue. S'il n'y a plus, en vous, en nous, parmi ces voix qui composent la polyphonie intérieure, tissent questions et doutes, affirmations et silences, peurs et espoirs, rages et rires, s'il n'y a plus cet appel de l'impossible, alors, vraiment, la mort a fait son lit, et cette défaite intime est aussi, à sa manière, dans son cercle étroit, celle de tous. Contre ce spectre, je brandirai un vieil adage, cité par Montaigne : « Une forte imagination produit l'événement. » Que cet événement puisse être, pour vous, pour nous, pour moi, celui d'une prise en compte, d'une écoute de cette voix de l'Autre en soi.

VILLERAY
DESOBEIT

Anarchopanda

Assurément le plus marquant des personnages nés de la grève étudiante, Anarchopanda, mascotte de panda opposée à la brutalité policière, est en quelque sorte devenu l'emblème du Printemps québécois, tant ici qu'à l'étranger. Ce gros animal noir et blanc s'est non seulement interposé à d'innombrables reprises entre les manifestant.e.s et les forces de l'ordre, s'érigeant en véritable bouclier animal contre les interventions violentes de ces dernières, il a aussi pratiqué un véritable *ethos* de câlin en distribuant des accolades aussi bien aux étudiant.e.s qu'aux policier.ère.s, dans un désir de désamorcer les situations tendues. Depuis la fin de la grève étudiante, Anarchopanda est demeuré très actif dans les médias sociaux, continuant à défendre non sans humour les droits et libertés politiques des citoyen.ne.s, la démocratie participative, les revendications étudiantes et un système d'éducation gratuit.

L'humain derrière le costume bicolore est un enseignant de philosophie au collégial qui s'est d'abord impliqué dans la grève étudiante au sein du regroupement Profs contre la hausse. Avant de recevoir le fameux déguisement commandé sur eBay et de faire sa première apparition publique en tant qu'Anarchopanda, le 8 mai, il avait déjà participé à de nombreuses manifestations et différentes actions menées par les professeur.e.s.

Outre sa présence soutenue dans les manifestations, Anarchopanda a joué un rôle clé dans le mouvement contre le règlement anti-masque adopté par la Ville de Montréal le 18 avril 2012. Étant directement concerné par cette interdiction de se couvrir le visage sans « motif raisonnable » pendant une manifestation, il a contesté la constitutionnalité de ce règlement en déposant une requête en Cour supérieure du Québec, le 5 juin 2012. Le jugement, rendu le 28 juin, a cependant rejeté sa requête en sursis.

Le 13 septembre 2012, Anarchopanda publie une « lettre d'hibernation » dans laquelle il explique que la fin de la grève étudiante et l'importante diminution du nombre de manifestations le poussent à ranger son costume, son mandat premier de protéger de la brutalité policière étant complété. Il assure cependant qu'il continuera à soutenir la cause, les priorités étant désormais l'éducation populaire relative aux événements du Printemps et la défense des étudiant.es poursuivi.e.s en justice dans ce contexte. Fidèle à lui-même, il prodigue un câlin universel à la fin de son message d'adieu.

<FACEBOOK.COM/ANARCHOPANDA>

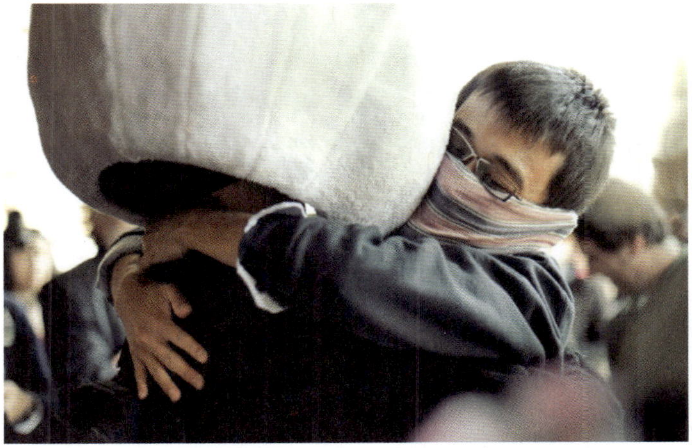

© JÉRÉMIE BATTAGLIA.

LORS DU POINT PRESSE D'ANARCHOPANDA AU PALAIS DE JUSTICE DE MONTRÉAL POUR DÉNONCER LA LOI 78 (5 JUIN 2012)

ENTENDU DANS UNE MANIF

« Un policier : *Boss, les pandas, on fait quoi avec ça ?* »

MAI

9 Le biologiste Robert Michaud lance le port du « carré blanc de l'armistice » dans une lettre ouverte au premier ministre. Il demande également un moratoire.

9 Débat à l'Assemblée nationale sur les solutions au conflit étudiant : la CAQ propose une motion pour imposer un retour en classe ; le PQ propose une motion pour la reprise des négociations.

9 La CSN, la CSQ et la FTQ accusent Jean Charest d'avoir ruiné la possibilité d'une sortie de crise.

9 Québec solidaire et le Parti québécois réclament une enquête indépendante sur les événements de Victoriaville.

9 Une étudiante de l'Université Laval qui a eu la mâchoire fracturée lors des événements de Victoriaville demande à la SQ de ne plus employer de balle en caoutchouc pour contrôler les foules.

10 Line Beauchamp se dit prête à « clarifier », et non à renégocier, l'entente de principe et envisage une reprise des discussions.

Devoir de réserve ou devoir de participation ?

Yvon Rivard, Université McGill

Mélissa Grégoire, cégep régional de Lanaudière à L'Assomption

Martin Godon, cégep du Vieux Montréal

Publié dans *Le Devoir*
le 9 mai 2012

À la longue, les hommes n'atteignent que ce à quoi ils aspirent.

– HENRY DAVID THOREAU

La violence et l'exaspération des derniers jours, découlant directement de l'inertie du gouvernement et d'une succession d'injonctions dans les établissements scolaires, ont donné lieu à toutes sortes de critiques adressées aux professeurs qui se sont prononcés contre la hausse des frais de scolarité. Si le professeur Jean Barbeau (*La Presse*, « Un devoir de réserve », 3 mai 2012) et la chroniqueuse Denise Bombardier (*Le Devoir*, « Fin de partie », 5 mai 2012) s'entendent tous deux pour dire que les professeurs ont un « devoir de réserve » dans le conflit étudiant, les professeurs signataires de ce texte défendent le point de vue inverse, à partir d'une expérience et d'une conception de l'enseignement qui ne peut pas dissocier l'éducation et le politique. Pourquoi enseigner ce qu'est la beauté, la vérité, la justice, pourquoi réfléchir à la complexité du langage et des idées, des choses et des êtres, si cette connaissance ne se traduit jamais concrètement dans la sphère sociale ? Mettre les connaissances à l'épreuve du réel, comme les théories scientifiques doivent être soumises à l'expérimentation, n'est-ce pas, en partie, la tâche du professeur ? Le danger serait justement de ne jamais soumettre la pensée à une telle épreuve ; c'est ainsi qu'elle peut, sans le savoir, devenir aberrante ou stérile.

Or, depuis 12 semaines, ce sont les politiciens, les journalistes, les chroniqueurs, les comptables lucides, les anciennes célébrités, les donneurs de leçons condescendants et paternalistes qui nous demandent de rester au-dessus de la mêlée. Tous ces « profs » improvisés, tous ces gens qui professent dans les médias, n'auraient pas, eux, à se soumettre au « devoir de réserve ». Eux, dont l'autorité repose le plus souvent sur leur seule célébrité, invitent les autres professeurs enfermés dans leur classe, dans leur « tour d'ivoire », à leur laisser la place, car lorsque les choses deviennent sérieuses, lorsque la pensée doit s'occuper du réel, descendre dans la cité, ces derniers n'auraient plus la compétence voulue pour éduquer leurs propres étudiants. C'est alors à eux, à ces « profs » médiatiques, que reviendrait le devoir d'éduquer les étudiants et le bon peuple au nom du « gros bon sens », du « budget », de la « majorité silencieuse », de la « loi et l'ordre ». Tous ces « profs » médiatiques sont en mission commandée : ils donnent des cours de sémantique et de droit (« dénoncer la violence, ce n'est pas la condamner », « un boycott n'est pas une grève », « la démocratie ne doit pas brimer les droits individuels », etc.) et, bien sûr, par-dessus tout, ces « profs » médiatiques donnent aux étudiants (qui ne sont pas leurs étudiants) des leçons de citoyenneté : 1) un étudiant doit investir dans la société de demain en s'endettant dès maintenant ; 2) un étudiant doit comprendre que ce n'est pas lui qui peut définir le type d'université dans lequel il étudie (ou va étudier) ni la société dans laquelle il est appelé à travailler ; 3) un étudiant doit se contenter d'étudier et, surtout, ne pas penser en dehors de la classe ; 4) un étudiant doit apprendre à respecter les lois profondes de la démocratie ainsi que les injonctions et les forces de l'ordre qui sont là pour la défendre.

Les politiciens, les journalistes, les chroniqueurs, les comptables lucides qui défendent l'ordre établi peuvent chercher à imposer un « devoir de réserve » à tous ceux dont c'est la tâche d'enseigner, c'est-à-dire de fournir aux étudiants les outils nécessaires pour comprendre le réel, y compris les rapports de force qui structurent la société. Mais nous comprenons moins bien que des professeurs s'imposent ce même « devoir de réserve », cette « neutralité », sous prétexte que le professeur qui prend position dans un conflit non seulement influence les étudiants, mais risque de se couper de ceux qui ne partagent pas son point de vue. Cet argument ne se défend que si on admet le principe de neutralité. Si tous les professeurs, qu'ils soient pour ou contre la hausse, prenaient position, ils donneraient ainsi aux étudiants une vision objective des choses, c'est-à-dire qu'ils leur donneraient les moyens de former leur propre jugement. Si les profs qui appuient les étudiants prennent toute la place, c'est que les autres ne veulent pas l'occuper. La « neutralité », que ces derniers définissent comme la condition nécessaire à un enseignement de qualité, repose sur une conception de l'enseignement qui dissocie la pensée et l'action, la connaissance du réel et la transformation de celui-ci.

Nous invitons les partisans de la neutralité, qui sont pour la démocratie, à relire cette définition du droit à l'éducation telle qu'énoncée par l'UNESCO, à savoir que « le droit à l'éducation, à l'enseignement et à la recherche ne peut s'exercer pleinement que dans le respect des libertés académiques et de l'autonomie des établissements d'enseignement supérieur et que la libre communication des résultats, des hypothèses et des opinions se trouve au cœur même de l'enseignement supérieur et constitue la garantie la plus solide de l'exactitude et de l'objectivité du développement du savoir et de la recherche. » (*Acte constitutif de l'UNESCO, Recommandation concernant la condition du personnel enseignant de l'enseignement supérieur,* 11 novembre 1997)

Pour qu'un débat public, notamment celui qui concerne l'éducation, se situe au-dessus des humeurs chroniqueuses et des intérêts politiques et financiers, les professeurs doivent y participer. Car l'objectivité à laquelle les étudiants doivent parvenir, avec l'aide de leurs professeurs, ne sera toujours au fond qu'une subjectivité éclairée et pleinement assumée.

MAI

10 En matinée, trois bombes fumigènes lancées sur les rails du métro de Montréal entraînent la fermeture du service pendant plus de deux heures. La police soupçonne des étudiant.e.s de l'UQAM. L'Assemblée nationale condamne ces gestes à l'unanimité.

10 La CLASSE rejette officiellement l'entente de principe.

10 Les manifestant.e.s arrêté.e.s les 18 et 19 avril dernier lors du blocage de l'UQO dénoncent leurs conditions de libération très restrictives.

10 La facture du conflit étudiant s'élève désormais à près de 7 millions de dollars, selon le SPVM.

10 Radio-Canada révèle que le Commissaire à la déontologie policière a reçu 75 plaintes reliées au travail des policiers lors des manifestations étudiantes.

10 La SQ estime que son opération lors de la manifestation de Victoriaville a été réussie et rejette toute responsabilité à l'égard des personnes qui ont été blessées.

Performances

© CORALIE LEMIEUX-SABOURIN ET LA BOÎTE ROUGE

On lit en rouge

Le 15 mars, des étudiant.e.s lisent et étudient ensemble devant la tour de la Société Radio-Canada, vêtu.e.s de rouge, quelques jours après avoir lu et étudié ensemble devant le bâtiment de *La Presse*.

« Les étudiants préféreraient être sur les bancs d'école au lieu d'être frigorifiés sur les rues de la métropole. Il serait souhaitable d'enterrer une fois pour toutes cette réflexion déconnectée. On l'entend trop souvent de la bouche de certains qui accusent les *étudiants en grève de perdre leur temps en déambulant dans les rues au lieu d'étudier.* Ce matin, nous avons lu paisiblement, unis pour la même cause, assis sur le bitume froid afin de montrer notre désir et notre droit d'étudier. »

CORALIE LEMIEUX-SABOURIN, PHOTOGRAPHE DE LA BOÎTE ROUGE ET PARTICIPANTE À ON LIT EN ROUGE

Asphyxie générale

Le 6 avril, 10 danseuses entrelacées de tissus rouges offrent une performance de danse contemporaine sur la Place des Arts de Montréal.

© LA BOÎTE ROUGE

On freeze en rouge

Le 19 mars, des centaines d'étudiant.e.s habillé.e.s en rouge restent totalement immobiles et silencieux pendant 15 minutes, sur la Place des Arts de Montréal, en lisant un livre, en tenant un objet symbolique ou en adoptant une pose particulière.

Trois performances créatives

© LA BOÎTE ROUGE

Le 5 avril, des étudiant.e.s se réunissent sur la Place des Arts de Montréal afin de donner lieu à trois performances en public. La première, portant le titre *Œuvrer à ciel ouvert,* consiste en la création de cinq œuvres collectives ; la seconde, *Lueur d'utopie,* est un yoga collectif ; la dernière, *Construction de textiles,* est un « tissage » géant à partir de bandes de tissu rouge. L'idée est de mettre à la disposition de tou.te.s « un espace de création pour revendiquer notre propre projet de société. Un espace sur la place publique pour que chacun et chacune puissent s'exprimer, un espace de dialogue entre travailleurs et travailleuses, étudiants et étudiantes. »

PAGE FACEBOOK DE L'ÉVÉNEMENT

© LA BOÎTE ROUGE ; FLASHMOB FLEURS DU MAL

Flashmob révolution

Un *flashmob* est une « mobilisation éclair » de personnes qui font les mêmes gestes, la même chorégraphie de manière synchronisée et éphémère dans un lieu public, puis qui se dispersent rapidement. L'idée est de surprendre les passants et d'attirer leur attention. Plusieurs *flashmobs* ont lieu durant la grève étudiante : on peut citer celui du 3 mai qui s'intitulait *Les fleurs du mal* et qui visait à offrir des fleurs au premier ministre Jean Charest, et celui du 4 mai, qui a eu lieu durant la 11e manifestation nocturne, et au cours duquel des participant.e.s se sont mis à danser dans la rue.

© NICHOLAS DAWSON

FLASHMOB LORS DE LA 11E MANIFESTATION NOCTURNE

10 En réponse aux demandes d'enquête publique formulées par le Parti québécois et Québec solidaire, le ministre Robert Dutil déclare : « Ce que les policiers doivent faire, c'est augmenter la force jusqu'au niveau nécessaire pour contrer la violence en ayant les moyens les moins susceptibles d'occasionner des blessures aux manifestant.e.s. C'est ça, le travail que doivent faire les policiers. »

10 À Laval, 173 étudiant.e.s du collège Montmorency s'ajoutent aux 24 bénéficiaires d'une injonction pour se soustraire au vote de grève de l'assemblée générale et assister à leurs cours.

10 L'Orchestre de solidarité sociale, composé de musiciens de l'UdeM, de McGill et du Conservatoire de musique de Montréal, annonce le concert « Tchaïkovski et Shostakovitch contre la hausse ».

11 La FEUQ rejette à l'unanimité l'entente de principe.

11 La FECQ rejette l'entente de principe.

11 La Coalition des médecins pour la justice sociale demande un moratoire sur l'augmentation des frais de scolarité.

Masse

Frank Poule

Performé en mai 2012

je m'arrache au marasme
j'en ai marre
au diable !
dehors je sens demain
se sandinister

assez

de la serial mass
qui mastique son steak
entre deux massacres
la masse salariale
toute en Arial 12
que les bourreaux-cravates
tapochent et enclaviérisent
d'ordinaire sans plum
pouding chômeur
plein de pablum sans nom
qui sent la tonne et ne s'étonne plus de rien
anatomiquement bombardé
hiroshimâché
showbistourisé
brandwashé
humanipulé

je
m'acharnerai
m'arnacherai
m'anarchiserai
je
déracinerai mon arbre généalogique
décimalmènerai mon code génétique
je
me dénaturerai
me dénarciserai
je m'orajeunirai
et m'étonnerai de toute ma collectricité

assez

de la masse qui macère
sa langue sans pore dans sa misère
il faudra m'acérer
il faudra nous serrer
et nous serons
ronds
comme un boulet
comme des boulettes de vie hachée
indigérable indirigable indigestionnable
indigénitiquement modifiable
de culture biologiquement
indigent
indigène
indigeste
invincible
plus jamais la cible
l'évincé l'étrenterré l'équarantelé
devenons de cinquantifiables
soixantehuitards millénaires
millions-nous ! milliardurcissons-nous !
arrêtons de nous étioler
et devenons des étoiles

comètons-nous
commémèrons l'appel

du bout de nos perrons
mettons fin aux perroquestionnements existentiels
le ciel existe et a les blues
car on assèche les mers
pendant que d'autres merdes sèchent
comme le maire de Sherbrooke ou d'Oka

je m'aquitterai de cette massomnanbule
bulldozé de pilules
qui s'empile s'épile et s'efface
dans l'empire des pile ou face
nous sommes nés
face contre terre
arrêtons de nous taire
déterrons nos terreurs
et tenons nous deboutte
aboutissons des liens
des lianes qui nous sortiront de cette boue
labourons le changement
hors de nos moules
Jean Moulimposons-nous !
retroussons nos manches
de la Manchantons
le Nouganda, le New York
le New Delhi et le New Foundland
fondons-nous un lendemain
de circonstance
soyons de mèche plutôt que de s'émécher
allumons à nouveau les Lumières

dominos dynamos dynamiques dynamites
explosons le plausible
applaudisséminons l'encourenragement

finie la mascarade des rats
camarde masquée sous une marre de mascara
allez viens camarade, construisons nos embrassades
amassons-nous les pôles
relaxons les Africtions
par nos Américanements
sourions sourions

nous sommes fils et filles d'Orion
filles et fils de rien
d'un bout à l'autre des méridiens
terrien, terrienne
atterré.e par la haine
altéré.e par l'ego
toutt altermondiaux
toutt le même assemblage
de molécules
tubercules d'Hercule qui reculeront devant rien

mastodontes indomptables
à-tablons-nous
c'est l'heure c'est l'ère
mamisœurs mamifrères
d'être cette masse qui enfoncera le clou
de ce spectacle

l'opinion publique n'existe pas…

Les étudiants et le tribunal de l'opinion publique

Michaël Fortier

Publié dans la *Tribune libre de Vigile*
le 15 mai 2012

Les événements des dernières semaines nous portent à croire que le gouvernement Charest aurait laissé pourrir le conflit étudiant en capitalisant sur une opinion publique qui lui serait de plus en plus favorable. On sait que depuis deux mois, ont été commandés nombre de sondages qui représentent le croissant désaveu de l'opinion publique pour le mouvement étudiant. Et fascinés par ces chiffres où l'on voudrait nous faire croire que tout se joue, on en vient à oublier la leçon du sociologue français Pierre Bourdieu : « l'opinion publique n'existe pas. »

Remarquons d'abord que ce concept qui se présente comme la somme des opinions individuelles se fonde sur le principe du vote démocratique, « un homme, une voix ». Ce faisant, il présuppose : 1) que tout le monde est également concerné par les mêmes enjeux ; 2) que toutes les opinions se valent ; et 3) que toutes les opinions se partagent en camps. Il en vient alors à instrumentaliser des enjeux d'ordre éthique ou doxique (« Êtes-vous pour ou contre la hausse des frais de scolarité ? ») à des fins politiques. *Vox populi, vox dei*, dit l'adage. La voix de l'opinion publique est bien le « Dieu est avec nous » de l'ère démocratique.

Il est facile de s'en convaincre, pour peu qu'on s'attarde à la méthodologie des sondages. Dans ses études sur le taux d'appui au gouvernement dans le dossier des frais de scolarité, la firme Léger Marketing a restreint son échantillon aux individus âgés de 18 ans et plus. N'ayant pas atteint la majorité, le cégépien en grève n'a donc pas voix au chapitre, contrairement aux personnes majeures qui seraient complètement étrangères aux revendications étudiantes, voire au milieu universitaire. D'autres sondages, comme ceux de la firme CROP, s'appuient sur des échantillons non probabilistes, c'est-à-dire des échantillons dont il est impossible d'évaluer la précision et la fiabilité. On ne cesse pas pour autant de marteler que « 68 % des Québécois sont en faveur de la position du gouvernement ». Et tout cela s'embrouille dès lors qu'on compare les résultats. Ainsi, un sondage Léger Marketing mené le 28 mars dernier veut que 49 % de la population soit favorable à la position du gouvernement, tandis qu'au même moment, la firme CROP donnait un appui de 61 %…

N'empêche, « l'appui aux étudiants diminue », dit l'opinion publique. Passons sur le fait que cet appui varie dans des proportions quasi fantastiques de sondage en sondage. Demandons-nous plutôt ce qu'on mesure vraiment, quand on mesure l'opinion publique. Dans les sondages qui nous occupent, on pose une question assez simple,

© MARIO JEAN – MADOC

MAI

11 L'Union des producteurs agricoles appuie le « carré blanc de l'armistice » et la solution du moratoire.

11 Les étudiant.e.s du cégep de l'Outaouais votent contre la reconduction de la grève. Cela met fin à une levée des cours forcée de six jours.

11 À Québec, l'eau de la fontaine de Tourny, devant le Parlement, est teinte en rouge.

11 Les quatre suspects dans l'affaire des bombes fumigènes se livrent à la police après qu'une photo d'eux prise par un citoyen dans le métro eut été diffusée publiquement par les autorités. Roxanne Belisle, Vanessa L'Écuyer, François-Vivier Gagnon et Geneviève Vaillancourt sont placés en état d'arrestation pour incitation à craindre des activités terroristes, complot et méfait de plus de 5 000 $. Ces chefs d'accusation sont passibles de peines d'emprisonnement allant de six mois à cinq ans.

12 *La Presse* publie les récits de trois acteurs – Martine Desjardins, Michel Arsenault, Réjean Parent – de la « nuit des longues négos ».

proche de celle-ci (qui est de la firme Léger Marketing) : « Êtes-vous davantage favorable à la position du gouvernement ou davantage favorable à celle des étudiants ? » Clair et simple, cet énoncé se veut neutre en ce qu'il n'oriente pas le choix du répondant. Irréprochable en surface, il n'en pose pas moins une série de problèmes, dont le premier est de réduire les enjeux de la hausse des frais de scolarité à une question de camps. Cela suppose en effet que ces enjeux, qui par ailleurs n'affectent que le milieu universitaire – et encore, certains champs d'études plus que d'autres –, soient bien connus de tous. Or il n'en est rien. Un minimum d'honnêteté intellectuelle exigerait alors que les non-initiés soient interrogés non pas sur les camps, mais sur les enjeux qui divisent ces camps : « Êtes-vous davantage favorable à ce que l'université soit relativement indépendante du marché, ou davantage favorable à ce qu'elle réponde aux exigences des entreprises ? », « La recherche universitaire doit-elle viser l'utilité sociale ou la rentabilité économique ? », « Faut-il financer l'enseignement avant la recherche ou la recherche avant l'enseignement ? », « Croyez-vous que le mouvement de contestation étudiant soit légitime eu égard aux mutations actuelles de l'institution universitaire ? »

Il ne fait aucun doute que certaines de ces questions paraîtront obscures aux profanes, mais elles sont, en cela, à l'image des enjeux réels. Ceux-ci étant supposés connus de tous les répondants, les sondages infèrent, à partir du choix d'un camp par l'opinion publique, qu'elle adopte l'ensemble des positions de ce camp sur les enjeux. De sorte qu'en faisant porter la question sur les camps, on occulte les enjeux qui les divisent et que les répondants comprennent d'autant moins bien qu'ils ne les regardent pas du tout, mais sur lesquels on les somme pourtant de se prononcer. Comme l'écrit Bourdieu, « cette opinion publique est un artefact pur et simple dont la fonction est de dissimuler que l'état de l'opinion à un moment donné du temps est un système de forces, de tensions et qu'il n'est rien de plus inadéquat pour représenter l'état de l'opinion qu'un pourcentage ».

Ce que reflètent alors ces sondages, ce n'est pas la position réelle de la population sur la question de la hausse des frais de scolarité (elle n'existe pas), mais le traitement médiatique du conflit. En effet, pour ces gens qui composent l'opinion publique, les médias sont le seul prisme à travers lequel ils perçoivent le conflit étudiant. Au cours du mois d'avril, on n'a cessé de brandir le spectre de la violence. Ne voulant pas « condamner la violence », par ailleurs plus médiatique que réelle, la CLASSE est devenue dans l'imaginaire médiatique le symbole du vandalisme et de la révolution. Et comme le public parle de ce dont parlent les médias, et que les médias parlent de ce dont parle le public, on a conclu que l'anarchie guettait le Québec. Rien d'étonnant à ce que les sondages démontrent un taux d'appui aux étudiants en baisse depuis le mois de mars...

Dispositif retors, l'opinion publique est une fiction collective qui n'existe que dans la mesure où on la sollicite pour lui faire dire ceci et non cela. Elle n'est rien d'autre qu'un instrument au moyen duquel le pouvoir fabrique un consentement artificiel dont il s'autorise pour légitimer ses politiques : « Voyez, l'opinion publique est avec nous. » C'est pourquoi il importe d'affirmer haut et fort que « l'opinion publique n'existe pas ».

La liberté des étudiants inconnus

Christian Nadeau

Publié sur le site *Presse-toi à gauche !*
le 17 mai 2012

À l'heure actuelle, nous voyons partout à l'œuvre des semeurs de liberté, ou pour le dire autrement, des travailleurs de la liberté. Nous les voyons malgré leur discrétion, comme des ombres toujours présentes. Je pense à toutes ces personnes qui n'ont pas de nom connu, qui ne sont ni des célébrités, ni des intellectuels disposant de tribunes, ni des leaders ni des porte-parole de tel ou tel mouvement. Ils agissent, avancent et forgent notre lien social.

J'aimerais saluer un combat mené depuis déjà plusieurs semaines par les étudiantes et les étudiants. Je n'ai aucun talent littéraire, et je sais bien que mon rôle n'est pas celui de l'écrivain. Mais il faut savoir dire merci aux étudiants. Ils font depuis ces dernières semaines beaucoup plus que leur « juste part », car ils redonnent sens à un mot bien galvaudé, celui de solidarité.

Le combat des étudiants nous a permis d'ouvrir les yeux sur le démantèlement progressif d'un héritage, celui de la Révolution tranquille. Je veux saluer ici ces étudiants dont la lutte rend possible ce que certains nomment la raison publique. La liberté est muette ou se fait bien discrète lorsqu'elle est laissée entre les mains des seuls spécialistes, les politiciens, les politologues, les médias, les célébrités, ou des intellectuels dont je pense faire partie. Il est impossible de discuter, impossible de se faire entendre si nous n'avons pas d'interlocuteurs. Pas d'intellectuel public sans raison publique. Mais pas de raison publique sans lutte commune.

J'aimerais surtout saluer l'étudiant inconnu, celui qui est présent aux manifestations, qui combat ses craintes personnelles, qui n'aime pas plus qu'un autre faire le pied de grue dans le froid en attendant que la marche se décide enfin à partir, qui milite avec ses camarades, car les cris de tous portent le message de chacun, et qui le soir, épuisé, pense encore aux actions du lendemain.

J'aimerais saluer ceux et celles qu'on se complaît à comparer à des enfants gâtés, prêts à tout pour un verre de sangria ou un téléphone mobile. J'aimerais saluer ceux et celles qui ont bravé les insultes et l'opprobre et qui se tiennent debout, le poing levé. J'aimerais saluer cette jeunesse fière d'ouvrir enfin nos portes et nos fenêtres, fière de nous montrer l'aube du jour.

Il est impossible de bâtir quelque chose sans travailleurs, et l'étudiante inconnue fait partie des travailleurs de la liberté. Elle ne sait pas si ce qu'elle fait est symbolique ou si cela a une portée réelle. Elle fait le pari de donner son temps et ses forces, et sans cesse, sans cesse elle se pose la question : pourquoi dois-je faire cela ? Pourquoi moi et pas lui ?

MAI

12 Le groupe Force étudiante critique, auquel est affiliée au moins une des personnes accusées d'avoir lancé trois bombes fumigènes dans le métro, fait l'objet d'une forte attention médiatique.

12 La TaCEQ rejette à son tour l'entente de principe.

12 Quelques dizaines d'étudiant.e.s « carrés verts » manifestent à Québec et à Montréal.

12 Gilles Duceppe, ancien chef du Bloc québécois, adopte le carré blanc.

12 Près de 250 personnes participent à un souper de solidarité avec les étudiant.e.s en difficulté financière au cégep de Rimouski.

13 Line Beauchamp reprend contact avec les regroupements étudiants, mais pas avec la CLASSE. Gabriel Nadeau-Dubois déclare que la CLASSE est prête à retourner négocier et ajoute : « Le bilan de la dernière semaine, c'est qu'on ne réglera pas le conflit à moins d'aborder l'enjeu de fond. Depuis le début, le gouvernement a tenté de contourner le sujet principal de plusieurs manières. On parle de prêts et bourses, de gestion, de frais afférents. On parle de tout, sauf de la hausse. » (*Le Devoir*)

MAI

13 Les principales centrales syndicales du Québec proposent un moratoire d'un an sur l'augmentation des frais de scolarité.

13 Craignant une résurgence du mouvement Occupons Montréal, le SPVM intervient au square Victoria, où une cinquantaine de personnes se sont rassemblées pour souligner le premier anniversaire du mouvement des Indignés lancé en Espagne. Cinq individus sont arrêtés puis relâchés après avoir reçu chacun une amende de 160 $ en vertu du règlement municipal interdisant de se trouver dans un parc après minuit.

14 La CLASSE dit avoir reçu un appel d'un proche de Line Beauchamp qui l'aurait incitée à se préparer à d'éventuelles discussions, ce que le cabinet de la ministre nie catégoriquement.

14 Des étudiant.e.s forcent la levée des cours aux collèges de Rosemont, Édouard-Montpetit et Lionel-Groulx, malgré les injonctions. La police intervient aux collèges de Rosemont et Édouard-Montpetit, où elle fait usage de gaz irritant. Après avoir reçu un coup de matraque, un étudiant du collège Rosemont subit une commotion cérébrale.

Ai-je tort ? Me serais-je trompée ? Mais ces questions, si lourdes soient-elles parce que pleines d'intelligence, ne l'empêchent pas d'avancer. Son pas est plus lourd, mais il est plus ferme. J'aimerais saluer ceux dont le poids des doutes nous élève tous, car ils ne prennent pas leur combat à la légère.

Il n'y a pas de romance, pas de bonheur superficiel dans une lutte qui est nécessaire. L'étudiante inconnue sait qu'elle avance à l'intérieur d'une grande discussion publique et qu'elle doit être entendue, car si elle ne l'est pas, alors très peu le seront.

La politique ne commence ni ne s'arrête le jour des élections, parce que la liberté n'est pas une affaire de date ni de campagne électorale, ni de gouvernance et encore moins de sondages à la petite semaine.

L'étudiant inconnu demande que ses efforts soient relayés par d'autres. Lui ne nous laissera pas tomber.

L'étudiante inconnue ne veut ni la gloire ni la victoire pour elle-même. Elle cherche l'équité. Elle cherche ce qui offre à tous un abri contre les hasards, que ce soit celui de la fortune ou du talent. Elle ne veut pas d'obstacles artificiels, comme celui de la compétition ou celui du marché. Elle veut que le savoir soit donné à tous parce qu'il est fait par tous ou du moins doit être fait par tous.

L'étudiant inconnu sait qu'il peut perdre. Mais cette compréhension de la perte est déjà un gain, car elle montre qu'il veut construire, et non détruire.

L'étudiante inconnue fait partie de notre récit à tous. La manifestation du 22 mars n'était ni une ruse de l'histoire ni un simple hasard. Elle est la trame de notre solidarité, tout comme le sont les luttes des femmes pour une société juste. La manifestation du 22 mars est le socle et le toit de nos luttes, de la Révolution dite tranquille aux rires lumineux des enfants qui espèrent encore un monde où ils pourront vivre. Une manifestation comme celle du 22 mars est une cathédrale de la liberté, un formidable édifice où chaque personne est à la fois mur, vitrail, nef, croisée d'ogives, chacun participant à un équilibre des forces dont l'architecte est le bien commun.

L'étudiant inconnu sait qu'il n'est pas seul. L'étudiante inconnue sait qu'elle ne s'est pas faite toute seule.

L'étudiant inconnu sait qu'il ne perd pas sa liberté parce qu'il est anonyme. Il sait qui il est. Samuel, Naïma, Louis, Fanny, Alexis, Blandine, Marianne, Amir, Chloé, Jeanne, tous ne sont pas perdus parce qu'ils crient ensemble. Ils sont des individus parce qu'ils se reconnaissent comme semblables.

L'étudiante inconnue ne veut pas troubler la paix sociale. Elle cherche au contraire à lui donner un sens.

Qui peut voir sérieusement dans la lutte des étudiants un geste égoïste ? Pour ma part, je m'incline devant tant de générosité. Je suis professeur de philosophie. Je crois bien faire mon métier d'enseignant. Les étudiants connaissent leur métier. Ils savent nous dire les choses. Il faut nous montrer dignes d'eux. Si nous y parvenons, il n'y aura plus d'étudiants inconnus. Il y aura des personnes libres et fières de dire ce qu'elles sont et ce qu'elles veulent être.

ASSEMBLÉE NATIONALE

DEUXIÈME SESSION TRENTE-NEUVIÈME LÉGISLATURE

Projet de loi n° 78
(2012, chapitre 12)

Loi permettant aux étudiants de recevoir l'enseignement dispensé par les établissements de niveau postsecondaire qu'ils fréquentent

Présenté le 18 mai 2012
Principe adopté le 18 mai 2012
Adopté le 18 mai 2012
Sanctionné le 18 mai 2012

2012

« La loi spéciale, on s'en câlisse ! »

Le 16 mai 2012, Jean Charest annonce en conférence de presse qu'un projet de loi spéciale visant à suspendre les trimestres en cours sera déposé à l'Assemblée nationale. Le lendemain, le projet de loi 78, intitulé « Loi permettant aux étudiants de recevoir l'enseignement dispensé par les établissements de niveau postsecondaire qu'ils fréquentent », est soumis à l'attention des députés de l'Assemblée nationale. Après 21 heures de discussions et l'ajout d'une dizaine d'amendements, le projet de loi 78 est adopté. Au total, 68 députés du Parti libéral et de la CAQ s'y montrent favorables contre 48 députés du Parti québécois, d'Option nationale et de Québec solidaire ; seul Pierre Paradis, du Parti libéral, a quitté l'Assemblée avant la tenue du vote.

© ÉCOLE DE LA MONTAGNE ROUGE ET *URBANIA*

La loi 12, issue du projet de loi 78, doit « permettre aux étudiants de recevoir l'enseignement dispensé par les établissements de niveau postsecondaire qu'ils fréquentent », peut-on lire dans le préambule du texte soumis à l'Assemblée.

> À cette fin, la loi prévoit d'abord la suspension de sessions d'enseignement au regard des cours qui ont été interrompus et qui le seront toujours au moment de l'entrée en vigueur de la présente loi. Elle établit les conditions et les modalités relatives à la reprise de ces cours ainsi que certaines mesures visant à assurer la validité des sessions d'hiver et d'automne de l'année 2012 et d'hiver de l'année 2013. La loi édicte également des dispositions permettant d'assurer la continuité de l'enseignement à l'égard des autres cours.
>
> La loi contient enfin des dispositions visant à préserver la paix, l'ordre et la sécurité publique ainsi que diverses mesures de nature administrative, civile et pénale afin d'assurer l'application de la loi[1].

Plus concrètement, la loi oblige les professeur.e.s à retourner enseigner, restreint le droit de manifester, prévoit de fortes amendes pour ceux et celles qui empêcheront les étudiant.e.s d'assister à leurs cours, contraint les organisateur.trice.s d'une manifestation d'au moins 50 personnes à fournir à la police la date, l'heure, le lieu et l'itinéraire de leurs manifestations au moins huit heures à l'avance. Les dispositions pénales sont très strictes. Ceux qui commettent une infraction sont passibles « d'une amende de 1 000 $ à 5 000 $. Toutefois, cette amende est [...] de 7 000 $ à 35 000 $ s'il s'agit soit d'un dirigeant, d'un employé ou d'un représentant, incluant un porte-parole, d'une association d'étudiants, d'une fédération d'associations ou d'une association de salariés, soit d'un dirigeant ou d'un représentant d'un établissement, soit d'une personne physique qui organise une manifestation ; [...] de 25 000 $ à 125 000 $ s'il s'agit soit d'une association d'étudiants, d'une fédération d'associations, d'une association de salariés ou d'un établissement, soit d'une personne morale, d'un organisme ou d'un groupement qui organise une manifestation[2]. » La loi prévoit enfin la suspension de la session dans les cégeps et les universités jusqu'à la mi-août.

LA LOI 12 CONTESTÉE

Nombreux sont les groupes et les associations qui s'en prennent de manière virulente aux dispositions de la loi 12. Le 18 mai, le Barreau du Québec dénonce le

© CHLOÉ GERMAIN-THÉRIEN

projet de loi qui touche « aux droits constitutionnels et fondamentaux des citoyens[3]». Le 19 mai, un collectif d'auteur.e.s composé de professeur.e.s et d'historien.ne.s affirme n'avoir jamais vu « une agression aussi flagrante être commise contre les droits fondamentaux qui ont sous-tendu l'action sociale et politique depuis des décennies au Québec », dénonçant une « loi scélérate et [d']infamie[4] ». La grande manifestation du 22 mai, quant à elle, témoigne du mécontentement populaire. Entre 100 000 (SPVM) et 250 000 (CLASSE) manifestant.e.s défilent dans les rues de Montréal pour protester entre autres contre la loi 12. La manifestation se scinde rapidement en trois groupes. Un groupe assez nombreux choisit de suivre la CLASSE qui, faisant acte de désobéissance civile, a refusé de transmettre son itinéraire aux policiers.

Le lendemain, à la suite de l'arrestation massive de 518 manifestant.e.s menée par le SPVM, l'ONU « critiqu[e] la loi spéciale adoptée par le gouvernement Charest en soulignant que cette législation "restreint indûment le droit d'association et de réunion pacifique au Québec"[5] ». Le 25 mai, « les associations étudiantes, appuyées par 70 organisations syndicales, sociales, environnementales et communautaires, [déposent] deux requêtes en Cour supérieure dans le but de contrer la loi spéciale[6] ». Le 28 mai, plus de 500 juristes en toge défilent dans les rues de Montréal pour protester symboliquement contre l'adoption de la loi 12. Dans la même foulée, la Commission des droits de la personne et des droits de la jeunesse diffuse le 20 juillet un rapport accablant de 56 pages jugeant sévèrement la loi spéciale du gouvernement Charest, laquelle porterait « atteinte aux libertés de conscience, d'opinion, d'expression, de réunion pacifique et d'association garanties par la Charte[7] ». Jean Charest, de passage en Gaspésie, martèle que « la loi 78 a été faite pour protéger les Québécois et s'assurer que les étudiants qui veulent étudier aient le droit d'étudier [...]. La loi que nous avons votée à l'Assemblée nationale, qui a été appuyée par une forte majorité de députés, [...] est une loi qui est fondée sur ce droit à l'éducation[8]. »

Les actes de désobéissance civile, concerts de casseroles, manifestations nocturnes, prises de position diverses se multiplient au cours de l'été. Un manifeste, signé par plus de 2 000 professeur.e.s du Québec et d'ailleurs, est diffusé le 6 août[9].

La loi est abrogée le 20 septembre 2012 par le gouvernement péquiste de Pauline Marois, nouvellement élu.

---

1 Michelle Courchesne, « Projet de loi n° 78 : Loi permettant aux étudiants de recevoir l'enseignement dispensé par les établissements de niveau postsecondaire qu'ils fréquentent », Assemblée nationale du Québec, 39e législature, 2e session, mai 2012, p. 2, <www.assnat.qc.ca/fr/travaux-parlementaires/projets-loi/projet-loi-78-39-2.html>.

2 *Ibid.*, p. 9.

3 « Le Barreau critique le projet de loi spéciale du gouvernement Charest », Radio-Canada, 18 mai 2012, <www.radio-canada.ca/nouvelles/Politique/2012/05/18/002-barreau-inquietude-loi-speciale.shtml>.

4 « Un collectif de profs dénonce la loi 78 », *Le Devoir*, 19 mai 2012.

5 Lisa-Marie Gervais, « L'ONU fait la leçon à Québec sur sa loi spéciale », *Le Devoir*, 31 mai 2012.

6 « Les étudiants et d'autres groupes de pression contestent la loi 78 devant les tribunaux », *Le Devoir*, 25 mai 2012.

7 Jessica Nadeau, « La loi 78 porte atteinte à la Charte des droits », *Le Devoir*, 20 juillet 2012.

8 *Ibid.*

9 « Manifeste des professeur.e.s pour la protection de la démocratie et du droit de protestation étudiants », 6 août 2012, <http://manifestegreveetudiante.blogspot.ca/2012/08/Manifeste.html>.

Manifeste des professeur.e.s

POUR LA PROTECTION DE LA DÉMOCRATIE ET DU DROIT DE PROTESTATION ÉTUDIANTS [EXTRAIT]

Près de 2 000 professeur.e.s ont signé ce manifeste (10 juillet 2012)

Nous dénonçons cette loi par laquelle le gouvernement québécois tente de créer une véritable chaîne d'obéissance destinée à faire système et à attaquer le droit d'association, le droit de manifester et, plus largement, toute « action concertée » au sein des institutions collégiales et universitaires. Désormais, nul ne peut entraver le droit d'un.e étudiant.e de recevoir l'enseignement. Nul ne peut contribuer, directement ou indirectement, à « ralentir, altérer ou retarder » la reprise ou le maintien des cours. Les « rassemblements » susceptibles de perturber le déroulement des cours sont interdits dans un rayon de 50 mètres des établissements. Les associations étudiantes, ainsi que les syndicats de professeur.e.s, ont l'obligation de veiller strictement au respect de ces dispositions, sous peine d'amendes exorbitantes. Le ministère peut ordonner la suppression de toutes les ressources des associations étudiantes, y compris les cotisations. Enfin, les collèges et les universités doivent communiquer tout renseignement que le ministère requiert sous peine d'amendes. Sous prétexte de protéger le droit d'accès aux cours, cette loi, d'une incroyable férocité, institue ainsi un mode de gouvernance fondé sur une répression administrative, judiciaire et policière à l'égard de tous ceux et celles qui organiseraient leurs forces pour contester ses principes et son application ou pour défendre toute position adoptée en assemblée générale, notamment sur l'accessibilité à l'éducation supérieure.

Nous tenons pour inacceptable que les professeur.e.s québécois.es soient désormais contraint.e.s d'être un rouage de ce dispositif répressif digne d'un roman d'Orwell. D'une part, le gouvernement les somme de faire fi des décisions collectives prises démocratiquement dans les assemblées étudiantes, d'enseigner aux étudiant.e.s qui se présentent en classe et à qui ces cours sont censés « être dus » et, ce faisant, de pénaliser ceux et celles qui respecteraient leur vote de grève. C'est une atteinte directe à la liberté de conscience politique des professeur.e.s. D'autre part, la liberté de l'enseignement est l'objet d'une ingérence non seulement de la part des directions d'établissements, mais aussi de quiconque dénoncerait ces professeur.e.s pour avoir « aidé ou amené une autre personne » à entrer en contradiction avec cette loi.

Nous refusons un tel détournement de notre travail. Nous défendons et défendrons toujours une éducation qui ne tait aucun débat, une éducation capable de générer des convictions fortes et des pratiques concrètes.

<HTTP://MANIFESTEGREVEETUDIANTE.BLOGSPOT.CA/2012/08/MANIFESTE.HTML>

MAI

14 Une soixantaine de professeur.e.s et de scientifiques arborent le carré blanc et réclament un moratoire.

14 La Ville de Montréal engage 150 policiers supplémentaires.

14 En entrevue à Radio-Canada, Raymond Bachand se dit préoccupé par les « groupuscules radicaux qui tentent de déstabiliser l'économie de Montréal et qui sont des groupes anticapitalistes avec des liens marxistes. Leur objectif est de déstabiliser l'économie et ça, il faut que ça arrête, et on va prendre les moyens pour que ça arrête. »

14 La ministre Line Beauchamp annonce sa démission. Pendant son point de presse, en compagnie de Jean Charest, elle répète avoir toujours été en « mode solution » et conclut que « les associations étudiantes ne font pas confiance aux élus du peuple ». Michelle Courchesne, qui avait déjà été ministre de l'Éducation de 2007 à 2010, lui succède.

Juristes dans la rue

© DAVID CHAMPAGNE

Le 28 mai a lieu une manifestation silencieuse de centaines de juristes qui protestent contre le projet de loi 78. Les juristes marchent du Palais de justice de Montréal à la place Émilie-Gamelin.

© MARIO JEAN - MADOC

© MARIO JEAN - MADOC

MAI

14 La démission de Line Beauchamp surprend les regroupements étudiants. Martine Desjardins, de la FEUQ, déclare : « On est assez surpris, on avait encore des discussions trois heures avant. On attendait une rétroaction de sa part. » Et Jeanne Reynolds, coporte-parole de la CLASSE, affirme : « On veut une solution et non une démission. »

14 Françoise David, coporte-parole de Québec solidaire, déclare que « la nouvelle ministre doit accepter de débattre des droits de scolarité ».

14 Pour sauver la session, la FECQ propose un assouplissement de la Loi sur les collèges d'enseignement général et professionnel selon laquelle chaque session doit comporter au minimum 82 jours de cours.

14 Réunis au Palais de justice en soutien aux quatre étudiant.e.s accusé.e.s d'avoir paralysé le métro de Montréal avec des bombes fumigènes, une centaine de manifestant.e.s appellent au boycott des médias.

Arrêtez-moi quelqu'un !

MAI

14 Selon *Le Soleil*, 83 plaintes en déontologie policière ont été déposées depuis le début du conflit étudiant.

14 La nouvelle ministre de l'Éducation Michelle Courchesne convoque les représentant.e.s des associations étudiantes à une rencontre.

14 Le juge en chef de la Cour supérieure, François Rolland, déclare que le non-respect des injonctions « mine la crédibilité du système judiciaire » et que si la crise étudiante se prolonge, elle « aura inévitablement pour conséquence de perturber considérablement le fonctionnement des tribunaux ».

14 À Montréal, 1 500 personnes participent à la 21e manifestation nocturne au cours de laquelle deux personnes sont arrêtées.

15 Une centaine d'étudiant.e.s et militant.e.s anticapitalistes manifestent devant l'hôtel InterContinental à l'occasion de l'assemblée des actionnaires de Power Corporation. L'escouade anti-émeute intervient. Deux personnes sont arrêtées.

© ANONYME

Peu de temps après l'adoption de la loi spéciale, des membres de la CLASSE mettent en ligne la plateforme *Arrêtez-moi quelqu'un* où les citoyen.ne.s sont invité.e.s à envoyer leur photo avec une affiche indiquant qu'ils sont contre la loi 12 et qu'ils « désobéiront ». En tout, 5 300 citoyen.ne.s répondent à l'appel et affichent différentes déclinaisons de la déclaration : « Je désobéis. ».

<ARRETEZMOIQUELQUUN.COM>

© JÉRÉMIE BATTAGLIA. MANIFESTATION DU 22 MAI 2012

ERROR 78. VOUS NE DISPOSEZ PLUS DE LA LIBERTÉ D'EXPRESSION. SINCÈREMENT : LE GOUVERNEMENT DU QUÉBEC.

L'oie spéciale

© NICOLAS BOISVERT

Au moment même où les député.e.s de l'Assemblée nationale se prononcent sur le projet de loi 78, apparaît dans l'imagerie populaire « l'oie spéciale ». À 11 h 7 exactement, Nicolas Boisvert publie sur son compte Twitter son premier dessin de « l'oie spéciale », une oie colorée sur patins à roulettes et produite en quelques minutes seulement. Cette illustration n'est *retweetée* qu'une quinzaine de fois. Mais dès le lendemain, Kevin Trépanier propose un autre dessin de « l'oie spéciale », qui distribue cette fois-ci des « amandes salées ». Succès immédiat : il est partagé près de 2 800 fois sur Facebook. Par la suite, l'artiste Clément de Gaulejac en créera une à son tour, de même que Chloé Germain-Thérien. Les médias socionumériques s'emparent alors de « l'oie spéciale » et, grâce au travail de ces artistes, ce drôle d'oiseau envahira même les rues…

© KEVIN TRÉPANIER

« Je crois que dans le contexte d'escalade d'agressivité du moment, la "ridiculité" de l'oie a fait sourire bien des gens. L'absurdité évidente de "l'oie spéciale" était aussi, je pense, une réaction de certains face à l'absurdité de la vraie loi spéciale. »

NICOLAS BOISVERT, AUTEUR DE LA PREMIÈRE « L'OIE SPÉCIALE »

« Chaque député qui aura voté pour cette loi sera jugé sévèrement par l'histoire. »

PROJECTION LUMINEUSE SUR LE PALAIS DE JUSTICE PAR LE COLLECTIF NOUS SOMMES TOUS ART (LE 18 MAI 2012)

© CHLOÉ GERMAIN-THÉRIEN

© CLÉMENT DE GAULEJAC

MAI

15 Un groupe de manifestant.e.s bloquent le pont Jacques-Cartier. Une vingtaine d'entre eux sont arrêté.e.s.

15 Contrairement aux représentant.e.s étudiant.e.s qui se disent plutôt satisfait.e.s de leur rencontre avec Michelle Courchesne, cette dernière affirme que les positions des associations étudiantes sont encore plus intransigeantes qu'avant.

15 L'escouade anti-émeute de la SQ intervient pour déloger les manifestant.e.s qui protestent contre l'injonction en bloquant l'entrée du collège Lionel-Groulx. Quatre étudiant.e.s et un enseignant sont arrêté.e.s. La direction décide de lever les cours pour trois jours. Yves Marcotte, directeur des communications du collège, déclare : « Nous venons de faire la preuve, devant tout le Québec, que l'injonction n'est pas une bonne façon de faire pour assurer le retour en classe. » (*La Presse*)

15 Devant les attaques répétées de Jean Charest à l'égard du carré rouge de Pauline Marois, des députés du PQ songent à adopter le carré blanc.

Parcours d'une manifestation

En vertu de la loi 12, les protestataires doivent donner aux autorités le parcours de leur manifestation au moins 8 heures à l'avance. Certains s'amusent à créer des parcours, dont celui-ci, en forme de doigt d'honneur.

Manifester avec l'intelligence en essaim

Le 20 mai, une vidéo présentée sous forme de « petit guide » pour manifester en tout respect de la loi 78 est mise en ligne. Dans cette vidéo intitulée *Manifester avec l'intelligence en essaim*, on apprend comment une multitude de manifestations de moins de 50 personnes peuvent avoir lieu en même temps dans la ville grâce à une stratégie simple mais ingénieuse : toujours tourner à gauche, se séparer en deux groupes dès que le nombre de manifestant.e.s atteint 50, etc.

« L'intelligence en essaim désigne la mise en commun de la capacité de raisonnement de plusieurs individus afin d'atteindre un but. La communication et la coopération sont essentielles. »

VIDÉO *MANIFESTER AVEC L'INTELLIGENCE EN ESSAIM*

#ManifDate

Le 24 mai, Kenza Chaouai crée le compte Twitter @Manif-Dating pour trouver l'âme sœur « dans une manif près de chez vous »...

ManifsWiki.Net

Un wiki servant de calendrier des manifestations est mis en ligne dès le 19 mai afin de « préserver la liberté d'information au sujet des manifestations au Québec ». Cet outil permet d'organiser des manifestations tout en contournant la loi 12.

<MANIFSWIKI.NET> (HORS-LIGNE)

© FRÉDÉRIC FADDOUL. MANIFESTATION DE CASSEROLES À MONTRÉAL, LE 1ER AOÛT 2012, QUI CORRESPOND À LA 100E MANIF NOCTURNE

VILLERAY
DÉSOBÉIT

© FRÉDÉRIC FADDOUL. UN SOIR DE « CASSEROLES » À MONTRÉAL (18 MAI 2012)

ENTENDU DANS UNE MANIF

« Ta loi spéciale, on s'en casserole ! »

Manifestations de casseroles

Quelles qu'aient été l'ampleur et la créativité des manifestations tenues avant l'adoption de la loi spéciale, aucune n'a eu le retentissement et l'effet d'entraînement de celles des casseroles qui ont débuté le 19 mai. De l'espagnol *cacerolazo* ou *cacerolada,* le mouvement des casseroles est initié dans les années 1970 par de riches ménagères qui se sentaient dépossédées par les réformes du gouvernement socialiste de Savador Allende, au Chili. Absent sous la dictature de Pinochet, ce phénomène resurgit dans les années 1980 dans certains pays d'Amérique latine, notamment en Argentine, en Bolivie et en Uruguay dans le cadre de manifestations populaires contre les dictatures ou contre les politiques d'austérité néolibérales. Au Québec, c'est à l'invitation sur Facebook du professeur de cégep François-Olivier Chené que les premiers « tintamarres » se font entendre. Ils débutent à Montréal (sur le Plateau Mont-Royal, dans Rosemont-La Petite-Patrie, dans Villeray), puis s'étendent rapidement au reste de la province : soir

© NICHOLAS DAWSON

après soir, à partir de 20 h, les gens frappent joyeusement sur leurs casseroles depuis leurs balcons, devant leurs maisons et dans les rues, donnant lieu à des manifestations spontanées et familiales[1]. Pour les nombreux citoyen.ne.s qui protestent ainsi contre l'adoption de la loi spéciale, le mouvement étudiant est décidément devenu un large mouvement social.

1 Sur Facebook, le groupe Nos casseroles contre la loi spéciale proposait chaque jour des cartes interactives répertoriant les concerts de casseroles.

MAI

15 Alors que les forces de l'ordre tentent en vain d'imposer le respect des injonctions dans les établissements scolaires, une motion est adoptée à l'Assemblée nationale pour demander le respect de la loi.

15 À l'Assemblée nationale, Michelle Courchesne déclare que l'annulation du trimestre pour les cégeps touchés par la grève étudiante « n'est certainement pas la voie qui est privilégiée à ce stade-ci ».

15 *Le Soleil* rapporte que le péquiste Bernard Landry, ancien premier ministre du Québec, propose la gratuité scolaire jusqu'à l'obtention du diplôme pour mettre fin au conflit étudiant.

15 Gabriel Nadeau-Dubois est visé par une plainte pour outrage au tribunal. Un étudiant en arts plastiques de l'Université Laval, Jean-François Morasse, l'accuse d'avoir incité les étudiant.e.s à ne pas respecter l'injonction qu'il avait obtenue pour assister à ses cours. Sur les ondes du Réseau de l'information (RDI), le 13 mai, Gabriel Nadeau-Dubois a déclaré : « Je crois qu'il est tout à fait légitime pour les étudiants de prendre les moyens de respecter le choix démocratique qui a été fait d'aller en grève. »

MAI

16 Accompagné de représentant.e.s des milieux collégiaux et universitaires, Jean Charest annonce en point de presse qu'un projet de loi spéciale visant à suspendre les trimestres jusqu'en août sera déposé par son gouvernement.

16 La chef péquiste Pauline Marois et le Barreau du Québec demandent au gouvernement Charest de ne pas adopter de loi spéciale pour régler le conflit étudiant.

16 François Legault, de la CAQ, estime que le projet de loi spéciale est « un constat d'impuissance » du premier ministre qui « nous annonce, finalement, [...] qu'il va tout pelleter le problème au mois d'août. Rien n'est réglé ». La seule façon de régler cette crise, dit-il, « c'est d'avoir une élection ».

16 Environ 1 500 personnes (Radio-Canada) participent à une « maNUfestation » à Montréal.

© JÉRÉMIE BATTAGLIA

Casseroles, Montréal 24 mai 2012

Jérémie Battaglia met en ligne une magnifique vidéo de près de 4 minutes qu'il a réalisée à partir d'images captées lors de la manifestation de casseroles du 24 mai, à Montréal (sur une chanson du groupe Avec pas d'casque).

Applications pour téléphone mobile

Les manifestant.e.s peuvent compter sur iCassolator, l'application pour iPhone réalisée par Clap the Hands, et Casserole Mobile, l'application pour Android réalisée par Evil-Dog Productions, pour simuler les bruits des casseroles. Avec un choix de casseroles et de sons !

Casserole 78

Mise en ligne le 28 mai 2012, Casserole 78 est une plateforme pour taper de la casserole en ligne.

<CASSEROLES78.COM> (HORS-LIGNE)

© DAVID CHAMPAGNE.

UN SOIR DE « CASSEROLES » À MONTRÉAL (MAI 2012)

© MARIO JEAN - MADOC

UN SOIR DE « CASSEROLES » À MONTRÉAL, AVEC ANARCHOPANDA ET LA RABBIT CREW (30 MAI 2012)

MAI

16 La CLASSE croit que la loi spéciale envenimera la crise « comme jamais auparavant ». Pour sa part, Léo Bureau-Blouin réagit : « C'est la démonstration que hier et depuis plusieurs semaines, on utilise les étudiants dans une vaste pièce de théâtre qui vise à marquer des points politiques. » Martine Desjardins déclare quant à elle : « Encore une fois, le gouvernement a choisi de faire l'autruche en se cachant derrière [...] une loi spéciale plutôt que de vraiment discuter avec la jeunesse du Québec, plutôt que de faire face à ses responsabilités. » (*La Presse*)

16 Plusieurs centaines de manifestant.e.s perturbent des cours de droit à l'UQAM, qui sont levés pour deux jours.

16 Plusieurs milliers de personnes participent à la 23e manifestation nocturne pour dénoncer le projet de loi spéciale. La police arrête 122 personnes pour attroupement illégal, méfaits et actes criminels.

16 D'autres manifestations ont lieu, à Sherbrooke et à Québec notamment, pour dénoncer le projet de loi spéciale.

Manifestations d'appui internationales

© DRAGAN MARKOVIC. MANIFESTATION D'APPUI LE 27 MARS 2012, À BRUXELLES (BELGIQUE)

Dès le mois de mars, une série de manifestations en appui à la grève étudiante québécoise ont lieu un peu partout sur la planète, mais principalement en Europe. Un site, *Mobilisation internationale contre la hausse des frais de scolarité au Québec*, recense une série de manifestations dont celle du 9 mars où une quarantaine d'étudiant.e.s québécois.es et français.es manifestent à Paris, devant les bureaux de la Délégation générale du Québec, ainsi que celles du 25 mars à Lyon et du 5 avril à Bordeaux. Le 27 mars, sous l'impulsion de la Fédération des étudiants francophones (FEF) et d'étudiant.e.s québécois.es résidant en Belgique, une centaine de personnes se rassemblent au Mont des Arts à Bruxelles. La célèbre statue du Manneken-Pis porte même fièrement le carré rouge. D'autres manifestations d'appui suivent au Danemark, en Grande-Bretagne et en Allemagne.

Mais c'est après l'adoption de la loi spéciale que les manifestations d'appui prennent de l'ampleur et, dès le 22 mai, des casseroles se font entendre à New York, Chicago, Los Angeles (entre autres) et, de l'autre côté de l'océan, à Paris. Par ailleurs, la sortie publique du cinéaste Xavier Dolan et des acteurs de son film *Laurence Anyways* en faveur des étudiant.e.s québécois.es, le 18 mai, ne passe pas inaperçue sur la Croisette, à Cannes. Même le célèbre rappeur Public Enemy porte le carré rouge le 27 mai, lors du festival *Movement* de Detroit.

Au Canada, la première édition des *Casseroles Nights in Canada* a lieu le 30 mai, entre autres à Toronto, Calgary et Vancouver. Au mois de juin, on recense des manifestations de casseroles en appui au mouvement québécois dans plus de 70 villes sur la planète[1], principalement grâce à une coordination sur Facebook.

[1] Valérian Mazataud, « Tintamarre mondial de casseroles », *Le Devoir*, 14 juin 2012.

© VINCENT FERRERI. PARIS, 24 JUIN 2012

Lettre ouverte au premier ministre du Québec

Hervé Philippe, professeur titulaire, Chaire de recherche du Canada en bioinformatique et génomique évolutive, Département de biochimie, Université de Montréal

Publié sur le site du Mouvement québécois pour une décroissance conviviale le 28 mai 2012

Monsieur le premier ministre, je vous fais une lettre que vous ne lirez pas, quand bien même vous en auriez le temps.

Il y a 10 ans, on m'a fait venir à l'Université de Montréal pour contribuer à l'excellence en enseignement et en recherche en bioinformatique, un domaine émergent particulièrement important pour la médecine moléculaire. Pour me faire quitter mon poste de directeur de recherche au CNRS en France, on m'a offert une chaire de recherche du Canada, qui non seulement me fournissait des fonds pour effectuer mes recherches, mais aussi une prime de 30 000 $. Mieux encore, le gouvernement du Québec m'a exonéré d'impôt provincial pendant les cinq premières années. J'aurais dû me méfier, mais les scientifiques sont fort naïfs. Comment considérer qu'un gouvernement est sérieux dans son soutien à l'université quand il exonère d'impôts les plus riches, mon salaire étant en effet d'environ 100 000 $?

En fait, ces considérations financières avaient peu d'importance. L'excellence universitaire, exercice humain très exigeant et très délicat, nécessite avant tout un cadre favorable. J'étais donc attiré par un environnement de recherche humainement riche au département de biochimie, et par le Québec, un pays démocratique, respectueux des droits, avec un enseignement de qualité, où il faisait bon vivre. Même si cette vision idyllique s'est un peu modifiée au fil du temps, je n'ai jamais envisagé de retourner en France. Non seulement j'ai payé mes impôts provinciaux avec plaisir il y a cinq ans, mais j'ai aussi choisi de transformer la prime en subvention de recherches pour recruter des étudiants supplémentaires. Bref, tout allait bien jusqu'à il y a 100 jours.

Avant de revenir sur ces 100 funestes jours, je tiens à vous indiquer, monsieur le premier ministre, en utilisant un langage économique que vous affectionnez, que mon retour sur investissement est excellent. Mon immodestie, qui est probablement la seule chose que je partage avec vous, n'en souffrira pas. Excusez-moi pour la nécessaire technicité de ce paragraphe. Le principal critère pour évaluer la recherche fondamentale est le nombre de publications, surtout dans les meilleures revues scientifiques (seules les publications dans les revues *Nature* et *Science* sont prises en compte dans le célèbre, bien que critiquable, classement des universités réalisé, par exemple, par l'Université de Shanghai), et le nombre de citations. Avec une petite

MAI

16 *Le Soleil* révèle que les ministres avaient été informés de la démission de Line Beauchamp avant sa discussion avec les représentant.e.s étudiant.e.s.

17 À la demande des policier.ère.s et des citoyen.ne.s, la Ville de Québec revoit les règles entourant les manifestations : les protestataires qui s'attrouperont dans les rues sans autorisation seront désormais passibles d'une amende pouvant s'élever jusqu'à 1 000 $.

17 Fausse alerte à la bombe au cégep de l'Outaouais.

17 Malgré le projet de loi spéciale, Michelle Courchesne se dit prête à retourner négocier avec la FEUQ et la FECQ, mais pas nécessairement avec la CLASSE.

17 Pour la première fois depuis le début du conflit, les « carrés » rouges (Léo Bureau-Blouin, Martine Desjardins), vert (Laurent Proulx) et blanc (Robert Michaud) s'unissent pour lancer un appel à la reprise des négociations.

MAI

17 Jean Charest dépose le projet de loi 78, intitulé *Loi permettant aux étudiants de recevoir l'enseignement dispensé par les établissements de niveau postsecondaire qu'ils fréquentent*. Cette loi prévoit, outre la suspension du trimestre pour les cégeps et universités touchés par la grève, de très lourdes amendes pour les manifestant.e.s (entre 1 000 $ pour les individus et 250 000 $ pour les associations étudiantes), en même temps qu'elle oblige les organisateurs de toute manifestation de plus de 10 personnes à communiquer leur itinéraire au moins 8 h à l'avance.

17 Les parlementaires sont convoqués à une séance extraordinaire afin d'amorcer la procédure qui mènera à l'adoption de la loi spéciale.

17 Des manifestations nocturnes rassemblant des milliers de personnes ont lieu à Montréal, Québec, Sherbrooke et Gatineau.

18 Les étudiant.e.s de l'UQAR votent contre la reconduction de la grève.

18 Le cinéaste Xavier Dolan, et les acteurs et actrices de *Laurence Anyways* portent le carré rouge au Festival de Cannes.

18 Trois des quatre accusé.e.s lié.e.s à l'affaire des bombes fumigènes dans le métro de Montréal sont libéré.e.s sous condition.

équipe et des moyens financiers relativement modestes, notre travail s'est traduit par quatre publications dans *Nature* et *Science* (l'Université de Montréal dans sa totalité en a publié 49 depuis 2003) et a reçu plus de 1 000 citations en 2011. Demandez à vos experts, vous trouverez très peu de chercheurs au Canada, voire aux États-Unis, ayant une productivité aussi grande, c'est-à-dire un impact scientifique par dollar investi. Je pense donc avoir rempli ma part du contrat et contribué à l'excellence de la recherche scientifique québécoise.

Depuis 100 jours, tout a changé pour moi. Un mouvement étudiant, massif, démocratique, a soulevé une question primordiale, les frais de scolarité universitaire que votre gouvernement a décidé d'augmenter de 75 % sur 5 ans, paraît-il pour favoriser l'excellence dans la recherche. Faire payer aux étudiants la recherche de pointe, est-ce une bonne idée ? Cent jours de grève étudiante et aucune négociation, ou si peu. Pire encore, 100 jours de grève étudiante et quasiment aucun débat sur cette question. Tout a été fait pour parler d'autres choses que de l'excellence en enseignement et en recherche. Est-ce un boycott ou une grève ? Une vitrine brisée par ci, un parcours non annoncé par là. La condamnation de la violence par les associations étudiantes est-elle suffisante ? En même temps, malgré des blessés graves, nous n'avons jamais entendu le gouvernement appeler à limiter la violence policière, j'y reviendrai.

Monsieur le premier ministre, pourquoi donc le Québec et le Canada recrutent-ils les chercheurs d'excellence préférentiellement dans des pays où l'éducation est gratuite, ou à tout le moins très peu chère, comme la France, la Chine, l'Allemagne, l'Argentine, l'Autriche, l'Inde ou la Russie ? Pourquoi les recrutements n'ont-ils pas lieu dans les pays où les frais de scolarité sont très élevés, comme les États-Unis d'Amérique ? Pourquoi ces mêmes États-Unis sont-ils contraints de recruter autant d'étudiants et de professeurs à l'étranger si leur système d'éducation très coûteux pour les étudiants est si performant que le Québec se doive de l'imiter ? Sans prétendre résoudre ce paradoxe, je peux apporter quelques éléments de réflexion. En transformant les étudiants en clients, on introduit plusieurs moyens de pression permettant de dégrader fortement l'excellence de l'enseignement, et par là même l'excellence de la recherche qui, rappelons-le, repose avant tout sur les étudiants. Les clients achètent leur diplôme, et ils s'attendent donc à l'obtenir, même s'ils n'ont pas le niveau. Ensuite, l'université a tout intérêt à garder ses clients, puisqu'ils constituent leur principale source de financement. La pression se transmet aux professeurs, qui doivent réduire le taux d'attrition au maximum. Dans ces conditions, pourquoi faire échouer un client à un examen, puisque cela réduirait les ressources de notre département et de notre université, allant à l'encontre de l'intérêt du professeur ? Les professeurs qui, vous l'avez peut-être oublié, monsieur le premier ministre, sont avant tout des êtres humains, se trouvent tous les jours face à des étudiants, qui sont aussi des êtres humains, mais des êtres humains luttant pour survivre dans un monde où les richesses sont de plus en plus accaparées par une petite minorité. Comment, humainement, peut-on refuser un cours à un étudiant sérieux qui a travaillé fort et qui s'est lourdement endetté, mais qui est juste en dessous du niveau requis pour satisfaire aux hautes exigences du savoir intellectuel actuel ? Comment peut-on, humainement, laisser un jeune avec une grosse dette et sans diplôme ?

Aucune des pressions induites par le clientélisme universitaire n'est à elle seule décisive pour dégrader la qualité de l'enseignement. Mais elles vont toutes dans ce sens et il y a fort peu de mesures gouvernementales pour soutenir l'excellence dans l'enseignement ; la bonne volonté des étudiants et des professeurs nous préserve, pour combien de temps encore, du naufrage. Aux États-Unis, où les études sont très chères depuis longtemps, les notes finales d'un étudiant sont corrélées positivement avec le montant des frais de scolarité, est-ce bien sérieux ! La dette étudiante y est actuellement de plus de 1 000 milliards de dollars, et l'enseignement est déjà sévèrement dégradé. Une question cruciale est de savoir comment elle sera remboursée, si tant est qu'elle puisse l'être. Monsieur le premier ministre, oui, la question des frais de scolarité et de l'excellence universitaire est très complexe et ne peut pas se résoudre par une loi spéciale, mais par un large, long et difficile débat démocratique.

Débat démocratique, mais quel étrange concept viens-je d'évoquer ? La démocratie semble se résumer, pour vous, au seul dépôt dans l'urne d'un bulletin de vote tous les quatre ans. Mais comment croire que l'on puisse décider intelligemment de toutes les questions complexes auxquelles notre monde est confronté par un seul bulletin ? Quel n'a donc pas été mon désespoir quand une association étudiante, la CLASSE, a été vilipendée, insultée, traînée dans la boue parce que ses représentants respectaient le mandat qui leur avait été confié lors de votes démocratiques ! Quelle horreur, des élus qui refusaient d'abuser de leur pouvoir, qui refusaient de faire passer leur opinion personnelle en lieu et place de celle des gens qu'ils représentaient, et outrage inimaginable, osaient affirmer qu'ils allaient consulter leur base ! Monsieur le premier ministre, comment puis-je accepter de voir ainsi bafoués les principes fondamentaux de la démocratie par un gouvernement censé œuvrer pour l'épanouissement de la démocratie ?

La vraie démocratie, qui n'est pas la dictature de la majorité, doit mettre en œuvre de multiples systèmes, des contre-pouvoirs, pour garantir les droits de tout un chacun. Comment peut-on respecter les minorités, si seul un vote tous les quatre ans est considéré comme suffisant ? Or, du fait du *baby-boom*, les jeunes, les étudiants constituent une petite minorité au Québec. Il y a plus de personnes de plus de 75 ans que de jeunes de 15 à 19 ans, fraction de la population qui de toute façon n'avait pas le droit de vote lors des dernières élections. Il y a seulement 500 000 jeunes de 20 à 24 ans, mais plus de 2 millions d'aînés âgés de plus de 65 ans. Dans un tel contexte, et sans un long débat, quelle est la chance de faire passer l'idée d'études universitaires presque gratuites garantissant l'excellence de l'enseignement, alors que l'impact concret d'un tel choix servira l'intérêt des Québécois dans 10, 20 ou 30 ans, avant l'idée d'une baisse immédiate des impôts ?

Cent jours de lutte menée par des centaines de milliers de jeunes Québécois n'ayant comme seul pouvoir que des manifestations pacifiques et le sacrifice de leur propre session. Et quelles réponses le puissant gouvernement québécois a-t-il fourni ? Le mépris, l'absence de dialogue, la répression et maintenant une loi spéciale qui réduit la liberté d'expression de tous et qui laisse à la police, et bientôt peut-être à l'ar-

MAI

18 Après 21 heures consécutives d'échanges à l'Assemblée nationale, une version amendée du projet de loi 78, qui deviendra la loi 12, est adoptée à 68 voix contre 48. Seul le député libéral Pierre Paradis s'est abstenu de voter. Désormais, toute manifestation de 50 personnes et plus sera soumise à la loi spéciale.

19 La décision soulève un véritable tollé de protestations. Le député de Québec solidaire Amir Khadir invite à « réfléchir [...] à la possibilité de désobéir à cette loi de manière pacifique » ; le bâtonnier du Québec, Me Louis Masson, déclare que la loi 12 « porte des atteintes aux droits constitutionnels et fondamentaux des citoyens » et que « l'ampleur de ces limitations aux libertés fondamentales n'est pas justifiée pour atteindre les objectifs visés par le gouvernement » ; le porte-parole du MÉSRQ, Laurent Proulx, dénonce le recours à la loi spéciale ; l'Association canadienne des professeures et professeurs d'université (ACPPU) dénonce la loi spéciale qui « viole les droits et les libertés civiles des étudiants » ; les représentant.e.s de la CSN, de la FTQ et de la CSQ la qualifient de loi de « mononcles impuissants ».

MAI

18 À Montréal, un règlement municipal prévoyant de lourdes amendes pour les manifestant.e.s masqué.e.s est adopté.

18 Le Conseil du patronat du Québec appuie la loi spéciale.

18 Les Brasseurs illimités lancent la bière « La matraque », en deux versions : carré vert ou carré rouge. La version « carré vert » coûte un peu plus cher.

18 Environ 10 000 personnes (Radio-Canada) participent à la 25e manifestation nocturne à Montréal au cours de laquelle quatre personnes sont arrêtées. Le carré noir fait son apparition.

18 Plus de 1 000 personnes manifestent à Québec et 300 personnes à Rimouski (Radio-Canada) pour dénoncer la loi spéciale. D'autres manifestations ont lieu à Gatineau et à Trois-Rivières. À Sherbrooke, l'événement se termine avec l'intervention de l'escouade anti-émeute qui arrête 14 personnes.

19 Une pétition contre la loi spéciale recueille 150 000 signatures.

Follow

Axel Kahn @axelkahn 270d

Étudiants de Québec. Résister ne garantit pas toujours la victoire, se résigner accélère tj la dérive vers le pire. Vous êtes magnifiques.

mée, le soin de régler la question de l'excellence universitaire. Il n'est nul besoin d'être grand clerc pour imaginer la violente répression qui sera nécessaire pour arrêter un mouvement si profond, si massif, si motivé. Chaque fois que mes enfants, ou leurs amis, sortent le soir, c'est avec la peur au ventre que j'attends leur retour, sursautant à chaque coup de téléphone qui pourrait m'annoncer la perte d'un œil, un traumatisme crânien, voire pire. Oui, je sais, la police fait un métier difficile, oui il y a de très rares casseurs qui veulent en découdre et se cachent parmi la foule, oui il y a maintenant beaucoup de fatigue. Les conditions sont réunies pour que de graves bavures se produisent. Monsieur le premier ministre, agissez pour qu'elles ne se produisent pas, soutenez les policiers qui font bien leur travail et condamnez ceux qui abusent de la violence, comme par exemple à la brasserie Saint-Bock. Croyez-vous vraiment que poivrer des touristes va permettre de recruter des chercheurs d'excellence et de former d'excellents étudiants ?

Cent jours de lutte à mains nues face à un pouvoir sourd, autoritaire et violent peuvent-ils s'expliquer seulement par la question des frais de scolarité et de l'excellence universitaire ? Que nenni. La jeunesse sent bien, voit bien que notre modèle de société est en train de s'effondrer ; tous les marqueurs sont au rouge : un environnement social dégradé, marqué par une montée indécente des inégalités ; un environnement biologique dégradé, avec une disparition accélérée des espèces et des écosystèmes ; un environnement physique dégradé, avec le réchauffement climatique et les multiples pollutions chimiques ; un épuisement généralisé des ressources, qui oblige à exploiter à grands frais les sables bitumineux, les gaz de schiste, les métaux au fond des océans ou dans le Grand Nord ; un système financier démesuré, mais qui ne survit qu'à force de subventions, générant une dette publique impossible à rembourser. Ces 100 jours de lutte sont un extraordinaire cri de désespoir de notre jeunesse, désespoir qui s'est cristallisé sur la question des frais de scolarité, mais qui dénote un très profond malaise sociétal.

Le Québec est le premier pays riche à prendre massivement conscience du mur dans lequel nous sommes en train de nous enfoncer avant que la crise économique se manifeste de manière évidente comme en Grèce ou en Espagne. Monsieur le premier ministre, vous avez l'opportunité extraordinaire de disposer d'une jeunesse courageuse, innovante, politisée, prête à explorer un nouvel avenir qui nous fera éviter tous les graves dangers évoqués plus tôt. Ou alors, souhaitez-vous choisir l'obstination, l'aveuglement, la répression, la violence et m'obliger à vivre dans un autre pays où la démocratie, l'éducation, la nature... bref : la société humaine, pourront s'épanouir ?

Anonymous et la grève

Anonymous est un groupe d'« hacktivistes » anonymes qui affirment défendre, par certaines actions de piratage informatique, la liberté d'expression. Le groupe, fondé vers 2004, est composé de groupuscules qui agissent de manière décentralisée sur Internet. Les membres ou les sympathisants arborent un masque caractéristique popularisé par le film *V for Vendetta* (2005) et qui réfère à Guy Fawkes, un des responsables de l'attentat manqué contre la Chambre des Lords de Londres, en 1605. Anonymous intervient directement dans la grève étudiante québécoise afin de « défendre les droits du peuple libre ». Après l'adoption de la loi spéciale, le groupe multiplie les messages au gouvernement Charest en diffusant des vidéos sur le web, une de ses stratégies de communication bien connues. Le 21 mai 2012, Anonymous réussit également à pirater une dizaine de sites du gouvernement du Québec, notamment ceux du ministère de l'Éducation, du ministère de la Sécurité publique et du Commissaire à la déontologie policière. Dans la nuit du 29 au 30 mai, Anonymous publie sur YouTube une vidéo dans laquelle on voit Jean Charest, parmi de nombreuses autres personnalités politiques, économiques et culturelles, participer en 2008 à la soirée d'anniversaire de Jacky Desmarais, épouse du patron de la multinationale Power Corporation.

« NOUS SOMMES ANONYMOUS. NOUS SOMMES LÉGION. NOUS NE PARDONNONS PAS. NOUS N'OUBLIONS PAS. REDOUTEZ-NOUS. »

© NICHOLAS DAWSON

UN MANIFESTANT PORTE LE CÉLÈBRE MASQUE ADOPTÉ PAR ANONYMOUS LORS DE LA TORPINOUCHE DE GROSSE MANIF (ROUND VI), LA MANIFESTATION NOCTURNE DU 29 AVRIL 2012

MAI

19 Un sondage CROP soutenant que les Québécois.es appuient en grande majorité (66 %) la loi spéciale est publié en première page de *La Presse* et suscite une polémique ainsi qu'un appel au boycott. Selon un autre sondage CROP publié dans la même édition du journal, 8[illegible] % des Québécois.es se disent satisfait.e.s du travail des policiers pendant le conflit étudiant. Enfin, selon un troisième sondage, 51 % des Québécois.es estimeraient que Line Beauchamp a bien géré le conflit étudiant.

19 Le président de l'Association québécoise de l'industrie touristique appuie la loi 12.

19 La Fédération interprofessionnelle de la santé du Québec (FIQ) dénonce « l'abus de pouvoir dont fait preuve le gouvernement de Jean Charest pour régler le conflit étudiant ».

19 Le SPVM affirme qu'il appliquera la loi spéciale « avec discernement ».

19 En réaction à la loi 12, des citoyen.ne.s lancent les manifestations de casseroles, inspirées d'un épisode de l'histoire chilienne. Les gens sont invités à frapper sur leurs casseroles chaque soir à une heure fixe (20 h). Ce type de manifestation, qui se transportera bientôt dans les rues, connaît un succès extraordinaire.

Un grand tonnerre

Le 20 mai, une vidéo intitulée *Un grand tonnerre* dans laquelle Christian Bégin et Dominique Leduc lisent un texte de Christian Nadeau, professeur de philosophie à l'Université de Montréal, est mise en ligne. Cette œuvre, qui a marqué les esprits et dont le montage a été réalisé par Eric Robertson et Bérénice Steevenson à partir de différentes sources visuelles, est visionnée plus de 300 000 fois sur YouTube.

« [J]e n'ai jamais été témoin d'une telle violence à l'égard d'un groupe social au Québec. Je n'ai jamais vu un tel mépris du gouvernement à l'égard de ses propres citoyens. Je n'ai jamais vu une telle arrogance d'un trop grand nombre de journalistes et de chroniqueurs devant ceux qui pourraient leur apprendre à écrire et à s'exprimer décemment. »

« Chacun connaît le fameux passage de *Terre des hommes*, où l'auteur condamne la volonté de mettre un terme à ce qu'il y a de meilleur dans le cœur de tous. "Ce qui me tourmente, dit Saint-Exupéry, les soupes populaires ne le guérissent point. Ce qui me tourmente, ce ne sont ni ces creux, ni ces bosses, ni cette laideur. C'est un peu, dans chacun de ces hommes, Mozart assassiné". Cette phrase, souvent galvaudée, résonne malgré tout dans le contexte actuel, car elle exprime le dégoût devant l'ignoble. Le gouvernement s'obstine à vous mépriser, au mépris même de sa raison d'être. Il espérait une humiliation publique et il l'a faite à coup de matraques, mais aussi et peut-être surtout d'invectives des chiens de garde des nantis, des profiteurs et des saboteurs de la chose publique. Aux courtisans du pire, vous répondez en refusant de perdre votre dignité. » [extrait]

« Chères étudiantes, chers étudiants, vous nous avez montré la voie. On dit de vous que vous exigez l'impossible. Au contraire. Vous ouvrez les possibles. »

CHRISTIAN NADEAU

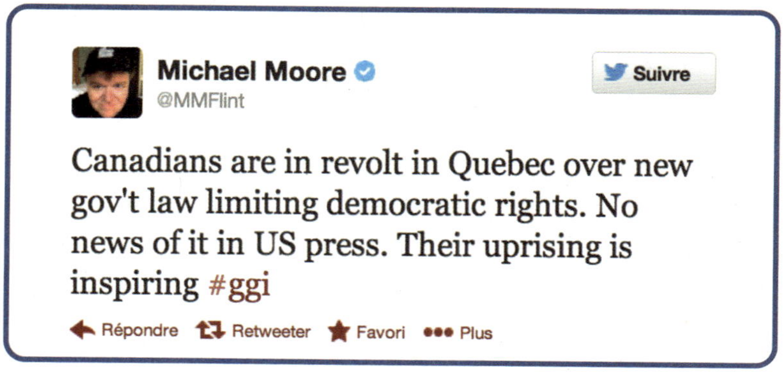
Michael Moore
@MMFlint
Suivre

Canadians are in revolt in Quebec over new gov't law limiting democratic rights. No news of it in US press. Their uprising is inspiring #ggi

Répondre Retweeter Favori Plus

MAI

19 Les organisateurs.trices d'une manifestation nocturne à Québec se conforment aux dispositions de la loi spéciale et remettent leur trajet aux policiers 8 h à l'avance.

19 À Montréal, 5 000 personnes participent à la manifestation nocturne. Plusieurs actes de vandalisme sont commis, des cocktails Molotov sont lancés, un incendie est allumé au coin des rues Saint-Denis et Ontario. Au total, 69 personnes sont arrêtées, mais aucune d'entre elles ne l'est en vertu de la loi 12 (*La Presse*).

20 Une « maNUfestation » à Sherbrooke rassemble près de 200 personnes (*La Tribune*).

20 Au lendemain d'une intervention policière musclée survenue sur sa terrasse, le propriétaire du Saint-Bock, un bar situé sur la rue Saint-Denis, envisage de poursuivre le SPVM.

20 Pour une deuxième soirée consécutive, la manifestation nocturne vire à l'émeute à Montréal. Plus de 300 personnes sont arrêtées et une dizaine d'autres sont blessées, dont une gravement (Radio-Canada).

20 À Québec, une manifestation nocturne pacifique se solde par une trentaine d'arrestations.

© FRÉDÉRIC FADDOUL. MANIFESTATION DU 18 MAI 2012

À partir du 24 mai, un site de paris sportifs (Sport Interaction) organise des paris sur l'issue de la grève étudiante. Parmi les paris offerts, le montant de la hausse qui sera finalement déterminée pour la session d'automne (de 0 $ à 400 $ et plus), la démission ou non de la ministre Michelle Courchesne, la proclamation ou non de la loi martiale, la prochaine célébrité qui appuiera le mouvement, la prédiction la plus sûre étant Michael Moore et la plus risquée étant Stephen Harper...

MAI

21 La CLASSE annonce qu'elle entend désobéir à la loi spéciale. Elle lance le site <www.arretezmoiquelquun.com> sur lequel les citoyen.ne.s sont invité.e.s à afficher publiquement leur rejet de la loi 12 et leur intention d'y désobéir.

21 La FECQ, la FEUQ et la clinique Juripop lancent une vidéo invitant les citoyen.ne.s à soutenir leur démarche juridique contre la loi 12.

21 Selon la Chambre de commerce du Montréal métropolitain, les manifestations étudiantes auraient fait chuter le chiffre d'affaires de plusieurs commerces du centre-ville d'environ 15 %.

21 Des pirates informatiques liés à Anonymous bloquent les sites Internet du MELS, de l'Aide financière aux études, du ministère de la Sécurité publique, du PLQ et de la Déontologie policière.

21 Lors d'une manifestation nocturne à Sherbrooke, 36 personnes sont arrêtées en vertu de la loi spéciale. C'est la première fois que les policiers l'invoquent. L'événement attire l'attention de la presse internationale. Le motif ces arrestations sera ensuite changé pour un article du Code de la sécurité routière.

MANIF DU 22 MAI

© FRÉDÉRIC FADDOUL

© MARIO JEAN – MADOC

© FRÉDÉRIC FADDOUL

© JÉRÉMIE BATTAG

© JÉRÉMIE BATTAGLIA

© NICHOLAS DAWSON

© FRÉDÉRIC FADDOUL

3 418 arrestations plus tard...

© NICHOLAS DAWSON

Le chiffre est précis : il y a eu 3 418 arrestations entre le 16 février et le 3 septembre 2012, ce qui constitue « la plus importante vague d'arrestations de l'histoire du Québec contemporain[1] ». La répression policière qui a eu cours durant le Printemps québécois a choqué de nombreux.euses citoyen.ne.s par son ampleur et par sa brutalité.

BILAN DE LA RÉPRESSION POLICIÈRE

Le 7 mars 2012, lors d'une manifestation devant les bureaux de Loto-Québec, les policiers du SPVM lancent des grenades assourdissantes afin de disperser les manifestant.e.s. Francis Grenier, étudiant en arts au cégep de Saint-Jérôme, est alors grièvement blessé à l'œil. Loin de faire partie des « casseurs », il manifestait de manière pacifique, assis par terre et jouant de l'harmonica. Pour justifier son intervention musclée, le SPVM invoque la « séquestration pendant plus de 40 minutes des occupants de l'édifice de Loto-Québec[2] ». En réponse à ceux qui l'ont ensuite accusée de négligence, la police de Montréal soutient que les grenades assourdissantes étaient quasi inoffensives. Destinées à exploser au-dessus des foules, elles seraient faites de carton et n'auraient pas de composantes métalliques[3].

Le 18 avril 2012, les groupes d'intervention du Service de police de la Ville de Gatineau et de la Sûreté du Québec interviennent avec fracas à l'Université du Québec en Outaouais. Bilan : 160 arrestations.

Le 4 mai 2012, en marge du conseil général du Parti libéral du Québec, plus de 2 000 personnes manifestent à Victoriaville. Une poignée d'entre elles tentent de mettre à l'épreuve le périmètre de sécurité. La Sûreté du Québec use de gaz lacrymogènes et de balles en caoutchouc pour mettre fin à la manifestation. Bilan de l'opération : plus de 100 personnes sont arrêtées, 12 manifestant.e.s sont blessé.e.s, dont 2 très grièvement[4].

Le 15 mai 2012, des enseignant.e.s, des sympathisant.e.s et des parents forment une chaîne humaine devant la porte d'entrée du collège Lionel-Groulx afin de protéger les étudiant.e.s grévistes. Souhaitant faire respecter l'injonction accordée à 53 de ses étudiant.e.s, la direction du collège fait appel à la Sûreté du Québec et au Service de police de Sainte-Thérèse pour mettre fin à la manifestation pacifique. L'escouade anti-émeute de la SQ disperse les manifestant.e.s en leur lançant des gaz lacrymogènes et en les repoussant violemment.

Le 20 mai 2012, Stéfanie Trudeau, une policière du SPVM mieux connue par son matricule, le 728, est filmée alors qu'elle poivre et insulte des manifestant.e.s[5]. Très rapidement, les vidéos de ses interventions circulent dans les médias sociaux et inquiètent l'opinion publique. Elle défraie une fois de plus la chronique en octobre 2012 après avoir arrêté de manière brutale et injustifiée quatre résidants du Plateau Mont-Royal qu'elle qualifie de « gratteux de guitares », d'« ostie de carrés rouges », d'« artistes » et de « mangeux de marde ». Stéfanie Trudeau sera suspendue pendant l'enquête interne du SPVM[6].

Le 23 mai 2012, 518 personnes sont arrêtées à Montréal lors d'une manifestation nocturne s'étant pourtant déroulée dans le calme. Le même soir à Québec, 176 manifestant.e.s sont arrêté.e.s.

Nombreux sont les manifestant.e.s, professeur.e.s, parents, étudiant.e.s et travailleur.euse.s qui ont dénoncé les encerclements de masse et les arrestations aveugles menés par les différents corps policiers au cours de la grève étudiante. Dans une lettre rendant justice à Maxence Valade, l'un des blessés de Victoriaville, son ex-professeure Brigitte Faivre-Duboz s'inquiète à la fois de la répression policière et de la surdité des autorités gouvernementales face aux revendications des étudiant.e.s : « C'est sur ce jeune homme que l'on tire avec un attirail de guerre, écrit-elle. On aurait eu plutôt tout intérêt à l'écouter, lui et ses semblables, au sens fort de prêter l'oreille, comme on tend la main dans un geste d'accueil. Il aurait pu vous expliquer la démocratie directe et vous auriez vu alors qu'il ne se contente pas de la prôner, mais la vit au quotidien : il entre en débat avec tous ceux qui désirent le faire, avec passion et humour, sans agressivité, jamais[7]. »

Dès le début du mois de mai, Amnistie internationale se dit préoccupée par les abus policiers : « Ce n'est pas normal. On s'entend que si la police donne un ordre légitime de manifestation illégale, il faut qu'elle donne le temps aux gens de pouvoir partir et de se disperser[8] », affirme sa directrice générale, Béatrice Vaugrante. Vers la fin du même mois, « deux rapporteurs spéciaux de l'ONU [critiquent] les nouvelles restrictions légales au droit de manifestation (loi 12 et règlement municipal antimasque) et la répression policière qui visait le mouvement étudiant. La ministre libérale des Relations internationales, Monique Gagnon-Tremblay « [répond] que l'ONU devrait plutôt s'intéresser aux crises plus importantes dans d'autres pays[9] ».

> « Il y a eu erreur », a admis le SPVM après avoir relâché l'étudiant qui lisait dans les couloirs de l'UdeM. « Il ne s'agissait pas d'un livre en retard. »
>
> *Les Fausses nouvelles*, 29 août 2012

LES CAMPUS UNIVERSITAIRES SOUS SURVEILLANCE

Si la présence policière s'est fait sentir sur les campus universitaires et dans les collèges tout au long de la grève étudiante, elle atteint toutefois son paroxysme à la reprise des cours à la fin du mois d'août 2012.

Alors que la rentrée se déroule dans un calme relatif à l'UQAM, elle est particulièrement houleuse à l'Université de Montréal. Le matin du 27 août, des manifestant.e.s tentent d'interrompre les cours des départements toujours touchés par la grève. À 10 h 30, le SPVM donne un avis d'expulsion aux manifestant.e.s en vertu du Code criminel, et non de la loi 12. La direction de l'UdeM demande ensuite au service de police de bloquer les accès des pavillons Jean-Brillant et Lionel-Groulx. Des professeur.e.s et des étudiant.e.s[10] sont alors pris en souricière sans explication. Le lendemain, un communiqué mis en ligne sur le site de l'Université de Montréal soutient que 98 % des cours se sont donnés. Le calme ne revient pourtant pas. Au cours de l'après-midi, la direction de l'université fait de nouveau appel au SPVM, lequel déploie son groupe d'intervention tactique dans les couloirs du pavillon Jean-Brillant. À l'issue de ces deux jours, le SPVM a arrêté 16 personnes, dont 10 pour voies de fait[11]. Les réactions ne se font pas

© DAVID CHAMPAGNE

© DAVID CHAMPAGNE

OUVREZ LES YEUX. CESSEZ DE NOUS LES POIVRER

attendre. La CLASSE « rappelle qu'avant que les administrations forcent le retour en classe, le climat sur les campus était calme [12] ». Des syndicats de professeur.e.s dénoncent les atteintes à la liberté académique. Dans une lettre ouverte signée par Blandine Parchemal et publiée dans *Le Devoir* du 30 août, 17 associations étudiantes demandent la démission du recteur Guy Breton.

Le 19 septembre, Francis Dupuis-Déri cosigne, avec plus de 180 professeur.e.s et chargé.e.s de cours, une lettre ouverte exigeant « une commission d'enquête publique et indépendante sur l'ensemble des opérations policières lors de la grève étudiante de 2012 [13] ». Le gouvernement n'y a pas donné suite à ce jour.

---

1 Collectif opposé à la brutalité policière (COBP), « Grève étudiante 2012 : 3 418 arrestations [du 16 février au 3 septembre 2012] BILAN DÉFINITIF », 10 octobre 2012, <http://cobp.resist.ca/documentation/gr-ve-tudiante-2012-3418-arrestations-du-16-f-vrier-au-3-septembre-2012-bilan-d-finitif>.

2 Presse canadienne, « Les policiers appellent à la collaboration à la veille de la manifestation contre la brutalité policière », Radio-Canada.ca, 14 mars 2012.

3 Philippe Teisceira-Lessard, « Grenades assourdissantes : une vidéo soulève des questions », *La Presse*, 9 mars 2012.

4 Ian Bussières, « Manif à Victoriaville : 12 blessés, 106 arrestations », *Le Soleil*, 5 mai 2012.

5 Florent Daudens, « Deux vidéos soulèvent des questions sur le travail du SPVM », Radio-Canada.ca, 21 mai 2012.

6 Hugo Pilon-Larose, « SPVM : l'agent 728 frappe à nouveau », *La Presse*, 10 octobre 2012.

7 Brigitte Faivre-Duboz, « C'est sur cet étudiant qu'on a tiré », *Le Devoir*, 7 mai 2012.

8 « Amnistie et la Ligue des droits dénoncent des abus policiers lors de manifestations étudiantes », Radio-Canada.ca, 4 mai 2012.

9 Francis Dupuis-Déri, « Mouvement étudiant et répression policière – pour une commission d'enquête publique », *Le Devoir*, 19 septembre 2012.

10 UniversiTV, « Université policière – épisode 1 – 27 août 2012 », 29 août 2012, <www.universitv.tv/archives/1755>.

11 David Santerre, « Quinze étudiants arrêtés à l'Université de Montréal », *La Presse*, 28 août 2012.

12 « La CLASSE dénonce la répression policière sur le campus de l'Université de Montréal », 27 août 2012, <www.bloquonslahausse.com/2012/08/la-classe-denonce-la-repression-sur-le-campus-de-ludem>.

13 Francis Dupuis-Déri, *loc. cit.*

© NICHOLAS DAWSON

S&F
Dormez-vous?
Dormez bien maintenant !
POLICE

MAI

21 À Montréal, 5 000 personnes participent à la 28e manifestation nocturne.

22 La grande manifestation du 22, qui souligne le 100e jour de la grève étudiante, rassemble entre 200 000 et 250 000 personnes (Radio-Canada) dans les rues de Montréal. Lors de la marche, la CLASSE fait dévier l'itinéraire officiel donné par les fédérations étudiantes et les syndicats aux policier.ère.s.

22 Une centaine de personnes manifestent à New York et quelques centaines à Paris en appui aux étudiant.e.s québécois.es.

22 Des manifestations ont lieu à Chicoutimi, Sept-Îles, Matane, Gaspé, Saint-Anne-des-Monts, Bonaventure et aux Îles-de-la-Madeleine pour dénoncer la loi spéciale.

22 Le chef de la police de Québec, Michel Desgagné, assure que la loi 12 ne sera pas appliquée « à la lettre ».

22 Jean Charest se dit « déçu » de la position adoptée par la CLASSE à l'égard de la loi 12, une loi qu'il qualifie de « juste ».

22 La Fédération du travail de l'Ontario invite les étudiant.e.s ontarien.ne.s à suivre l'exemple des étudiant.e.s québécois.es et à « descendre dans la rue » pour mettre un terme aux hausses des frais de scolarité.

CHANSONS INSPIRÉES DE LA GRÈVE ÉTUDIANTE

Un air de Printemps

Le Printemps québécois inspire de nombreuses chansons. Dès le 21 mars, Antoine Mainville fait une reprise de la chanson *Cauchemar de course* de Bernard Adamus, dont le titre modifié devient *Cauchemar de grève*. Quatre jours plus tard, Ben Cliche s'inspire du limbo et met en ligne une chanson sur Line Beauchamp, le *Linebo*. Au mois de mai suivront les chansons originales des Loco Locass, d'Ariane Moffatt, de Jon Lajoie, de Damien Robitaille et de Maxime Galand, pour ne nommer que celles-là. Puis, au mois de juin, sont mises en ligne les chansons *Voir rouge* composée par Yannick Duguay et David Viens et *Garde ta main sur la brique !*, un rap de Jay St-Louis, Mathieu St-Onge et Gab Roy. Finalement, en septembre, le groupe Mise en demeure met en ligne *La commune de Montréal,* composée quelques mois plus tôt.

JEUDI, 17 MAI 2012

Paroles et musique : Ariane Moffatt

Version modifiée de la chanson originale *Jeudi, 17 mai* (2008)

Sortie : 18 mai 2012

Twitter ne dérougit pas, il est 6 heures
Le Québec se réveille sous le règne
de la peur
À Cannes c'est le festival de Dolan
et ses sœurs
À l'Église on prie pro-vie chez les
conservateurs
Rouges et verts sont coincés dans la même
fourrière
La planète dit adieu à sa grande
Donna Summer
Y'a un frisson qui passe entre mes pieds
et mon cœur

Refrain
Je n'invente rien
C'est la presse qui parle
Ce 17 mai au matin
Je m'oppose à cette « loi spéciale »

Hollande survit à sa grande première
Le registre des armes a feu est réduit
en poussières
Facebook : troisième pays en puissance
sur la Terre
La Gaga censurée doit annuler des concerts
Pauvre Zampino sorti du lit à coups
de marteau
Alors que Line Beauchamp doit enchaîner
les mojitos
Partout dans les rues, des étudiants
en colère
Almanach quotidien fumigènes
dans l'atmosphère

Refrain
Je n'invente rien
C'est Jean Charest qui parle
Ce 17 mai au matin
Je m'oppose à cette « loi spéciale »

© MAXIME GALAND

TIRÉE DE LA VIDÉO DE MAXIME GALAND CHAREST! WOUHOU !

[WI]

Paroles et musique : Loco Locass
Sortie : 16 mai 2012
Album : *Le Québec est mort, vive le Québec !*

[...]
le pays qu'on bâtira sera pas
en ticky-tacky
j't'en passe un papier... à la tiki-taka
on a tout c'qui faut pour faire les frais,
sans faire les frais de l'affaire
le fer est chaud, l'hiver est beau,
moins que le Printemps québécois

Épargnés par l'histoire
parvenus au carrefour
il nous faut choisir
entre deux maux le moins pire :
soit le peuple est dans la rue
soit le peuple est dans la rue, jour et nuit
pour la démocratie [...]

CHAREST ! WOUHOU !

Paroles et musique : Maxime Galand
Sortie : 16 mai 2012
<boxvocal.com>

[...]
Tu fais exploser mon thermomètre d'indi-
gnation
Dans mon cœur, le bonheur fond
Tu traites des étudiants comme des
terroristes
Même ma mère trouve que t'exagères
C'est pas normal

Charest ! Wouhou !
Charest ! Wouhou !
Charest ! Wouhou !
Charest ! Wouhou ! [...]

MAI

22 Le bâtonnier du Québec condamne toute forme de désobéissance civile contre la loi 12.

22 Selon la FEUQ, la reprise des négociations doit avoir pour condition la suspension de la loi 12.

22 Contrairement à ce qu'a laissé entendre Amir Khadir en point de presse, QS respectera la loi spéciale et n'invitera pas à la désobéissance civile.

22 À Montréal, 113 personnes sont arrêtées au cours de la 29e manifestation nocturne qui rassemble 2 000 personnes (*La Presse*). Pendant l'événement, un conducteur happe deux manifestant.e.s en tentant de se frayer un chemin à travers la foule.

23 La ministre Michelle Courchesne se dit prête à reprendre les négociations avec tou.te.s les représentant.e.s étudiant.e.s, y compris la CLASSE, à condition qu'ils renoncent à un moratoire sur l'augmentation des frais de scolarité. Les représentant.e.s étudiant.e.s acceptent de reprendre les négociations, mais la FEUQ demande que la CREPUQ, la Fédération des cégeps et les syndicats en soient exclus.

MAI

23 Selon *La Presse*, la première version de la loi spéciale présentée au Conseil des ministres était encore plus draconienne que le projet de loi 78 officiellement déposé à l'Assemblée nationale.

23 En vertu de la loi 12, le SPVM envisage des poursuites contre la CLASSE qui a fait dévier le trajet de la grande manifestation du 22 mai.

23 Le député Jean-Martin Aussant, d'Option nationale, dépose une pétition de 53 556 noms visant à faire reculer le gouvernement Charest sur l'augmentation des frais de scolarité.

23 Les forces policières procèdent à l'arrestation de 518 personnes au cours des diverses manifestations qui se tiennent désormais dans les rues de Montréal (les casseroles dans divers quartiers ainsi que la 30e manifestation nocturne qui est déclarée illégale avant même qu'elle ne commence). Pourtant, de l'avis général, les événements se sont déroulés dans le calme. Plusieurs manifestant.e.s jugent avoir été pris.es en souricière par les forces policières sans avoir la possibilité d'obtempérer à leurs ordres.

© ÉCOLE DE LA MONTAGNE ROUGE

LA COMMUNE DE MONTRÉAL

Paroles et musique: Mise en demeure
<http://miseendemeure.org>
Sortie : 2 septembre 2012

Ça fait bientôt trois ans et demi
Qu'une loi spéciale nous a surpris
On s'est regroupé.e.s dans l'urgence
On s'est dit qu'on allait prendre
notre chance
Et on a mis des masques
Et on s'est promené.e.s tout nu.e.s
On a pas donné nos trajets, les policiers
étaient confus
On a lancé de belles idées en forme
de roches dans des vitrines
Et de morceaux de pavé sur la gueule
des paciflics
On a émasculé la Bourse de Montréal
C'était pour la première page,
mais on a aussi brûlé le journal

[...]

Refrain
Arrêtez-nous
On s'en fout
On s'est donné rendez-vous
Tous nos ami.e.s sont en prison

« A quick song I wrote in support of the students who are striking all across Quebec.
« Join the march on May 22nd at Place des Festivals in Montreal. Democracy is not negotiable. Also, I am aware that this is not a comedy song, don't worry, there's more comedy to come soon. »

JON LAJOIE

SONG FOR THE STUDENTS

Paroles et musique : Jon Lajoie
Sortie : 21 mai 2012

[...] You shove 78 down my throat
and you
Think I will not cough and spit it in
your face.
We are not afraid, we will not behave
nor will we go home
I do not believe you anymore
You've been lying to me for way too long
You exist for me not the other way
around [...]

CASSEROLES

Paroles et musique : Damien Robitaille
Sortie : 24 mai 2012
Enregistrement de Guillaume Chartrain

[...] Si vous en avez ras-le-bol,
tapez sur vos casseroles
Et si vous en avez marre,
c'est l'heure du tintamarre
Nous ne sommes pas des casseurs
On fait juste un cri du cœur
Répondez à l'appel
Sortez avec votre vaisselle [...]

Lettre à un vieil ami

Raymond Bock

Publié sur le blogue *Vieil ami*, republié sous le titre
« Lettre à un ami policier » dans *Liberté*, n° 298, hiver 2013
le 26 mai 2012

Cher M***,

Il y a très longtemps que je n'ai pas eu de tes nouvelles. Comment ça va ? De mon côté, je t'avoue que c'est plutôt difficile. Le conflit politique est pénible à plusieurs égards et me pèse, émotivement, physiquement, intellectuellement, artistiquement. Tu te rappelles, peut-être, qu'en 2004, j'ai commencé des études en littérature à l'UQAM. Après huit ans, je suis en train de les terminer. Il se passe beaucoup de choses en huit ans, des blessures, des ruptures, des décès, plusieurs déménagements. J'ai maintenant un petit gars, deux ans et demi passés, écœurant, tu me dirais sûrement qu'il me ressemble après l'avoir pris pour une fille, car il a les cheveux longs et tout le monde s'y trompe. Moi, j'ai perdu pas mal de cheveux, surtout au front. Quand le conflit que nous traversons sera derrière nous, si une telle chose survient un jour, je déposerai mon mémoire de maîtrise. J'avais déjà pas mal de soucis avec le sujet, mais les événements du printemps me rajoutent quelques embûches. Vois-tu, j'écris de la fiction, mais je dois aussi écrire un essai dans lequel je réfléchis aux paradoxes de l'engagement politique des écrivains. Mettons-le au plus simple : je m'interroge sur la part individuelle que chacun amène à la collectivité et la part collective qui existe en chacun. Tu peux t'imaginer que les temps présents, s'ils m'éloignent de mon travail en saturant mon esprit (il est plutôt difficile de lire ou d'écrire dans le hululement des sirènes), ils m'imposent dans la réalité ce sujet qui demeurait, il faut l'admettre, plutôt abstrait, plutôt livresque, très historique, donc appréhendé à rebours. Des libres penseurs en vue se plaisent à dire des étudiants qu'ils sont gâtés pourris et ne se tapent ces temps-ci qu'un beau congé et de belles marches de santé ; je te garantis qu'ils apprennent beaucoup plus présentement à propos de la société dans laquelle ils vivent que dans un quelconque cours réformé d'éducation à la citoyenneté. Je ne t'écris pas en leur nom, et je ne parlerai pas non plus pour nous ou pour tous. Je ne parlerai jamais qu'en mon nom. Je remercie bien des gens de m'avoir appris à le faire. Mes parents et leur bibliothèque en premier lieu. Plusieurs écrivains. Et beaucoup, beaucoup de profs, du secondaire au deuxième cycle des études universitaires, certains devenus des amis.

Tu sais, M***, il m'arrive de penser à toi. Pas très souvent ; rarement, même. Mais toute personne qu'on a côtoyée significativement dans sa vie laisse une trace en mémoire, et il arrive que, lorsque je regarde un match de water-polo à la télé durant les Jeux olympiques ou lorsque je sors à la piscine faire quelques longueurs, mon passé

ENTENDU DANS UNE MANIF

« Nous lui répondrons
par la bouche
de nos chaudrons ! »

ENTENDU DANS UNE MANIF

« Non, non, ma chouette...
Les cuillères, ça ne va
pas dans la bouche ;
c'est pour frapper sur
ta casserole ! »

MAI

23 Pendant ce temps, à Québec, une manifestation nocturne rassemblant entre 300 et 400 participant.e.s (*Le Soleil*) se solde par l'arrestation de 176 personnes, qui reçoivent un constat d'infraction de 494 $ en vertu du Code de la sécurité routière. Au total, ce sont donc près de 700 manifestant.e.s qui ont été arrêté.e.s cette nuit-là dans la province.

24 À Québec, 500 personnes manifestent pacifiquement (*La Presse*). À cette occasion, Anarchopanda fait sa première apparition publique dans la Capitale nationale.

24 Inquiets du vide juridique entourant leur droit de grève, deux étudiants déposent une pétition à l'Assemblée nationale pour la « reconnaissance du droit de grève et de son encadrement aux associations étudiantes ». Cette démarche est qualifiée de non partisane par ses deux instigateurs, Samuel Pagé-Plouffe et Marc-André Groulx.

24 En Ontario, des étudiant.e.s de l'Université d'Ottawa bloquent l'accès aux bureaux administratifs du pavillon Tabaret pour exprimer leur opposition à la hausse des frais de scolarité décrétée en avril par le Bureau des gouverneurs.

ressurgisse, je vais à sa rencontre d'une certaine manière, et à la tienne aussi, parfois. Je t'avoue que je conserve de toi la meilleure impression, comme sauveteur, comme supérieur, comme entraîneur, comme coéquipier. Tu as toujours été à mes yeux un homme intègre et juste, un homme intelligent avec un excellent sens de l'humour. Des qualités que tu as encore, j'en suis certain, et que tes collègues d'aujourd'hui apprécient sans aucun doute. À l'époque, tu entrais à Nicolet et tu voulais devenir enquêteur dans les narcos. On était tous d'accord pour dire qu'arrêter des salopards qui se font des millions, des milliards, en vendant de la merde à des gens malades était une bonne chose. Vous étiez plusieurs à vous diriger vers la carrière de policier. Je comprends tout à fait comment des sauveteurs peuvent se sentir appelés par cette vie. Les sauveteurs font exactement ça, servir et protéger. Ils font respecter des règlements, même ceux qui sont contestables (et il y en a beaucoup), parce que c'est leur job. Ils expulsent les contrevenants, l'adrénaline fuse quand vient le temps d'intervenir. Ça peut griser. Tu te rappelles les deux petits frères que j'ai sortis du 12 pieds, un été, au grand soleil ? Moi, je me souviens de ta petite, qui n'aurait pas dû oser le tremplin d'un mètre. Sur ces coups-là, c'est vrai, on a bien agi, courageux, vertueux. Presque des héros, au fond, même si c'était la moindre des choses. Je ne m'étonne pas non plus que plusieurs de nos coéquipiers se soient dirigés vers la carrière de policier. Le water-polo est un sport incroyablement violent malgré sa beauté et sa finesse, joué par des colosses toujours prêts à en découdre virilement, qui ne reculent pas devant le défi, un sport idéal pour quiconque veut sublimer colère et rage. Ce sont des candidats parfaits pour brasser du camarade. Le sport en général est un excellent exutoire pour la violence. Pas seulement parce qu'on file doux, après l'effort, quand on est gorgé d'endorphines. C'est un des rares domaines où la violence est permise et même encouragée. La société s'est ménagé quelques espaces où la violence fondamentale des humains peut s'exprimer, une sorte de cheminée, une soupape nécessaire. Les sports en sont. Les arts aussi. Pas étonnant qu'on réchappe nombre de jeunes à problèmes par la boxe ou la poésie.

Comme je te le disais plus haut, je m'intéresse aux paradoxes. C'est sans doute parce que je suis moi-même paradoxal, et je te fais l'aveu suivant : les policiers, je ne les apprécie qu'en des moments précis et ponctuels, par exemple lorsqu'ils arrêtent des meurtriers et des violeurs, ou lorsque je *dois* faire appel à eux, ce qui ne m'est pas arrivé souvent. Le reste du temps, ils m'inquiètent. Les policiers ne sont pas qu'en attente d'un appel à l'aide. Ils sont en quête, ils traquent le crime comme le sauveteur scrute sa piscine à la recherche d'une entorse au règlement, et bien que je sois le gars le plus honnête au monde (dressé par la loi et la morale, qui informe la caissière quand elle lui remet trop de monnaie, qui ne déclare que ce qu'il s'est effectivement fait voler, alors qu'il aurait vraiment besoin, pour son travail, d'un nouveau portable, et pour son plaisir, d'une nouvelle guitare), j'ai systématiquement l'impression que les policiers que je croise dans la rue me considèrent comme un criminel en puissance. Tu sais, comme quand on traverse les douanes ? On est propre. On se sent sale. Je pense qu'il y en a un bon paquet parmi les policiers qui aiment le crime, le souhaitent, sûrement même le provoquent. Au fond, que seraient-ils sans lui ? Que vaudraient-ils, ne serait-ce que symboliquement, pour la société ? Mais il y en a, de vrais bons policiers. La mesure et la rationalité, qui font tellement défaut ces temps-ci, exigent qu'on l'admette. Quand on se côtoyait, je me disais que tu en serais un excellent. F*** aussi, tellement doux, tellement bon. Un gars vraiment généreux. Je suis convaincu qu'il fait bien son travail. Pour D***, je l'ignore, je ne l'ai pas connu suffisamment, mais j'ai aussi un bon souvenir de lui. J***, par contre, un minable trou du cul que je ne veux plus jamais croiser ne serait-ce qu'en civil au supermarché, je considère qu'avec une arme à la ceinture, il est un danger pour les citoyens. Je te confie que lorsque je t'ai vu dans une énième vidéo nous montrant la violence démesurée et hors de contrôle que tes collègues et toi exercez libéralement sur tout un chacun par les temps qui courent, mes bons souvenirs ont fait place à une colère extrêmement puissante. Je t'ai insulté très brutalement. J'ai arrêté l'image et je t'ai gueulé après pendant 15 bonnes minutes, à travers l'écran de mon ordi, j'en ai eu mal à la tête, ma blonde capotait. Une chance que mon petit dormait dans sa chambre à l'autre bout de la maison, loin de ma colère. Plus tard dans la journée, ma furie s'est calmée et a fait place à une grande tristesse. Dans cette vidéo, tu n'étais pas en train de tirer une fille par les cheveux, d'en traiter une autre de « crisse de gouine », de poivrer un caméraman ou de matraquer un quidam qui sortait des Foufounes électriques au mauvais moment. Tu ne faisais que refuser de t'identifier. Parmi toutes les entorses au code de déontologie que les policiers québécois commettent ces temps-ci, c'est sûrement la moins grave. Mais elle trahit quelque chose de fondamental et ton regard triste, ta moue, et ta façon de regarder ailleurs le prouvent par mille : vous avez peur. Vous êtes terrorisés. Que t'aurait-il coûté de décliner ton nom ? Pas grand-chose, au fond, et ce geste t'aurait honoré : je m'appelle M*** et je vous demande de circuler. Pas de plainte à redouter. Un peu de respect à récupérer. Même que, si tu avais décliné ton identité comme l'exige ton code de déontologie, tu ne te serais probablement pas retrouvé dans la vidéo. Ne comprenez-vous pas que ce ne sont pas vos bons coups qui font les manchettes ? Ne réalisez-vous pas le renversement qui a eu lieu et que c'est vous, désormais, qui êtes scrutés par la population, comme les baigneurs sont scrutés par les sauveteurs ? Tu n'étais pas dans l'escouade anti-émeute. Malgré ton casque, tu portais l'uniforme habituel bleu pâle du SPVM. Même si, quand je t'ai vu refuser de t'identifier, je me suis emporté en te sommant de me dire comment tu te sentais à poivrer tout le monde, à briser des côtes et des bras en donnant la bastonnade tant souhaitée par les libres penseurs en vue, à tirer des explosifs dans les foules, rien ne me prouve que tu l'as fait un autre soir, et en cela ton honneur et mes souvenirs sont presque saufs. Mais tu formais un périmètre derrière lequel plusieurs (plusieurs !) de tes collègues menottaient une jeune femme habillée pour un party dans une discothèque, en la plaquant très fort contre un mur et en lui criant après pour des raisons inconnues, mais qui, on va se l'avouer, n'avaient évidemment rien à voir avec une quelconque menace pour l'ordre public, et tu te sentais complice de ce dérapage. J'ai vu tes yeux tristes. Tu n'es pas d'accord avec ce qui se passe. Mais tu t'exécutes, c'est ta job. Je me demande comment vous vous sentez

MAI

23 Une manifestation de pirates et de ninjas part à l'assaut des rues de Montréal : « Une flotte unie jamais ne sera coulée ! »

23 La policière du SPVM au matricule 728, qui s'est fait connaître sur le web pour son usage abusif de poivre de Cayenne lors d'une intervention brutale, est « dispensée » de manifestations.

23 La ministre Michelle Courchesne annonce qu'une rencontre « très importante » aura lieu avec les représentant.e.s étudiant.e.s.

24 La FECQ et la FEUQ réclament la présence du premier ministre à la table de négociations.

24 Deux députés fédéraux du Nouveau Parti démocratique, Ève Péclet et Alexandre Boulerice, émettent des réserves vis-à-vis de la loi spéciale adoptée par le gouvernement du Québec.

24 Malgré les nombreuses arrestations de la veille, le ministre de la Sécurité publique, Robert Dutil, défend le travail des policiers.

24 Le SPVM juge que les 518 arrestations effectuées la veille sont légitimes.

24 La dernière des quatre personnes accusées d'avoir lancé des bombes fumigènes dans le métro de Montréal est libérée sous condition.

MAI

24 La couverture du magazine *Maclean's* présente la photo d'un étudiant masqué. Le titre du numéro : « Quebec's new ruling class » (« La nouvelle classe dirigeante du Québec »).

24 La Fraternité des policiers et policières de Montréal souhaite un règlement pour interdire les injures, afin d'éviter l'escalade des tensions avec les manifestant.e.s.

24 Plusieurs milliers de personnes participent à la manifestation nocturne avec leurs chaudrons et casseroles. L'événement se déroule dans le calme. Quatre personnes sont arrêtées.

25 Un sondage CROP commandé par Radio-Canada contredit le sondage CROP publié par *La Presse* du 19 mai. Selon le second sondage, 60 % des personnes interrogées croient que la loi spéciale n'est pas une solution légitime au conflit étudiant.

25 Amnistie internationale condamne l'adoption de la loi spéciale.

quand, vers trois heures du matin, vous retournez ensemble dans vos quartiers prendre une douche et vous changer dans le vestiaire, gorgés d'endorphines. Y en a qui jubilent, c'est sûr. L'impunité, ça donne du courage noir aux mauvaises âmes. Ça corrompt les bonnes. Comme la loi de Charest et Legault restreint les libertés fondamentales du peuple, elle autorise du même coup le laxisme déontologique des forces de l'ordre. Tu comprends ce que je veux dire ? Un plateau de la balance est alourdi, l'autre est allégé. Alors tes collègues, dans le vestiaire, tout contents et imbus de leurs nouveaux pouvoirs, blaguent à propos des gazelles qui fuient dans les documentaires du *National Geographic.* D'un côté le bétail. De l'autre, les chasseurs. Ils font un pool pour récompenser celui qui aura fait, à la fin du conflit, le plus d'arrestations, celui qui permettra à la Ville de récupérer le plus d'argent en contraventions : « Hey, G***, t'es en avance ! Dix-neuf communistes à terre plus 2 467 $ pour notre *overtime* ! » Mais y en a aussi qui rentrent contrits et piteux, c'est certain. Ça les démonte de faire la job sale d'un mafieux en panique. Je pense que tu fais partie de ceux-là.

Et malgré ma colère, malgré mon indignation totale devant ce qui se produit, je suis content de t'avoir vu dans cette vidéo. L'image que les médias renvoient de la répression policière fait de vous des robots sans âme, habillés pour l'hécatombe, en pelotons qui s'avancent au pas cadencé, qui frappent, gazent et tirent à bout portant (avec un arsenal incroyablement puissant, mais non létal, ne vous inquiétez pas) sur des gens sans protection. Des robots sans âme qui ne diront jamais non parce qu'ils sont programmés pour ça, parce que la pyramide pointe vers le haut, et que c'est de là que vous vient le programme de la soirée, le programme de la vie. Mais ton visage, tes yeux tristes, surtout, ont ramené un peu d'humanité sous l'armure. Vous pensez à votre famille, à votre endettement démesuré, à votre hypothèque, à vos paiements de char, à votre salaire, à la honte des mesures disciplinaires, à l'esprit de corps du clan. Vous êtes prisonniers de votre condition et il est tout simplement inconcevable pour vous de refuser les ordres. Vous êtes comme tous les autres travailleurs, dépendants de votre emploi, pour lequel vous vous compromettrez qu'importent vos valeurs, ou mieux, pour lequel vous modifierez vos valeurs : vous êtes de la classe moyenne. Tout cela est d'une incroyable tristesse, oui. Tes yeux le confirment. Moi-même, j'ai pleuré plusieurs fois dans les dernières semaines. J'oscille entre l'abattement abyssal et la fureur. Charest est un menteur et un voleur, ça, tout le monde le sait. Mais au mensonge et au vol s'est ajouté l'agression, et ça, c'est un crime impardonnable. Je trouve inqualifiable que des hommes comme toi ou F*** se trouvent contraints de le perpétrer en son nom. Et le pire dans tout ça est que les Québécois ont une conscience politique et historique si faible que ce pourri a des chances de s'en tirer quand même. Ce serait le bout. Mais c'est possible. L'*establishment* en serait très content, et ses estafettes travaillent vigoureusement pour que ça se produise.

M***, tu as choisi l'anonymat et je te comprends. Un nom est difficile à porter, j'en sais quelque chose. Dans ma colère, mon réflexe a été de déposer une plainte mais j'ai plutôt choisi de m'adresser par cette lettre à l'homme qui se cache sous ton titre. Je ne fonde aucun espoir en cette adresse, en sa capacité de te toucher. Je l'essaye quand même,

LE CARRÉ ROUGE INCITE À LA
VIOLENCE

ne serait-ce que pour me soulager. Les institutions du SPVM, du SPVQ, de la SQ, du SPVG, du SPS, alouette, sont définitivement entachées par ce que j'ai vu durant ces derniers mois. Mon opinion à leur endroit n'était pas très élevée; maintenant, elle est irrécupérable. Mais les individus qui font partie de ces institutions peuvent encore mériter mon respect. Il s'agit de s'interroger sur la part individuelle que chacun amène à la collectivité et la part collective qui existe en chacun. La tâche est lourde, mais on peut essayer. Peut-être est-ce même un des effets collatéraux de la littérature, qui pourtant, on le sait, est en soi inutile et n'a de compte à rendre à personne. J'espère qu'un jour on se croisera de nouveau, peut-être au supermarché, peut-être dans la rue, quand tu me héleras, la main sortie par la fenêtre de ton véhicule de patrouille, et que nous parlerons de tout ça tranquillement, en riant si possible, et peut-être aussi de ces tournois que nous avons gagnés et perdus ensemble il y a si longtemps.

Courage, mon ami.

MAI

25 Les associations étudiantes (FECQ, FEUQ et CLASSE), appuyées par 70 organisations syndicales, sociales, environnementales et communautaires, déposent deux requêtes en Cour supérieure pour faire invalider la loi spéciale. La première, une requête en sursis, vise la suspension de certaines dispositions de la loi 12. La seconde, une requête introductive d'instance en jugement déclaratoire et en nullité, conteste la constitutionnalité de la loi et cherche à la faire invalider dans son ensemble.

25 Le conflit étudiant québécois fait la une de l édition du week-end du journal français *Libération*.

25 La CLASSE envisage de se retirer des négociations si le gouvernement refuse de suspendre la loi 12.

25 Le groupe de pirates informatiques Anonymous met en ligne une vidéo exigeant du gouvernement du Québec qu'il mette fin aux interventions policières musclées.

25 Le ministre Raymond Bachand, qui continue de défendre la loi spéciale, déclare préférer les concerts de casseroles aux casseurs.

© NICHOLAS DAWSON

Lettre ouverte aux policiers

DE LA PART D'UN ANCIEN CONFRÈRE À LA RETRAITE

René Forget

Publié sur le site du *Globe*
le 25 mai 2012

Chers policiers,

Je suis un des très rares citoyens qui peut vraiment apprécier la difficulté de votre travail. La plupart des citoyens oublient que vous êtes des salariés de la classe moyenne, que vous ragez aussi contre ce gouvernement qui semble corrompu, que plusieurs d'entre vous sont parents d'étudiants et que, si vous avez réussi à convaincre votre progéniture de rester chez vous, vous avez peut-être la lourde tâche d'intervenir auprès de ses amis.

Je suis un des rares citoyens à vous comprendre parce que j'ai été des vôtres et je suis particulièrement bien placé pour vous dire que l'intégrité d'un homme peut parfois lui coûter cher. Mais malgré toutes les difficultés que j'ai rencontrées dans ma vie, je suis encore fier d'avoir refusé d'émettre des constats d'infraction pour vitesse alors que je n'étais pas opérateur radar. Je suis fier de ne pas avoir acheté ma permanence d'emploi sur le dos d'honnêtes citoyens que j'aurais fait condamner par nos tribunaux sur la foi d'une preuve frauduleuse. J'en suis fier, car aujourd'hui je peux vous regarder dans les yeux et continuer de regarder les citoyens dans les yeux.

Je prends ce moment pour vous rappeler que vous jouissez de l'indépendance judiciaire. Ce qui veut dire que vous pouvez exercer votre devoir sans l'influence du gouvernement. La Constitution canadienne, la Charte des droits et libertés et tout notre régime de droit vous confèrent le pouvoir d'être indépendants, de penser par vous-mêmes. Plus encore, l'article 26 du Code criminel vous rend criminellement responsables de la force que vous utilisez. Je sais très bien que la situation est tendue et je sais pertinemment que ces policiers jouissent de la présomption d'innocence, mais il ne sera pas surprenant de voir un comité de déontologie policière devoir examiner l'utilisation de la force qui a été employée par l'agent 728 qui poivre, à trois reprises, un citoyen qu'elle tutoie alors que celui-ci la questionne sur ses motifs d'avoir eu recours à une arme intermédiaire, et ce, en la vouvoyant. Pas surprenant, non plus, que le policier qui tire une balle de caoutchouc bleu en disant : « Dans les fesses, mon câlisse ! » devra nous expliquer pourquoi il éprouve autant de plaisir et de satisfaction à l'emploi de cette force et pourquoi, si le belligérant reçoit un projectile dans les fesses, semble-t-il que le policier l'ait tiré dans le dos. Quant à moi, une des personnes qui a le plus à répondre, c'est l'agent Alain Bazinet de la Sûreté du Québec qui invoque l'article 31 du Code criminel pour identifier des citoyens. À moins que le droit ait changé depuis mon

MAI

25 Le ministre de la Sécurité publique, Robert Dutil, déclare : « Si la loi est validée, qu'est-ce qu'ils vont faire de l'autre côté ? Est-ce qu'ils vont respecter le jugement du juge ? Je pose cette question-là depuis une semaine et n'obtiens pas de réponse. On est obligé de conclure que ceux qui viennent contester la loi ne la respecteront que si le jugement leur est favorable. Si le jugement ne leur est pas favorable, ils ne la respecteront pas. »

25 Le mouvement des casseroles gagne les quatre coins du Québec.

25 Des professeur.e.s de l'Université Laval mettent sur pied un fonds pour aider les étudiant.e.s à payer les amendes reçues lors de manifestations.

26 La FEUQ rappelle qu'une sortie de crise est impossible tant que l'« enjeu principal », soit la hausse des frais de scolarité, n'est pas abordé dans les négociations.

époque, le pouvoir d'identifier quelqu'un, même dans le cas de l'article 31, est accessoire au pouvoir de dénoncer ce citoyen devant les tribunaux (soit par son arrestation, soit par l'émission d'un constat). Le peuple du Québec attend toujours de savoir pour quel motif ces citoyens ont été interceptés et je me demande sérieusement s'ils n'ont pas été identifiés de façon arbitraire.

Ce ne sont là que quelques exemples difficiles. Vous faites votre travail, qui est déjà complexe, et vous le faites dans un climat social difficile. Néanmoins, ce sera chacun de vous qui aura à répondre de ces gestes devant vos pairs plus tard, pas le gouvernement, pas le ministre, vous. Je vous en conjure, gardez la tête froide.

© LAST

Nous traversons une ère tragique où nos politiciens semblent corrompus, leur décisions semblent toujours les avantager de façon pécuniaire, le copinage et les liens avec le crime organisé semblent clairs. Les médias semblent être contrôlés par les corporations amies de l'État et nos dirigeants semblent au-dessus des lois. Non seulement ne répondent-ils pas, pendant plus de deux ans, à nos demandes lorsqu'on exige une commission d'enquête sur la corruption, mais ils édictent la loi 78 pour régler un conflit. Une loi spéciale pour régler un conflit dans lequel toutes les options pacifiques n'ont pas été explorées. C'est scandaleux, même pour ce gouvernement aujourd'hui abonné aux scandales.

J'entends beaucoup de monde dire, ces temps-ci : « C'est une loi, votée par l'Assemblée nationale, nous ne sommes pas d'accord, mais nous devons y obéir. » Et vous, agents de la paix, cette loi doit vous lever le cœur aussi (n'oublions pas que si le droit de manifester est cher à un groupe de travailleurs, il est cher à nos policiers). Doit-on obéir à cette loi ? Que feriez-vous si un gouvernement édictait une loi qui vous demande d'arrêter et de détenir tous les roux que vous croisez ? Que feriez-vous si cette loi vous demandait de tirer à vue sur chaque personne pesant plus de 150 kg ? Vous refuseriez d'appliquer cette loi-là, tout simplement.

Le droit d'association et le droit d'expression ne sont peut-être pas aussi précieux que le droit à la vie, mais cette loi soulève des passions. Le Barreau du Québec a condamné cette loi-là, les plus grands docteurs en droit l'ont condamnée, plus de 500 avocats ont offert leur science et leur talent afin de prêter main-forte aux étudiants pour contester cette loi-là, le juge Gomery, des recteurs d'université, bref, plusieurs cerveaux, plusieurs sommités en droit sont d'avis que certaines dispositions de la loi 78 sont contraires à la Charte, soit parce qu'elles limitent ou annulent un droit garanti par cette Charte, soit parce qu'elles attaquent les principes d'indépendance entre le judiciaire, le législatif et l'exécutif.

Vous avez donc des motifs raisonnables de croire qu'on vous demande d'appliquer une loi *ultra vires*. Je vous rappelle que vous êtes responsables de la force que vous utilisez. Appliquer cette loi sans prudence, en s'aveuglant sur les brèches que son application pourrait causer aux droits et libertés des individus, pourrait un jour être jugé comme un abus de pouvoir. Je vous rappelle, encore une fois, que vous avez une indépendance judiciaire et que vous pouvez unilatéralement prendre des mesures que vous jugez nécessaire pour assurer la protection des citoyens.

Vous devriez faire preuve de réserve et demander l'autorisation de la Cour supérieure avant d'appliquer cette loi. Vous devriez annoncer que vous attendrez que la légalité de cette loi vous soit confirmée AVANT de l'appliquer. Ne laissez pas l'incompétence de ce gouvernement vous éloigner des principes que vous avez juré de défendre. Personne, personne, personne ne pourra jamais vous reprocher d'avoir été prudents.

La polarisation de la population démontre bien que les objectifs coercitifs visés par cette loi ne sont pas atteints, au contraire. Si cette loi fait quoi que ce soit, c'est d'augmenter la grogne et la tension sociale et donc, le danger de dérapage de part et d'autre.

Vous êtes les gardiens de la paix, de l'ordre et de la primauté du droit. Annoncez dès maintenant que vous attendrez le feu vert de la cour avant d'appliquer cette loi, et je suis convaincu que les manifestants vous fourniront leur itinéraire de façon volontaire, juste pour démontrer leur bonne foi.

Vous avez juré défendre le droit et la justice, et ce, même au risque de votre vie. Faites le premier pas, retirez vos casques et vos matraques, rengainez votre poivre et vos balles de caoutchouc, et non seulement les manifestants collaboreront avec vous, mais des gens comme moi, des artistes, des travailleurs, des *baby-boomers*, nous serons nombreux à rejoindre notre jeunesse et à faire notre part pour éviter les dérapages.

Vous êtes la police. Vous êtes là pour régler les conflits que le citoyen ne peut gérer seul. Depuis le temps que je vous entends parler de police communautaire, de police de proximité, il est temps de vous montrer à la hauteur de vos aspirations sociales.

Tendez la main aux étudiants, négociez une trêve, réussissez là où le gouvernement a échoué. Vous êtes la police, vous devez être calmes quand on s'énerve, forts quand on tombe, souples quand on se raidit; vous devez nous écouter, nous rassurer, nous guider. Vous devez nous protéger, parfois même contre nous-mêmes.

Vous avez juré de nous protéger et de nous servir; le climat de tension sociale ne nous sert pas, la perte de nos droits et libertés ne nous sert pas et nous en sommes rendus au point où nous avons besoin que vous nous protégiez de notre gouvernement, qui se comporte de façon cupide, perfide, mesquine, *confrontationnelle* et abusive envers nous.

Soyez les héros dont nous avons besoin, prenez exemple sur vos confrères de Francfort.

Vous êtes notre dernier espoir pour une sortie de crise pacifique.

MAI

25 En entrevue à l'émission *The House* à la radio de CBC, Léo Bureau-Blouin déclare que les étudiant.e.s sont « prêts à faire un compromis, et si le gouvernement du Québec est prêt aussi, je pense qu'on peut arriver à quelque chose ». Quelques heures plus tard, il revient sur ses propos : « On n'acceptera pas une augmentation, si je peux dire comme ça. »

25 La chef péquiste Pauline Marois déclare que le gouvernement du Québec doit discuter des frais de scolarité : « Quand on veut discuter sérieusement pour trouver une solution, on n'adopte pas de loi matraque », déclare-t-elle.

25 Selon un sondage CROP publié par *La Presse*, les Québécois.es appuient à 51 % la loi spéciale. Ce sondage contredit les résultats du sondage CROP publié la veille par Radio-Canada.

25 Dans un article publié dans *La Presse*, le président-directeur général de Tourisme Montréal soutient que les manifestations étudiantes menacent la saison touristique.

25 En marge de son congrès à Sherbrooke, la CLASSE déclare que la loi spéciale sera le premier point abordé dans les prochaines négociations avec le gouvernement.

Je ne suis rien avant la #manifencours

Bertrand Laverdure

Publié sur le blogue de l'auteur
le 26 mai 2012

Je suis seul, extraordinairement seul, incroyablement seul, radicalement seul et aucun autre adverbe long qui fait pencher la phrase par en avant, poids mort de la syntaxe, ne saurait être plus seul que moi, plus ridicule que moi dans sa solitude, avant ce moment.

Je ne vis plus qu'en fonction de la #manifencours. Si je n'y suis pas, je me renseigne sur sa progression ; si je l'ai manquée, je lis les commentaires sur Facebook et Twitter sur son déroulement, je m'informe sur le nombre d'arrestations effectuées ; si j'y participe, je m'immerge dans son bain de pouvoir, comme si c'était à chaque fois la dernière fois que le peuple, tous les gens croches, les gens droits, vieux et jeunes, éduqués ou non, excentriques ou non, appliqués ou non, inventifs ou non, obtenaient par magie le pouvoir, le réel pouvoir, pendant quelques heures.

La #manifencours est mon parlement quotidien, mon parlement des étudiants, des laissés-pour-compte, des fatigués du système, des ennemis de Charest, des convaincus des tares du néolibéralisme, des êtres plus humains que la moyenne, des blessés et des humiliés, des frappés et des conspués, des carpettes à financiers et des fous plus sages que le plus méprisant des Rozon ou des Gendron.

Je ne suis rien avant cela. Un pilote robotique qui dirige un corps suivant le mouvement de la Terre, si subtil, errant dans les rues de la ville, arrêtant dans les restaurants, payant sa pitance, puis retournant à la rue, celle qui n'a pas encore le pouvoir, la rue du matin, du midi, celle des camions lourds, des policiers qui mangent des hots-dogs et des autobus traîtres.

Mille romans me passent sous le nez, mille pièces de théâtre, cent mille poèmes se sauvent de moi pendant ces #manifencours qui font éclater toutes les notions de fiction que la plus belle fiction imagine.

Perrine Leblanc a écrit que le Québec entrait dans la fiction, dans un article publié dans *Le Monde*. Je dirais même plus, la fiction déborde, cherche une issue, traîne dans la ville toute la nuit, crie, s'ameute, invente des histoires de contes de fées où les méchants sont punis et le peuple récompensé pour sa résilience ; des histoires de victoire complète où l'on réinstallerait le peuple au centre des préoccupations politiques ; des œuvres de science-fiction où la technologie serait exclusivement au service d'un nouveau socialisme formidablement juste, délestant tous les citoyens de toutes les angoisses monétaires qui ponctuent leurs vies d'endettés chroniques, constamment à la recherche de sources de

MAI

25 Des manifestations nocturnes accompagnées de casseroles ont lieu un peu partout au Québec. À Gatineau, quatre personnes sont arrêtées.

27 Le SPVM annonce qu'il effectue des « vérifications » pour déterminer si des policiers ont caché leur matricule lors de la manifestation de la veille. Des photographies et des vidéos circulant sur le web montrent des agents du SPVM portant des bandes de ruban coloré sur leurs casques.

27 L'ancien premier ministre Jacques Parizeau estime que le gouvernement a « laissé pourrir [la situation] pendant 14 ou 15 semaines ». « Il n'est pas vrai que les jeunes ont toujours raison. Mais une société a toujours tort de leur taper dessus », ajoute-t-il (Radio-Canada).

27 Dans un communiqué, la FECQ annonce qu'une reprise des négociations entre le gouvernement et les représentant.e.s étudiant.e.s aura lieu le lendemain. Le premier ministre Jean Charest n'y assistera pas.

27 Plus de 1 000 personnes habillées en blanc manifestent à Sherbrooke (Radio-Canada).

27 Des manifestations nocturnes se déroulent dans le calme à plusieurs endroits au Québec, de Montréal à Natashquan.

MAI

28 À Montréal, 500 juristes en toge manifestent au centre-ville pour dénoncer la loi spéciale. L'événement est organisé par Me François Desroches-Lapointe, avocat à la SAAQ.

28 Reprise des négociations entre le gouvernement et les représentant.e.s étudiant.e.s. Ceux-ci excluent la possibilité d'un « blitz de négociations ». Gabriel Nadeau-Dubois précise qu'il « n'y aura pas d'offre formelle commune des associations étudiantes. On considère que c'est la responsabilité du gouvernement de répondre à nos demandes. »

28 Les Brasseurs du hameau lancent la bière « Le printemps érable », qui arbore le carré rouge.

28 À Québec, une manifestation a lieu devant l'immeuble du 150, boulevard René-Lévesque, où se déroulent les négociations. La police encercle les manifestant.e.s à la fin de la première journée de négociations : 84 personnes sont arrêtées, dont 2 négociateurs de la CLASSE. Léo Bureau-Blouin tente — en vain — d'intervenir auprès des policier.ère.s, en déclarant « on est proches d'en arriver à un règlement, donc il faut éviter que ça dérape ».

© FRÉDÉRIC FADDOUL. FRENCH-O-THON DEVANT LE MÉTRO MONT-ROYAL (13 AVRIL 2012)

financement pour continuer simplement à vivre.

Au milieu de la #manifencours, je veux embrasser toutes les filles, devenir ami avec tout le monde, fraterniser avec les locataires qui agitent des mouchoirs, des foulards, des bouts de tissu rouge à leur balcon quand on les croise, écouter l'histoire de chacun, donner des accolades à tous les danseurs et les *calleurs* de slogans.

Ma solitude fondamentale s'estompe, le temps de la #manifencours. Seul parmi la foule des manifestants, je me sens uni à eux par des lois mystérieuses qui fondent les peuples, génèrent des nations, propulsent des convictions politiques jusqu'à la cible des réformes à entreprendre.

Avec mon cul de poule et ma cuillère de bois cassée par la violence enthousiaste du rythme tenu pendant plus d'une heure, je me suis senti solidaire, le mot s'est enfin cristallisé dans mon esprit, est devenu concret, palpable.

Mes veines dans lesquelles il y a encore un peu d'amour à donner s'animent parfois, dans la présence de certaines personnes, puis retombent dans la nuit, la banale nuit perpétuelle du roulement de l'économie, du déroulement des préoccupations mesquines de tous qui fondent ce que l'on nomme cyniquement le marché.

Mais au centre de la #manifencours, solidaire, espérant, fou d'une joie indicible qui ne dirait rien de plus que son extravagance si je tentais de la décrire, mes veines reprennent leur périple merveilleux, mes veines retombent dans la plus belle fiction qui soit, la plus grande utopie, la plus sincère franchise humaine; mes veines se prennent pour la paix universelle et imaginent enfin une justice sociale flagrante, des politiciens compétents et empathiques, un pays nouveau et un avenir meilleur pour tous, conçu par tous, dans une orgie de bien commun partagé égalitairement.

Mes veines sont à l'avenir, mes veines sont au présent.

La Manif de bonhommes

© BELLEBRUTE POUR LA MANIF DE BONHOMMES

À la fois œuvre collective de net.art et manifestation publique, la *Manif des bonhommes* (#bonhommesencours) est un long défilé de personnages dessinés par plus de 200 auteur.e.s de BD et illustrateur.trice.s du Québec et d'ailleurs. Sur une idée de Cédric Plante et sous la direction de Vincent Giard, l'œuvre collective est réalisée dans les ateliers de la Maison de la bande dessinée de Montréal au retour d'une manif de casseroles, dans la nuit du 28 mai, et grandit dans les semaines suivantes. La manifestation a fait l'objet d'une exposition dans le cadre du World Press Photo.

<MANIF.AENCRE.ORG>

© LA MANIF DE BONHOMMES

MAI

29 Le ministre des Transports, Pierre Moreau, souhaite que Mᵉ François Desroches-Lapointe, juriste à la SAAQ, soit sanctionné pour avoir co-organisé la manifestation des juristes (*La Presse*).

29 Après la deuxième journée de négociations, le gouvernement du Québec accepte de discuter de la hausse des frais de scolarité. Pour la première fois depuis le début du conflit, Jean Charest échange avec les représentant.e.s étudiant.e.s : il passe un peu plus d'une demi-heure à la table des négociations.

29 Gabriel Nadeau-Dubois comparaît pour outrage au tribunal. Le demandeur, Jean-François Morasse, étudiant en arts de l'Université Laval ayant obtenu une injonction, exige une peine de prison. Le coporte-parole de la CLASSE plaide non coupable. Son procès aura lieu les 27 et 28 septembre.

29 *La Presse* révèle que Gabriel Nadeau-Dubois a reçu en 2008 une bourse d'excellence de 20 000 $ pour ses études.

29 À Ottawa, près de 1 000 personnes manifestent en solidarité avec les étudiant.e.s québécois.es.

MAI

29 Les représentant.e.s étudiant.e.s dénoncent les arrestations massives à Québec. Gabriel Nadeau-Dubois les juge « arbitraires, presque aléatoires » (*La Presse*).

29 Diverses manifestations nocturnes se déroulent pacifiquement. À Chicoutimi, des manifestant.e.s bloquent le pont Dubuc.

30 Dans un communiqué, l'ONU émet certaines inquiétudes quant à la loi spéciale et aux arrestations massives qui ont eu lieu à Québec et à Montréal.

30 Le ministre Raymond Bachand déclare que le gouvernement pourrait revenir sur l'augmentation des frais de scolarité si la réduction est à coût nul pour les contribuables.

30 Les négociations achoppent. L'offre du gouvernement de réduire la hausse des frais de scolarité de 254 $ par année pendant 7 ans à 219 $ par année est rejetée. Martine Desjardins affirme : « Nous sommes face à un mur. » Pour sa part, la ministre Courchesne commente : « On traverse une période difficile. »

30 Le mouvement des casseroles traverse les frontières du Québec : dans plusieurs villes du Canada, des citoyen.ne.s appuient les étudiant.e.s en sortant leurs casseroles à 20 h.

Samedi soir sur la rue Fleury

Pierre Beaudet

Publié dans les *Nouveaux Cahiers du socialisme* le 28 mai 2012

J'ai grandi dans le quartier Ahuntsic, pas très loin de la belle rivière qui serpente entre les deux îles. À Pâques, on défilait pour faire oublier nos péchés jusqu'à cette magnifique église des Récollets. C'était dans les années 1960 et on était un sacré paquet de jeunes à l'école, y compris au collège Saint-Ignace qui est resté depuis le départ des Jésuites une grosse école (privée).

Et puis je suis parti jusqu'à tant que, 40 ans plus tard, les hasards de la vie me ramènent ici. Aujourd'hui, Ahuntsic est un conglomérat de quartiers plutôt moyens, avec des poches pauvres et immigrantes le long des grands axes est-ouest. Mais sur la majorité des rues, c'est surtout la classe « moyenne-moyenne », où se mélangent assez agréablement des *baby-boomers* retraités ou en voie de l'être et des jeunes familles qui peuvent (encore) se permettre d'acheter des maisons de plus en plus inaccessibles au sud du Métropolitain. C'est ce qui explique qu'il y a beaucoup d'établissements scolaires dans le coin, y compris deux cégeps. Au cégep d'Ahuntsic, où l'on compte le plus d'étudiants au Québec, ça bouge depuis toujours, mais habituellement, c'est une enclave dont on entend peu parler.

La rue Fleury est là où on déambule. On magasine et on se restaure durant les belles soirées de fin de semaine à partir de mai. On se sent à des années-lumière de « Montréal » (presque une autre ville) et aussi de Laval, qui est pourtant juste à côté. Il y a un petit côté fier, mais pas du tout exalté ou choquant, appelons cela plutôt une certaine satisfaction d'être ici dans un endroit somme toute agréable, sécuritaire, familial, et pas loin du métro !

La dernière fois que j'ai vu une manif à Ahutnsic, c'était il n'y a pas si longtemps, justement au moment du défilé de la repentance avant Pâques. Sous l'égide des bérets blancs, on entendait les fidèles : « À genoux tout le monde, nous avons péché ! »

Jusqu'à tant que...

Depuis une semaine, la population trop tranquille d'Ahuntsic sort dans les rues. Dans cette magnifique soirée du samedi, on est au plus fort de la marche improvisée autour de 1 000 personnes, et ce, sans compter le grand nombre de personnes sur les balcons et les perrons qui crient et frappent leurs casseroles. La foule est bigarrée, jeunes et moins jeunes, beaucoup de familles, surtout blancs et francophones, mais avec un nombre non négligeable de Maghrébins et d'Haïtiens. Comme partout dans ces manifs bruyantes et souriantes, la masse est festive, tout simplement contente. Il n'y a ni chefs, ni mots d'ordre, ni banderoles, ni discours, ni parcours (agréé ou non par la police) ni rien du tout. Les gens suivent les grandes artères et les policiers ouvrent naturellement le chemin (que peuvent-ils faire d'autre ?!?).

Vu de loin, l'événement pourrait passer pour une petite affaire. Mais comment se fait-il que tous ces gens sortent de leur univers tranquille et sécurisant du domicile ? En fin de compte, il y a une grande convergence. La colère est très nette contre le gouvernement de voyous identifié à Jean Charest dont les historiens, je crois, vont se souvenir (pas pour de bonnes raisons). De toute évidence, il y a une agression inacceptable dans cette loi 78. Mais la colère n'explique pas tout.

Car il y a aussi une grande joie. Les madames et les monsieurs dans la rue pensent qu'ils et elles peuvent faire une différence. Il y a une grande admiration pour les étudiant.e.s et alors on se dit, c'est à nous maintenant de faire la différence. De quoi s'agit-il ? Dans le fond, c'est le « système ». On ne le nomme pas facilement, mais on le connaît et on sait qu'il veut transformer, pour le pire, nos vies. On est loin, très loin même, des frais de scolarité. On est proche, très proche même, de concepts comme le bien commun, la justice, l'universalité publique, etc. C'est quelque chose de profond, et non de superficiel. Et ça va durer.

Aujourd'hui on entend les conservateurs dire : « la rue a gagné ». Pour Denise Bombardier, par exemple, c'est une terrible défaite. Je crois qu'elle a raison. Péladeau et Desmarais ont eux aussi terriblement perdu et on ne les oubliera pas. Charest, c'est fini. Legault, il faudra un miracle pour qu'il remonte la côte. La répression, ce n'est plus à l'ordre du jour. La police le dit, elle ne peut faire respecter la loi. Qu'est-ce qu'ils peuvent faire ? Asperger de poivre la rue Fleury ? Arrêter 1 000 madames et monsieurs avec leur marmaille qui défilent dans la joie ? On pourrait espérer qu'ils se mettent à casser des vitrines, mais notre rue et notre quartier, on les aime...

C'est fini, ils ont perdu.

On n'a jamais vu cela au Québec, même dans les plus forts mouvements des mobilisations sociales.

Mais entre leur défaite et la victoire de l'autre camp, il y a encore beaucoup de chemin. Les dominants et les conservateurs vont tergiverser. Ils vont tenter de cacher leur défaite. Ils vont cracher leur venin à travers leurs médias-poubelles, qui ont moins d'influence mais qui restent puissants. Ils vont miser sur un apaisement qui vient toujours à la longue, sur l'oubli, sur le désir des gens de retrouver un peu de tranquillité, sur la peur. Ils se font déjà à l'idée que le PQ va revenir au pouvoir, ce PQ qu'ils craignent un peu, mais qu'ils ont vu s'assagir au fil des ans. Ils espèrent qu'il y aura, comme dans le passé, une « alternance tranquille », qui ne débouchera pas sur grand-chose. Ils vont démoniser Amir Khadir. Ils vont tenter de diviser les étudiant.e.s. Ils vont dire aux syndicats de se tenir tranquilles. Ils vont tout faire cela, et bien pire encore, à travers leurs tactiques perverses, malhonnêtes et corrompues.

Peut-être qu'ils vont réussir. Mais dans le tintamarre des casseroles, dans l'action énergique, immensément civile et réfléchie des étudiant.e.s, il y a comme un autre message, quelque chose qui ressemble à la grande vague que le Québec a connue dans les années 1960. Peut-être même quelque chose de plus.

MAI

31 Les négociations sont rompues. En point de presse, Jean Charest déclare qu'« un important fossé sépare le gouvernement et les associations étudiantes ». La deuxième offre du gouvernement consistait à réduire de 100 $ les frais de scolarité de la première année en réduisant d'un montant égal les crédits d'impôts pour les études. La hausse aurait été maintenue intégralement (254 $ par année) pendant les 6 années subséquentes, pour un total de 1 624 $ sur 7 ans. Le premier ministre affirme que son gouvernement ne cédera ni aux menaces ni à la violence, et laisse entendre que la sortie de crise pourrait passer par le déclenchement d'élections. Pour sa part, la ministre Courchesne déclare : « Malgré tous les différents scénarios que nous avons présentés, [...] force est de constater que [les représentant.e.s étudiant.e.s] refusent d'assumer toute hausse des frais de scolarité. [...] C'était le gel, le moratoire ou rien. » Dénonçant la « mauvaise foi » du gouvernement, Martine Desjardins soutient que « le gouvernement n'était pas du tout dans un mode de négociation, mais vraiment dans un mode de faire plier le mouvement étudiant plutôt que de régler la crise. » De son côté, Paul-Émile Auger, secrétaire général de la TaCEQ, déclare que « la seule mesure d'impact que le gouvernement a adoptée pour régler la crise étudiante, c'est la loi 78 ».

© PASCAL DUMONT. UN SOIR DE CASSEROLES À MONTRÉAL (24 MAI 2012)

Les casseroles expliquées à ma fille

Martine Delvaux, écrivaine et professeure de littérature

Texte inédit daté du 29 mai 2012

Hier soir, à 20 h, à l'heure des casseroles, devant l'absence de voisins autour de nous et la solitude que faisait résonner le métal sur lequel on frappait, tu es entrée en trombe dans la maison et m'a laissée en plan sur le balcon avec entre les mains ma marmite et ma cuillère.

Tu étais furieuse.

À 20 h 15, quand je suis revenue vers toi, le petit vacarme anémique terminé, tu étais assise sur le plancher du salon, tête baissée. Des larmes coulaient sur ton visage, tu as levé la tête pour me lancer un regard furibond. Tu étais en rage. Tonitruante, tu as dit : « Qu'est-ce qu'il m'a pris de m'impliquer dans cette histoire de carré rouge ? J'ai eu une tête de cochon à vouloir m'y intéresser ! »

Ta déception était infinie. Tu en voulais aux quelques voisins qui, jusque-là, avaient tapé sur des casseroles avec nous sur notre rue et qui, ce soir, nous avaient fait faux bond. Et surtout, tu m'en voulais à moi de t'avoir entraînée dans cette histoire.

Tu as 9 ans. Ce dont tu as envie, dans la vie, d'abord et avant tout, c'est de jouer. Tout ce que tu fais devient un jeu, entre tes mains et sous tes pieds, manger, marcher jusqu'à l'école, te brosser les dents, t'habiller... et les casseroles aussi, ça devait être un événement amusant. Le reste venait bien après.

À ta colère, j'ai tenté de répondre, très maladroitement : « C'est un geste politique. Il ne peut pas toujours être amusant. Parfois, c'est ennuyant, mais il faut continuer ! Il faut continuer à taper sur les casseroles, même si on est les seules à le faire dans tout le quartier ! »

Je ne t'ai pas convaincue, ta colère est restée intacte. Il y avait eu une fraude, tu avais été bernée. Pour contrer tes récriminations, j'ai continué à parler, j'ai sorti la matraque de mon discours et tenté de décrire, dans des termes que tu pouvais comprendre, ce que ça veut dire que d'être engagé. Mais c'est alors ta culpabilité qui a été réveillée par mes mots, et tes larmes au lieu de se calmer ont redoublé. Maintenant, c'était pire, c'était à toi que tu en voulais du haut de ton enfance, comme si tu avais échoué. Et moi, je me tenais devant l'échec de ne pas avoir su t'expliquer.

Soudainement piteuse, je me suis assise par terre, à côté de toi, et je t'ai prise dans mes bras, ton corps tout droit, bien tendu, la force concentrée de ta résistance.

Taper sur des casseroles, ça ressemble à un jeu d'enfant, tu as raison. Sortir de la maison pour faire du bruit, marcher dans les rues en criant, c'est tout sauf ces occupations sérieuses dont tu as l'habitude chez les adultes, ces choses ennuyantes qu'ils construisent et défendent. Ce soir, tu me

MAI

31 Réagissant au communiqué de l'ONU sur la situation au Québec, la ministre des Relations internationales, Monique Gagnon-Tremblay, demande aux Nations unies de s'occuper plutôt « des crises majeures qui méritent une attention particulière ».

31 *La Presse* rapporte que les universités montréalaises auraient déboursé plus d'un million de dollars en sécurité pendant le conflit étudiant.

31 Pauline Marois, du PQ, déclare n'avoir « jamais vu un conflit d'une telle importance se régler sans que le premier ministre s'investisse lui-même dans les circonstances ». François Legault, de la CAQ, appelle à la reprise des négociations. Dans un communiqué, Amir Khadir, de QS, affirme qu'« [a]u lieu de négocier de bonne foi avec sa jeunesse, Jean Charest a choisi d'accentuer les divisions au sein de la population avec une opération de relations publiques grossière visant à attaquer la crédibilité des étudiants. Quel gâchis ! »

MAI

31 Le vice-recteur aux études et aux activités internationales de l'Université Laval, Bernard Garnier, affirme que son établissement connaît une hausse de 13 % des demandes d'admission, attribuable au fait qu'il a été moins touché par la grève étudiante.

31 Les manifestations reprennent de plus belle après l'échec des négociations entre les associations étudiantes et le gouvernement. À Montréal, au moins trois manifestations convergent en une seule, peu après 22 h, rassemblant plus de 7 000 personnes dans un joyeux tintamarre de casseroles. On dénombre trois arrestations à Montréal et une à Québec, où quelques centaines de personnes se sont rassemblée devant le Parlement.

31 Des centaines de personnes manifestent ailleurs au Québec et un millier à Toronto (*National Post*).

reproches de t'avoir entraînée dans un jeu qui, malgré les apparences, n'est pas vraiment un jeu d'enfant, léger, improvisé, absurde. Taper sur des casseroles, au fond, c'est un jeu de grands. Mais ce jeu n'est pas si loin des manifestations que tu organises, toi, régulièrement, pour défendre tes droits et contre lesquelles il n'existe aucune loi. Des manifestations que je ne saurais taire, toi qui es si vigilante dans ton désir de me faire voir et comprendre la personne que tu es, et qui en retour m'oblige à sans cesse remettre sur le tapis celle que je peux et que je dois être comme mère. Les casseroles sont comme ta colère, un tintamarre qui lutte contre le silence des adultes qui ne veulent rien entendre, ou qui font comme s'ils ne pouvaient pas comprendre. Parfois, il faut faire du bruit, il faut être tapageurs, comme toi en ce moment qui exprimes tout haut ton désespoir devant notre solitude de casserolières sur cette rue d'un quartier où seule une minorité de citoyens semble s'intéresser aux événements de ce printemps, et où parfois les touristes s'arrêtent devant nous pour nous photographier avant de demander des suggestions de restaurant.

Assise à côté de toi, je t'ai dit que ta colère, comme les casseroles, est une façon de s'exprimer, et que s'exprimer ça veut dire imaginer, et que toi, tu as compris il y a longtemps qu'il faut parfois crier très fort et pleurer toutes les larmes de son corps pour pouvoir dessiner quelque chose comme un monde meilleur.

Je t'ai dit que les casseroles, en ce moment, sont une sorte de remède, un exercice pour la bonne santé, une forme d'homéopathie, et qu'il faut être patient, qu'il ne faut pas lâcher même si parfois ça semble inutile, persister comme toi quand tu te rebiffes, que tu te rebelles devant ma rigidité. Tu t'acharnes, tu insistes, tu attends que je plie, convaincue que tu vas y arriver à force de slogans et de bruits.

Si tu étais un peu plus grande, si tu lisais les journaux, tu me dirais que la métaphore familiale tu en as soupé, que tu préfères t'en passer parce qu'elle sert, depuis maintenant trois mois mais aussi depuis bien avant ce printemps, non seulement l'infantilisation des étudiants et de leurs revendications, mais un discours politique de droite auquel tu refuses d'adhérer. Et je te répondrais qu'au lieu de servir à remettre les gens à leur place, le rapport parent-enfant peut être mis au profit d'une camaraderie, qu'il peut servir quelque chose comme une égalité où le plus petit est perçu comme pouvant montrer le chemin au plus grand.

On aime tellement interdire la colère aux enfants. On mesure leur avancée dans le temps, leur croissance, par les différentes vagues de leur terrible colère. On leur dit constamment de se taire, de cesser de crier, de se retirer dans un coin pour se calmer. Mais ta colère n'est pas moins éloquente que celle des adultes. Ta colère n'est pas moins un écho de l'injustice. Ta colère à toi aussi est un mouvement pour faire avancer, un cri qui permet de faire des bonds, de secouer le marasme ambiant, d'évoluer. Ton cri est lui aussi la révolte d'une minorité : ces enfants qu'on fait grandir trop vite, qu'on fait taire ou qu'on refuse d'écouter.

Hier soir, parce que tu l'exigeais de moi, je n'ai pas baissé les bras. J'ai continué à parler avec toi, et je t'ai donné raison, pour la tête de cochon. Je t'ai dit qu'il fallait à tout prix la garder, qu'il fallait continuer notre duo de casseroles dans notre quartier silencieux et faire résonner cette colère rouge, ta colère, notre colère partagée, la

© JÉRÉMIE BATTAGLIA. TIRÉ DE SA VIDÉO NOIR ET BLANC *CASSEROLES*, *MONTRÉAL 24 MAI 2012*

frapper de métal tous les soirs aussi longtemps qu'il le faudra, pour ne jamais en venir à la retenir de force à l'intérieur de nous. Ne jamais en arriver au point où parce qu'elle n'aurait pas sa place et qu'elle nous *donnerait la honte,* comme tu dis, on finirait par la tourner contre nous.

Ta « juste part » à toi, aujourd'hui, c'est d'exprimer ta colère. Et si le fait que nous soyons les seules à taper sur des casseroles t'empêche de la faire résonner dans la rue parce que tu es timide et qu'à 9 ans, la dernière chose que tu cherches c'est de te démarquer du lot, alors crie tout ce que tu as à crier entre les murs de la maison, et moi, sur le balcon, je vais continuer à taper pour nous deux.

JUIN

« Mais le carré rouge a mué. Il ne parle plus réellement de grève. On en oublie même qu'il parle de hausse. Il est devenu bien plus, tellement plus. C'est devenu une façon de s'identifier entre camarades, entre gens qui croient aux politiques sociales, entre gens qui croient à l'égalité des chances. C'est un symbole de refus. Refus de la corruption, refus de la répression, refus de la soumission. C'est une affirmation. Nous sommes témoins de vos actes, nous ne vous craignons pas, nous sommes libres. »

GAB ROY SUR SON BLOGUE *LEVRAIGABROY.COM* (11 JUIN 2012)

NON À LA RÉGRESSION TRANQUILLE

© THIEN V

JUIN

1 Éliane Laberge succède à Léo-Bureau Blouin à la présidence de la FECQ.

1 La CLASSE croit que les dés étaient pipés lors des dernières négociations : « On aurait eu beau trouver de l'argent partout dans les universités et le système fiscal québécois et jamais les libéraux n'auraient renoncé à augmenter les frais de scolarité parce que c'était pour eux un objectif partisan », affirme Gabriel Nadeau-Dubois.

1 À Paris, 150 personnes manifestent leur appui aux étudiant.e.s québécois.es avec leurs casseroles devant la tour Eiffel (*Huffington Post*).

1 Jean Charest renouvelle son appel au calme en disant que la porte du gouvernement est « toujours ouverte », mais réaffirme du même souffle qu'un gel ou un moratoire sur les frais de scolarité « n'est pas une option ». Il demande aux étudiant.e.s de ne pas « nuire aux Québécois » et de renoncer à perturber le Grand Prix de Formule 1 qui doit avoir lieu quelques jours plus tard.

2 À l'issue du 30e Congrès de la Fédération nationale des enseignantes et des enseignants du Québec (FNEEQ-CSN), les professeur.e.s se disent préoccupé.e.s par la rentrée.

La critique rongeuse des souris

Richard Saint-Gelais

Publié dans *Fermaille* n° 16
le 3 juin 2012

Allez savoir pourquoi, il m'arrive de songer, ces jours-ci, à la « critique rongeuse des souris » à laquelle Marx et Engels, de leur propre aveu, abandonnèrent vers 1845 un gros manuscrit sur la philosophie de Hegel pour s'atteler plutôt à ce qui allait devenir la *Critique de l'économie politique*. C'est que parfois les situations bougent; ce qu'on avait patiemment entrepris de construire, on se voit finalement conduit à le laisser derrière soi, parce qu'il faut s'y prendre autrement, aborder les choses par un autre bout; ou parce que le paysage a brusquement, ou lentement, changé, et que le projet initial n'est plus de saison. Quiconque écrit en sait quelque chose. La corbeille virtuelle où s'empilent les versions tâtonnantes, découragées, rageuses de ma réaction à ce que nous traversons en témoigne. Elle est sûrement loin d'être la seule.

Il y a maintenant 14 semaines que je n'ai pas mis les pieds en classe; nous nous sommes quittés sur *La Disparition*, nous allions revenir avec *W ou le souvenir d'enfance*, de Perec encore, puisque c'est à cet écrivain qu'était, qu'est consacré ce cours. Pressentant, sans tout à fait y croire, que la grève que vous amorciez durerait peut-être davantage que les trois ou quatre semaines qu'on lui prédisait alors, je vous ai invités à vous lancer ensuite dans *La Vie mode d'emploi*, me disant qu'un long et mince fil de mots lus chacun de son côté nous relierait malgré l'éparpillement.

Je ne savais pas que ce gouvernement allait tout faire, à coups de simplifications niaises et de mensonges méthodiques, de négociations truquées et de surdité intégrale, pour vous donner le temps de parcourir non seulement les 600 pages de *La Vie mode d'emploi*, mais des rayons entiers de la bibliothèque. Depuis, je songe souvent à vous et à tout ce que vous avez eu le temps de lire, au long de ces semaines d'espoir et de désarroi, pendant que, de mon côté, je me remettais à Gaston Lagaffe et à Thomas Mann, à Bob Morane (je sais) et à Will Self. Je songe à tout ce que vous soustrayez à l'indifférence et à l'oubli, à vos lectures et à ce qu'elles diraient sur vos prédilections quand nous ne sommes pas là, nous les profs, pour vous bombarder de livres, à tout ce qu'elles diraient aussi sur les rencontres de hasard, tiens lis ça, en as-tu entendu parler, on s'est dit que ça t'intéresserait. Je sais que les lignes de piquetage et les manifestations ont aussi servi à cela : à tresser, en même temps que votre solidarité, les brins d'un immense réseau de découvertes, d'expériences et de réflexions partagées.

Je pense aux milliers de chemins que vous tracez.

© MARIO JEAN – MADOC

MANIFESTATION DU 4 AVRIL 2012 À MONTRÉAL

Je pense aussi, et avec une sourde colère qui ne s'atténue pas, au mépris que vous vaut votre extraordinaire décision de faire face, debout, à tout ce qui a déferlé sur vous : une hausse conçue pour sceller votre relégation au consumérisme ; la mauvaise foi d'un gouvernement orwellien qui voudrait étendre son empire jusqu'à l'usage des mots ; les injonctions et leur disqualification d'une parole qui soit politique, la brutalité des coups et l'arbitraire du pouvoir. Je pense peut-être encore davantage, car il nous enferme tous dans la même geôle sordide, à l'anti-intellectualisme qui vous attire des sarcasmes au simple motif que vous lisez, pensez et refusez de réduire l'une et l'autre activité à la sphère de l'échange marchand. Nous savons, mes collègues et moi, que vous ne nous boycottez pas, car nous ne sommes pas des marchandises, car vous n'êtes pas nos clients mais ceux qui donnent tout son sens à ce que nous faisons. Laissons aux souris les lamentations de ceux qui vous reprochaient d'être apathiques quand vous étiez tranquilles et qui paniquent à la seule idée que vous ne le soyez plus. Qu'ils le sachent : vous êtes le plus bel avenir que nous ayons eu depuis longtemps.

Festivals et Grand Prix : la crainte des turbulences étudiantes

Début juin s'opère dans le conflit qui agite le Québec depuis plusieurs mois un étrange renversement. Alors que les négociations ont été rompues entre le gouvernement et les associations étudiantes, alors que le projet de loi 78 a été adopté et que des arrestations massives ont été effectuées, alors que les villes québécoises vibrent au son des casseroles soir après soir, le ton des dirigeants politiques et économiques les plus virulents s'adoucit soudain. Yves-Thomas Dorval, président du Conseil du patronat, prie « les personnes d'influence québécoises [...] d'encourager un arrêt rapide des protestations dans les espaces publics, même si elles sont festives » afin que Montréal puisse « offrir un milieu propice au déroulement des activités estivales [1] ». Gilbert Rozon, fondateur du festival Juste pour rire, s'adresse ainsi aux manifestant.e.s : « Les Francos débutent jeudi, imaginez un artiste sur une scène extérieure qui est victime de manifestants avec leurs casseroles. C'est tellement triste pour Montréal ce qui se passe. Les festivals, c'est l'image de Montréal à l'étranger. Lorsqu'on s'attaque à ces événements, on fait très mal à l'économie. Je ne crois pas que les étudiants gagnent quelque chose en paralysant les festivals [2] ». Le mot est lancé : « on fait mal à l'économie », c'est-à-dire à l'économie touristique de Montréal. Dès lors, le premier ministre Jean Charest, la ministre de l'Éducation Michelle Courchesne, le maire de Montréal Gérald Tremblay, des éditorialistes, des chroniqueur.euse.s, des animateur.trice.s, des spécialistes prennent la parole pour demander, tout en retenue, le retour à la « paix sociale ».

« On viendrait tout juste d'informer Jacques Villeneuve que c'est au plancher qu'il faut mettre le pied, pas dans la bouche. »

Les Fausses nouvelles, 8 juin 2012

En cause, bien plus que les Francofolies de Montréal, le Festival de jazz ou le festival Juste pour rire : le Grand Prix de Formule 1 de Montréal dont les retombées économiques sont importantes (on parle de 80 millions de dollars). La menace avait été explicite : certaines associations étudiantes affiliées à la CLASSE lui ont demandé d'organiser des perturbations de l'événement en raison « des valeurs sexistes, non environnementales, élitistes et économiques à abolir » que cette course automobile représente [3]. Lors des négociations avec le gouvernement, un représentant étudiant aurait prononcé une phrase aussitôt reprise dans tous les journaux : « On va vous l'organiser, votre Grand Prix. » Le caractère sexiste du Grand Prix est particulièrement mis en cause. Dans une publication de la CLASSE, Blandine Parchemal écrit par exemple : « Dans la mesure où le mouvement étudiant s'attache, depuis plus de trois mois, à dénoncer le caractère marchand de l'éducation associé à la hausse des frais de scolarité, nous ne pouvons que dénoncer fermement cette marchandisation du corps des femmes dans le cadre du Grand Prix. Et de même que nous luttons pour un savoir autonome (autrement dit, délivré de toute exigence de rentabilité économique), nous luttons ici pour des femmes autonomes libérées de toute utilisation à des fins économiques [4]. »

La contestation de l'événement prend alors valeur de symbole : le 3 juin, la journée portes ouvertes du Grand Prix est annulée ; le 7, une manifestation nue est organisée dans les rues de Montréal ; le 8, après que l'ancien coureur de Formule 1 Jacques Vil-

© DAVID CHAMPAGNE. LE 7 JUIN, LORS DU GRAND PRIX DE FORMULE 1 À L'ÎLE SAINTE-HÉLÈNE

© DAVID CHAMPAGNE. POLICIER DISTRIBUANT DES *TY-RAP* À SES COLLÈGUES, LE JOUR DU GRAND PRIX À L'ÎLE SAINTE-HÉLÈNE

leneuve a déclaré dans la journée que si les étudiant.e.s « bloquent les wagons, ce sera un acte terroriste[5] », la 46e manifestation nocturne arrive sur les lieux des festivités du Grand Prix (rue Peel et rue Crescent) malgré les tentatives des forces policières de bloquer l'accès au site. On a alors vu « des manifestants anticapitalistes défil[er] à travers des Maserati, Dodge Viper et autres voitures musclées, et devant des jeunes femmes très légèrement vêtues faisant la promotion de jantes de voitures ou de lunettes[6] ».

Les 9 et 10 juin, jours du Grand Prix, les prières et les appels à la paix sociale, feints ou sincères, n'ayant pas porté fruit, la Ville de Montréal et le gouvernement du Québec, soutenus par la loi spéciale récemment adoptée, vont procéder à l'un des déploiements policiers les plus impressionnants de l'histoire de la province et procéder à un grand nombre d'arrestations préventives. Dans la foulée, les témoignages sur les contrôles d'identité et les arrestations arbitraires parfois effectuées avec violence se multiplient. Celui des journalistes Catherine Lalonde et Raphaël Dallaire Ferland, publié dans *Le Devoir*, marque les esprits : « Sacs au dos, ils s'épinglent chacun un carré rouge, elle ajoute de plus un carré noir. Lui porte un foulard, rouge, autour du cou, ample, qui laisse son visage à découvert. Elle, sous le bras, trimballe deux grands cartons blancs. Des pancartes ? Même pas, ni des affiches. Juste deux larges cartons, vierges[7]. » Dès la station de métro Berri-UQAM, des agents du SPVM interpellent l'un des deux journalistes. Au parc Jean-Drapeau, sur l'île Sainte-Hélène où se trouve le site du Grand Prix, des policiers les arrêtent. Pourquoi ? « Parce que vous arborez un signe révolutionnaire, [répond] un agent, visiblement excédé, pis parce que je suis tanné du monde comme vous. » Et un autre enchaîne, significativement : « Aujourd'hui, c'est un lieu privé ouvert au public. » Les deux journalistes sont emmenés à un poste de police établi en plein air, où se trouvent d'autres personnes menottées. Ils seront relâchés une dizaine de minutes plus tard tandis que d'autres devront attendre des heures au soleil avant de connaître le même sort. On ne menace pas impunément de perturber l'économie touristique de la métropole...

---

1 Yves-Thomas Dorval, « L'arrêt des manifestations demandé », *Le Devoir*, 1er juin 2012.

2 Michelle Coudé-Lord, « Rozon discutera avec les leaders étudiants », *Le Journal de Montréal*, 2 juin 2012.

3 Mathieu Boulay, « Grand Prix de Montréal. La F1 pourrait être perturbée par les étudiants », TVA Nouvelles, 10 mai 2012.

4 Blandine Parchemal, « L'image est dégradante, les femmes s'en trouvent dégradées », *Ultimatum. Le journal de la CLASSE*, numéro spécial « La F1... Festival du sexisme », juin 2012. En 2005, Bernie Ecclestone avait déclaré que les femmes « devaient être vêtues de blanc, comme tous les autres appareils électroménagers » (cité par Jean-François Nadeau, « Bernie Ecclestone – Attention, chauffard à droite », *Le Devoir*, 11 juillet 2009).

5 Gabriel Béland, « Jacques Villeneuve dit avoir reçu des menaces », *La Presse*, 8 juin 2012.

6 Isabelle Hachey, Philippe Teisceira-Lessard et David Santerre, « Une 46e soirée de manifestations perturbe les festivités du Grand Prix », *La Presse*, 8 juin 2012.

7 Catherine Lalonde et Raphaël Dallaire Ferland, « Carrés rouges, vos papiers ! », *Le Devoir*, 11 juin 2012.

Rawlings

Nous répondons Casseroles

Roxanne Leclair

Publié dans *Fermaille* n° 16
le 3 juin 2012

À nos rues servant de passerelles aux défilés de nos corps zombie-machine
À nos chants perdus entre la hausse du prix de l'or et la chute du dollar encore
À nos mains glacées qu'on réchauffe comme on peut dans le micro-ondes en trois minutes

À nos banlieues anonymes qui asphyxient dans leur asphalte édulcoré
À nos corps qu'on pasteurise qu'on péremptionne avec la grâce d'un deux par quatre
Ces mêmes corps qu'on statistique qu'on placardise quand c'est seul et que ça se dit pas

Quand on répond à nos rêves de grands mouvements en achetant en vrac des chandails trop serrés

Nous répondons Casseroles

Claaaaaaaaannnnnnnnnnnnnnnnnnggg
                Cling cling
                                        Tactactactactac

Nous sortons nous joindre aux manifencours aux casserolesencours
Et voilà que ça résonne
À Villeray à Rosemont
Ça déferle dans les rues dans les ruelles
Au crépuscule montréalais
Et encore une peu plus loin
Dans les villes et les villages
D'une province au grand complet

BING

Langue tintamarre pour âmes en quête de liberté
Langue tribale redonnée à nos pieds trop longtemps enchaînés
Marchons encore toujours enfin tout le temps dans toutes les directions
N'enfermons plus nos pas nos rêves dans des sacs Ziploc
Et ensemble
Marchons

MARIO JEAN – MADOC. MANIFESTATION CONTRE LA CONFÉRENCE DE MONTRÉAL, LE 13 JUIN 2012

JUIN

2 Gabriel Nadeau-Dubois annonce que le défi estival de la CLASSE sera de « régionaliser » la mobilisation.

2 Michelle Courchesne déclare que « [d]epuis que la loi est là, on constate que les manifestations sont pacifiques ».

2 En dépit du mauvais temps, entre 8 000 (SPVM) et 25 000 (CLASSE) personnes participent à la grande manifestation familiale organisée par la CLASSE et dont l'itinéraire n'a pas été remis aux policiers. « Un geste clair et assumé de désobéissance civile », déclare Gabriel Nadeau-Dubois.

3 La CLASSE procède à l'élection d'une troisième coporte-parole, Camille Robert.

3 La direction du Grand Prix du Canada de Formule 1 décide d'annuler sa journée portes ouvertes. La CLASSE se défend d'avoir eu l'intention de déranger ou de mettre en danger des spectateur.trice.s, mais plutôt de mener une activité de visibilité et d'information..

3 Radio-Canada révèle que Gabriel Nadeau-Dubois a subi un long interrogatoire de la SQ le 27 avril dernier, à la suite d'une déclaration de Robert Dutil voulant que le coporte-parole de la CLASSE incite à la violence.

Red Square/Casseroles animation clip

Le 10 juin, un court-métrage d'animation de 10 secondes, réalisé par Malcolm Sutherland, est mis en ligne. Illustrant la multiplication du nombre de manifestant.e.s au fur et à mesure que la brutalité policière augmente, l'œuvre est réalisée « lors d'un jam d'animation improvisé sur les manifestations de carrés rouges/casseroles actuellement en cours à Montréal. Le film est organisé par Alison Loader, professeure d'animation à l'Université Concordia à Montréal ».

<VIMEO.COM/43676560>

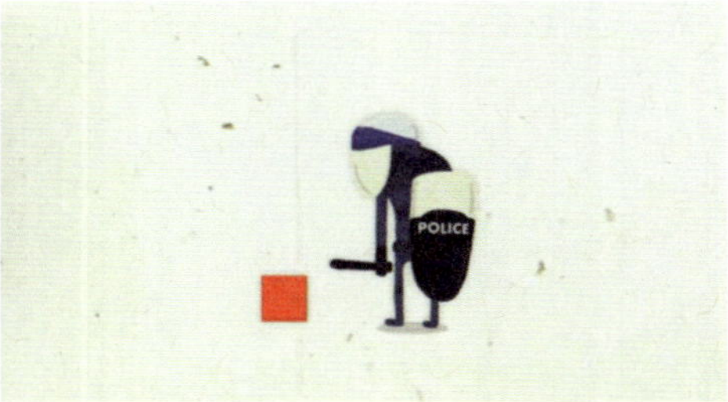

© MALCOLM SUTHERLAND

© MALCOLM SUTHERLAND

© MALCOLM SUTHERLAND

© MALCOLM SUTHERLAND

© MALCOLM SUTHERLAND

© MALCOLM SUTHERLAND

Super Mario Br'Hausse

ET LA COALITION DES HUMORISTES INDIGNÉS

Super Mario Br'Hausse, basé sur une parodie du jeu vidéo Super Mario Bros. (Nintendo), est une vidéo humoristique publicisant le spectacle de la Coalition des humoristes indignés qui a eu lieu le 18 juin au Théâtre Saint-Denis. Une quinzaine d'humoristes, dont Emmanuel Bilodeau, Jean-François Mercier, Martin Petit, Mario Jean, André Sauvé, Daniel Lemire et Guillaume Wagner, participent à ce spectacle qui dure plus de quatre heures. La mise en scène est signée Daniel Thibault et elle prévoit même un entracte « avec casseroles ». M. Thibault réalise d'ailleurs le texte et la vidéo publicitaire *Super Mario Br'Hausse* avec Pascal Barriault et Jérémie Larouche (qui s'occupe aussi de l'animation). Le narrateur de la parodie est Ghislain Taschereau, et Léo Bureau-Blouin fait même une apparition « remarquée » à la fin de la vidéo. Mise en ligne sur YouTube le 6 juin, la vidéo reçoit près de 190 000 visites.

© *SUPER MARIO BR'HAUSSE*

© NINTENDO ET *SUPER MARIO BR'HAUSSE*

JUIN

3 À Montréal, la manifestation nocturne ne mobilise que 200 personnes. Des rassemblements de ce genre ont lieu un peu partout dans la province, dont un à Gatineau au cours duquel une jeune femme est happée par une voiture.

4 Étant donné l'adoption de la loi spéciale, l'UQAC accepte de suspendre sa demande d'injonction pour la reprise des cours et l'encadrement des manifestations.

4 Gilbert Rozon, président du Festival Juste pour rire, rencontre les représentant.e.s étudiant.e.s de la FECQ, de la FEUQ et de la TaCEQ. Il voulait s'assurer que les associations dénonceraient ou décourageraient toute forme d'intimidation et de violence pendant les festivals dans la métropole.

4 Les syndicats des professeur.e.s de cégep (FNEEQ et CSN) demandent au gouvernement une compensation financière de 15 à 70 millions de dollars pour les professeur.e.s qui devront composer avec les nouveaux calendriers scolaires.

5 Le professeur de cégep derrière le personnage d Anarchopanda dépose une requête en Cour supérieure pour faire invalider le règlement anti-masque adopté par la Ville de Montréal.

JUIN

5 Gérald Tremblay rencontre la présidente de la FEUQ, Martine Desjardins. Après la rencontre, le maire de Montréal appelle à la reprise des négociations entre le gouvernement et les représentant.e.s étudiant.e.s.

5 Le Syndicat des employés de la fonction publique de l'Ontario (SEFPO) donne son appui aux étudiant.e.s québécois.es.

5 Certains cours reprennent à l'Université Laval, même si leurs étudiant.e.s sont toujours touché.e.s par la grève.

5 Pendant le Grand Prix, trois fois plus d'agent.e.s seront chargé.e.s de la sécurité dans les rues et autour des hôtels de Montréal.

5 Au cours d'une manifestation nocturne pacifique à Québec, le SPVQ procède à l'arrestation de 65 personnes, parmi lesquelles le député de QS, Amir Khadir.

5 Des manifestations nocturnes se déroulent dans le calme dans tout le Québec, mais aussi en Ontario.

Tout. Va. Bien.

Véronique Grenier

Publié sur la page Facebook de l'auteure
le 10 juin 2012

Il y a de ces choses qui ne se produisent qu'ailleurs. Qu'on regarde en ayant un peu pitié, un peu d'empathie. Qu'on étudie de loin en ne se sentant que très peu concerné. Ce genre de choses qui ont l'air trop grandes, trop terribles, trop « barbares ». Et pourtant, ce genre de choses a mis un pied dans la porte du Québec. Et pas pire chaussé, le pied : gros sabot, clouté, avec talon aiguille. Bien pointu, le talon. Et le bout du sabot, aussi, tant qu'à faire. Ça ne court pas les rues, les sabots pointus, mais avec un Anarchopanda en liberté, il en faut sans doute un peu plus pour être surpris, désormais.

Mais il ne faut pas s'en inquiéter. Tout. Va. Bien.

En fait, si je me répète cela suffisamment, je crois que je pourrais peut-être finir par y croire. Il fait soleil, le vent est agréable. Certains tondent la pelouse, d'autres promènent le chien. À la télé, on commente le sport, on rigole. Dans le « vrai monde », rien ne semble avoir changé. Tout-il-est-beau. Et pourtant.

Depuis l'adoption de la loi 78, le Québec est entré dans une sorte de zone étrange, un *twilight* politique. Si l'on reste dans son salon, que l'on ne regarde pas trop les médias ou que ceux de masse sont la seule source d'information, rien ne semble avoir tremblé. Des droits que l'on ne revendique pas ne peuvent pas vraiment nous avoir échappé. Croit-on. Des gens dans les rues qui massacrent des casseroles, soir après soir, c'est un peu bizarre. Et on en a marre des manifestations. Vivement le retour au confort, au calme. Vivement la paix sociale. Celle de l'harmonie, de l'ordre, de la harpe et des fleu-fleurs. Tout. Va. Bien. On se le répète. *Ad nauseam*. Alors on se laisse rassurer par les explications mielleuses du gouvernement qui ne cherche qu'à justifier l'injustifiable, son injustifiable irresponsabilité. C'est facile. Simple question de jeu de mots. De sélection, surtout. De présentation, aussi. Créer une apparence de sens. Une impression de bienveillance. Si on tend l'oreille, suffisamment, une berceuse est fredonnée tout bas, en arrière-plan.

Il est alors possible d'en arriver à des aberrations. Le dernier exemple en liste : le « carré rouge » est un signe de violence, d'intimidation et de refus du droit de certains à l'éducation. C'était dans l'air. N'empêche.

Une idée, ça se rentre si bien dans la tête des gens. La force de la répétition et du martèlement. C'est aussi l'un des avantages de la généralisation, de la réduction et de l'art de faire dire n'importe quoi aux symboles. Tout ça ensemble, réuni dans un même discours à prétention de cohérence : des conditions gagnantes pour accentuer la marginalisation du mouvement dans « l'opinion publique » et la polarisation des camps. Et pourtant. Me

© DAVID CHAMPAGNE

semble que ça va de soi que ledit carré de feutrine, porté par tellement de gens, ne peut et ne doit être réduit à trois – fausses – étiquettes.

Le carré rouge est d'abord et avant tout le signe de la lutte étudiante, il est devenu celui de ceux qui se tiennent debout, de ceux qui dénoncent, de ceux qui s'assurent que le Québec résonne, pour ne pas dire « raisonne », sous leurs pas. Leurs incessants pas. Le carré rouge est le symbole de l'espoir, du courage – ou fortitude testiculaire –, du plein droit à l'éducation pour tous. C'est celui du Québec en mouvement, sorti – enfin – de son apathie et qui se refuse au cynisme.

La violence et l'intimidation sont des mots qui, par les temps qui piétinent, veulent tout et ne rien dire. Il ne faut pas se laisser avoir. Je le porte fièrement, depuis des mois, mon carré rouge. Je le porterai encore plus fièrement parce qu'on cherche à lui retirer tout ce qu'il contient de bon, de beau, de fort. Les symboles sont puissants. Lorsqu'on s'y attaque, c'est le signe qu'il faut crier encore plus fort, marcher encore plus vigoureusement, casseroler avec plus d'entrain. C'est le signe que les temps changent en hurlant un peu, de peine et de peur.

Le mouvement est violent, j'en conviens. Il a causé une déchirure. Il y a un avant et un à venir. Et c'est un événement à célébrer. Un poing en l'air et le sourire fendu. Malgré les matraques, malgré les mensonges, malgré tout. Nous sommes ensemble. Tout. Va. Bien.

JUIN

6 Amir Khadir revient sur son arrestation de la veille. « Quand une loi est aussi injuste, dit le député de QS, il est moralement juste de la défier. » Au cours de son point de presse, il dit avoir agi comme Gandhi et Martin Luther King l'auraient fait. Ces références lui valent de nombreuses critiques, dont celle du maire de Québec, Régis Labeaume.

6 La Coalition des humoristes indignés (Mario Jean, Laurent Paquin, Guillaume Wagner et d'autres) annonce l'organisation d'un spectacle de soutien pour les étudiant.e.s.

6 Une obscure organisation appelée Forces armées révolutionnaires du Québec fait parvenir 23 enveloppes suspectes dans des bureaux de député.e.s et de ministres libéraux ainsi que dans de grands medias de Montréal et d'ailleurs. Il s'agit de simple bicarbonate de soude, et non d'anthrax comme le laissait entendre le message de ce groupe dont le nom rappelle l'Armée révolutionnaire du Québec, l'aile militaire du Front de libération du Québec disparue en 1964.

6 Selon *Les Affaires*, une entreprise sur 10 serait touchée par le mouvement étudiant. Les pertes s'élèveraient en moyenne à 12 600 $ par entreprise.

L'affiche du groupe de musique humoristique et engagé Mise en demeure, trouvée au domicile de la famille d'Amir Khadir, est une parodie du tableau d'Eugène Delacroix *La liberté guidant le peuple*. Cette affiche a été transmise au *Journal de Montréal* par les policiers du SPVM qui ont procédé à l'arrestation de Yalda Machouf-Khadir, la fille du député de QS, le 7 juin 2012, et a créé une polémique qui a mené à l'annulation d'un spectacle de Mise en demeure prévu dans la ville de Québec pour la Saint-Jean-Baptiste, le maire Labeaume ayant menacé le comité organisateur de couper son financement. « C'est un manque de jugement, mais aussi un manque de culture, car si la police avait connu l'œuvre de Delacroix, elle aurait vu tout de suite que c'est une parodie », déclarera M. Khadir au *Journal de Montréal*.

Est-ce bien de liberté dont parlent les cols rouges ?

Fabien Dumais, doctorant en communication

Extrait d'un article publié sur *Presse-toi à gauche !* le 3 juillet 2012

En ces temps de crise, est dite à qui veut l'entendre cette phrase creuse : la liberté des uns commence là où finit celle des autres. Cette façon très « cols rouges » de définir la liberté prend appui sur un principe d'inégalité sociale, légitimée au nom de la liberté individuelle. Le schème de la confrontation « eux *versus* nous » est caractéristique du populisme et plus particulièrement de celui de droite lorsque cette séparation se jouxte à une hiérarchisation des pouvoirs selon la performance économique des acteurs. Appelant à un principe d'équité sociale, fondée sur l'effort individuel et le mérite, les individus revendiquant leur liberté de jouir de leur statut en jugent d'autres quant à leur possibilité d'être pris en compte dans le développement de la société, selon qu'ils participent ou non à son bon fonctionnement. Les cols rouges exigent de ne pas être lésés dans leur droit de circuler pour aller travailler et pour profiter de leurs acquis. L'automobile n'est-elle pas le symbole de la liberté ?

Une opposition courante est utilisée par les cols rouges : d'un côté les contribuables (qui « donnent ») et de l'autre côté les b.s., les chômeurs et les artistes (qui « reçoivent »). Essayons de comprendre le raisonnement qui découle de cette rhétorique. Glissons-nous un instant dans la peau d'un col rouge. Pourquoi faudrait-il se préoccuper de l'opinion de ceux qui bloquent nos rues et nous empêchent d'aller travailler ? Devrait-on s'assurer que tous soient égaux, si cette égalité brime la liberté de jouir pleinement du fruit de nos efforts ? À cela, les cols rouges répondent non ! *Exit* ceux qui ne se forcent pas pour travailler. Pensons aux étudiants. À Montréal, bon nombre d'entre eux se déplacent d'ailleurs en vélo... Les cols rouges se sentent envahis de profiteurs qui savent manier le verbe. Mais les vrais citoyens, ce sont les *silencieux* qui sont occupés à travailler, car être *citoyen* signifie contribuer à l'économie de la société. Les doux moteurs ronronnent quand la majorité silencieuse fait son travail. Bref, pour les tenants de cette vision de la liberté, non seulement l'inégalité réelle est un fait indépassable, mais en plus l'égalité serait néfaste si elle se réalisait.

Or, les trois arguments classiques censés justifier la légitimité des inégalités sont à critiquer. Premièrement, être égal ne signifie pas être identique et être inégal ne signifie pas non plus être différent. Les inégalités de pouvoir peuvent uniformiser les manières d'agir, la fonction et la place de chacun se déterminant par une même logique d'accès à un niveau supérieur et de conservation du statut hiérarchique. Deuxièmement,

JUIN

6 Lors des manifestations nocturnes quotidiennes, des Montréalais.es font un sit-in pour soutenir Amir Khadir.

7 Une opération policière du SPVM mène à huit perquisitions chez des militant.e.s étudiant.e.s. Cinq personnes sont arrêtées, dont la fille d'Amir Khadir. Celui-ci réagit en disant que sa fille « assumera ses responsabilités ».

7 La CLASSE et la FECQ dénoncent ces perquisitions. Gabriel Nadeau-Dubois déclare : « On peut se poser des questions sur le moment où ça arrive, au moment du Grand Prix. On peut se demander s'il n'y a pas un effet préventif, si on ne cherche pas un effet dissuasif, au début d'une fin de semaine qui s'annonçait chaude. »

7 La Ligue des droits et libertés du Québec fait circuler une pétition réclamant une enquête publique indépendante sur les interventions policières dans le cadre des manifestations étudiantes ; 11 207 personnes la signent.

7 Une maNUfestation a lieu à Montréal pour dénoncer la marchandisation du corps de la femme et l'exploitation sexuelle dans le monde de la Formule 1.

JUIN

7 Le coureur automobile Jacques Villeneuve demande aux manifestant.e.s de « retourner à l'école ».

7 Le SPVM arrête une trentaine de personnes participant à la 47e manifestation nocturne qui a rassemblé environ 500 personnes et qui avait pourtant débuté dans le calme. Les arrestations, effectuées sans ménagement, ont lieu lorsque les manifestant.e.s tentent de se mêler à la foule de la rue Crescent, au centre-ville de Montréal, transformée en rue piétonne à l'occasion du Grand Prix de Formule 1.

8 Laurent Proulx, étudiant à l'Université Laval, abandonne le cours d'anthropologie pour lequel il avait obtenu une injonction.

8 Yalda Machouf-Khadir, la fille du député de QS, ainsi que trois des quatre autres militant.e.s arrêté.e.s la veille, passeront la fin de semaine du Grand Prix en prison.

en situation d'égalité sociale, les individus ne sont pas nécessairement enclins à la paresse. En convoquant cet argument, on ne prend pas en compte la stérilisation des passions inhérente à l'assignation d'une fonction de travail aux individus pris dans une logique marchande. Troisièmement, l'égalité réelle ne porte pas atteinte à la liberté. C'est plutôt l'inégalité sociale qui restreint les chances. La liberté économique n'est pas fondée sur la chance donnée à tous, car il faudrait pour cela une égalité des *conditions* sociales. Au contraire, elle avalise le libre exercice de l'exploitation. Les citoyens eux-mêmes sont prêts à être exploités dans l'espoir d'accéder à la liberté tant convoitée. Pourtant, la liberté consiste à revendiquer son propre pouvoir de détermination. Cela se fait collectivement, par production de conventions, en élevant les conditions sociales du plus grand nombre. La liberté individuelle est dépendante de la liberté collective. Il ne s'agit pas d'être *contre* une majorité, mais *pour* une majorité. Les cols rouges se trompent de cible.

RASSEMBLEMENT DES COLS ROUGES

Le Rassemblement des cols rouges (RCR) est un groupe de droite de la ville de Québec prônant le libéralisme et s'opposant à la grève étudiante comme à toute forme de mobilisation populaire. Le RCR affirme représenter celui « qui se lève le matin, qui travaille fort ou qui a travaillé toute sa vie, et qui n'a pas le temps d'aller manifester... un mardi à 14 heures », « qui paie ses impôts et qui croit que tout le monde devrait faire sa part dans la société... y compris les étudiants », « qui se sent pris à la gorge par différents groupes de la société pour lesquels on doit constamment payer », etc. Sur Facebook, le RCR est recommandé par un peu plus de 15 000 personnes. Le groupe affirme rassembler 23 000 membres et l'animateur d'une radio de Québec, Sylvain Bouchard, en est le principal porte-voix. Sur son site, le RCR dit s'opposer clairement à certaines tactiques utilisées durant le Printemps québécois, comme les casseroles et les manifestations de la rue : « dans une démocratie, c'est le gouvernement qui gouverne, et non les manifestants », « les conflits devraient se régler devant les tribunaux et non en hurlant dans la rue », etc.

<COLROUGES.COM>

Excusez-moi de vous déranger

CONFESSIONS D'UNE ÉTUDIANTE DOCILE OU LE COMPLEXE DE CHRYSOTHÉMIS

Marie Parent

Publié dans *Mots et images de la résistance*
le 11 juin 2012

Agir n'est pas un choix mais une fureur.

– VICTOR-LÉVY BEAULIEU

À deux ou trois reprises dans des manifestations, j'ai pu lire sur des pancartes ce slogan : « Excusez-nous de vous déranger, on essaie juste de changer le monde. » Dans le même esprit, une photographie publiée sur le blogue *Les pancartes de la GGI*, administré par Benoît Melançon, montre une banderole affichant ces mots : « Désolé pour le bruit, mais on a des enfants. » Ces deux slogans m'ont fait sourire parce qu'ils font écho, je l'avoue, à un malaise mêlé de culpabilité que j'ai dû apprendre à surmonter tout au long de cette grève. C'est donc plus un témoignage qu'une analyse que je vais livrer ici, en partageant avec vous les hauts et les bas de mon apprentissage de la dissidence.

Je peux affirmer ce soir que je ne suis plus docile depuis 115 jours. Mais l'envie de rechuter est forte. La dissidence ne m'est pas naturelle. Je suis une bonne élève, je respecte scrupuleusement les consignes, les règles, les lois. Et même si le développement de l'esprit critique est inscrit au plan de cours à l'université, même si on y fourbit ses armes pour lutter contre les discours du pouvoir, ce n'est pas entre ses murs qu'on apprend concrètement à se lever et à dire non, à sortir dehors, crier, bloquer le passage aux automobilistes, réveiller les bébés, écœurer le bon monde. Je dirais même qu'à force d'être sur les bancs d'école, le corps se raidit, devient frileux. On enfile la prudence comme une p'tite laine, le vêtement le plus confortable de l'intellectuel.

« On essaie juste de changer le monde », dit le slogan, déjà je hausse les sourcils. Tout au long de la grève, je n'ai pu cesser de me demander ce que j'en attendais. Je n'en attendais pas grand-chose. Pour moi, il s'agissait surtout de prendre position, prendre position comme ça, sans conséquence. Le 14 février, j'ai écrit à mon directeur de recherche pour lui expliquer ma position sur la grève : « Jean Charest dit à la population que les étudiants sérieux et intelligents sont d'accord avec la hausse, que ceux qui chialent, ce sont les hippies, les paresseux, les marxistes-léninistes. Il n'est pas question que les gens pensent que la hausse est normale, que les étudiants "ordinaires" trouvent la hausse normale. » Je croyais

JUIN

8 Une trentaine de professeur.e.s du cégep de Rimouski manifestent contre la loi spéciale du gouvernement Charest et le projet de loi C-38 du gouvernement conservateur.

8 Le conteur-chanteur Fred Pellerin refuse de recevoir la distinction honorifique de l'Ordre national du Québec. Dans une lettre publiée dans *Le Soleil*, il explique : « je m'en voudrais de célébrer et de trinquer à l'honneur de ce peuple dans le contexte actuel, où même notre démocratie se fait secouer par la base ».

3 Réagissant à ce refus, la ministre de la Culture Christine Saint-Pierre réplique : il « a le droit de porter le carré rouge, on est dans la liberté d'expression, mais nous, on sait ce que ça veut dire le carré rouge ; ça veut dire l'intimidation, la violence, ça veut dire aussi le fait qu'on empêche des gens d'aller étudier ; pour nous, c'est ce que ça veut dire et pour une grande, grande, grande partie des Québécois, c'est ce que ça veut dire. »

© THIEN V

JUIN

8 Plusieurs manifestations perturbent les festivités du Grand Prix. Une maNUfestation démarre à la Place du Canada tandis qu'une manifestation nocturne part de la place Émilie-Gamelin, avant de se fondre l'une dans l'autre dans les rues du centre-ville. Pendant ce temps, des militant.e.s féministes et anticapitalistes tentent de se mêler à la foule de la rue Crescent. Durant toute la soirée, policier.ère.s et manifestant.e.s jouent au chat et à la souris et s'affrontent parfois violemment. On rapporte 12 arrestations.

9 La CLASSE invite les syndicats à faire front commun avec les étudiant.e.s.

9 La manifestation nocturne tourne à l'affrontement en arrivant près de la rue Crescent où les festivités du Grand Prix se poursuivent. Au total, 28 personnes sont arrêtées.

10 La journée de la course du Grand Prix se déroule sous une très haute surveillance policière. Les agents du SPVM procèdent à des fouilles minutieuses dans le métro et aux abords du circuit Gilles-Villeneuve, expulsent une quarantaine de personnes du parc Jean-Drapeau, sur l'île Sainte-Hélène, et en arrête une trentaine d'autres de façon « préventive ».

que nous, quelques centaines d'étudiants ordinaires, signalerions notre désaccord de manière bien inoffensive, pendant quelques semaines, juste pour dire qu'on s'est montré la face, qu'on a fait notre *show*. Je dois avouer que je suis entrée en grève avec un sourire en coin. J'ai toujours été méfiante face au discours militant, à sa rigidité, à son manque d'autodérision – on ne niaise pas avec les luttes sociales. On ne peut pas être militant au deuxième degré. J'affichais ce détachement ironique qui, paraît-il, est caractéristique de ma génération, je traînais partout ma petite moue sceptique comme un accessoire *trendy*. Je ne criais pas de slogan – sauf une fois, dans une manif où je me suis retrouvée toute seule parmi un groupe d'étudiants en droit qui criaient « les juristes en câlisse », parce que ça m'apparaissait suffisamment décalé pour être drôle. J'allais manifester, mais je n'allais certainement pas me mettre à espérer que quelque chose change, que les gens comprennent ce que nous faisions. Je n'allais certainement pas espérer quoi que ce soit et risquer d'en souffrir.

« Excusez-moi de vous déranger » : vous avez raison, on ne changera absolument rien. Ça ne vaut pas la peine de mettre la ville sens dessus dessous, ça ne vaut pas la peine de vous lever de votre divan. Nous, les étudiants, mettons en scène notre indignation pour quelques instants, regardez-bien, ce sera *cute*, ce sera créatif, quand ce sera fini, vous pourrez applaudir et rentrer tranquillement chez vous.

Je relisais la semaine dernière la pièce *Cabaret neiges noires*, dont le prologue, écrit par Dominic Champagne, décrit précisément l'intention qui me semblait présider à cette grève :

Donc ce spectacle-là n'a aucun sens
Je veux pas dire qu'on a pas cherché
Depuis des mois à y donner un sens
À ce spectacle-là
Je veux pas dire que c'est volontaire
Si ce que vous allez voir est insignifiant
Allez surtout pas croire
Qu'on a la conscience tranquille
De faire ce qu'on fait là on sait très bien
Que l'artiste a une responsabilité
Envers la société dans laquelle il vit
Mais on sait qu'on a failli à notre tâche
Et nous préférons vous en aviser

La scène est à Montréal
Et ce que nous allons jouer ce soir
Chacun est libre d'en penser ce qu'il veut
Ou – ce qui serait plus normal
Dans l'état actuel des choses –
De rien penser du tout

(Après tout on est dans un pays libre
Puisque la scène est à Montréal
Libre de dire et de penser n'importe quoi
Parce que de toutes façons
Personne veut rien savoir
Mais ça c'est un autre problème
Pis on rentrera pas là-dedans)

Ami public
La scène est à Montréal dans un cul-de-sac
Et si nous savons notre devoir d'artiste
De vous en faire sortir de ce cul-de-sac
Ou à tout le moins bien humblement
De tenter de faire jaillir une parcelle
D'étincelle au bout du tunnel
Eh bien malgré toute notre bonne volonté
Nous ne savons pas comment

La scène est à Montréal
C'est le début de l'hiver
Et s'il est vrai que c'est dans la nuit
La plus noire que les étoiles
Nous apparaissent le mieux
Ce soir il neige de la neige noire
Dans le ciel de Montréal
Avec une légère odeur de pourri
Qui plane au-dessus de nos têtes

Le bar est là
Bonne soirée quand même

Il me semble que quelque chose a changé depuis la fin de l'hiver 2012 à Montréal. Je me suis mise à crier des slogans, j'ai commencé à mal dormir. Il se peut même que je me sois mise à espérer quelque chose. Vers la fin du mois de mars, on a commencé à entendre au téléjournal : j'appuyais les étudiants jusqu'à ce qu'ils bloquent la rue où je travaille, le pont, le métro, la tour de la Bourse, j'appuyais les étudiants jusqu'à ce qu'ils me dérangent, jusqu'à ce qu'ils forcent l'entrée du politique dans mon quotidien fermé à double tour, alors que j'arrivais très bien à m'en passer. Je les trouvais créatifs les étudiants, mais là, ils exagèrent.

« Excusez-nous de vous déranger » : excusez-nous de monopoliser le téléjournal de 22 heures. Il ne faudrait surtout pas que la rage, l'angoisse débordent de la case horaire des tribunes téléphoniques, il ne faudrait surtout pas s'indigner autrement que seul devant sa télévision, il ne faudrait pas en devenir insomniaques. Les vertus réconfortantes du lait chaud sont limitées en contexte de crise.

Quand on dit que les étudiants prennent les travailleurs, les Montréalais, le Québec au complet en otage, faut-il comprendre que c'est parce qu'il n'est plus possible de ne rien en penser du tout, de cette grève ? Pris en otage de la pensée et de son exigence. Coincé dans un duel politique, il faut choisir son camp. Dans ce pays libre, on est libre de n'avoir aucune opinion, on est libre de ne pas s'intéresser aux affaires sociales, même qu'on est plus parlables quand on n'en pense rien, des décisions du gouvernement. C'est tellement plus convivial, une soirée sans accrochage, sans débat, on joue-tu aux cartes ? Ça dort tellement mieux après.

Je comprends ça, en fait. On m'a enseigné que c'était pas beau, la chicane. Ça fait mal de renoncer à son confort intellectuel et affectif. C'est difficile de prendre un conflit en pleine tronche, de l'amortir avec son corps et sa tête, de le sentir, de le laisser nous traverser. J'ai le réflexe de me retirer, de battre en retraite, de me faire accroire que je peux résister en catimini dans mon salon, dans le silence. Sans déranger.

JUIN

10 Le SPVM se défend d'avoir recours au profilage politique envers les étudiant.e.s ou les porteurs de carré rouge.

10 Le Tour de l'île en rouge, dont le point de départ est au parc Lafontaine, rassemble des centaines de manifestant.e.s à vélo.

10 Une manifestation masquée a lieu à Québec pour dénoncer la loi 12.

10 La FECQ souhaite reprendre les négociations avec le gouvernement.

10 Des centaines de personnes participent à la 18e manifestation nocturne à Montréal, qui se solde par des actes de vandalisme et par 12 arrestations.

11 La CLASSE dénonce le profilage politique auquel a eu recours le SPVM lors du Grand Prix et demande à la Commission des droits de la personne d'enquêter sur les opérations policières.

11 Le premier ministre Jean Charest défend le travail des forces policières : selon lui, les « groupes d'extrême gauche » ont menacé le plus important événement touristique du Canada.

JUIN

11 *Le Journal de Montréal* publie une affiche du groupe de musique Mise en demeure, trouvée dans la chambre de Yalda Machouf-Khadir lors des arrestations effectuées dans le milieu militant par les policiers du SPVM. Cette affiche parodie le tableau *La liberté guidant le peuple* d'Eugène Delacroix et montre Jean Charest, terrassé, gisant aux pieds d'Amir Khadir, représenté en révolutionnaire armé.

11 Un militant étudiant surveillé par le SPVM est arrêté à Saint-Hyacinthe alors qu'il se rendait aux funérailles de sa sœur à Saguenay.

11 Au cours d'élections partielles, le bastion libéral d'Argenteuil passe au PQ, tandis que le PLQ conserve la circonscription de LaFontaine.

12 Réagissant à la demande du PQ, la ministre de la Culture Christine Saint-Pierre refuse de s'excuser pour avoir associé le carré rouge à la violence et à l'intimidation.

12 Amir Khadir envisage de poursuivre Québecor pour avoir placé en une l'affiche du groupe Mise en demeure avec le libellé : « Khadir armé. Charest mort ».

12 La Cour supérieure entend une première requête visant la suspension de certains articles de la loi 12.

Comme Chrysothémis à sa sœur Électre, je me convie à la prudence :

> Dans la tempête, j'aime mieux plier les voiles, et ne pas poursuivre un ennemi que je ne puis atteindre. [...] si je veux conserver ma liberté, je dois obéir à ceux qui ont la puissance. [...] Ta vie serait douce si tu savais écouter la raison. [Je veux t'apprendre] à céder à la puissance. [...] crains que ton imprudence ne cause ta perte.

Et plus loin, Chrysothémis en rajoute : « Ne vois-tu pas la faiblesse de ton sexe et la supériorité de tes ennemis ? [...] Rappelle ta raison, et que ta faiblesse t'apprenne enfin à céder à la puissance. »

Pourquoi hurler, gémir tous les soirs, entretenir la grogne des souverains et de leurs sujets ? Pourquoi, demande le chœur à Électre, « appeler de tes vœux la souffrance » ?

Depuis 115 jours, j'apprends à résister à la voix de Chrysothémis, que l'on entend si clairement à travers la rumeur sociale. J'apprends une forme de courage que je n'avais jamais eu à tester auparavant. Le courage de prendre les choses au sérieux, juste pour voir de quoi le monde aura l'air.

Qu'est-ce que j'attends de cette grève ? Certainement pas quelques dollars en moins sur ma facture. J'attends que l'on redonne droit de cité à la colère, qu'on lui ouvre nos têtes et nos corps, pour en tirer toute l'énergie à laquelle nous avons renoncé depuis trop longtemps. Qu'on fasse durer cette colère, qu'on ne l'abandonne pas dans la rue, avec les pancartes et les cuillers de bois cassées, pauvre résidu d'une frénésie passagère.

Je me répète les paroles intransigeantes d'Henry Miller dans *Le cauchemar climatisé*, je recueille toute la fureur et le dégoût qu'a fait naître en lui son périple à travers les États-Unis, et c'est cette colère qui me tient :

> Bref, ce sont les aveugles qui guident les aveugles. Et c'est ainsi que l'avenir, qui nous talonne, se trouve avorté, bousculé, étouffé, mutilé, anéanti parfois et que se crée l'illusion d'un univers einsteinien ni chair ni poisson, un monde de courbes infinies qui mènent au tombeau, ou à l'asile de vieillards ou de fous, ou au camp de concentration, ou dans les tièdes replis du parti démocrate-républicain. C'est ainsi que des fous se dressent pour restaurer l'ordre et la légalité à coups de hache. Quand des millions de vies humaines ont été sacrifiées, quand nous sommes enfin parvenus à les assommer, nous respirons un peu plus à l'aise dans nos cabanons capitonnés. Dans ces conditions, c'est un repos bien sûr que d'écouter Mozart [...]. Si vous avez les moyens de consacrer 10 $ ou 25 $ par jour à payer une âme compréhensive pour écouter vos doléances, on peut alors vous réadapter au rythme insensé de la vie que nous vivons et cela vous épargnera l'humiliation de devenir un adepte de la Science chrétienne.

« Puisque devenir conscient, c'est très dangereux, nous dit Miller. Cela veut dire que vous souffrirez davantage encore. »

© DAVID CHAMPAGNE, LORS D'UNE MANUFESTATION

Bref, c'est la révolution

Le 1er juin, une courte vidéo de 3 minutes 30 secondes retraçant, sur fond sonore et avec narration, les grands moments de l'éducation au Québec et de la grève étudiante est mise en ligne. Le titre ainsi que le type de montage adoptés par le réalisateur et narrateur Dany Papineau font référence à la série française *Bref* (2011-2012). La vidéo est visionnée près de 300 000 fois sur YouTube.

<WWW.YOUTUBE.COM/WATCH?V=WGNJHKTUUVE>

© DANY PAPINEAU

JUIN

12 Des groupes juifs déplorent l'utilisation, par des manifestant.e.s, du salut nazi pour dénoncer la brutalité des interventions policières. Sur son fil Twitter, la CLASSE écrit : « Même s'il s'agit de blagues, les références aux nazis lors des manifestations doivent cesser. »

12 Le militant arrêté alors qu'il se rendait aux funérailles de sa sœur est remis en liberté sous condition.

13 Une lettre publiée dans *Le Devoir* et signée par plus de 2 600 artistes dénonce les propos de Christine Saint-Pierre. La ministre nuance ses propos et présente ses excuses aux artistes.

13 La FECQ et la FEUQ analysent les dernières offres d'aide financière du gouvernement et concluent à un accroissement de l'endettement étudiant.

13 Yalda Machouf-Khadir est remise en liberté sous plusieurs conditions.

13 La stratégie électorale du PLQ est dévoilée. Les Québécois.es auraient deux options : Jean Charest, pour l'emploi et l'économie, ou Pauline Marois, pour un référendum et la rue. Le PQ accuse Jean Charest d'instrumentaliser le conflit étudiant à des fins électoralistes.

JUIN

13 La 51e manifestation nocturne se mêle à la foule des Francofolies et s'achève par des affrontements avec les forces de l'ordre. Deux manifestant.e.s sont arrêté.e.s. (Radio-Canada)

14 Jean Charest dénonce la banalisation de la violence et la présence du groupe Mise en demeure à un spectacle qui doit avoir lieu à Québec, dans le cadre de la Fête nationale.

14 Une heure plus tard, le groupe Mise en demeure annule son spectacle. Le maire de Québec, Régis Labeaume, aurait menacé les organisateurs de couper leur financement si le groupe participait au spectacle.

14 La manifestation nocturne s'amorce par un « tatoo-o-thon » au cours duquel plusieurs dizaines de personnes se font tatouer un carré rouge.

15 Selon Pauline Marois, la session parlementaire qui s'achève est « l'une des pires que nous ayons connues ». La chef de l'Opposition officielle soutient que seules des élections peuvent restaurer la paix sociale.

15 Jean Charest dresse un bilan positif de son gouvernement pour la dernière session parlementaire. Il estime aussi que le PQ est contrôlé par une frange d'« extrême gauche », comme en témoigne le port du carré rouge.

Tatoo-O-thon de carrés rouges

Dans la foulée des « arrestations arbitraires » effectuées au Grand Prix de la Formule 1, Gab Roy lance l'idée, sur son blogue *levraigabroy.com*, de tatouer un carré rouge sur la peau de ceux et celles qui le souhaitent. Dès le 11 juin, il organise un événement Facebook auquel 280 personnes s'inscrivent. Le 14 juin a lieu le tatoo-o-thon au parc Émilie-Gamelin, à Montréal : plus d'une centaine de personnes se font tatouer le carré rouge par des tatoueurs professionnels et bénévoles. L'événement se termine à minuit, alors qu'il reste encore de nombreux.euses volontaires souhaitant se faire tatouer.

© JAY ST-LOUIS, MATHIEU ST-ONGE ET GAB ROY DANS LEUR VIDÉOCLIP *GARDE TA MAIN SUR LA BRIQUE !*

« Un premier pas pour que le carré rouge survive au printemps. »

GAB ROY SUR SON BLOGUE <LEVRAIGABROY.COM> (11 JUIN 2012)

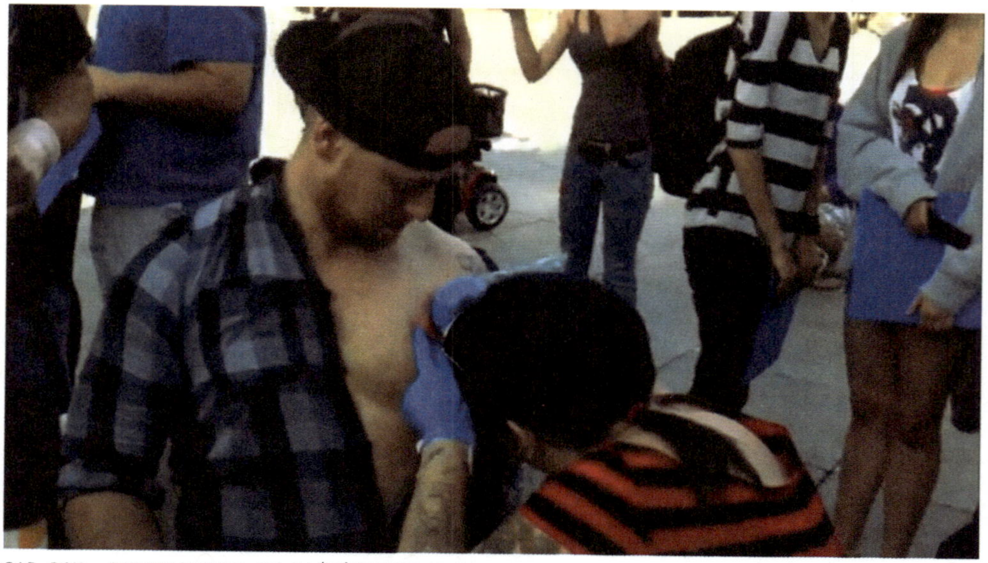

© GAB ROY ET MATTHIEU BONIN

GAB ROY, ORGANISATEUR DE L'ÉVÉNEMENT TATOO-O-THON, LORS DE SON TATOUAGE DU CARRÉ ROUGE (IMAGE TIRÉE DE LA VIDÉO QUE MATTHIEU BONIN ET LUI-MÊME ONT RÉALISÉE)

Lettre au premier ministre

Élise Turcotte, écrivaine

Publié sur sa page Facebook
le 18 juin 2012

Monsieur le premier ministre,

Je vous écris aujourd'hui, à vous, à votre gouvernement, sachant par avance que la parole d'un écrivain ne vous intéresse pas, que vous ne la lirez pas puisqu'elle n'a et n'aura jamais aucune incidence sur la vie économique de votre pays. Votre province, devrais-je dire. Que vous dirigez d'une manière bien étrange ces jours-ci.

Je vous écris quand même, parce que je ne peux pas faire autrement : la confusion, la colère, l'incrédulité qui m'occupent depuis des mois est en train de faire pourrir le langage vivant en moi, et puisque je n'arrive plus à faire passer ce langage ni par la fiction, ni par la poésie (ça reviendra, ne vous inquiétez pas), je dois vider un peu mon réservoir pour ne pas qu'il s'enflamme et me fasse brûler sur place.

Le langage est la matière première de mon métier. J'écris, j'enseigne, je vois et comprends le monde en analysant, en questionnant, et en réinventant la langue. Et justement, entre toutes les choses qui sont en train d'être détruites, il y a le respect de cette langue qui fait de nous les êtres humains que nous sommes. Car vous et vos ministres pratiquez depuis des mois un détournement du sens des mots qui fait mal. Plus mal que tout ce que des policiers matraqués peuvent faire à une jeunesse qui se tient debout. Je dis une jeunesse, mais je ne parle pas d'âge ; je parle d'engagement, de lucidité profonde, d'espoir en l'avenir de ceux qui nous remplaceront. Cet avenir est garant de notre présent.

Votre langue est semblable à celle du manipulateur qui répète inlassablement la même parole, les mêmes formules, dans votre cas ce sont des chiffres, pour bien désarçonner sa proie. Elle est semblable à celle du narcissique qui ne reconnaît pas l'existence d'autres modes de vie que le sien.

Mais je dois avouer que je ne suis pas vraiment surprise de ce qui arrive aujourd'hui. Tout cela est peut-être un reflet d'une mutation qui est en train de transformer notre manière d'habiter ce monde depuis un bon moment. Des glissements de sens se sont lentement opérés. Par exemple, il y a longtemps que le bien culturel est devenu produit culturel. Au même moment, le mot « artiste » était aussi en train de perdre sa valeur particulière au contact du mot « vedette ». C'est ainsi, par la déperdition du sens précis des mots, par une sorte d'accoutumance à ces trafics insidieux du vocabulaire, que la confusion peut venir à régner. Dans le même ordre d'idées, j'ai vu aussi ce changement s'opérer depuis quelques années dans mon métier de professeur ; lentement, mais sûrement, des étudiants (je ne les accuse pas – je remarque un fait) ont commencé à s'adresser à moi, sans s'en rendre compte, possiblement, à la manière de consommateurs demandant leur dû, leur dû étant souvent bien sûr la note, de passage au minimum. Je paye, tu me fais passer. Je paye,

JUIN

15 Pour sa part, François Legault affirme que son parti a été le seul à s'être montré « pragmatique, nuancé, responsable » dans la gestion du conflit étudiant.

15 Amir Khadir reçoit une enveloppe suspecte.

15 La Ville de Montréal demande au gouvernement 10 millions de dollars pour payer les heures supplémentaires des agents du SPVM dans le cadre des manifestations étudiantes. Raymond Bachand juge que la demande n'est « pas déraisonnable ».

15 Une « manifestation travestie contre la répression » est organisée par le P!NK BLOC en marge de la traditionnelle manifestation nocturne.

15 Lors des Francofolies, Gabriel Nadeau-Dubois, Jeanne Reynolds, Martine Desjardins, Éliane Laberge et Léo Bureau-Blouin sont invité.e.s à monter sur la scène avec Loco Locass pour chanter « Libérez-nous des libéraux » devant une foule compacte qui remplissait la place des Festivals.

16 Diverses manifestations ont lieu dans la province, notamment à Trois-Rivières et à Québec.

16 Environ 450 personnes manifestent à Joliette pour dénoncer la « loi matraque » (*L'Action*).

JUIN

16 À Montréal, huit personnes sont arrêtées pendant la manifestation nocturne (TVA).

17 Le PLQ lance une nouvelle publicité : dans un long plan-séquence, Jean Charest s'adresse au spectateur en défendant sa gestion du conflit étudiant. La publicité sera souvent parodiée.

17 Trois personnes sont arrêtées au cours de la 55e manifestation, qui rassemble une centaine de personnes (TVA).

18 La FECQ lance un appel à la médiation.

18 L'ONU intervient pour la deuxième fois dans le conflit étudiant québécois. Navi Pillay, haute-commissaire aux droits de l'Homme, écrit : « Dans le contexte des manifestations étudiantes, je suis déçue par la nouvelle loi adoptée au Québec qui restreint leur droit à la liberté d'association et à l'assemblée pacifique. »

18 Les gouvernements Charest et Harper critiquent la sortie de l'ONU.

18 Le spectacle de la Coalition des humoristes indignés fait salle comble au Théâtre Saint-Denis.

19 *Le Devoir* consacre un article au peintre anonyme d'ArtAct, à l'École de la Montagne Rouge et au collectif ARTUNG !, qui ont mis en images la grève étudiante.

© LAST

tu ne m'emmènes pas au musée si ça ne fait pas partie de l'examen. Malgré cela, ce printemps, je me suis tout de même étonnée qu'on n'ait pas trouvé plus indécent le fait qu'un étudiant puisse demander par injonction de recevoir son cours. Et ça s'est fait, ces étudiants ont reçu leurs cours, oui, mais dans des conditions qui ont effacé en un seul mouvement un rituel de transmission de connaissances basé sur le dialogue, la collégialité, le respect des autres dans la mise à l'épreuve de sa propre pensée. Cette bombe amorcée depuis longtemps vient d'exploser à notre visage, et l'absurdité qui en découle démontre à plus d'un niveau à quel point les revendications des étudiants sont capitales, à quel point elles dépassent le discours des chiffres que vous nous martelez depuis des mois.

Depuis le début des manifestations, nous assistons à une perversion du langage qui me fait honte, et peur. De la grève au boycott, du moratoire à la pause, de l'enfant-roi à l'enfant violent, en passant par la notion de minorité, de majorité silencieuse, et autres menaces, intimidations et extrémismes, des zones de sens ont été minées afin de brandir une armure contre la pensée complexe et l'intelligence des événements. Quand j'entends le ministre Bachand se réjouir de l'arrestation de coupables – il parle ici entre autres de la fille de son confrère – j'ai la chair de poule. Quand je vous entends réagir de biais à cette même question posée par le journaliste en parlant de menaces faites au Grand Prix, j'ai peur de vivre en ce moment dans un roman de science-fiction où plus personne ne parle la même langue. Jusqu'à la ministre de la Culture qui vient de démontrer à quel point elle aussi ignore le poids des mots *violence* et *intimidation*.

Mais la peur ne gagnera pas. Car si chaque matin, j'éprouve de la colère en lisant les journaux, chaque soir en écoutant la musique de la rue, l'énergie me revient. Je vois aussi que plusieurs de mes amis écrivains sont en train de faire une sorte d'arrêt sur l'image pour bien entendre, pour ne manquer aucun mot de ce qui se passe ici. J'ai acquis dernièrement la certitude que, malgré le déni opéré par plusieurs, notre société sera marquée en profondeur par cette crise. Elle sera marquée, transformée dans la parole qui est le ciment liant chacune de nos vies. Et cela me donne de l'espoir. Comme tous ces textes brillants écrits par les sages, par des professeurs, des philosophes, des sociologues, des journalistes, enfin par tous ceux qui ont pris la parole pour défendre une cause juste et hautement signifiante.

Laissez-moi vous dire pour conclure que je suis politiquement, poétiquement, radicalement opposée au mépris dont vous faites preuve dans votre langue, vos lois, votre attitude face à vos interlocuteurs. Après tout, je peux me le permettre, puisque vous ne me lirez pas. Mais ce n'est pas si grave au fond, car le plus beau, dans toute cette histoire, c'est que je ne suis pas seule.

© DAVID CHAMPAGNE, LORS DE LA MANIFESTATION DU 22 JUIN, À QUÉBEC

MOUVEMENT HISTO RIQUE VICT OIRE HISTORIQUE
MOUVEMENT HISTO RIQUE VICT OIRE HISTORIQUE
MOUVEMENT HISTO RIQUE VICT OIRE HISTORIQUE
MOUVEMENT HISTO RIQUE VICT OIRE HISTORIQUE
MOUVEMENT HISTO RIQUE VICT OIRE HISTORIQUE
MOUVEMENT HISTO RIQUE VICT OIRE HISTORIQUE
MOUVEMENT HISTO RIQUE VICT OIRE HISTORIQUE
MOUVEMENT HISTO RIQUE VICT OIRE HISTORIQUE

JUIN

19 À Québec, le maire Régis Labeaume a une altercation avec un citoyen au sortir de la séance extraordinaire du conseil municipal où venait d'être adopté un règlement encadrant plus sévèrement la tenue des manifestations. La scène, qui donne lieu à une bousculade, est filmée. Puis, 21 personnes sont arrêtées lors de la manifestation spontanée qui se forme dans les rues de Québec après cet incident à l'hôtel de ville.

19 Les employé.e.s de la Grande Bibliothèque de Montréal manifestent pour dénoncer le fait qu'ils sont sans convention collective depuis un an et pour revendiquer le droit de porter le carré rouge au travail.

20 Pauline Marois abandonne le carré rouge, après l'avoir porté pendant des mois. Jean Charest dira qu'elle remporte le « championnat d'hypocrisie ».

20 Radio-Canada rapporte que « la Commission des droits de la personne et des droits de la jeunesse du Québec a reçu deux plaintes pour discrimination liée au carré rouge, symbole du mouvement d'opposition à la hausse des droits de scolarité, depuis le début du conflit étudiant ». Une personne s'est vu refuser l'accès à un bar de Québec, une autre aux services d'une entreprise de pièces mécaniques du Saguenay.

Banane Rebelle

© PHOTOGRAPHIE ET GRAPHISME : MOÏSE MARCOUX-CHABOT

À ne pas confondre avec Bananarchiste du groupe Mise en demeure, le personnage de Banane Rebelle fait son apparition le 22 mai 2012, quatre jours après l'adoption du projet de loi 78. Gabriel Marcoux-Chabot, étudiant au deuxième cycle en littérature, explique dans un texte fondateur l'origine de son personnage qui sillonnera les rues pour la première fois lors de la manifestation nationale du 22 mai, à Montréal : « C'est bien simple, pendant neuf ans, j'ai été la banane dans l'oreille du premier ministre. Chaque fois que la situation se corsait, chaque fois que l'une de ses décisions était contestée (et Dieu sait que c'est arrivé souvent), j'intervenais, je bloquais le message. C'était ma fonction : j'empêchais l'information de se rendre au cerveau de Jean Charest. De cette manière, il pouvait travailler en paix et continuer à faire progresser ses intérêts au détriment de ceux du Québec. » N'en pouvant plus, le fruit assourdissant décide de tourner le dos à son maître et de joindre les rangs des étudiant.e.s, se donnant pour but de déposer quotidiennement une pelure de banane devant l'Assemblée nationale afin de « faire tomber le gouvernement ».

Dès ses premières apparitions publiques, Banane Rebelle est interpellée par les policiers de la Ville de Québec. Son arrestation, le 24 mai, fait instantanément événement : les photos de la Banane escortée par les agents font le tour du web et le mot-clic #banane est parmi les plus utilisés sur Twitter au Québec durant cette soirée.

Celui qui se décrit comme « le le reflet inversé de Jean Charest (ridicule à l'extérieur, mais pertinent à l'intérieur) » a choisi la banane pour son côté ludique et faussement agressif : « Elle est jaune, bien visible et totalement inoffensive. Pourtant, on peut la brandir comme une arme et se servir de la pelure pour faire tomber les gens. » Lunettes fumées et cigarette au bec, la Banane manifeste tout au long de l'été et milite pour inciter les citoyen.ne.s à aller voter aux élections du 4 septembre 2012, date à laquelle le personnage tire sa révérence au cabaret La Tulipe à l'annonce de la défaite de Jean Charest.

« Il faut sortir de ce régime pourri ! »

BANANE REBELLE

UNE BANANE PAR SOIR JUSQU'À LA VICTOIRE !

J'accuse... !

Banane Rebelle

Publié sur sa page Facebook
le 2 juillet 2012

Lettre au premier ministre du Québec (en hommage à Émile Zola)

Monsieur Charest,

Me permettez-vous, dans ma gratitude pour le mépris et l'intransigeance dont vous avez fait preuve (car sans eux, jamais ma jaune pelure n'aurait vu le jour), d'avoir le souci de votre juste gloire et de vous dire que votre étoile, si heureuse jusqu'ici, est menacée de la plus honteuse, de la plus ineffaçable des taches ?

Vous apparaissez en ce début d'été, pur et rayonnant, dans cette publicité où vous lavez plus blanc que blanc neuf années de scandales et de corruption, et vous solliciterez à l'automne un quatrième mandat qui consacrerait aux yeux de tous le triomphe de la magouille, du mensonge et de la corruption. Mais quelle abominable tache sur votre nom – j'allais dire sur votre règne – que l'indélébile affront que vous avez fait subir à la langue française, à cette langue que nous aimons, que nous chérissons, à cette langue par laquelle nous existons, nous autres Québécois, plus grand peuple francophone en terre d'Amérique !

Justice, démocratie, violence, menace, intimidation, boycott, éducation... Ces quelques mots répétés jusqu'à la nausée, sur toutes les tribunes et dans tous les médias, martelés à chacune de vos apparitions, au mépris du bon sens et de toutes les définitions ; il n'en fallait pas plus, c'était fini : la langue française avait été à jamais corrompue, pervertie. Le Québec a désormais dans la bouche ce goût infâme, l'histoire écrira que c'est sous votre règne qu'un tel crime linguistique a pu être commis.

Puisque vous avez osé, j'oserai moi aussi. Notre langue, je la défendrai, car j'ai promis de le faire, au nom de tous ceux et celles qui, avant moi, ont pris la plume ou le clavier, dans l'espoir de rejoindre par les mots quelque chose qui ressemblerait peut-être à la vérité. Mon devoir est de parler, je ne veux pas être complice. Mes nuits seraient hantées par le spectre de cette langue qui souffre, à la jonction de vos lèvres impudentes, la plus affreuse des tortures et le plus horrible des supplices.

À vous, monsieur le premier ministre, je rappellerai donc le sens premier des mots, leur nature fragile, et le tort que vous leur faites subir à chacune de vos interventions. Je vous le crierai, de toute la force de mes petits poumons noircis de fruit révolté. Pour votre honneur, je suis convaincu que vous l'ignorez.

Je vous parlerai d'abord du mot *éducation*, mot galvaudé s'il en est depuis que vous avez volontairement choisi de le réifier, de le chosifier afin de le rendre plus attrayant, plus commercialisable, un mot aujourd'hui plus facile à vendre à l'étranger, au même titre que notre territoire et

JUIN

20 À Ottawa, les conservateurs déposent une motion à la Chambre des communes pour faire « reconnaît[re] le droit de l'Assemblée nationale du Québec, dûment élue, d'adopter des lois, comme la loi 78, à l'intérieur de ses champs de compétence ». Un geste « vide de sens », selon les néo-démocrates et les libéraux fédéraux.

21 À Montréal, 49 intellectuels, artistes et syndicalistes marchent de l'UQAM aux bureaux de Jean Charest pour dénoncer l'adoption de la loi 78.

21 Le livre citoyen et collectif *Pour un printemps*, piloté par l'artiste Jane D'eau, est lancé au théâtre La Tulipe en présence de nombreux acteurs et actrices du mouvement.

21 Le gouvernement Charest refuse d'entendre l'appel à la médiation lancé par la FECQ.

22 Dans le cadre des grandes manifestations du 22, entre 3 000 et 5 000 personnes manifestent à Québec de même que plusieurs dizaines de milliers de personnes à Montréal (*La Presse*). Les événements se déroulent dans le calme. Une personne est arrêtée.

JUIN

22 La CLASSE refuse d'encaisser les profits du spectacle de la Coalition des humoristes indignés avant de consulter ses membres. Des militantes féministes et des sympathisant.e.s avaient montré des réserves devant les « propos sexistes, racistes et homophobes » de plusieurs humoristes.

22 Quatre étudiant.e.s sont arrêté.e.s en lien avec la bousculade qui a eu lieu à l'hôtel de ville de Québec, le 19 juin dernier.

23 Les sœurs Luce et Lucie Rozon, organisatrices du spectacle de la Coalition des humoristes indignés, décident que la CLASSE ne touchera pas aux bénéfices.

24 Environ 200 Parisien.ne.s arborant le carré rouge manifestent au pied de la tour Eiffel en soutien aux étudiant.e.s québécois.es.

25 Le PLQ lance une courte publicité de 15 secondes dans laquelle on voit des images au ralenti de Pauline Marois dans la rue, frappant maladroitement sur des casseroles.

26 Les profits du spectacle de la Coalition des humoristes indignés seront versés à la clinique juridique Juripop.

ses matières premières. Où est l'humain, qui hier encore se trouvait au cœur même du concept, lui conférant à la fois son sens et sa raison d'être ? Dans le Nord, autant que possible ?

Je vous parlerai ensuite du mot *grève*, mot vivant, doté d'une histoire aussi française que la nôtre et qui nous ramène à la place du même nom à Paris ; mot vrai, que vous avez néanmoins choisi d'ignorer, afin de lui substituer un exécrable anglicisme dont l'usage, si l'on en croit l'Office québécois de la langue française, est fortement déconseillé.

Je vous parlerai aussi du mot *justice*, auquel vous avez retiré toute connotation d'équité et d'impartialité. Vous avez arraché son bandeau, brisé sa balance et n'avez conservé que l'épée. Que reste-t-il de la justice après ce crime impie ? Rien, si ce n'est un pauvre euphémisme du mot répression.

Je vous parlerai encore des mots *violence, menace* et *intimidation*. Je vous en parlerai ensemble, puisque vous-mêmes les avez ainsi confondus, assimilés, aplatis dans votre démence paranoïaque, sans vous soucier des nuances, sans vous soucier de la réalité, des enfants battus, des adolescents humiliés et de tous ceux pour qui ces mots ont un sens qui se confond avec la douleur et le goût des larmes. Il y a loin, je vous le rappelle, de la batterie de cuisine à la batterie de canons.

Je vous parlerai enfin du mot *démocratie*, qui est, au moins depuis Abraham Lincoln et la Grèce antique, le gouvernement du peuple, par le peuple, pour le peuple. Qu'avez-vous donc fait de ce mot, glorieux analphabète ? Une démocratie de carton-pâte, une vulgaire ploutocratie qui permet à la haute finance de renouveler aux quatre ans sa mainmise sur notre société. Le gouvernement du peuple, par l'argent, pour l'argent, voilà votre définition bien à vous du mot démocratie !

Cette liste pourrait encore s'allonger, monsieur le premier ministre, mais cette lettre est déjà longue et je sais votre capacité d'attention limitée. J'en viendrai donc à l'essentiel.

J'accuse votre gouvernement d'avoir été l'ouvrier diabolique de cet odieux travestissement de notre langue et de nos dictionnaires, et d'avoir ensuite défendu son œuvre néfaste, jour après jour, semaine après semaine, mois après mois, par les machinations les plus saugrenues et les plus coupables.

J'accuse les ministre et ex-ministre de l'Éducation, du Loisir et du Sport, mesdames Michelle Courchesne et Line Beauchamp, de s'être rendues complices de ce crime odieux, l'une peut-être par passion libérale, l'autre sans doute par cet esprit de larbin qui fait des bureaux du PLQ l'antre des flagorneurs et des lèche-culs.

J'accuse l'ensemble des députés libéraux, à l'exception peut-être de monsieur Pierre Paradis, de s'être rendus complices, par manque de couilles et faiblesse d'esprit, de l'une des plus grandes iniquités du siècle et du plus flagrant détournement de sens que le mot *justice* ait connu.

J'accuse l'ancienne journaliste et actuelle ministre de la Culture, des Communications et de la Condition féminine, madame Christine Saint-Pierre, d'avoir publiquement désavoué le plus ardent défenseur de notre originalité langagière, et de s'être ainsi rendue coupable d'un crime de lèse-conteur et de lèche-patron, dans un but politique et pour couvrir l'état-major de son parti.

J'accuse l'honorable François Rolland, juge en chef à la Cour supérieure, d'avoir accordé une série d'injonctions scélérates, j'entends par là de la plus monstrueuse partialité, et qui constitueront pour l'avenir un impérissable monument à la gloire de notre État de droite, que l'on a trop longtemps confondu avec un État de droit.

J'accuse les trois experts en écritures torcheculatives, les sieurs Duhaime, Pratte et Martineau, de même que leurs confrères et consœurs du même acabit, d'avoir vomi des chroniques ineptes, mensongères et littérairement frauduleuses, à moins qu'un examen médical ne les déclare atteints d'une maladie incurable de la plume et du jugement.

J'accuse Pierre-Karl Péladeau et Paul Desmarais d'avoir mené dans la presse et sur toutes les plates-formes de leurs empires médiatiques respectifs une campagne abominable, pour égarer l'opinion, couvrir leur faute et conserver leur juste part du bien public.

Je vous accuse enfin, vous, monsieur Charest, d'avoir failli à votre devoir de premier ministre en condamnant la langue française – notre langue, monsieur, que nous voulons riche, vivante et poétique – à n'être plus qu'un vulgaire instrument de propagande idéologique, un pathétique ramassis de termes creux et de formules sans substance.

Sachez que je n'entretiens contre vous et les gens que j'accuse ni rancune ni haine. Vous n'êtes pour moi que des entités nuisibles, des esprits de malfaisance culturelle et sociale. Et le pastiche révolutionnaire que je m'efforce ici d'accomplir n'est qu'un moyen parmi d'autres pour hâter l'explosion de la vérité et de la justice.

Je n'ai qu'une passion, celle de ma langue et de ma culture, et elle me vient d'un peuple qui découvre peu à peu le sens du mot *avenir*. Ma protestation enflammée n'est que le cri d'une banane insoumise, québécoise et fière.

Qu'on ose donc me traduire dans votre langue vide et mensongère, et que vos oreilles bouchées par les corps putréfiés de tant de mes confrères entendent enfin le cri du peuple en colère !

Moi, je l'entends !

Veuillez agréer, monsieur le premier ministre, l'assurance de mon profond respect.

ÉMILE ZOLA, AUTEUR DE *J'ACCUSE... !* (1898), MOMENTANÉMENT DEVENU BANANE REBELLE

JUIN

26 Le PQ estime que la publicité du PLQ est « méprisant[e] à l'endroit des familles du Québec qui ont tapé sur des casseroles avec leurs enfants un peu partout pour protester contre la loi 78 qui s'attaquait à nos droits et à nos libertés ». Jean Charest estime pour sa part que la publicité montre Pauline Marois telle qu'elle est.

26 L'auteur de la vidéo amateur qui montre Pauline Marois frappant sur une casserole envoie une mise en demeure au Parti libéral exigeant le retrait de sa publicité. Il n'aurait jamais autorisé le parti à utiliser ses images.

27 La Cour supérieure rejette deux requêtes en sursis visant à suspendre l'application de certains articles de la loi 78.

28 Le Festival international de jazz de Montréal est inauguré par l'artiste montréalais Rufus Wainwright, qui porte le carré rouge.

29 De passage au Québec, le maire de Paris, Bertrand Delanoë, insiste pour avoir une rencontre « informelle » avec les représentant.e.s étudiant.e.s. La FECQ et la FEUQ acceptent, la CLASSE s'abstient.

30 À Montréal, 200 personnes vêtues de noir participent à une marche silencieuse dans le Vieux-Port.

© DAVID CHAMPAGNE

© MARIO JEAN - MADOC

© NICHOLAS DAWSON

it's NOT YOU
it's ME...

Manifestation nationale
À 14h le 22 Juin
Devant l'Assemblée Nationale
22 juin
Manif
Historique
LA MONTAGNE ROUGE

PAS DE
NÉGOCIATIONS
PRENONS LE FRIC
DES PATRONS
© MARIO JEAN / MADOC

UNISSONS-NOUS
ÉTUDIANTS TRAVAILLEURS
QUÉBÉCOIS
Table
DE CONCERTATION
ÉTUDIANTE DU QUÉB

JUIN

30 La 68e manifestation nocturne mobilise une cinquantaine de personnes qui déambulent dans le calme sur le site du Festival international de jazz, notamment.

30 Inspirés par le mouvement québécois, des milliers d'étudiant.e.s de partout dans le monde préparent une semaine de grève en novembre pour dénoncer la marchandisation du savoir.

Premier livre sur la grève

Pour un printemps est un « livre citoyen » réunissant des textes et des œuvres sur la thématique du Printemps québécois. Les participant.e.s, au nombre de 268, avaient jusqu'au 28 mai pour envoyer leur production. Le lancement du livre a lieu le 21 juin au théâtre La Tulipe (avenue Papineau, à Montréal). Jean Barbe, Normand Baillargeon, IVY, Hugo Latulippe, Nicolas Lévesque, Catherine Lalonde et Christian Nadeau, entre autres, ont contribué au projet. C'est une réalisation de Jane D'eau, artiste pluridisciplinaire, et une production d'Artmour, « organisme montréalais à but non lucratif qui a pour mission d'organiser des coopérations artistiques ponctuelles » (cofondé par Katia Lazdane et Ani Shahbazian). Le livre est un succès et en est déjà à son deuxième tirage.

<POURUNPRINTEMPS.CA>

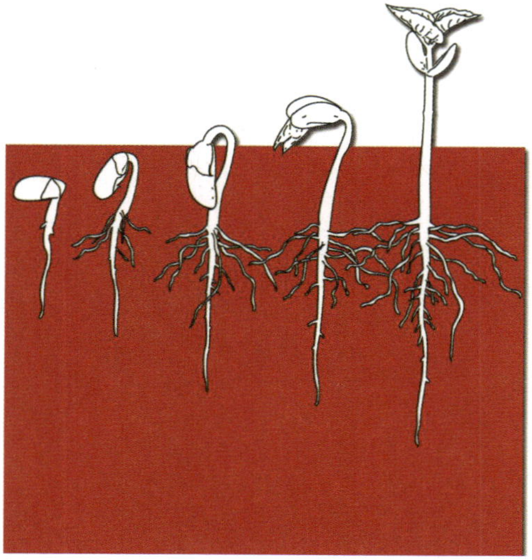

un livre citoyen
écrit par nous
québécois et québécoises

Rouge²

Rouge au carré est un essai multimédia « sur la prise de parole citoyenne » comportant 22 tableaux interactifs inspirés du *Contrat social* (1762) du philosophe des Lumières Jean-Jacques Rousseau. Le projet web, sorti le 22 juin, est produit par l'Office national du film (ONF) et réalisé par l'École de la Montagne Rouge, l'agence Commun et Capitaine soldat.

<ROUGE.ONF.CA>

DANS LE ROUGE AU CARRÉ!

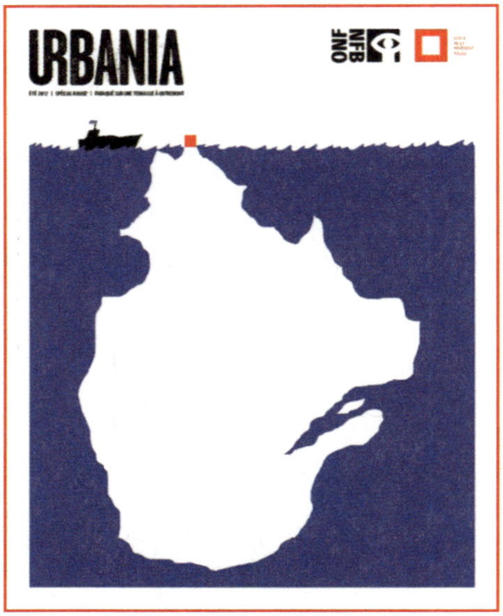

© ÉCOLE DE LA MONTAGNE ROUGE ET URBANIA

Urbania

Lors de la manifestation du 22 juin, le magazine *Urbania* distribue gratuitement un numéro spécial consacré à la grève étudiante, appelé « Rouge² ». Réalisé avec la participation de l'École de la Montagne Rouge « en six jours et trois nuits blanches », le journal présente des informations sur le mouvement étudiant dans un espace graphique remarquable.

<URBANIA.CA/MAGAZINES/3182/GREVE>

« Il y a dans ce printemps 2012 quelque chose de fébrile et d'inspirant. Un bouillonnement de mots bien sentis, d'idées nouvelles, d'images fortes. Alors que la fièvre de la grève étudiante s'est transformée en crise sociale profonde, on a voulu rendre hommage à cette frénésie, offrir une tribune à celles et ceux qui ont eu le courage et le désir spontané de prendre la parole. »

EXTRAIT DU MOT D'*URBANIA*, DANS « ROUGE² »

« Demain, ce sera l'été. Espérons qu'il sera aussi chaud que le printemps. »

L'ÉQUIPE D'*URBANIA*

« Ce que vous tenez dans vos mains, c'est le parcours incroyable de quatre mois intenses de marches et de cris ; c'est la porte que nous avons ouverte pour notre génération et celles qui suivront. À nous d'y entrer et de construire ce qui se trouve de l'autre côté. »

EXTRAIT DU MOT DE L'ÉCOLE DE LA MONTAGNE ROUGE DANS « ROUGE² »

© ÉCOLE DE LA MONTAGNE ROUGE

© ÉCOLE DE LA MONTAGNE ROUGE

THAT SHIT CRAY
PIS CHU RICHE
QUE VOTRE ARGEN
SOIT SANCTIFI
CHAREST
CHAPLIN
INVESTIR DANS SON AVENIR
MÊME LES ELFS DOIVENT PAYER
Je voudrais croir
B.Y.O.B.
BOF
BOURGE
PLEIN
LE PINCEN
RONGÉ
TÊTES À CLAQUES
DEUX
FACES
ON VA
BIEN
1625
TROP
BLOCUS
MIRONTAINE
T'ES MO
ALENTI
NOPE
CRACHE LE

ET APRÈS...

© MARIO JEAN – MADOC. MANIFESTSTION DU 11 MAI 2012 À MONTRÉAL

Tous et toutes
VERS LA GRÈVE
GÉNÉRALE ILLIMITÉE!
Selon l'Institut Simone de Beauvoir, les femmes, «puisqu'elles continuent globalement d'être moins bien rémunérées que les hommes, seront les premières touchées par la hausse des droits de scolarité. Voilà l'exemple d'une politique sociale qui perpétue les inégalités hommes-femmes.»
L'accès a l'éducation a toujours été l'un des enjeux importants des luttes féministes. Aujourd'hui, c'est à notre tour de poursuivre ce combat.
En 2012, nous bloquerons la hausse!
Participez à vos ASSEMBLÉES GÉNÉRALES!
Pour informations :
bloquonslahausse.com

Nous sommes avenir

LE MANIFESTE DE LA CLASSE

Publié sur le site *Bloquons la hausse*
en juillet 2012

Le sol du Québec vibre au rythme de centaines de milliers de pas depuis plusieurs mois. Une force d'abord souterraine, auparavant engourdie par un consensus froid, a surgi ce printemps. Cette force a animé étudiantes et étudiants, parents, grands-parents, enfants, travailleuses et chômeurs. Ce qui a commencé comme une grève étudiante est devenu une lutte populaire : la question des frais de scolarité nous aura permis de toucher à un malaise plus profond, de parler d'un problème politique d'ensemble. Parce que, oui, il s'agit d'un problème d'*ensemble*. Et pour y répondre, il est temps de remonter à la racine du problème, de donner corps à notre vision.

Notre vision, c'est celle d'une démocratie directe sollicitée à chaque instant. C'est celle d'un *Nous* qui s'exprime dans les assemblées : à l'école, au travail et dans les quartiers. Notre vision, c'est celle d'une prise en charge permanente de la politique par la population, à la base, comme premier lieu de la légitimité politique. C'est une possibilité pour ceux et celles que l'on n'entend jamais de prendre la parole. Une occasion pour les femmes de parler à titre d'égales, de soulever des enjeux qui, trop souvent, sont négligés ou simplement oubliés. Notre démocratie ne fait pas de promesses : elle agit. Notre démocratie ne nourrit pas le cynisme, elle le détruit. Notre démocratie rassemble, et nous l'avons démontré à maintes reprises. Lorsque nous prenons la rue et érigeons des piquets de grève, c'est cette démocratie qui respire. C'est une démocratie *d'ensemble.*

Leur vision, leur démocratie, ils et elles la disent représentative : on se demande bien qui elle représente. Elle ne se vit qu'une fois par quatre ans et ne sert trop souvent qu'à changer les visages. Élection après élection, les décisions restent les mêmes et servent les mêmes intérêts, préférant les doux murmures des lobbys au tintamarre des casseroles. Quand se fait entendre la grogne populaire, on applique des lois spéciales et on nous impose les bâtons, le poivre et les gaz lacrymogènes. Lorsque l'élite se sent menacée, elle trahit les principes qu'elle dit défendre : leur démocratie ne fonctionne que lorsque nous nous taisons.

Pour nous, les décisions démocratiques doivent être le fruit d'un espace de partage au sein duquel chaque femme et chaque homme est valorisé.e. Égaux et égales dans ces espaces, ils et elles peuvent, ensemble, construire le bien commun.

Nous avons compris que le bien commun dépend d'un accès égal aux services publics, et l'égalité dans les services publics porte un nom : la gratuité.

La gratuité n'est pas seulement une absence de prix, c'est l'abolition des barrières économiques pour l'accès à ce qui nous est le plus précieux collectivement. C'est l'abolition des entraves à la pleine réalisation de

JUILLET

4 À Montréal, 500 à 750 manifestant.e.s (*Le Devoir*) participent à la 75e manifestation nocturne.

13 La CLASSE publie son manifeste *Nous sommes avenir* et se lance dans une tournée de villes québécoises pour tenter de mobiliser la population. « L'idée, c'est de revenir aux revendications de base, d'expliquer aux gens quelles sont nos valeurs et ce que nous avons à proposer », affirme le coporte-parole Gabriel Nadeau-Dubois.

19 La Commission des droits de la personne et des droits de la jeunesse dénonce la loi 78.

20 Invoquant des craintes relatives à la sécurité, l'UQO ferme ses portes à Gabriel Nadeau-Dubois et à la CLASSE.

20 Gabriel Nadeau-Dubois n'est pas le bienvenu à Trois-Pistoles. Le maire de la municipalité, Jean-Pierre Rioux, menace les organisateurs de l'ÉchoFête de leur retirer leur financement si le coporte-parole de la CLASSE y participe et les accuse de politiser l'événement. L'écrivain pistolois Victor-Lévy Beaulieu qualifie cette manœuvre de « censure politique ».

22 Répondant à l'appel de la CLASSE, plusieurs milliers de personnes marchent dans les rues de Montréal dans le cadre des grandes manifestations du 22 (Radio-Canada).

JUILLET

23 La Cour d'appel du Québec rejette la requête visant à suspendre l'application de certains articles de la loi 78.

24 Les organisateur.trice.s de l'ÉchoFête de Trois-Pistoles annoncent que le festival se déroulera comme prévu, en présence de Gabriel Nadeau-Dubois, n'en déplaise au maire Jean-Pierre Rioux, lui-même président de l'organisation libérale de Rivière-du-Loup et ancien candidat libéral.

24 Léo Bureau-Blouin, ancien président de la FECQ, confirme qu'il sera candidat pour le PQ dans la circonscription de Laval-des-Rapides. « J'ai pris la décision de me présenter avec [...] le Parti québécois, car je crois qu'un Québec plus juste, plus vert et plus fort sur la scène internationale est à portée de main », a-t-il expliqué en présence de Pauline Marois.

30 La CAQ propose une hausse des frais de scolarité plus modeste, soit de 200 $ par année sur 5 ans (plutôt que 254 $ par année sur 7 ans). La FEUQ et la FECQ rejettent la proposition quelques heures plus tard.

notre humanité. La gratuité, c'est payer *ensemble* ce que l'on possède *ensemble*.

À l'inverse, la tarification – la « juste part » – est une discrimination invisible. Sous le couvert du principe soi-disant consensuel d'« utilisateur-payeur », on impose en fait une surtaxe à celles et ceux qui sont déjà les plus négligé.e.s. En quoi est-ce juste de demander le même montant pour franchir les portes d'un hôpital à un avocat et à une emballeuse ? Ce qui pour l'un est un montant minime est pour l'autre un fardeau insupportable.

Et ce fardeau, nous le portons tous et toutes, que l'on soit aux études ou non : c'est l'un des enseignements de notre grève. Nous sommes des locataires, nous sommes des travailleuses et des travailleurs. Nous sommes des étudiantes internationales et étudiants internationaux laissé.e.s pour compte par des services publics discriminants. Nous sommes de toutes les origines et tant que la couleur de la peau ne sera pas aussi banale que la couleur des yeux, nous subirons nous aussi le racisme ordinaire, le mépris et l'ignorance. Nous sommes des femmes, et si nous sommes féministes, c'est parce que nous vivons le sexisme au quotidien ainsi que les revers du système patriarcal, et que nous combattons les préjugés les plus tenaces. Nous sommes gays, *straight*, bisexuelles, et nous le revendiquons. Nous n'avons jamais été une couche séparée de la société. Notre grève n'est pas contre le peuple.

Nous sommes le peuple.

Notre grève dépasse la hausse des frais de scolarité de 1 625 $. Si on nous dépossède des droits les plus fondamentaux en mettant nos institutions scolaires sur le marché, il en va de même des hôpitaux, d'Hydro-Québec, de nos forêts, de notre sous-sol. Plus encore que les services publics, nous partageons des espaces de vie. Ils étaient là avant nous, et nous voulons qu'ils nous survivent.

Or, la convoitise d'une poignée de gens, redevables à personne, est en train de ravager ces espaces en toute impunité, du Plan Nord aux gaz de schiste. Pour ces gens dont la vision est réduite au profit du prochain trimestre, la nature n'a de valeur que mesurée en retombées économiques. Capricieux et avides, ils et elles n'ont d'yeux que pour leurs actionnaires lointains, myopes qu'ils sont à la beauté du bien commun. Pour se satisfaire, cette clique procède de manière coloniale, sans consulter personne. Loin des caméras, pauvres et donc facilement oubliées, les femmes autochtones sont les premières victimes de cette vente à rabais.

Heureusement, les peuples autochtones, déportés par chaque nouvelle prospection, résistent à ce vol continuel. Si certains projets d'exploitation sauvage ont pu être mis sur pause, c'est parce que des femmes et des hommes ont osé les défier. Ils et elles ont su résister à ce pillage des ressources, malgré les discours catastrophistes affirmant que notre survie économique dépend de l'exploitation rapide, à tout prix, de notre sous-sol.

Ensemble, nous serons toutes et tous affecté.e.s par le gaspillage des ressources parce que nous nous soucions des peuples avec qui nous partageons tous ces espaces et de celles et ceux qui viendront après nous.

Nous n'avons jamais été une couche séparée de la société. Notre grève n'est pas contre le peuple.

Nous sommes le peuple.

Nous voulons penser mieux, nous voulons penser plus loin.

Voilà le sens de notre vision, l'essence de notre grève. Une action collective qui dépasse les intérêts étudiants, qui ose revendiquer un monde différent, loin d'une soumission aveugle à la marchandisation. Marchandisation des individus, de la nature, de nos services publics : une même petite élite vend tout ce qui nous appartient. Pourtant, nous le savons : les services publics ne sont pas des dépenses inutiles, ni des biens de consommation.

Ensemble, nous avons réalisé que notre sous-sol ne se mesure pas en tonnes de métaux et que le corps d'une femme n'est pas un argument de vente. De la même manière, l'éducation ne doit pas être vendue, elle doit être offerte à tous et à toutes, sans égard à leur statut d'immigration et à leur condition. Une éducation pour nous, une éducation qu'ensemble nous partagerons.

Parce que l'éducation est un apprentissage de l'humanité, et que l'humanité ne se soumet pas à la compétitivité économique, nous nous refusons à ce que nos écoles se plient aux poids des portefeuilles. Ensemble, nous voulons une école égalitaire qui brise les hiérarchies et qui menace ceux et celles qui croient pouvoir nous diriger en toute sécurité.

En mettant à la disposition de toutes et tous les ressources nécessaires au plein développement de leurs capacités, nous pourrons créer une société où l'organisation de la vie en commun et la prise de décision se font collectivement. C'est le cœur de notre vision. L'éducation n'est donc pas une branche de l'économie ni un service de formation à court terme. Cette racine de tous les savoirs permet de paver la voie à l'émancipation de toute une société, une éducation libératrice qui jette les bases de l'autodétermination.

Nous pensons qu'en tant que lieu de partage d'un savoir universel, l'éducation doit abolir toute forme de discrimination et de domination fondée sur le genre. Il s'avère pourtant qu'être femme dans ce système est tout aussi difficile qu'être femme en société. Croire que la reproduction de statuts inégalitaires est absente de l'école est un leurre. Nous sommes écœuré.e.s de voir que les professions traditionnellement féminines sont moins valorisées en société et qu'elles sont encore étudiées majoritairement par des femmes. Nous sommes nombreuses dans les salles de classe de baccalauréat, mais combien d'entre nous gravissent les plus hautes marches de l'escalier universitaire ?

En opposition à ce maintien des discriminations envers les femmes et les personnes mises de côté par la société, nous souhaitons que l'éducation soit réellement un lieu d'égalité et de respect des différences. Nous la vivons comme un lieu d'épanouissement universel.

Si nous avons choisi la grève, si nous avons choisi de nous battre pour ces idées, c'est pour créer un rapport de force, seul mécanisme nous permettant de peser dans

AOÛT

[illegible] Le premier ministre Jean Charest annonce officiellement que des élections provinciales se tiendront le 4 septembre.

[illegible] La FEUQ et la FECQ lancent une campagne pour inciter les étudiant.e.s à voter.

[illegible] La 100e manifestation nocturne coïncide avec le declenchement officiel de la campagne électorale. Pour la première fois depuis plus de cinq semaines, les rues de Montréal résonnent à nouveau du tintamarre des casseroles. La soirée est assombrie par un accident : au coin des rues Saint-Denis et Laurier, un véhicule s'enfuit après avoir heurté un manifestant. Le rassemblement, émaillé de vives tensions, se solde par une quinzaine d'arrestations.

6 Des enseignant.e.s rendent public un manifeste contre la loi spéciale signé par 1 162 professeur.e.s québécois.es et des centaines de l'étranger. « Nous refusons que le respect du contrat conclu entre un établissement d'enseignement et un étudiant serve à légitimer la violence que l'État exerce à l'endroit des droits collectifs de nature politique – droit de s'associer, d'exprimer librement son opinion, de décider collectivement, de faire grève, de manifester », écrivent-ils.

AOÛT

6 Les étudiant.e.s en service social de l'UdeM votent pour la poursuite de la grève.

8 Les étudiant.e.s du collège de Valleyfield décident de mettre fin à la grève.

9 Gabriel Nadeau-Dubois, coporte-parole de la CLASSE, annonce sa démission. Il dénonce la personnalisation du conflit et déclare avoir « la conviction que la CLASSE a besoin de nouveaux visages ». Il ajoute : « [j]e pars la tête haute, avec la conviction d'avoir fait mon devoir et d'avoir participé à un mouvement populaire historique. Je suis un étudiant, je suis un militant et c'est à ce titre que je continuerai dorénavant à faire avancer mes idéaux. La CLASSE, avec ou sans moi, continuera à accomplir de grandes choses : je ne suis pas et n'ai jamais été un chef. Par mon départ, je le démontrerai hors de tout doute. »

13 La fin de la grève est également votée au cégep Marie-Victorin, au collège de Maisonneuve et au collège Édouard-Montpetit.

17 Le collège de Bois-de-Boulogne ainsi que les cégeps de Rosemont, d'Ahuntsic, du Vieux Montréal et de Saint-Laurent emboîtent le pas et mettent eux aussi un terme à la grève. Le réseau collégial n'est plus en grève générale illimitée.

© PASCAL DUMONT. MANIFESTATION NATIONALE DU 22 MARS 2012

la balance. *Ensemble*, nous sommes capables de beaucoup : mais il nous faut parler, et il nous faut parler fort. L'histoire démontre, de façon éloquente, que si nous choisissons l'espoir, la solidarité, et l'égalité, nous ne devons pas quémander, nous devons prendre. Voilà ce qu'est le *syndicalisme de combat*. Alors que partout fleurissent de nouveaux espaces démocratiques, il faut les utiliser pour constamment penser un monde nouveau. Nous ne versons pas dans la déclaration de principes, mais dans l'action : si nous faisons aujourd'hui un appel à la grève sociale, c'est pour rejoindre demain l'ensemble de la population québécoise dans la rue.

Ensemble, construisons à nouveau.

Nous sommes avenir.

JE PENSE, DONC JE NUIS.

Le Printemps québécois

Un magnifique court-métrage de 9 minutes retraçant une série de manifestations, sur une reprise de la chanson *Sans la nommer* (1969) de Georges Moustaki, est mis en ligne le 8 août. La vidéo est réalisée par Mario Jean, un photographe professionnel qui documente une cinquantaine d'événements qu'il présente également en photos et dans d'autres vidéos sur son site <printempsquebecois.com>, mis en ligne en décembre 2012.

© MARIO JEAN - MADOC

« Portrait grandiose d'événements historiques, cette vidéo dépeint l'exacte sensation ressentie au plexus par tous les manifestants et les militants étudiants durant ces mois d'impasses, de brutalité policière et de manipulation politique.[...] Ce qui nous donne parfois envie de pleurer, ce qui nous donne envie de vivre sans baisser la tête, ce qui nous a fait crier notre désarroi et embrasser la cause, tout y est, tout est là, tout s'enlace, le réalisateur ayant pris soin de transformer sa caméra en une main valsante qui tendrement, patiemment, glisse, plonge et recueille avec la sûreté d'un père, cet enfant de tous, cette merveilleuse naissance visionnaire, notre bel enfant québécois du printemps érable. »

L'ÉCRIVAIN BERTRAND LAVERDURE, À PROPOS DE LA VIDÉO *LE PRINTEMPS QUÉBÉCOIS*

© MARIO JEAN - MADOC

AOÛT

19 Il est à peine fait mention du conflit étudiant pendant le débat des chefs, auquel participent Jean Charest, Pauline Marois, François Legault et Françoise David.

20 Parution *de Je me souviendrai*, première anthologie de textes et de dessins sur la grève étudiante, aux éditions La Boîte à bulles.

22 La 6e grande manifestation du 22 rassemble entre 12 500 (selon Radio-Canada) et 100 000 personnes (selon la CLASSE) dans les rues de Montréal. Pour l'occasion, de nombreuses associations étudiantes ont voté une journée de grève. Il ne reste plus que quelques dizaines de milliers de grévistes dans tout le Québec.

27 La rentrée dans les universités montréalaises est perturbée. À l'UQAM, les cours sont levés sans trop de friction, mais à l'UdeM, la direction demande à la police d'intervenir. Sept personnes sont arrêtées puis relâchées sans accusation.

La presse internationale s'intéresse au Québec

Pendant quelques mois, le Québec a fait l'objet d'une attention exceptionnelle aux quatre coins du globe. Les titres suivants n'en donnent qu'un aperçu.

L'Humanité (France)

« QUÉBEC : NOUVEAU RASSEMBLEMENT »

Texte d'André Cloutier publié le 24 avril 2012

<WWW.HUMANITE.FR/MONDE/QUEBEC%E2%8%89-NOUVEAU-RASSEMBLEMENT-495206>

France Info

« LE BRAS DE FER SE POURSUIT AU QUÉBEC ENTRE ÉTUDIANTS ET GOUVERNEMENT »

Reportage radiophonique de Pascale Guéricolas diffusé le 25 avril 2012 (date estimée d'après les événements relatés sur le site)

<WWW.FRANCEINFO.FR/PLAYER/EXPORT-REECOUTER?CONTENT=598843>

BBC News (Royaume-Uni)

« SCORES HELD AS MONTREAL STUDENT PROTESTS TURN UGLY »

Texte non signé publié le 26 avril 2012

<WWW.BBC.CO.UK/NEWS/WORLD-US-CANADA-17859122>

Al Jazeera (Qatar)

« CANADA PROTESTS AGAINST TUITION-FEE INCREASE CONTINUE »

Reportage télé diffusé le 27 avril 2012

<WWW.YOUTUBE.COM/WATCH?V=X0C3MHTWNIM&FEATURE=PLAYER_EMBEDDED>

The Guardian (Royaume-Uni)

« QUEBEC TUITION FEE PROTESTS SHOULD MAKE CANADA SIT UP AND LISTEN »

Texte de Colin Horgan publié dans la section *Comment is free* le 27 avril 2012

<WWW.GUARDIAN.CO.UK/COMMENTISFREE/2012/APR/27/QUEBEC-TUITION-FEE-PROTESTS-CANADA-LISTEN>

Paris Match (France)

« LE QUÉBEC EN ÉBULLITION »

Texte de David Ramasseul publié le 29 avril 2012

<WWW.PARISMATCH.COM/ACTU-MATCH/MONDE/ACTU/LE-QUEBEC-EN-EBULLITION-392989/?SITEMAPNEWS

The Guardian (Royaume-Uni)

« QUEBEC STUDENT PROTESTS MARK 'MAPLE SPRING' IN CANADA »

Texte de Martin Lukacs publié le 2 mai 2012

<WWW.GUARDIAN.CO.UK/COMMENTISFREE/CIFAMERICA/2012/MAY/02/QUEBEC-STUDENT-PROTEST-CANADA>

The Wall Street Journal (États-Unis)

« QUEBEC STUDENT PROTESTS FLARE INTO VIOLENCE ; 11 INJURED »

Texte de Carol King publié le 5 mai 2012

<HTTP://ONLINE.WSJ.COM/ARTICLE/SB10001424052702304752804577385783837654556.HTML?MOD=GOOGLE-NEWS_WSJ>

Le Monde (France)

« "PRINTEMPS ÉRABLE" : CENT JOURS DE GRÈVE ÉTUDIANTE AU QUÉBEC »

Diaporama mis en ligne le 12 mai 2012 (actualisé le 23 mai 2012)

<WWW.LEMONDE.FR/AMERIQUES/INFOGRAPHE/2012/05/12/PRINTEMPS-ERABLE-RETOUR-SUR-TROIS-MOIS-DE-GREVE-ETUDIANTE-AU-QUEBEC_1699538_3222.HTML>

The Wall Street Journal (États-Unis)

« QUEBEC VOWS NEW LAW TO END STUDENT STRIKE »

Texte de Carol King et Alistair McDonald publié le 16 mai 2012

<HTTP://ONLINE.WSJ.COM/ARTICLE/SB10001424052702303360504577408982923864656.HTML?KEYWORDS=QUEBEC+STRIKE>

Correio Braziliense (Brésil)

« MILHARES DE MANIFESTANTES APOIAM MOVIMENTO ESTUDANTIL EM QUEBEC »

Texte de l'Agence France-Presse publié le 22 mai 2012

<WWW.CORREIOBRAZILIENSE.COM.BR/APP/NOTICIA/MUNDO/2012/05/22/INTERNA_MUNDO,303669/MILHARES-DE-MANIFESTANTES-APOIAM-MOVIMENTO-ESTUDANTIL-EM-QUEBEC.SHTML>

HÁlo Noviny (République tchèque)

« QUÉBEČTÍ STUDENTI PROTI ZVŮLI VLÁDY »

Texte non signé publié le 22 mai 2012

<WWW.HALONOVINY.CZ/ARTICLES/VIEW/325036>

Dagbladet (Norvège)

« DE HAR MARSJERT I GATENE I 100 DAGER - HER OVERFALLES DE EN ETTER EN MED PEPPERSPRAY »

Texte de Snorre Schjønberg publié le 23 mai 2012

<HTTP://IPAD.DAGBLADET.NO/2012/05/23/NYHETER/CANADA/DEMONSTRASJONER/PEPPERSPRAY/21725322/>

Libération (France)

« À MONTRÉAL, "LA LOI SPÉCIALE, ON S'EN CÂLISSE" »

Texte d'Anabelle Nicoud, publié le 23 mai 2012

<WWW.LIBERATION.FR/MONDE/2012/05/23/A-MONTREAL-LA-LOI-SPECIALE-ON-S-EN-CALISSE_820699>

El País (Espagne)

« LOS UNIVERSITARIOS DE MONTREAL CUMPLEN 100 DÍAS DE MANIFESTACIONES MASIVAS »

Texte non signé publié le 23 mai 2012

<HTTP://INTERNACIONAL.ELPAIS.COM/INTERNACIONAL/2012/05/23/ACTUALIDAD/1337768613_636570.HTML>

La Radio Télévision Suisse

« MANIFESTATIONS AU QUÉBEC : UN VÉRITABLE MAI 68 EST EN TRAIN DE SE LEVER DANS LA BELLE PROVINCE. L'ÉTENDUE DU MOUVEMENT SEMBLE DE PLUS EN PLUS SPECTACULAIRE »

Reportage diffusé le 23 mai 2012

<WWW.RTS.CH/VIDEO/INFO/JOURNAL-19H30/4015828-MANIFESTATIONS-AU-QUEBEC-UN-VERITABLE-MAI-68-EST-EN-TRAIN-DE-SE-LEVER-DANS-LA-BELLE-PROVINCE-L-ETENDUE-DU-MOUVEMENT-SEMBLE-DE-PLUS-EN-PLUS-SPECTACULAIRE.HTML>

Le Monde (France)

« LE QUÉBEC MINÉ PAR UNE CRISE SOCIALE INÉDITE »

Texte non signé publié le 24 mai 2012

<WWW.LEMONDE.FR/AMERIQUES/ARTICLE/2012/05/24/LE-QUEBEC-MINE-PAR-UNE-CRISE-SOCIALE-INEDITE_1706355_3222.HTML>

Courrier international (France)

LE « PRINTEMPS ÉRABLE »

Dossier spécial publié le 24 mai 2012

<HTTP://WWW.COURRIERINTERNATIONAL.COM/DOSSIER/2012/05/24/LE-PRINTEMPS-ERABLE>

Le Point (France)

« VAGUE MASSIVE D'INTERPELLATIONS AU QUÉBEC DANS LE CONFLIT ÉTUDIANT »

Texte de l'Agence France-Presse publié le 24 mai 2012

<WWW.LEPOINT.FR/MONDE/VAGUE-MASSIVE-D-INTERPELLATIONS-AU-QUEBEC-DANS-LE-CONFLIT-ETUDIANT-24-05-2012-1464719_24.PHP>

Terra (Chili)

« POLICÍA DETIENE A 400 MANIFESTANTES EN MONTREAL »

Texte de l'Agence France-Presse publié le 24 mai 2012

<HTTP://NOTICIAS.TERRA.CL/MUNDO/POLICIA-DETIENE-A-400-MANIFESTANTES-ENMONTREAL,9A1AA0E5FCD77310VGNVCM10000098CCEB0ARCRD.HTML>

The Voice of Russia [Russie]

« QUEBEC STUDENTS WANT NEW RALLY LEGISLATION »

Reportage de Konstantin Garibov diffusé le 24 mai 2012

<HTTP://ENGLISH.RUVR.RU/2012_05_24/75832458/>

The Sydney Morning Herald (Australie)

« QUEBEC REELS AT TURMOIL OVER EDUCATION »

Texte non signé publié le 26 mai 2012

<WWW.SMH.COM.AU/WORLD/QUEBEC-REELS-AT-TURMOIL-OVER-EDUCATION-20120525-1ZA99.HTML>

Libération (France)

« QUÉBEC : LA POLICE DÉMONTÉE »

Première page de l'édition des 26 et 27 mai 2012

<HTTP://MEDIATV.DIVERTISSEMENT.SYMPATICO.CA/WP-CONTENT/UPLOADS/ARCHIVES/6A00E54F9153E088330168EBCB05D7970C-PI.JPG>

Le Monde diplomatique (France)

« RADICALISATION »

Éditorial de Serge Halimi publié en juin 2012

<WWW.MONDE-DIPLOMATIQUE.FR/2012/06/HALIMI/47847>

Le Monde diplomatique (France)

« TÉNACITÉ DES ÉTUDIANTS QUÉBÉCOIS »

Texte de Pascale Dufour publié en juin 2012

<WWW.MONDE-DIPLOMATIQUE.FR/2012/06/DUFOUR/47888>

Le Nouvel Observateur (France)

« QUÉBEC : SEINS NUS ET CASSEROLES CONTRE F1 ET FRAIS DE SCOLARITÉ »

Texte de l'Agence France-Presse publié le 8 juin 2012

<HTTP://TEMPSREEL.NOUVELOBS.COM/MONDE/20120608.OBS7968/QUEBEC-SEINS-NUS-ET-CASSEROLES-CONTRE-GRAND-PRIX-ET-FRAIS-DE-SCOLARITE.HTML>

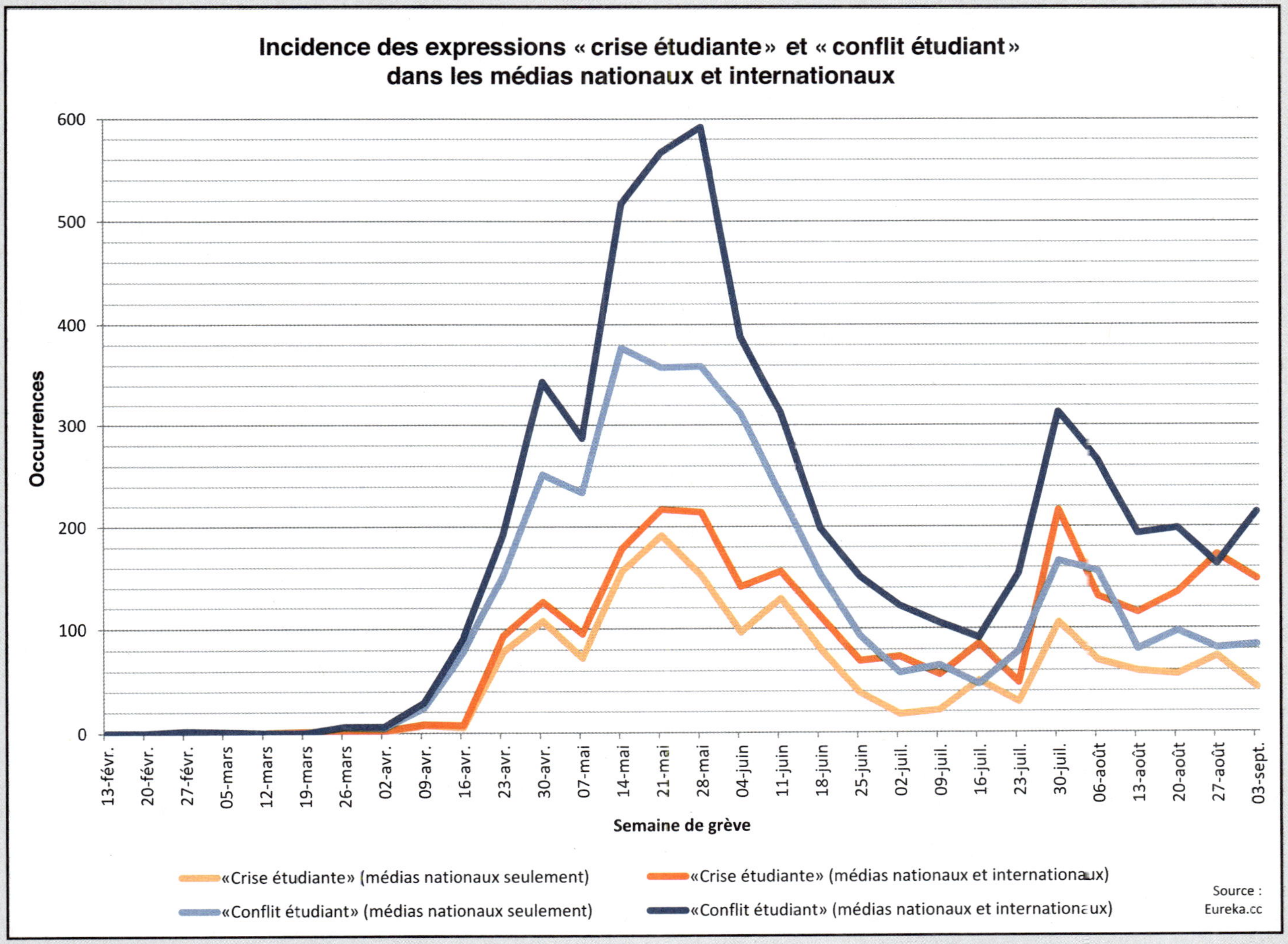

International Business Times (Royaume-Uni)

« MONTREAL : DOZENS ARRESTED AND BEATEN AHEAD OF FORMULA ONE GRAND PRIX »

Texte de Gianluca Mezzofiore publié le 11 juin 2012

<HTTP://WWW.IBTIMES.CO.UK/ARTICLES/350779/20120611/FORMULA-ONE-GRAN-PRIX-CANADA-MONTREAL-TUITION.HTM#IXZZ20ZNNVMC8>

Les Inrockuptibles (France)

« LE PRINTEMPS ÉRABLE »

Dossier publié le 25 juin 2012

<WWW.LESINROCKS.COM/DOSSIER/LE-PRINTEMPS-ERABLE/>

AOÛT

28 Le SPVM intervient de nouveau à l'UdeM, même si la direction de l'établissement ne lui en a pas fait officiellement la demande cette fois-ci. Une échauffourée entre policier.ère.s et manifestant.e.s éclate dans une classe de psychologie. Puis, une seconde intervention policière a lieu un peu plus tard. Au total, 13 personnes sont arrêtées. Des étudiant.e.s disent avoir été pris.es en souricière par les forces de l'ordre. Le syndicat des professeur.e.s dénonce la présence policière sur le campus.

29 Les étudiant.e.s en sciences humaines de l'UQAM mettent fin à leur grève.

SEPTEMBRE

4 Le PQ remporte les élections avec 31,95 % des suffrages contre 31,2 % pour le PLQ, 27,05 % pour la CAQ et 6,03 % pour QS. Le PQ formera donc un gouvernement minoritaire; Pauline Marois devient la première femme premier ministre du Québec. Dans la soirée, elle est la cible d'un attentat lors du rassemblement péquiste au Metropolis. Un technicien de la salle de spectacle montréalaise perd la vie dans cette fusillade, un autre est grièvement blessé.

Les livres de la grève

Le Printemps québécois n'a pas fini d'inspirer les artistes et les intellectuel.le.s. De nombreux livres sont publiés dans la foulée de la grève étudiante, devenue un véritable « objet culturel ». Au fil du temps, des titres continuent d'apparaître en librairie. Outre ceux qui ont déjà été cités dans cet ouvrage (*Fermaille. Anthologie, Dictionnaire de la révolte étudiante, Pour un printemps*, etc.), en voici une liste (non exhaustive) :

LA JUSTE PART

David Robichaud et Patrick Turmel,
Atelier 10, juin 2012, 108 p.

« Les indignés d'*Occupy* et d'ailleurs ont-ils raison de se plaindre des inégalités croissantes ? Sont-elles plutôt le prix à payer pour les grands bénéfices de l'économie de marché ? Dans quelle mesure peut-on intervenir dans la distribution de la richesse, et peut-on le faire sans brimer les libertés individuelles ? Les riches et les pauvres méritent-ils leur sort ? Qu'est-ce que la "juste part", au juste ? C'est à ces questions pressantes que répond *La juste part.* »

CARRÉ ROUGE

Jacques Nadeau,
Fides, août 2012, 176 p.

« Depuis le printemps 2012, le Québec est en ébullition. Présent aux premières lignes, Jacques Nadeau, photographe au quotidien *Le Devoir*, donne à voir ce spectaculaire réveil de la société québécoise à travers une série de photos choisies parmi les milliers de clichés pris sur le terrain, parfois au mépris de sa sécurité. »

JE ME SOUVIENDRAI

collectif
Boîte à bulles, août 2012, 256 p.

« Après des mois de manifestations quotidiennes, d'initiatives en tous genres, un collectif artistique est né : *Je me souviendrai.* Journalistes, auteurs, illustrateurs, penseurs et musiciens ont répondu à cet appel pour donner une voix emplie d'optimisme et de promesses à ce "printemps québécois", à ces indignés du Nouveau Monde qui se sont levés pour dire non. »

PRINTEMPS SPÉCIAL

Collectif,
Héliotrope, septembre 2012, 114 p.

« Voici douze fictions inspirées par les événements exceptionnels qui ont eu lieu durant ce printemps 2012, douze textes écrits dans la vibration aiguë du présent, dans son humilité, par douze romanciers qui publient chez Héliotrope. Leurs textes ici ne visent pas l'analyse, ils ne cherchent pas à convaincre non plus. Ils sont l'expression tour à tour lyrique, ironique, admirative ou mélancolique d'un printemps à nul autre pareil. »

APRÈS LE PRINTEMPS

Pierre-Luc Brisson,
Poètes de brousse, septembre 2012, 93 p.

« *Après le printemps* retrace avec précision les événements majeurs de la crise étudiante depuis les premiers mandats de grève en février 2012 jusqu'au déclenchement des élections provinciales. Cet essai propose une analyse sociocritique et historique de l'agitation qui secoue le Québec avec ceci de particulier qu'il est le produit d'un penseur issu de la génération même qui a fait naître le mouvement. En retrait du tumulte de la rue, c'est donc l'occasion d'écouter ce que la jeunesse d'aujourd'hui propose. »

LE PRINTEMPS DES CARRÉS ROUGES

André Frappier, Richard Poulin
et Bernard Rioux,
M Éditeur, octobre 2012, 160 p.

« Comment comprendre la dynamique de ce mouvement et la crise sociale qui secoue le Québec ? Après avoir fait un retour sur la lutte étudiante de 2005 (et ses leçons), les auteurs examinent les causes immédiates et structurelles du conflit, ses enjeux en raison des politiques néolibérales (utilisateur-payeur, tarification des services). Ils posent également la question du rendez-vous raté des syndicats et de la nécessité de la grève sociale générale qui tarde à être organisée. »

UNE ANNÉE ROUGE

Nicolas Langelier
Atelier 10, novembre 2012, 108 p.

« De la grève étudiante et les grandes manifestations du printemps à l'élection du Parti québécois, en passant par les scandales de corruption et l'attentat contre Pauline Marois, 2012 est une année unique dans l'histoire du Québec. Dans ce bref essai lyrique, Nicolas Langelier mêle journalisme et littérature, observations sociologiques et vie personnelle, idées et émotions. »

TERRE DES CONS

Patrick Nicol
La Mèche, novembre 2012, 104 p.

« Le printemps érable a été un événement traumatique. Jamais encore on n'avait vu autant de vitalité, entendu autant de mépris, proféré autant d'idioties. À la faveur de longues insomnies, Pierre, un professeur vieillissant, revient sur les événements et essaie de comprendre sa peur et sa fascination pour la jeunesse. Il en profitera pour visiter les monstres qui habitent ses nuits. »

LES DESSOUS DU PRINTEMPS ÉTUDIANT

Gérard Beaudet
Nota Bene, janvier 2013, 186 p.

« Ce n'est pas qu'un autre livre sur la crise sociale que le Québec a traversée au cours du printemps 2012. [...] Cet essai entend donc essentiellement montrer que la dimension collective de deux des réformes souhaitées par les artisans de la Révolution tranquille, celle concernant l'éducation et celle concernant l'urbanisme et l'aménagement du territoire, n'a pas été véritablement assumée, notamment en raison du poids de certains héritages dont on n'a pas suffisamment tenu compte au moment où était décidée la rupture avec le passé. »

UNE IDÉE DE L'UNIVERSITÉ. PROPOSITIONS D'UN PROFESSEUR MILITANT

Michel Seymour
Boréal, février 2013, 216 p.

« Ce livre est une contribution philosophique engagée au débat sur l'université qui fait rage au Québec depuis quelques années, mais surtout depuis le printemps 2012. Il s'agit d'une contribution philosophique parce que l'auteur s'appuie sur l'approche du grand théoricien de la justice John Rawls. En outre, c'est aussi un travail engagé parce que l'ouvrage constitue une intervention partisane dans le débat. »

SEPTEMBRE

1 À Montréal, une centaine de personnes participent à la marche nocturne. À la place Émilie-Gamelin, les manifestant.e.s applaudissent vigoureusement quand ils apprennent que Jean Charest n'est pas réélu dans sa circonscription de Sherbrooke.

7 Pauline Marois promet l'abrogation de la loi spéciale et l'annulation de la hausse des frais de scolarité par décret ministériel.

8 La FEUQ et la FECQ estiment que l'annonce de la première ministre désignée est une victoire pour les étudiant.e.s. De leur point de vue, le « conflit étudiant » est terminé. La CLASSE, de son côté, veut continuer à militer pour la gratuité scolaire.

20 Pauline Marois annule par décret la hausse des frais de scolarité et indique que son cabinet abrogera les dispositions de la loi spéciale le lendemain. « Ces deux décisions permettront de ramener la paix et de rétablir les droits et libertés », dit-elle. La chef du gouvernement annonce par ailleurs la tenue d'un sommet sur l'éducation postsecondaire où sera débattue la question des frais de scolarité. C'est le nouveau ministre de l'Éducation, l'ancien journaliste Pierre Duchesne, qui pilotera le dossier.

« DE NOS ESPOIRS NAÏFS EST NÉE UNE RÉFLEXION ;

DE NOS CRIS EST NÉ UN DÉBAT COLLECTIF ET SOCIAL ;

DE NOS DISCUSSIONS EST NÉE UNE PENSÉE CRITIQUE ;

NOS ESPRITS SE SONT AFFUTÉS : PEUT-ÊTRE

EST-CE LÀ LA PLUS BELLE VICTOIRE DE LA GRÈVE.

UNE GÉNÉRATION INTÉRESSÉE, ENGAGÉE,

PLUS POLITISÉE.

AVEC AMOUR,

L'ÉCOLE DE LA MONTAGNE ROUGE »

MOT DE LA FIN À L'EXPOSITION RÉTROSPECTIVE DE L'ÉCOLE
DE LA MONTAGNE ROUGE, CENTRE DE DESIGN DE L'UQAM, NOVEMBRE 2012

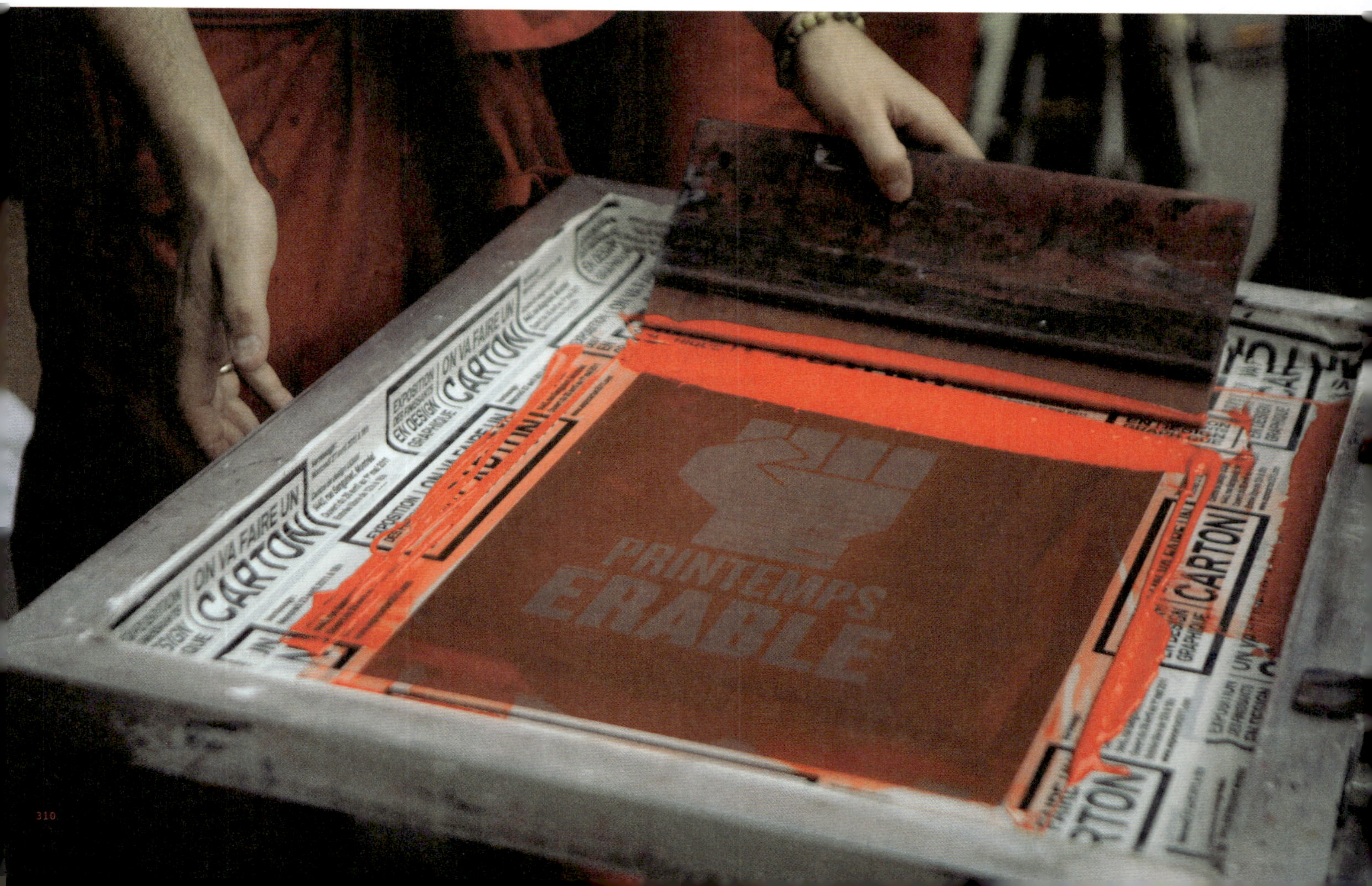

Matériaux provisoires pour un bilan de la grève

Marc-André Cyr

Publié sur le site de *Voir*
le 23 août 2012

« Nos défaites, voyez-vous, ne prouvent rien, sinon que nous sommes trop peu nombreux à lutter contre l'infamie. Et nous attendons de ceux qui regardent qu'ils éprouvent au moins quelque honte. »

– BERTOLT BRECHT

Mis à part quelques irréductibles bastions de combattants – qui auront, malgré leur courage et leur détermination, beaucoup de difficulté à développer un réel rapport de force face à l'État – la grève étudiante, qui ne pouvait durer éternellement, est à toute fin pratique terminée.

Quel bilan pouvons-nous tirer de cet immense mouvement ? Cette grève sera largement ce que nous en retiendrons pour l'avenir, il est donc trop tôt pour répondre à cette question de façon définitive. Mais voyons quand même quel bilan *provisoire* nous pouvons dès maintenant tenter d'esquisser.

D'abord, inutile de jouer à l'autruche : il est impossible de crier victoire. Après avoir utilisé tous les procédés possibles et imaginables pour mater le mouvement, l'été et les élections précipitées auront eu raison de la grève. La défaite, cependant, est loin d'être totale. Cette grève a donné du relief à la démagogie politicienne, à la stupidité des chroniqueurs de droite, à la brutalité de l'État, à l'instrumentalisation du droit et à la sensiblerie petite-bourgeoise de notre élite réactionnaire. Bref : elle a donné du relief au vide dans lequel baigne la bienheureuse conscience de notre société en crise.

Et elle a donné ruse et courage à ceux et celles qui l'ont menée.

CONTRE L'ÉTAT

« Les manifestants ne s'attaquent plus au gouvernement du Québec, ils s'attaquent aux Québécois et à un système économique. »

– Jean Charest

« Ce sera au juge d'en décider. »

– Michelle Courchesne,
répondant à un journaliste qui lui
demandait si le port du carré rouge
pourrait être considéré comme
une incitation à la désobéissance

Les étudiants et les étudiantes ne faisaient pas face au gouvernement libéral, mais bien à l'État québécois, à son Parlement, à sa justice et à sa police.

Cet État est en crise. Ce ne sont pas seulement les libéraux qui sont corrompus, mais

OCTOBRE

27 Pauline Marois et Pierre Duchesne remettent publiquement en question le sous-financement des universités québécoises, évalué à 620 millions de dollars par les recteurs des universités. Les associations étudiantes contestent également ces chiffres, préférant parler de « mal-financement » des universités.

NOVEMBRE

1 Gabriel Nadeau-Dubois est déclaré coupable d'outrage au tribunal à l'issue du procès initié par l'étudiant Jean-François Morasse. L'ancien coporte-parole de la CLASSE annonce le lendemain qu'il ira en appel.

3 Les associations membres de l'ASSÉ, réunies en congrès, votent la dissolution de la CLASSE. La coalition avait été mise sur pied en décembre 2011 dans le but de lutter contre la hausse des frais de scolarité.

8 Le gouvernement péquiste annonce la tenue du Sommet sur l'enseignement supérieur pour les 25 et 26 février 2013, à Montréal. Le document officiel *Préparons le Sommet* nie le sous-financement des universités québécoises.

NOVEMBRE

22 Environ 2 000 étudiant.e.s répondent à l'appel de l'ASSÉ qui organise une manifestation à Montréal dans le cadre d'une semaine d'action internationale contre la marchandisation de l'éducation. À cette occasion, des dizaines d'associations regroupant plus de 56 000 étudiant.e.s collégiaux et universitaires ont voté en faveur d'une journée de grève. La FECQ et la FEUQ ne participent pas à cette manifestation du 22.

25 Réunis en congrès à Québec, les membres de l'ASSÉ acceptent de participer aux rencontres préparatoires au Sommet sur l'enseignement supérieur organisé par le gouvernement Marois, mais à plusieurs conditions. Ils veulent par ailleurs tenir une manifestation durant le sommet et invitent leurs associations étudiantes à voter une journée de grève pour cette occasion.

29 Le ministre Pierre Duchesne lance la première des quatre séances de consultations publiques devant mener au Sommet sur l'enseignement supérieur. Le thème de cette rencontre est l'« assurance qualité », une idée qui consiste à créer une commission de contrôle des universités, mais qui est qualifiée de « piège » par l'IRIS. Les autres thèmes des rencontres préparatoires sont l'accessibilité, la gouvernance et le financement des universités ainsi que la contribution de la recherche.

bien l'ensemble des institutions, de même que le langage de ceux qui les défendent. C'est pour cette raison que le gouvernement n'a pas opté pour le dialogue et la négociation, mais bien pour la répression. Le pacte « keynésien » – qui menait les gouvernements à diriger en collaboration avec les syndicats et les groupes sociaux – est bel et bien mort et enterré. L'État en crise, comme nous le rappelle Anselm Jappe, se défait des « jolis oripeaux dont il s'est revêtu depuis plus d'un siècle » et s'installe en *seul maître du jeu*. Il ne discute plus : il dicte. Et ceux et celles qui ne sont pas contents, on l'aura compris, n'ont qu'à « attendre » – démocratiquement, bien entendu – les prochaines élections.

Cela, nombre d'étudiantes et d'étudiants l'ont bien compris.

FRACTURER LE CONSENSUS

« Un des aspects les plus frappants de la crise actuelle est le profond décalage qu'elle révèle entre la mentalité de beaucoup de manifestants et la tournure d'esprit de gens comme moi. J'avoue très honnêtement que je ne l'avais pas vu venir. »

– Joseph Facal (23 mai 2012)

Depuis 30 ans, notre élite ne faisait que répondre à l'écho produit par ses propres mensonges. Étant incapables de penser en dehors des normes de la doctrine religieuse capitaliste, politiciens et chroniqueurs amis du régime ont répondu aux revendications de « gratuité », de « démocratie » et de dénonciation de la « marchandisation de l'éducation » par des jappements méprisants et satisfaits : « bébés gâtés », « crottés », « enfants rois », « terroristes »...

Autrement dit, il n'y a pas eu débat, mais bien combat. Les appels au matraquage ont été beaucoup plus nombreux que les arguments rationnels. Ils ont peuplé les chroniques poubelles de toute la province. Jamais on n'avait entendu autant de mensonges et de démagogie sortir de la bouche de notre sensible élite petite-bourgeoise réactionnaire. Et jamais le mépris n'avait autant été la norme.

DÉMOCRATIE POLICIÈRE

« Je ne suis pas du genre à reculer devant l'intimidation. Car le jour où on commence à reculer devant l'intimidation, ce jour-là la démocratie est morte. »

– Raymond Bachand

C'est à grands coups de matraque que l'État a fait comprendre aux étudiants le sens du mot « démocratie ». Avec la complicité naïve ou assumée de l'élite politique et médiatique, il fait de l'exception d'hier la règle de demain. Peu importe que sa répression ait été dénoncée par des instances comme l'ONU et Amnistie internationale, tant et aussi longtemps que la population a la conscience heureuse de vivre en « démocratie », l'État pourra utiliser le fantastique appareil de contrôle et de répression qui est le sien pour mater la dissidence.

La démocratie libérale lamine les conflits de classes, les contradictions et les divisions pour faire de « nous » une grande famille liée par la destinée nationale. Elle est l'opium du peuple des temps modernes. Le contrôle étatique est actuellement le plus efficace qui soit. Il transfigure la guerre en « paix », la violence en « non-violence » et fait de celui qui est fiché, épié, matraqué, bastonné et méprisé un vecteur de « violence et d'intimidation ». La démocratie n'a pas besoin de « milice politique » pour mater la dissidence. Appliquer le droit à la lettre est amplement suffisant, et lorsque les forces de l'ordre manquent d'outils, il n'y a qu'à voter une « loi spéciale » pour leur donner un peu plus de latitude.

Tel est certainement l'un des enseignements les plus considérables révélés par cette grève.

LE SPECTACLE

« D'habitude, on voit son fils devenir un homme à la maison. Moi, j'ai vu ce jeune garçon devenir un homme à la télé. »

– Marcel Blouin,
père de Léo Bureau-Blouin

Il ne faut pas confondre la grève et son spectacle, qui en est le reflet inversé et la négation. Le spectacle de la grève a été la partie émergée et artificielle de la révolte. Si les grévistes ont certainement apprécié les appuis de la gauche « raisonnable » politicienne, médiatique et artistique, il ne faut pas confondre le reflet de la lutte avec la lutte en soi. Les mêmes qui disaient appuyer les grévistes ont été les mêmes qui ont fait des appels au respect de la loi et à la « trêve » électorale. Pourtant, sans désobéissance civile, sans lignes de piquetage et sans blocages illégaux, cette grève aurait été tuée dans l'œuf. Quant à la « trêve », puisqu'elle ne concernait que les étudiants, elle n'en a jamais été une.

Si la participation au spectacle peut sembler envoûtante, voire utile à l'occasion, il faut pourtant la distinguer du mouvement réel qui se trouve dans les assemblées et les manifestations. C'est lorsque les étudiantes et les étudiants ont refusé de jouer le rôle qu'on attendait d'eux qu'ils ont réussi à secouer le joug tranquille de notre quotidien.

MOMENTS VICTORIEUX

« Le gars [le policier], il n'était au courant de rien. Il ne savait pas encore que quelqu'un s'était fait crever un œil par la police aujourd'hui. Il n'avait aucune idée des débordements qui avaient eu lieu. Il ne savait pas ce que nous foutions là. Il ne savait même pas ce qu'il foutait là. Il y eut un instant où j'ai regardé autour de moi et j'ai vu la lucidité en rouge. J'ai compris que personne ici ne comprenait ce qui se passait. Personne autour de moi, que ce soit du côté des matraqués, ou des matraques, personne ici ne savait pourquoi. J'ai vu les policiers me regarder en se demandant bien ce qu'ils pourraient dire à la p'tite. »

– Fannie Poirier,
nuit du 7 au 8 mars 2012

L'acquis le plus important de cette grève réside dans l'expérience des grévistes qui, par-delà l'ennuyant spectacle médiatique et électoral, ont pris conscience de la force de la mobilisation et de la rue. Toutes ces assemblées à débattre de politique, toutes ces heures passées à faire du piquetage, tous ces kilomètres à marcher illégalement dans la rue, à narguer courageusement la police et la loi forment l'expérience des grévistes. Cette expérience est irréductible aux bulletins de vote et à la norme – toujours bien bedonnante et bourgeoise – qu'on tente d'imposer à nos esprits.

Cette grève a transformé la vie et la vision du monde de ceux qui l'ont mise en marche. Ils et elles furent des dizaines de milliers à voir le visage du monopole de la violence et de la société mercantile qui est la nôtre. Chacun des coups de matraque et chacune des lignes écrites par les démagogues au service du Prince constituent au-

DÉCEMBRE

5 Le recteur de l'Université Laval, Denis Brière, dénonce les compressions anticipées dans le réseau universitaire et remet en question la pertinence du Sommet sur l'enseignement supérieur dans ce contexte. La CREPUQ, prévient-il, pourrait choisir de ne pas y participer.

6 Le gouvernement péquiste annonce des compressions budgétaires de 124 millions de dollars dans les universités. Cette décision sème la consternation dans le milieu de l'éducation.

13 La deuxième rencontre préparatoire au Sommet sur l'enseignement supérieur se tient à Trois-Rivières. Elle porte sur l'accessibilité et la participation aux études supérieures.

JANVIER 2013

2 Les étudiant.e.s de 11 cégeps écourtent leurs vacances de Noël pour terminer leur session d'automne, comprimée en raison de la grève étudiante.

18 La troisième rencontre préparatoire au Sommet sur l'enseignement supérieur, portant sur la gouvernance et le financement, se tient à l'Université de Sherbrooke. Une manifestation organisée par la Coalition opposée à la tarification et à la privatisation des services publics se tient devant l'université et donne lieu à une empoignade avec les forces de l'ordre.

JANVIER 2013

27 Le gouvernement péquiste, par la voix de son ministre Pierre Duchesne, écarte l'idée de la gratuité scolaire et dit jongler avec plusieurs scénarios d'indexation des frais de scolarité. La FEUQ et l'ASSÉ expriment leur déception.

28 La CAQ dévoile ses propositions en vue du Sommet sur l'enseignement supérieur. Elle suggère notamment que les universités dont la mission de recherche est importante soient libres de déterminer elles-mêmes le montant de leurs frais de scolarité. « Nos institutions de recherche doivent pouvoir se comparer à Berkeley, Cambridge et à l'Université de Toronto », déclare François Legault.

31 La quatrième et dernière rencontre préparatoire en vue du Sommet sur l'enseignement supérieur, portant sur la contribution de la recherche, a lieu à Rimouski. Une cinquantaine de manifestant.e.s réussissent à entrer dans l'UQAR pour dénoncer l'absence de débats. La Sûreté du Québec intervient pour les disperser.

« NOUS SOMMES À NOTRE MESURE.
PLUS GRANDS QUE NOUS LE CROYONS. »

1+1=1

tant de clous que la société marchande a enfoncés dans son propre cercueil.

Par leur courage et leur intelligence, les grévistes ont créé une brèche dans le consensus irrationnel du tout à l'argent. Ils ont prouvé que la déroute de notre société n'était pas obligatoirement la seule trajectoire possible. Ces petites failles laissent passer de nouvelles formes d'ombre et de lumière. Elles donnent à voir tout un monde de possibles.

Grâce à cette grève, la société québécoise n'est *déjà* plus la même.

© NICHOLAS DAWSON

J'ai appris

Élisabeth Nardout-Lafarge

Publié par *Mots et images de la résistance*
le 21 novembre 2012

Impossible d'échapper à un effet bilan en participant à cette dernière édition de *Mots et images de la résistance*. La question serait alors la suivante : comment cette fin d'automne transforme-t-elle en passé le printemps que nous venons de vivre ? Mais ce n'est pas si clair et je n'ai pas cessé de reprendre et de corriger le texte que je vous lis. Par-delà des votes de grève ici et là, dont la pertinence est, pour moi, loin d'être évidente, se pose la question de la suite du mouvement, de sa relance, de sa survie peut-être.

Moment périlleux où il s'agit de tourner une page pour pouvoir écrire la suivante.

Or je ne suis pas sûre d'avoir quelque légitimité pour indiquer des voies à suivre.

D'une part, il me semble que la parole du prof, parole d'autorité et de performance, de performance de l'autorité et d'autorité de la performance, devrait avoir été ébranlée. Cette maîtrise de la parole, j'en ai pour ma part ressenti avec force l'impossibilité et la vanité dans tous les sens du mot. Dans cette crise, et malgré les solidarités si fortes qu'elle a nouées, j'ai, quant à moi, perdu pied : mes analyses et mes prédictions se sont toutes avérées fausses, seule ma paranoïa a eu, le plus souvent, raison. C'est pourquoi ce qu'il m'en reste de plus vif, et toujours à vif, demeure l'incrédulité, la perte des repères, l'alternance éreintante d'espoir et d'angoisse.

Nous n'avons pas été, de l'extérieur, les experts que l'on nous demande d'être, mais bien plutôt, tels les sismographes italiens qu'on met en prison comme au temps de Galilée, ceux qui n'ont pas vu venir la violence du choc.

D'autre part, il y va aussi pour moi de ma place dans ce conflit. Si, comme on le lisait sur les pancartes du printemps, « La grève est étudiante et la lutte est sociale », pour les profs, cet engagement a été complexe et ambigu : nous nous sommes trouvés pris en étau et en otages entre le gouvernement et les étudiants, parfois entre nos directions et nos classes, parfois aussi entre nos étudiants pour et nos étudiants contre, sommés par la loi d'exercer notre métier dans des conditions qui en constituaient sa négation complète, ou encore […] forcés de devenir le maillon d'une chaîne de répression. Nous avons eu depuis à assumer la lourde tâche de rattraper, malgré tout, une session et d'en mener une autre au pas de charge. Demande contradictoire s'il en est : absorber les conséquences de la grève en solidarité avec les étudiants et faire marcher coûte que coûte une machine dont le fonctionnement a démontré à quel point elle nous nie.

Comment, dès lors, résister – c'est le mot qui nous réunit ici – aussi bien au *business as usual* qui tend à effacer ce qui a eu lieu qu'à la tentation d'hypostasier le

FÉVRIER 2013

6 L'ASSÉ réclame des clarifications de la part du ministre Duchesne, qui a invité les associations à discuter de la gratuité scolaire tout en affirmant que le Québec « ne peut pas se [la] payer d'ici le sommet ».

6 La rectrice de l'Université McGill, Heather Munroe-Blum, qualifie le Sommet sur l'enseignement supérieur de « farce » dans les pages du journal *Le Devoir*. « Il y a une personne du Conseil du patronat, mais elle n'a pas de voix formelle. Et les recteurs sont dans la salle ; et écouter quelqu'un qui nous dit comment gérer nos universités, c'est une farce », déclare-t-elle.

7 Le ministre Pierre Duchesne affirme que le conflit étudiant a coûté 90 millions de dollars au gouvernement (frais dépensés par les universités et les cégeps ainsi que le déploiement des forces policières) et dénonce la mauvaise gestion des libéraux.

FÉVRIER 2013

7 Quatre associations étudiantes affiliées à l'ASSÉ votent une journée de grève afin de participer à la manifestation nationale prévue en marge du Sommet sur l'enseignement supérieur. Il s'agit de l'Association étudiante du cégep Saint-Laurent, l'Association étudiante du cégep de Granby-Haute-Yamaska, l'Association des étudiant.e.s en service social de l'Université de Montréal, l'Association des étudiant.e.s en musique de l'Université de Montréal et l'Association facultaire étudiante des arts de l'UQAM, représentant un total de près de 10 000 étudiant.e.s.

10 Réunis en congrès à Drummondville, les péquistes adoptent une résolution demandant au PQ de défendre le gel des frais de scolarité « ou toute autre proposition permettant de diminuer l'endettement étudiant et de maintenir l'accessibilité aux études supérieures ». La première ministre Pauline Marois et le ministre Pierre Duchesne votent en faveur de cette proposition présentée par l'aile jeunesse du parti. Ne cachant pas sa préférence pour l'indexation, Mme Marois déclare : « On peut voir l'indexation comme une forme de gel. »

© MARIO JEAN - MADOC

mouvement, de le fétichiser en le célébrant et en le commémorant, donc de le figer ?

Une longue pratique de l'histoire littéraire a aggravé chez moi la propension à classer, archiver, c'est-à-dire périmer. Je sais bien que ça ne marche pas comme ça, que l'avant s'attarde dans l'après, que la ligne de partage flotte et hésite longtemps, mais justement, parce que je le sais et que ça m'angoisse, je fais régulièrement un grand ménage : il y a ce qui se jette, ce qui va dans des boîtes et ce qui reste en circulation. Le rite m'apaise et fait de la place pour autre chose. Sitôt abrogée la loi 12, j'ai enlevé nos photos de manifestants sur le réfrigérateur, j'ai même changé de réfrigérateur (on n'est jamais trop prudent), j'ai acheté les livres qui glosent et illustrent le printemps désormais « érable », j'ai rangé dans une chemise des coupures de presse, d'autres photos, les lettres ouvertes, la si belle motion de protestation de notre département, etc.

Ranger les photos pour arrêter de les regarder n'est pas refouler ce qu'elles représentent.

Le refoulement du mouvement étudiant, nous l'avons vu à l'œuvre, et très vite : si la démission, stratégiquement très opportune et exemplairement digne, de Gabriel Nadeau-Dubois a, ont dit les commentateurs, « coupé l'herbe sous le pied de Charest », l'évitement de la question étudiante pendant la campagne électorale aura été un véritable cas d'école du « comment ne pas en parler ». D'ailleurs, souligne-t-on assez les dangers de la judiciarisation du conflit à laquelle nous avons assisté, indignés mais impuissants, et qui refait surface avec l'accusation dont Gabriel Nadeau-Dubois fait actuellement l'objet ? Lui et d'autres sont toujours poursuivis et continue de se poser la question cruciale du statut juridique des associations étudiantes qui s'est joué en douce dans le passage du mot « grève » à celui de « boycott ». L'enchaînement sans pause de deux sessions, la quasi-superposition des rentrées n'ont pas favorisé la réflexion. Il faut du temps pour analyser ce qui d'abord méduse – sans doute était-ce le but.

Un peu plus tard, la folie s'est dramatiquement invitée aux élections, masquant, mêlant, brouillant encore le rôle qu'y a pourtant eu le mouvement étudiant. Nous sommes donc rentrés en classe, un peu hagards, sur les chapeaux de roue, et, pour ce qui concerne les étudiants, moins assurés qu'ils n'auraient pu de leur victoire. Provisoire sans doute, partielle, amère à certains égards sûrement, mais réelle.

Qu'avons-nous appris du printemps ?

Ne nous laisse-t-il pas un goût un peu plus amer que le sucre qui s'entend dans sa marque déposée ?

En me livrant à l'exercice, deux choses graves s'imposent pour moi.

Premièrement, ce n'est pas le système néolibéral que nous avons découvert ces huit derniers mois, nous subissions déjà sa logique, nous rusions avec elle depuis des années à l'université, mais la violence avec laquelle il s'est défendu d'être seulement dénoncé. J'ajouterais qu'on peut actuellement mesurer le triomphe de la logique économique, au nom de laquelle s'est exercée cette violence, dans la tolérance à la corruption qui est apparue en marge de la commission Charbonneau : du moment qu'on crée des emplois, tout le reste est acceptable ont dit, les uns après les autres, les sondages.

Deuxième découverte concrète : la force et l'efficacité des médias pour imposer une vision des choses, diabolisation des leaders (plus précisément : mise en scène antagonique des garçons et effacement de la fille), caricature des discours, tri dans les images, choix des cadrages, questions qui contiennent déjà leur réponse, etc. Avec leurs effets de marginalisation, de stigmatisation, de renforcement des préjugés. La haine donc, mais retenue dans l'implicite où elle s'exerce le mieux. À preuve, le passage à l'explicite, par le matricule 728, a été sanctionné. Leçon accélérée de pragmatique du discours. Aura-t-elle contribué, le matricule 728, à resserrer les rangs, maintenant que nous nous retrouvons, avec les artistes, dans le si suave récapitulatif « mangeux d'marde » qui synthétise sa caractérisation d'une mouvance sociale et politique que la lutte contre la hausse des frais de scolarité a en effet rassemblée ? « Rats », a-t-elle dit, et le mot et la bête font refluer pour moi les plus vieilles peurs : « La paranoïa, la vraie, celle où on voit des rats », dit Mille Milles dans *Le nez qui voque*. Peut-être aurait-elle dit « radas » si elle avait lu *Dévadé*...

Ces deux constats ont en commun ceci qu'on aurait tort de minimiser : l'âpreté de l'affrontement et le peu, le très peu, que vous, que nous pesons dans une société où, parce qu'il est largement ignoré dans ses pratiques, ses objectifs, son évolution, l'enseignement postsecondaire prête le flanc aux représentations simplifiantes et démagogiques, au mieux dans l'indifférence générale, au pire dans l'hostilité la plus vive.

Je me souviens de m'être interrogée avant de proposer de lire « Les Salicaires » de Jacques Ferron à une séance de l'université dans la rue que les étudiants de mon département organisaient ce printemps. Certes, c'est un beau texte, avec cette longue digression botanique à propos des fleurs parasites qui poussent, envers et contre tout, sur les terrains vagues d'une banlieue déjà corrompue et polluée. Mais Ferron y met à nu ses inquiétudes et son désarroi, la dépression qui rôde, la mort des plus jeunes et des plus dignes dans une séquence des générations où le sens s'est inversé, affolé. Je m'étais demandé si ce texte était bien opportun, s'il n'était pas, au contraire, comme le disaient en moi, du côté gauche des souvenirs, des voix anciennes et autoritaires, « démobilisant ». Des mois plus tard, je crois comprendre mieux ce qu'avait à m'apprendre, peut-être, ce Ferron-là, sur ma place, à la fois aux côtés et derrière mes jeunes collègues des cégeps dont plusieurs ont été mes étudiants, de mes étudiants actuels et de mon fils, là où, avant tout autre considération, on s'inquiète : pour eux, pour leur sécurité, mais aussi de ce qu'on a transmis, de ce qu'on peut transmettre, de ce qui passe et dans quel sens, et de ce qu'ils sont en train de nous apprendre.

Dans cet esprit, un peu déchiré et un peu sombre mais d'où l'espoir n'est pas absent, je termine en présentant quelque chose comme un témoignage, une sorte de *Stabat Mater* « cheap » dédié à mon fils (qui n'en demande pas tant), construit sur le modèle du « Je me souviens » de Perec.

FÉVRIER 2013

11 Au terme d'un congrès visant à préparer sa participation au Sommet sur l'enseignement supérieur, la FEUQ réitère sa position « très ferme » en faveur du gel des droits de scolarité.

11 La FECQ recommande que les frais soient gelés « dans une perspective de gratuité scolaire ». La CSN, qui participera au Sommet sur l'enseignement supérieur, est du même avis.

12 Jetant un pavé dans la mare, l'ancien premier ministre péquiste Jacques Parizeau déclare en entrevue au *Devoir* que la gratuité scolaire est une option financière réaliste qui doit être discutée au Sommet sur l'enseignement supérieur. « Le déficit zéro bousille tout. À partir du moment où vous fixez l'objectif zéro pour une date butoir et que ça devient une religion, vous cessez de réfléchir », affirme l'ancien ministre des Finances et acteur important de la Révolution tranquille.

FÉVRIER 2013

14 L'ASSÉ annonce qu'elle ne participera pas au Sommet sur l'enseignement supérieur, car il ne permettra pas une vraie réflexion sur l'avenir du système d'éducation postsecondaire, mais « servira plutôt à légitimer des décisions déjà prises derrière des portes closes ». « Devoir payer pour étudier, c'est nous placer en situation de client ou de cliente face à l'université, et non d'un étudiant qui aspire au savoir et à la culture. C'est ça que nous revendiquons », déclare Blandine Parchemal, coporte-parole de l'ASSÉ.

14 Réagissant à l'annonce de l'ASSÉ, Pierre Duchesne déclare : « C'est la politique de la chaise vide, ils vivront avec les conséquences de leur décision. »

16 La TaCEQ confirme sa participation au Sommet sur l'enseignement supérieur.

16 Invitée à commenter la rumeur voulant que Martine Desjardins se présente pour le PQ, Pauline Marois affirme qu'elle serait une députée « extraordinaire ». À une semaine du Sommet sur l'enseignement supérieur, la présidente de la FEUQ s'empresse de démentir cette rumeur.

J'ai appris
à envoyer des textos,
brefs,
du genre « es-tu correct ? »
« fais signe svp »
j'ai même trouvé plus tard
les majuscules et les accents.

J'ai appris
par cœur
l'horaire des émissions de nuit de RDI
et comment aller rapidement
sur #manifencours
ou CUTV.

J'ai appris
que le Maalox ne sert pas qu'aux maux
d'estomac
et pourquoi il disparaissait de l'armoire
à pharmacie
au fur et à mesure que j'en achetais,
pourquoi les lunettes de ski
ont été sorties du placard
en plein mois de mai.

J'ai appris
à dormir quand même,
puis à me réveiller en sursaut
pour aller voir au sous-sol si les baskets
étaient sur le tapis
et à ne pas m'affoler du nombre
de paires,
à retourner me coucher.

J'ai appris
à regarder *Mad Men* en *streaming*
et je remercie Don Draper,
ses amis, ses rivaux,
ses femmes et ses maîtresses,
qui m'ont occupé l'esprit.

J'ai appris à lire un polar scandinave
par soir
et je remercie tous les auteurs,
aux noms bien plus imprononçables
que celui de Djemila Benhabib,
pour les crimes en tous genres
et les horreurs
où j'ai pu enfin trouver le sommeil.

J'ai appris
à faire à la chaîne
des pâtés chinois
et des lasagnes
qui se réchauffent
au micro-ondes,
à moindre bruit
et à pas d'heure.

J'ai appris
(assez vite)
à ne plus dire
« Mais nous tu sais, ton père et moi,
pendant les grèves de... »
(et finalement)
à ne plus rien dire d'autre que
« Fais attention à toi »,
ce que Ferré appelait dans une chanson
de ma jeunesse à moi
« les mots des pauvres gens »

J'ai appris
que Ensiferum est un groupe finlandais
de death metal
et que, un peu moins fort,
ce serait plutôt bon.

J'ai appris
des grappes de prénoms nouveaux
Arnaud, Penelope, Nico, David.

J'ai appris à me taire
quand, dans ma cuisine,
ils regardaient sur Internet
le « Speak White » de Michèle Lalonde
à la Nuit de la poésie
et qu'ils en avaient les larmes aux yeux.
Je n'ai pas dit
que c'était grandiloquent
et que ça avait vieilli
et je n'en suis plus très sûre.

J'ai appris
une nouvelle couleur
à ajouter à mes peurs,
le 19 mai 2012,
à cinq heures du matin,
avec, en laisse, le chien
qui ne comprenait plus rien,
en allant acheter, au dépanneur
ouvert 24 heures,
une douzaine d'œufs supplémentaire :
mes voisins
avaient hissé sur les rouges
des bannières noires.
Et j'ai été soulagée,
(et même pas critique)
de voir qu'ils les ont toutes enlevées
pour l'Halloween.

J'ai appris
à me tenir là
en *stand by* hébété.

J'appris aussi,
le lundi 27 et le mardi 28 août 2012,
que ce que je voyais
au 3200, rue Jean-Brillant,
ce à quoi j'assistais
dans « mon » université,
dans le couloir des salles de cours
où j'enseigne depuis 22 ans,
n'était
ni le tournage d'un film
ni un rêve
dont on émerge en se disant
qu'on est quand même un peu cinglée.

J'ai appris
à répondre « je ne sais pas »
à la question « qu'est-ce qui se passe ? »
et à ne plus jamais dire d'une chose
qu'au Québec, elle ne pourrait pas arriver.

© LAST

FÉVRIER 2013

20 Mauvaise journée pour l'ASSÉ : cinq cégeps votent contre le déclenchement d'une grève durant le Sommet sur l'enseignement supérieur. Il s'agit du collège de Valleyfield, château fort de l'Association qui a été très actif durant la grève, du cégep du Vieux Montréal, réputé pour son militantisme, ainsi que des cégeps de Drummondville, de Matane et de Rimouski.

21 Selon le site Internet de l'ASSÉ, 14 associations représentant environ 20 000 étudiant.e.s ont un mandat de grève pour le 26 février.

22 Le PLQ persiste et signe : les étudiant.e.s québécois.es doivent assumer une hausse des frais de scolarité équivalant à environ 17 % des revenus des universités (actuellement, ce taux est de 12,7 %). Une fois ce rattrapage effectué, les frais seraient indexés d'environ 3,5 % par année. Les libéraux proposent également, et ce, pour la première fois, que les frais soient modulés en fonction du coût des programmes universitaires – une mesure aussi préconisée par la CAQ.

Chronologie (SUITE ET FIN)

24 février 2013

La FEUQ et l'aile jeunesse du PQ unissent leurs voix pour demander de discuter de l'endettement et des conditions de vie des étudiants au Sommet sur l'enseignement supérieur. Ils estiment que le gouvernement Marois devrait s'attaquer en priorité à ces questions.

Une coalition d'une quarantaine d'organismes, menée par Profs contre la hausse, dévoile sa *Déclaration de la Base face au Sommet*. Selon elle, le gouvernement péquiste a déjà oublié les revendications du mouvement étudiant du printemps dernier en préconisant l'indexation des droits de scolarité. Elle annonce par ailleurs son intention de manifester à l'ouverture du sommet, qualifié d'« exercice pas très réussi de relations publiques » visant à « clore le débat et faire taire la parole citoyenne ».

25 février 2013

Des actes de vandalisme sont commis au cours de la nuit sur le bâtiment du ministère de l'Éducation à Montréal, ainsi qu'aux bureaux du député Léo Bureau-Blouin (Laval), du ministre Jean-François Lisée (Montréal) et du ministre Pierre Duchesne (Beloeil).

Au premier jour du Sommet sur l'enseignement supérieur, le gouvernement péquiste propose d'indexer les frais de scolarité de 3 %, ce qui représente environ 70 $ par année. Pauline Marois déclare : « Le gouvernement a la responsabilité de trancher. C'est ce que nous avons décidé de faire. »

Martine Desjardins, la présidente de la FEUQ, en accord avec les autres associations étudiantes présentes au sommet, rejette vivement la proposition du gouvernement péquiste et dénonce ses « visées électoralistes ».

Une manifestation rassemblant quelques centaines de personnes (*Le Devoir*) a lieu en marge du sommet. Le rassemblement est aussitôt déclaré illégal par le SPVM.

26 février 2013

Malgré l'absence de consensus, le gouvernement Marois clôt le Sommet sur l'enseignement supérieur en confirmant son intention d'indexer les frais de scolarité de 3 % par année. En outre, il met sur pied cinq chantiers de travail pour : 1) définir les principes et la vision de la loi-cadre des universités ; 2) élaborer une proposition de structure et de mandat du conseil national des universités ; 3) optimiser l'offre de formation collégiale au Québec afin de permettre, notamment, une plus grande concertation entre les cégeps et leur milieu ; 4) revoir la politique de financement des universités, incluant les frais institutionnels obligatoires ; 5) améliorer l'aide financière aux études de 25 millions par année, de concert avec les associations étudiantes. (*propositions tirées du site du gouvernement du Québec*)

La première ministre Pauline Marois se félicite de l'issue du Sommet sur l'enseignement supérieur et proclame que « la crise sociale est derrière nous ». De son côté, la présidente la FEUQ, Martine

BALLES DE NEIGE

© CLÉMENT DE GAULEJAC, 27 FÉVRIER 2013

Desjardins, ne cache pas sa déception et déplore qu'on soit « allé de l'avant malgré l'absence de consensus ».

Dans les heures suivant le sommet, quelques milliers de personnes (*Le Devoir*) manifestent calmement dans les rues de Montréal, à l'appel de l'ASSÉ, pour revendiquer la gratuité scolaire. À un moment, les forces de l'ordre invoquent notamment le tir de balles de neige pour charger la foule brutalement. Une douzaine de personnes sont arrêtées.

La députée de QS, Françoise David, déclare : « Nous ne serions pas ici [au sommet] en train de discuter d'enseignement supérieur s'il n'y avait pas eu cet extraordinaire soulèvement de notre jeunesse québécoise. »

travailleuses étudiantes

Les corneilles et les récoltes

On croyait cette génération inoffensive, socialement amorphe, politiquement apathique et puis, tout à coup, surgissant de nulle part et de partout à la fois, elle a littéralement pris les rues d'assaut, déferlant comme une rivière en crue printanière, emportant avec elle des centaines de milliers de citoyen.ne.s dans ce qui allait devenir un des plus importants mouvements sociaux des dernières décennies au Québec.

Simonac, que c'était beau ! Pour les déjà vieux militants que nous sommes, ça nous a remué des souvenirs...

Les Zapartistes se forment au tournant des années 2000, dans la mouvance altermondialiste, la Zone de libre-échange américain (ZLEA), l'après-Seattle, le Sommet des Amériques dans la forteresse de Québec et les gaz... et à ce moment, après des mois de mobilisation de la société civile, des organisations militantes et des syndicats, plus de 75 000 personnes venues de partout en Amérique défilent dans les rues de la Vieille Capitale. On capote. Jamais vu autant de monde revendiquer haut et fort un monde meilleur en chantant « *El pueblo unido !* » bras dessus, bras dessous. Du moins pour notre génération, qui avait grandi dans une sorte de néant politique du thatchérisme, du reaganisme, de la « fin de l'histoire » et du turbo-capitalisme triomphant...

Et après, bien évidemment, on s'est demandé ce qu'il en restait. « Pas grand-chose ! », clamèrent en chœur les corneilles perchées sur leurs clôtures. « Il n'y a plus personne dans les rues, on ne voit plus rien, le mouvement est mort. »

Puis est arrivé 2005, avec une manifestation de plus de 100 000 personnes qui fut le point d'orgue de la plus grande grève étudiante de l'histoire du Québec, disait-on à l'époque. Le carré rouge avait fait son apparition et on ne parlait pas que de frais de scolarité, on revendiquait aussi un monde meilleur en chantant « *El pueblo unido !* »... pour ensuite se demander ce qu'il resterait de ce mouvement.

« Rien », dirent à nouveau les corneilles. « Y a plus personne dans la rue... le mouvement est mort. » Encore.

Et là... 2012. Et le printemps que l'on connaît. Et voilà que l'on se questionne encore après les faits, une fois que les manifestant.e.s ont quitté la rue, alors que la circulation automobile a repris ses droits... Que reste-t-il de ce mouvement ?

Les corneilles, haut perchées sur leur clôture de gérants d'estrade, craillent que si l'on ne voit plus rien, c'est qu'il n'y a plus rien. Que le mouvement est, cette fois, bel et bien mort et enterré.

Et c'est ben tant mieux, nous suggère notre voix agricole intérieure. Si tout a été enterré, ça veut dire que tout a été semé. Et si les corneilles ne voient plus les graines, elles ne pourront pas nous les voler.

Donc, la prochaine récolte sera bonne. Encore meilleure que la précédente.

Les Zapartistes

Table des textes

Crédits pour les images

1+1=1
99% Media
99% Québec
Archicontre
Arsenault, Dominic
ArtAct
ASSÉ
Asselin, Louis
Bandits gentils
Battaglia, Jérémie
Beauchesne, Olivier H.
Bellebrute
Big Tree Studio
Boîte Rouge (La)
Boissenault-Vaudreuil, Benjamin
Boisvenue, Jean-François
Boisvert, Nicolas
Bonin, Matthieu
Bossé, Luc
Brasserie La Licorne
Brasseurs du Hameau
Brasseurs Illimités
Cantin, Sam
Champagne, David
Châteauneuf, Lëa-Kim
Chorale des grévistes
Colosse
Contrecarré
Costanza, Peter
Dawson, Nicholas
Dagenais, Véronique
De Gaulejac, Clément
Dépasser la ligne
Doyon, Marc-Antoine
Dumont, Pascal
École de la Montagne rouge
Fabien-Ouellet, Nicolas
Faddoul, Frédéric
Fêlure (La)
Fermaille
Ferreri, Vincent
Fortier, Michaël
Fortin, Michaël
Fil rouge (Le)
Fontaine Rousseau, Alexandre
Fonte
Francke-Sirois, Patrick
Galand, Maxime
Grand, Aurélie
Germain-Thérien, Chloé
Harvey, Brian
Havitov, Xavier
IRIS
Jean, Mario - Madoc
Iczkovits, Toma
Karin KP
Kijiji
Lachapelle, Nicolas
LAST
Lauzière, Louise-Andrée
Le Coroller, Franck
Lemieux-Sabourin, Coralie
Maille à part
Manif de bonhommes (La)
Marceau, Jean-David
Marcoux-Chabot, Gabriel
Marcoux-Chabot, Moïse
Markovic, Dragan
Ménard Aubin, Frédérique
Mise en demeure
Michon, Stéphane
Nous sommes tous art
Office National du Film du Canada (ONF)
OM99media
Opération 1625 (Google Maps)
Papineau, Dany
Patenaude, David
Plante, Cédric
Rabbit Crew Ltée
Regroupement pacifique de peluches
Robertson, Eric
Roy, Gab
Sabourin, Chanel
Samson-Dunlop, François
Squares rouges
Stevenson, Berenice
St-Louis, Jay
St-Onge, Mathieu
Super Mario Br'Hausse (Nintendo)
Sutherland, Malcolm
Thien V.
Trépanier, Kevin
Zviane

Index

Cet index reprend les noms de personnes, les productions culturelles et les thèmes abordés dans l'ensemble du livre à l'exception des pages liminaires. Les noms des partis politiques, des ministères et des éditeurs (de livres ou de contenu, blogues et journaux) ne sont pas recensés.

D.

LES ÉDITIONS écosociété MONTRÉAL

Faites circuler nos livres.

Discutez-en avec d'autres personnes.

Si vous avez des commentaires, faites-les-nous parvenir ; il nous fera plaisir de les communiquer aux auteurEs et à notre comité éditorial.

Les Éditions Écosociété
C.P. 32052, comptoir Saint-André
Montréal (Québec) H2L 4Y5

Courriel : ecosociete@ecosociete.org
Toile : www.ecosociete.org

NOS DIFFUSEURS

EN AMÉRIQUE
Diffusion Dimedia inc.
539, boulevard Lebeau
Saint-Laurent (Québec) H4N 1S2
Téléphone : (514) 336-3941
Télécopieur : (514) 331-3916
Courriel : general@dimedia.qc.ca

EN FRANCE et EN BELGIQUE
DG Diffusion
ZI de Bogues
31750 Escalquens
Téléphone : 05 61 00 09 99
Télécopieur : 05 61 00 23 12
Courriel : dg@dgdiffusion.com

EN SUISSE
Servidis S.A
Chemin des Chalets
1279 Chavannes-de-Bogis
Téléphone et télécopieur : 022 960 95 25
Courriel : commandes@servidis.ch

ACHEVÉ D'IMPRIMER EN MARS 2013

MARQUIS
Québec, Canada

FSC
www.fsc.org
MIXTE
Papier issu de sources responsables
FSC® C103567